环境法学讲义

Lecture Notes on Environmental Law

（总论）

温登平 著

法律出版社
LAW PRESS·CHINA

编 写 说 明

为了节省篇幅,本书对部分内容进行了省略处理。(1)略去全国人大和全国人大常委会制定的有关法律法规中的“中华人民共和国”字样,如《环境保护法》《大气污染防治法》等。(2)“人民代表大会”简称“人大”,“人民代表大会常务委员会”简称“人大常委会”,“人民政府”简称“政府”。(3)“省、自治区、直辖市”统一采用“省级”的表述,如“省、自治区、直辖市政府”简称“省级政府”。(4)除最高人民法院外,“人民法院”简称“法院”。

目　录

第一章　环境、环境问题与环境保护

第一节　环境、自然资源与生态系统

一、环境及其相关概念

（一）环境的概念、特点和范围

1. 环境与环境要素（环境因素）

环境科学中的“环境”，是指人群周围的境况及其中可以直接、间接影响人类生活和发展的各种自然因素和社会因素的总体，包括自然因素的各种物质、现象和过程，以及在人类历史中的社会、经济成分。① 组成环境的各种要素，就是环境要素（环境因素）。

根据 1972 年 6 月召开的联合国人类环境会议发布的《人类环境宣言》（United Nations Declaration of the Human Environment）的界定，环境是指以人类为中心和主体的外部世界，是人类赖以生存和发展的天然的和人工加工改造的各种自然因素的总和。第一，“环境”仅限于对人类生存与发展有一定影响的自然因素，不包括社会、经济等其他因素。第二，“自然因素”既包括各种天然的环境（自然环境、自然因素、自然要素），也包括经过人工改造的环境（人为环境、人为因素、人为要素）。第三，与自然因素融合在一起的自然资源、历史遗迹与自然状态等，也属于“环境”的范畴。②

自然环境要素具有下列规律。③ 第一，最小限制率（“木桶理论”）。环境质量的好坏不是由环境诸要素的平均水平决定的，而是受制于诸多环境要素中处于最差状态的环境要素，并且不能由其他处于良好状态的环境要素来补偿。第二，环境要素的

---

① 参见《中国大百科全书·环境科学》编委会编：《中国大百科全书·环境科学》，中国大百科全书出版社 2002 年版，第 134 页。

② 参见汪劲：《环境法学》（第 3 版），北京大学出版社 2014 年版，第 2 页；吕忠梅主编：《环境法学概要》，法律出版社 2016 年版，第 35 页。

③ 参见吕忠梅主编：《环境法学概要》，法律出版社 2016 年版，第 3 页。

等价值性。无论各环境要素在规模上或数量上存在何种差异,只要是一种独立的环境要素,它对于环境质量的限制就没有本质差异。第三,环境的整体性。环境并不是单一环境要素的简单叠加,而是在相互联系与相互作用的环境要素基础上形成的整体效应。第四,环境要素的相互依赖性。环境诸要素之间紧密联系,相互影响,相互制约。一方面,通过能量在各要素之间传递,或者以能量形式在各要素之间的转换实现;另一方面,物质在环境要素之间的传递和转化,也使各环境要素紧密联系在一起。

2. 环境的范围:天然环境与人为环境

对"环境"可以进行不同的分类。第一,根据环境是否介入人为因素,分为原生环境与次生环境;第二,根据人类活动对环境造成的影响程度,分为天然环境(自然环境)与人为环境(人工环境);第三,根据组成环境的各种自然要素的不同,分为大气环境(又称大气圈)、水环境(又称水圈)、土壤环境和生物环境等;第四,根据人类活动的环境范围不同,分为聚落环境(包括院落环境、村落环境和城市环境等)、地理环境、地质环境和宇宙环境(又称星际环境)等。

这里重点讨论天然环境与人为环境。天然环境与人为环境的区分最早见于1972年6月联合国人类环境会议通过的《人类环境宣言》,其后为各国立法所采纳。美国《国家环境政策法》(The National Environmental Policy Act,NEPA,1969年)采用这种分类标准,将人类环境分为自然环境和人为环境,并进一步规定环境"包括但不限于空气和水——包括海域、港湾、河口和淡水;陆地环境——森林、干地、湿地、山脉城市、郊区和农村环境"。

3. 各国环境法律法规对"环境"的界定

各国环境法律法规对"环境"的界定,主要有下列几种模式。

(1)概括式的将环境在立法上进行类别化描述(概括式)。例如,葡萄牙《环境基本法》(1987年)将"环境"界定为"现实中所有的自然环境和人类环境"。保加利亚《环境保护法》(1991年)规定:"环境是指相互关联并影响生态平衡、生活质量、人体健康、文化与历史遗产和景观的自然与人工因素的综合体。"俄罗斯《联邦环境保护法》(2002年)第1条规定:"环境是自然环境要素、自然客体和自然人文客体以及人文客体的总和。"这种立法模式为"环境"保护的范围提供了一个具有弹性的拓展空间,但过于抽象,不利于清晰地界定环境的具体范围。

(2)采用类别化的方法在立法上作列举式描述(列举式)。例如,英国《环境保护法》(1990年)第1条规定:"环境由下列媒介或者其中之一所组成,即空气、水和土地;空气包括室内空气、地上或地下的自然或人工建筑内的空气。"日本《环境基本法》(1993 年)第 14 条则直接列举了“大气、水、土壤、森林、农地、水边地、野生生物物种、生态系统的多样性”。① 这种立法模式存在列举不全的问题,容易导致法律漏洞。

(3)采用概括加列举式的方法在立法上作出规定(概括加列举式)。例如,美国《国家环境政策法》第 4341 条将“环境”分为自然环境和人为环境两类,包括但不限于空气和水(包括海域、港湾、河口和淡水)以及陆地环境(包括森林、干地、湿地、山脉、城市、郊区和农村环境)。我国《环境保护法》(1989 年通过,2014 年修订;如无特别说明,下文均指 2014 年修订版《环境保护法》)第 2 条规定:“本法所称环境,是指影响人类生存和发展的各种天然的和经过人工改造的自然因素的总体,包括大气、水、海洋、土地、矿藏、森林、草原、湿地、野生生物、自然遗迹、人文遗迹、自然保护区、风景名胜区、城市和乡村等。”这种立法模式通过具体列举环境保护要素的内容,能够对环境法所保护环境的范围进行较清晰的界定。再者,考虑人类利用、改造自然能力的增强,人类活动对自然环境影响日益扩大,这种立法模式能够适应环境司法实践的需要。

我国《环境保护法》第 2 条规定的“环境”,包括自然环境与人为环境。其中,自然环境是指对人类的生存与发展产生直接或者间接影响的天然形成的各种物质和能量的总体。人为环境(人工环境、人工改造的环境)则是人类为了满足物质和文化生活需要,在自然环境的基础上,根据人类对环境的认识,通过人类劳动或者加工改造出来的物质和能量的总体。

(二)如何理解“人与自然的关系”

1.“人与自然的关系”的要素及其理解

(1)人与自然关系中的“关系”。这种关系是指人与自然之间的相互联系、相互影响和相互作用。从不同的角度,可以将人与自然的关系分为时间关系、空间关系、生态关系、物质交流和利用关系、利益关系、因果关系等。

(2)人与自然关系中的“人”。既包括个人,也包括法人和非法人组织,如公司、企业、事业单位、政府组织、非政府非营利民间组织和社会团体、全人类(包括当代人

---

① 日本《环境基本法》第 14 条规定:“本章所规定的有关环境保全政策的制定与实施,应以基本理念为基础,以确保下列事项为宗旨,在谋求各政策相互有机的衔接的同时,也要综合而有计划的进行。(1)为保护人的健康、保护生活环境,并且妥善保护自然环境,必须使大气、水、土壤及其他环境的自然构成要素保持良好的状态。(2)在谋求确保生态系统的多样性,保存野生生物物种,以及其他生物的多样性的同时,要按照地区的自然社会条件,系统保护森林、农田、水边地等多样的自然环境。(3)保持人与自然的密切接触。”

类和次世代人类)。人与自然的关系,既包括作为整体的人类(复数人)与作为整体的环境(复数环境因素)之间的关系,也包括个别人(单个人)与个别环境因素(单个环境因素)之间的关系。①

(3)人与自然关系中的"环境"。自然意义上的"环境"包括但不限于大气、水、海洋、土地、矿藏、森林、草原、湿地、野生动植物、自然遗迹、人文古迹、自然保护区、风景名胜区等。关于如何界定人与自然关系中的"环境"范围,很大程度上取决于人们的观念、意识或者价值观。②

2. 理解人与自然关系的不同视角

第一种视角,是从"中心"出发理解人与自然的关系。主要有生物中心主义(Anthropocentric)、生态中心主义(Ecocentric)、人类中心主义(Biocentric)等立场。其中,生物中心主义的环境以生物(包括人、动植物和微生物)为中心,关心的不是人类的权利,而是动植物的权利,即便这些动植物对人类没有任何实用意义上的价值。生态中心主义的环境以生态或者生态系统(包括生物与其赖以生存发展的非生命物质)为中心,主张自然环境作为一个整体有权利得到保护。人类中心主义的环境以人类为中心,探讨当前和未来的人类对于环境的权利。

第二种视角,是从人与自然的相互影响中理解人与自然的关系。其中,有的观点强调人对自然的影响,认为环境是人影响、作用的自然因素;有的观点强调自然对人的影响,认为环境是影响、作用于人的自然因素;还有的观点强调人与自然的相互影响和作用。例如,联合国《世界自然宪章》(1982 年)强调:"人类的行为或行为的后果,能够改变自然,耗尽自然资源;因此,人类必须充分认识到迫切需要维持大自然的稳定和常质,以及养护自然资源。""应避免那些可能对大自然造成不可挽回的损害的活动。"澳大利亚《环境规划与评估法》(1979 年)将环境定义为"影响人类、个人或者人的社会群体之周围事物的所有方面"。

3. 结论

关于人与环境的关系,可以概括为两个方面:第一,人类是环境的产物,人类要依赖自然环境才能生存和进一步发展;第二,人类无时无刻不在对所处的环境进行改造,通过社会生产活动来利用和改造环境,使其更为适合人类的生存和发展。③

本书坚持以下观点。第一,生态环境与自然资源是人类作为个体与作为群体

---

① 参见蔡守秋主编:《环境资源法教程》(第 3 版),高等教育出版社 2017 年版,第 3 页。

② 同上书,第 4 页。

③ 参见金瑞林主编:《环境法学》(第 4 版),北京大学出版社 2016 年版,第 5 页。

生存与发展的前提和基础，没有良好的生态环境，缺乏丰富的自然资源供给，人类难以生存繁衍并获得充分的发展。第二，人类活动特别是大规模的现代工业生产、农业生产、城市化进程以及战争等活动，对生态环境产生了巨大影响，其中有些是正面的、积极的，也有很多是负面的、消极的。这些负面的、消极的人类活动，在破坏生态环境、耗费自然资源的同时，对人类的生存和发展已经或者将要产生不利影响。第三，人类要努力探索并尊重自然规律，实现与自然的和谐相处、共同发展。人类应当且只能去从事有益于生态环境和自然资源的活动，否则必然要承受来自环境的报复。

二、自然资源及其相关概念

（一）自然资源的概念

资源，是指对人有用或者有使用价值的某种物品。狭义的资源仅限于自然资源，广义的资源包括自然资源、经济资源、人力资源等各种资源。联合国环境规划署（United Nations Environment Programme，UNEP）在 1972 年提出，自然资源，是指“在一定时间条件下，能够产生经济价值，提高人类当前和未来福利的自然环境因素的总称”。[①]《中国自然保护纲要》（1987 年）则认为，自然资源，是指“在一定的经济和技术条件下，自然界中可以被人类利用的物质和能量”。囿于科技水平等原因尚未被人类利用，但未来有可能为人类利用的物质和能量，可以称为“潜在能量”。

国土资源是自然资源的上位概念。一般认为，国土资源包括自然资源和社会资源。前者是指能够为人们所利用作为生产资料和生活资料来源的自然要素，包括但不限于土地资源、水资源、生物资源、气候资源、旅游资源等；后者包括人口和劳动力的状况和分布、人们的科学文化状况和传统、社会生产和生活设施状况等。

（二）对环境、资源和土地的理解

1. 将环境、资源和土地的概念扩大化的趋势

环境是围绕人群的空间，以及直接或者间接影响人类生存和发展的各种天然的和经过人类加工改造的自然因素的总体。资源特别是自然资源，是指在一定的时间、地点条件下能够产生经济价值，以提高人类当前和未来福利的自然环境因素和条件。从土地法的角度看，土地不仅包括土壤，而且包括土壤内外、上下的一切物体。联合国《21 世纪议程》（1992 年）就认为：“土地就其地形和空间性质而言，通常是指一个自然体，更广义的说，它还包括自然资源：土地所包含的土壤、矿物、水

① 刘天齐主编：《环境保护通论》，中国环境科学出版社 1997 年版，第 82 页。

和生物群。”

但是,现在有一种将国土、环境、资源和土地概念扩大解释的趋势。其中,“大国土观念”认为,国土包括国土资源和国土环境,国土是一个总体的概念,资源和环境是国土的具体概念。“大环境观念”认为,环境的内涵比资源和国土广泛,自然资源包含在环境要素中。“大资源观念”认为,自然资源既是资源又是环境因素,某种环境因素或者环境条件可能在某一时期、某一地域没有效用,但对整个人类而言环境因素都是自然因素。“大土地观念”认为,广义的土地就是国土。

笔者认为,由于法条的文字含义的核心通常是较狭窄的,如果拘泥于立法原意或者局限于文义解释,不仅难以适应理论发展的需要,也难以适应环境管理和司法实践的需要。因此,无论是环境法还是其他法学学科,普遍存在基于规范保护目的或者理论体系发展的考虑,从而对概念进行扩大解释的趋势。

2. 将环境、资源和国土三个概念合而为一的倾向及其评析

除上述概念扩大化的趋势,还存在一种将环境、资源、土地和国土合而为一的倾向,认为在限定条件和特定情况下,环境、国土和资源等可能有某种区别,但归根结底没有本质区别。例如,美国《综合环境反应补偿与责任法》(1980 年)认为,“环境”是指根据《渔业保护和管理法》(1976 年),在美国专门管辖权下的通航水域、边境水域和海水中的自然资源,在美国或者美国管辖下的其他地表水域、饮用水源、地表或地层或者周围空气;“自然资源”是指土地、鱼类、野生生物、空气、水、地下水、饮用水源以及其他资源。

本书认为:从概念的内涵看,环境、资源和国土是从不同视角和不同侧重点进行概念界定,相互之间存在交叉关系。环境概念强调整体性、生态联系性,认为人类环境无国界;资源概念强调使用价值、可开发利用性,认为自然资源是财源;国土概念则强调区域性、主权性,认为国土是有国界的。[①] 不过,在很多场合,环境、资源、国土资源等是混合使用,甚至混同使用的。

三、生态系统及其相关概念

(一)生态与生态系统的概念

1. 生态与生态学

生态(ecological)是指一切生物的状态,以及不同生物个体之间、生物与环境之间的关系。生态学属于生物学的一个分支,德国学者伊 · 海克尔(E. Haeckel)于

① 参见蔡守秋主编:《环境资源法教程》(第 3 版),高等教育出版社 2017 年版,第 4 页。

1866年提出了“生态学”的概念，认为生态学是研究动物同有机环境和无机环境的全部关系。之后，生态学被认为是研究生物与其生存环境之间相互关系的科学，将研究主体的范围从动物扩大整个生物界。生态学的任务是研究生物与环境之间的相互关系及其发展变化的规律与机理。

2. 生态系统的概念和组成因素

生态系统，是指在一定的时间和空间内，生物与其生存环境以及生物与生物之间相互作用，彼此通过物质循环、能量流动和信息交换，共同组成的具有一定结构和功能的综合体系。[①] 地球上最大的生态系统就是生物圈，涵盖海平面以下11公里到地表以上19公里的范围，具体又包括多个层次的各种各样的生态系统。生态系统的组成因素可以分为四个部分：生产者（植物）、消费者（动物）、分解者（微生物和部分动物）和无生命物质。

（二）生态系统的功能

生态系统的功能可以分为两个方面。

1. 生态系统的能量流动

这种能量流动是通过食物链进行的。食物链上的各个环节称为营养级。在同一个环节上起到同样作用的生物，属于同一个营养级。在食物链关系上，同一食物链上某些元素或者难以分解的化合物，在生物体内随着营养级的提高而逐步增大（富集效应）。

2. 生态系统的物质循环

组成生物体的主要化学元素，如碳、氢、氧、氮、磷、硫等。首先，被生产者（植物）吸收；其次，经过光合作用和呼吸作用等合成，以有机体的形式通过食物链在各个营养级之间逐级传递；最后，经分解者（微生物等）分解为无机物，返回环境中供植物利用。这些物质在生态系统中周而复始的循环利用，称为“生态系统的物质循环”。

（三）生态平衡及其维护

生态平衡，是指生态系统的结构和功能包括生物种类和各种种群的比例，以及不断进行着的物质循环和能量流动，都处于相对稳定的状态。生态平衡是整个生物群保持正常的生命维持系统的重要条件，为人类提供适宜的环境条件和稳定的能量来源。

---

① 参见《中国大百科全书·环境科学》编委会编：《中国大百科全书·环境科学》，中国大百科全书出版社2002年版，第328页；金瑞林主编：《环境法学》（第4版），北京大学出版社2016年版，第7页。

生态系统之所以能保持相对平衡,主要是因为内部具有自我调节能力。如果存在外来干扰因素,并且这种干扰超过调节能力的极限,或者干预的周期短于调节周期(干预频率太高),则会引起生态失调,甚至整个生态系统的崩溃。破坏生态平衡的主要因素是自然因素(如地震、海啸、台风、旱涝灾害等)和人为因素(如超过环境自净能力排放"三废"等)。

四、环境、自然资源与生态系统的关系

(一)认识环境、自然资源与生态系统的立场或者出发点存在差异

大致可以认为,"环境"是人类以一种静态的眼光来看待围绕人类存在的全部自然界这个整体;"自然资源"是人类以是否对人类有用的角度来看待自然界这个整体;"生态系统"则是指人类从生物的生存条件以及相互关系的角度来看待自然界这个整体。

(二)保护环境、自然资源与生态系统的目的存在差异

保护环境的目的,是维持人类社会发展的外部条件,为人类的繁衍和健康奠定生存基础。保护自然资源的目的是维持人类经济发展的外部条件,为人类福利的持续增长奠定物质基础。保护生态的目的,则是将人类还原于自然的原始存在中,从生物圈平等的境界强调人类及其发展的所有外部条件都应当符合生态系统平衡的自然规律。

在我国,普遍认为资源保护是为了自然资源的经济价值而非保护自然(生态)环境价值,在立法上,《自然资源法》也更多地体现资源的财产权和国家所有权属性。如果说污染防治立法的目的是规制排污行为、保护生活环境,自然资源立法的目的则主要是促进对国家所有资源的合理开发利用,而不是保护自然环境。

(三)规制环境、自然资源与生态系统的范围存在差异

从一般意义上讲,环境保护和生态保护的外延较大,目的是实质性地协调人类环境利用行为与其生存环境之间的关系。自然资源保护的外延较小,目的主要在于维持人类对自然资源的持续利用,同时间接实现自然保护的目的。关于环境、自然资源与生态系统的关系,见表1-1。

表 1-1　环境、自然资源与生态系统的关系①

概念	事物中心	概念内涵	概念外延	重要法律或者文献的概括性规定	重要法律或者文献的列举式规定
环境	人	自然因素	以人类为中心，对人类的生存、发展产生重要影响的外部因素之一	《环境保护法》：影响人类生存与发展的各种天然的和经过人为加工改造的自然因素的总体	《环境保护法》，包括大气、水、海洋、土地、矿藏、森林、草原、湿地、野生生物、自然遗迹、人文遗迹、自然保护区、风景名胜区、城市和乡村等
自然资源	人		以人类为中心，在一定时间条件下，能够为人类产生经济价值的自然环境因素之总和	《中国自然保护纲要》：在一定的技术经济条件下，自然界中对人类有用的一切物质和能量都称为自然资源	《中国自然保护纲要》，包括土地、森林、草原和荒漠、物种、陆地水资源、河流、湖泊和水库、沼泽和海涂、海洋、矿产资源、大气以及区域性的自然环境与资源
生态系统	有机体、无机物以及人类等		以生态系统为中心，在一定时间、空间范围内的生物群落、环境条件之间存在的各种因素之总和	在一定的时间、空间范围内，生物群落之间、生物与环境之间通过不断的物质循环、能量流动与信息传递，相互联系、相互影响、相互作用、相互依存的统一整体	生态系统包括四个部分：生产者、消费者、分解者、无生命物质

第二节　环境问题

一、环境问题的概念

（一）环境问题的概念

环境能够为人类提供生存的基本要素和精神享受、提供从事生产的资源基础，同时，环境具有自净能力，能够完成对废物的消化和降解等。环境问题是指人类活动或者自然因素，导致环境质量下降或者生态破坏，对人类的身体健康、生存繁衍以及经济社会发展产生有害影响。

① 参见汪劲：《环境法学》（第3版），北京大学出版社2014年版，第5页。

环境问题主要有下列危害:第一,妨害人类正常生活,并导致人类心理和感官上对环境与自然舒适性认识降低;第二,导致环境质量下降,侵害人类生命健康和财产安全;第三,造成环境的生态服务功能退化,以及历史和文化遗产价值降低;第四,造成自然资源枯竭,部分物种灭绝。

(二)环境问题的具体类型

根据环境问题的发生原因,可以将环境问题分为第一类环境问题(原生环境问题)与第二类环境问题(次生环境问题或者人为环境问题)。前者是自然原因引起的环境问题,后者则是人为原因引起的环境问题。作为环境立法控制对象的环境问题,主要是指第二类环境问题。

根据第二类环境问题的具体表现形式,又可以分为环境污染和自然环境破坏两类。其中,环境污染是指由于人类在生产和生活过程中,将大量污染物以及未能完全利用的能源排放到环境中,导致环境质量明显恶化的现象。自然环境破坏则是指由于人类不合理开发利用自然资源,以及从事大规模建设活动或者其他对环境有影响的活动,导致环境质量恶化的现象。其主要表现为水土流失、森林覆盖率下降、草原退化沙化、土壤贫瘠化、水源枯竭、气候异常和物种灭绝等。

关于环境问题的类型划分,见图1－1。

- 环境问题
  - 第一类环境问题(原生环境问题)
  - 第二类环境问题(次生环境问题)
    - 环境污染
    - 自然环境破坏

图1－1　环境问题的类型

二、当代环境问题的性质

(一)环境问题的产生与发展

1. 环境问题的发展阶段

关于环境问题的产生和发展,可以分为四个阶段:第一阶段,人类社会早期的环境问题;第二阶段,以农业为主的奴隶社会和封建社会的环境问题;第三阶段,产业革命以后到20世纪60年代的环境问题(现代环境法的发展阶段);第四阶段,当前世界的环境问题(环境法的完备阶段)。进入20世纪80年代以来,环境问题国际化、全球化趋势日益显著。

环境问题的产生和发展有下列几个特点。第一,在工业革命前,即便存在环境问题,由于人类缺乏大规模改变自然环境的能力,这一阶段的环境问题并不严重。但是,在工业革命后,环境问题日益凸显。一方面,由于产业革命显著提高了社会生产力，进而极大地提高了人类利用和改造环境的能力；另一方面，对资源和能源的消耗大为提高，特别是随着第二次世界大战之后有机化学工业的发展，大规模使用塑料和各种杀虫剂等化学合成品，污染的本质发生改变，从而带来各种环境和能源问题。第二，从农耕社会到工业革命时代，以及第一次工业革命和第二次工业革命乃至当代的工业革命相比，可以说，人类改造自然环境的能力越强，环境问题可能越严重。第三，环境问题有可能仅发生在本国，但其没有国界，也可能是跨国的，具有国际性、全球性。因此，要解决环境问题，需要全世界各国政府和人们的共同努力。

2. 当代世界的环境问题和国际社会的应对

目前，环境问题出现全球化的趋势，突出表现在全球气候变化、臭氧（由氮氧化物和挥发性有机化合物反应生成）层破坏、生物多样性破坏、海洋污染、危险废物跨境转移、人类共同遗产与国际公共区域遭到破坏等方面。① 当前威胁人类生存的十大环境问题：全球气候变化、臭氧层的耗损与破坏、生物多样性减少、酸雨蔓延、森林锐减、土地荒漠化、大气污染、水污染、海洋污染和危险性废物的跨境转移。②

当代环境问题有两个方面较突出。一方面，过去几个世纪发达国家在发展过程中对环境的破坏性影响仍然存在，尚未消除。可以说，发达国家的环境问题通常与工业化和技术发展有关。另一方面，发展中国家大量开发和利用自然资源，导致污染物排放量进一步增大，环境进一步恶化。不过，相对发达国家而言，发展中国家的环境问题大半是由于发展不足造成的。要解决发展中国家的环境问题，必须致力于发展工作，牢记它们的优先任务和保护及改善环境的必要。

1972 年 6 月，在斯德哥尔摩召开的联合国人类环境会议提出了“环境保护”概念。“环境保护”是指为保证自然资源的合理开发利用、防止环境污染和自然环境破坏，以协调经济社会发展与环境的关系，保障人类生存和发展为目的而采取的行政、经济、法律、科技以及教育等诸多措施和行动的总称，是人类针对环境问题而作出的积极应对。会议还通过了《人类环境宣言》，探索了全球关切的五个主要趋势，即加速工业化、快速的人口增长、普遍的营养不良、不可再生资源的耗尽和环境的恶化。《人类环境宣言》指出：“保护和改善人类环境是关系到全世界各国人民的幸福和经济发展的重要问题，也是全世界各国人民的迫切希望和各国政府的责任。”“人类有权在一种能够过着尊严和福利的生活的环境中，享有自由、平等和充足的生活条件的

① 参见汪劲：《环境法学》（第 3 版），北京大学出版社 2014 年版，第 9 页。

② 参见吕忠梅主编：《环境法学概要》，法律出版社 2016 年版，第 8 ~ 11 页。

基本权利,并且负有保护和改善这一代和将来的世世代代的环境的庄严责任。”①

1992年6月,在里约热内卢召开的联合国环境与发展大会发表《关于环境与发展的里约宣言》(以下简称《里约宣言》),提出:“鉴于导致全球环境退化的各种不同因素,各国负有共同的但是又有差别的责任。发达国家承认,鉴于他们给全球环境带来的压力,以及他们所掌握的技术和财力资源,他们在追求可持续发展的国际努力中负有责任。”②

2002年5月,联合国环境规划署发布2002年《全球环境展望》,对1972年以来的全球环境状况进行了评估,并对未来30年的全球环境与发展趋势进行了预测。2010年12月19日,在哥本哈根召开联合国气候变化会议,会议发表《哥本哈根协议》,提出未来将全球升温限制在2摄氏度以内,并为面临气候变化风险最大的贫穷国家配置了初期资金。

(二)环境问题的性质

环境问题除了属于法律问题外,还是技术问题、社会经济问题、政治问题、社会问题甚至国际问题。

1. 环境问题是技术问题

这主要表现在:第一,保护环境、改善环境状况,要求企业采用绿色技术和绿色工艺,采用新工艺、新技术、新设备;第二,对广大发展中国家而言,除了经济成本等因素的考虑,由于技术落后,环境污染和环境破坏较为严重。

2. 环境问题是社会经济问题

环境问题不是局部问题,而是全球性问题;不仅是技术问题,更主要是社会经济问题。环境恶化主要是各种不适当的经济活动或者经济机制造成的。不适当的经济活动包括但不限于不可持续的生产方式、生活方式,以及不合理的开发、利用资源等。

3. 环境问题是政治问题

能否妥善解决环境问题,已经成为衡量各国执政党和政府(包括中央政府和地方政府)执政能力的重要指标。欧洲部分国家出现重视环境保护或者将环境保护作为纲领的政党,有些已经成为执政党。

4. 环境问题也是社会问题

这里的社会问题,包括一国的社会历史、文化、教育、宗教、信仰、风俗习惯、伦理

---

① 万以诚、万岍选编:《新文明的路标——人类绿色运动史上的经典文献》,吉林人民出版社2000年版,第10~11页。

② 参见《里约宣言》(1992年)原则七。

道德等。环境问题与一国公民的环境观念息息相关,树立爱护环境、保护自然的观念,有利于解决环境问题。

5. 环境问题日益成为国际问题

这主要表现为以下几点。第一,跨国废弃物转移。例如,位于上风口的甲国工厂排放废气,由此形成的酸雨危害了位于下风口的乙国居民的生产和生活。第二,大量排放温室气体,导致全球气候变暖、海平面上升,危及沿海地区居民的生产生活,但是主要发达国家不签署或者退出关于降低温室气体排放的国际公约。第三,海洋污染。例如,2010 年 4 月 20 日,英国石油公司的海上钻井平台发生爆炸,大量石油溢出导致墨西哥湾遭受严重污染。第四,热带雨林毁林开荒。例如,近年来位于巴西亚马孙流域的原始森林频繁发生严重火灾,引发全球关注。

综上,环境问题的产生和发展表明,它既是科学技术问题,又是经济问题,也是社会问题和政治问题。环境问题自身错综复杂,表面上是人与自然的矛盾,实质上仍然是人与人的利益冲突,这种冲突源于生态环境承载力和自然资源的有限性与人类个体欲望无限性的矛盾。①

(三)中国的环境问题

《人类环境宣言》(1972 年)指出:“保护和改善人类环境是关系到全世界各国人民的幸福和经济发展的重要问题,也是全世界各国人民的迫切希望和各国政府的责任。”我国是环境资源大国,也是环境资源问题和环境污染问题非常严重的国家。当前,“雾霾”、“沙尘暴”、水土流失、草原退化、土地荒漠化、土地沙化、地下水污染、酸雨、生物多样性锐减等问题均非常突出。从城市环境问题看,也存在城市居民用水紧张、过度抽取地下水导致的地下沉降、城市生活污水排放缺乏有效治理、生活垃圾“围城”、噪声污染等现象。

环境问题的成因,除历史问题、人口压力过重等原因外,粗放型的经济增长方式、规划布局不合理、结构性污染严重,特别是一些地方和部门以牺牲环境为代价换取经济的发展是主要原因。此外,环境保护法制不健全、执法不严、环境保护资金投入不足、环境保护产业发展滞后等也是重要原因。

三、环境问题的成因和对策

关于环境问题的成因,可谓众说纷纭,大部分环境问题涉及复杂的技术和经济问题。本书认为,环境问题的成因主要有下列四个方面。

---

① 参见吕忠梅主编:《环境法学概要》,法律出版社 2016 年版,第 209 页。

(一)工业化、城市化、人口的激增、自然资源的消耗、科技的滥用

由于现代工业的迅速发展,人口急剧膨胀,大城市以及特大城市大量增加。人类向自然界排放的污染物远远超过自然的净化能力(自净能力);大规模的开发活动消耗了有限的淡水、耕地、林木和矿产资源。“环境问题,多半是伴随着经济社会的发展而产生的,与经济活动、社会问题,尤其是人口问题和科学技术的发展有密切的关系。因为许多环境问题都是在人口急剧增长的压力下产生的,为了维持人们基本生产和生活条件,对自然资源的需求也必将增加,当人们对自然资源的需求超过环境资源的承载能力时,就会导致自然生态环境恶化和影响生态系统的良性循环。”①

(二)公众共用物问题和公地悲剧

1. 公众共用物(又称公共物品,public goods)

在自由竞争的市场经济条件下,环境资源作为一种公众共用物,往往成为少数人或者集团谋求利益最大化的牺牲品。受人为因素影响,环境质量严重退化或者人均自然资源急剧减少。

2. “公地悲剧”(the Tragedy of the Commons)

1968年,美国学者哈丁(Garret Hardin)博士在《科学》杂志上发表的《共用物的悲剧》一文提出了“公地悲剧”这一概念,他指出:设想有一片草原为共有物,每一个牧民都可以不受限制地在草原上放牧。终于有一天,牧群的数量超过草原的承载能力,这时候共有物的悲剧开始了。因为每一个牧民都在追求利益的最大化,草原则由于被超负荷的放牧承受能力逐渐降低,彻底丧失放牧的能力,最终给全体牧民带来灾难。

在某种程度上说,出现上述问题,是因为人类考虑问题时仅仅从自身的利益出发,担心自己得到的利益太少,而且没有什么回报。个体的短视行为遮蔽了长期的理性判断,造成了灾难性后果。如果缺乏清晰的产权机制和有效的管理机制,“公地悲剧”不仅是不可避免的,而且还会进一步扩大,最终将导致环境崩坏、资源消耗殆尽。

(三)市场失灵

市场失灵(Market Failure)是指市场不能正确地评估和分配环境资源,导致商品和劳动力的价格不能完全反映它们的环境成本。这主要表现为三个方面。② 第一,环境的成本外部化。这是指产品消费的环境成本由他人承担,未能通过市场得到补

① 韩德培主编:《环境保护法教程》(第8版),法律出版社2018年版,第55页。

② 参见汪劲:《环境法学》(第3版),北京大学出版社2014年版,第10~11页。

偿。原因在于,很难区分和履行对环境的所有权及其使用权,所以不存在环境(质量)价格,而产品的价格不能体现污染物的有害影响,导致出现大量的环境污染。相反,如果由排污企业承担排污造成损害的费用,则可能会减少排污数量。这种迫使工厂等承担环境和社会成本的过程叫作"外部性的内部化"(internalizaing externalities)。第二,对生态系统的价值评估过低。在环境的总体经济价值中,环境资产的直接使用价值容易定量化,它等于由资产提供的实际产品和劳务。一种资源的某些用途能够出售,但其他用途却不能出售,导致资源不能出售的那部分用途被忽略,被过度利用。第三,产权不清晰。目前对环境与自然资源的使用与管理是开放式的,但资源的环境效应无法为全体使用者所认识,导致资源的破坏。在一国范围内因缺少产权机制造成的环境与资源退化,可能破坏邻国的生态系统;一个国家在作出资源使用决策时,更容易忽视它对全球环境的效益与成本。

(四)政策因素

1. 政策失误和行政不作为

当政府的干预政策不能纠正,甚至造成市场失灵或者加剧市场失灵的,就会发生政策干预失灵。根据世界银行的统计数据,在"七五"到"九五"计划期间,我国各级政府的投资决策失误率在30%左右,资金浪费在4000亿元到5000亿元。① 有的地方政府不履行或者不完全履行环境保护责任,已经成为制约我国环境保护事业和环境保护法律实施的严重障碍。②

政府行为政策失误等主要体现在下列几个方面:第一,政府行政行为决策失误;第二,短期行为,只考虑眼前利益,缺乏长远眼光;第三,片面追求经济利益,忽视环境利益;第四,地方保护主义或者区域性保护主义,以邻为壑,转嫁环境污染;等等。③

2. 贸易自由或者保守主义

国际贸易中的关税和非关税壁垒(tariff and non-tariff barriers)也是政策干预失灵的重要组成部分,也会加剧已有的市场失灵和环境政策干预失灵。在全球经济一体化进程中,环境控制越严,就越妨碍自由贸易;自由贸易越发达,环境污染和自然破坏就会越严重。

---

① 参见郭高中、柴爱新:《谁在阻止节约型社会的建立》,载新浪新闻网:http://news.sina.com.cn/c/2005-08-30/09517630886.shtml,最后访问日期:2020年7月28日。

② 参见吕忠梅主编:《环境法学概要》,法律出版社2016年版,第210页。

③ 参见陈泉生主编:《环境法学》,厦门大学出版社2008年版,第43页。

第三节 环境保护

一、环境保护及其相关概念

(一)环境工作和环境保护

环境工作包括合理开发利用自然资源、环境保护保育、环境生态建设和环境资源管理等。环境保护是指为了协调人与自然的关系、促进生态文明建设、保护环境不受污染或者破坏、保障经济社会的可持续发展,改善被污染的环境,维持和营造舒适的环境所进行的有关保护、改善和合理开发、利用环境、资源和生态系统,防治环境、资源和生态系统的污染和破坏的各种活动的总称。

狭义的环境保护仅指保护和改善环境,广义的环境保护则涵盖对环境或者资源的合理开发利用和保护改善。环境开发、利用是指改变生物圈,并将这种改变运用到生物和非生物资源等各方面,满足人类的需要,并改善人类生活的质量。不难看出,对环境的开发、利用强调环境对人类的有用性;对环境的保护、建设、改善,则强调维护良好生态环境对人类的生存与发展的重要性。

(二)环境行为

根据环境行为对环境的影响,可以将环境行为分为三类。第一类是对环境、资源和生态产生好的、积极的、有利的影响和作用的环境行为,可以称为“环境友好行为”“绿色行为”。第二类是对环境、资源和生态产生不好的、消极的、不利的影响和作用的环境行为,可以称为“环境有害行为”“黑色行为”。第三类是处于中间状态、一时好坏难辨的行为,可以称为“灰色行为”。环境保护就是鼓励、刺激、促进“环境友好行为”,正确处理、协调和引导“灰色活动”,并预防、减少和消除“黑色行为”。①

(三)国土整治

根据《国务院转批国家建委关于开展国土整治工作报告的通知》(1981年10月)的规定,国土整治包括考察、开发、利用、治理、保护相互关联的五个方面的工作。根据《中共中央关于全面深化改革若干重大问题的决定》(2013年11月)、《中共中央、国务院关于加快推进生态文明建设的意见》(2015年4月)、《生态文明体制改革总体方案》(2015年9月)的规定,国土空间的规划、开发、利用、管理和美丽城镇乡村建设

① 参见蔡守秋主编:《环境资源法教程》(第3版),高等教育出版社2017年版,第14页。

已成为国土工作或者国土整治的主要内容。

二、环境保护的内容和特点

（一）环境保护的内容

环境保护的对象是环境资源，环境保护离不开环境，离不开人与自然的关系，必须正确认识和妥善处理人与环境的矛盾。环境保护就是利用各种方式方法，协调人与自然的关系，解决人与环境的矛盾，促进人与自然的和谐共存。环境保护包括四项内容：第一，合理开发利用环境资源；第二，保护和改善生活环境和生态环境；第三，防治环境污染和环境破坏；第四，治理和建设环境等。

（二）环境保护的特点

环境保护主要有下列特点。

第一，环境保护具有公益性和社会性。“绿水青山就是金山银山！”环境保护工作“功在当代，利在千秋”，不仅有利于本国，也对其他国家有益。

第二，由于环境问题的综合性、复杂性，环境问题涉及全社会乃至于全球各个领域，涉及人（企业）与人（企业）的关系、个人（企业）与国家的关系、政府各部门之间的关系，乃至于国家之间的关系，环境保护具有综合性、广泛性、跨部门学科性。

第三，环境保护具有长期性、战略性和基础性。环境是人类生存发展的前提和基础，人类与环境的矛盾是社会的基本矛盾之一。保护环境是我国的基本国策。

第四，科学技术是第一生产力。环境问题的解决，归根结底也要依靠科学技术。环境保护具有科学性、技术性。

第五，环境问题既有全球性，也有一定的地域性，不同地区的环境问题存在明显的地区差别，保护环境也应当因地制宜。

三、我国的环境保护

进入20世纪80年代以后，各国越来越重视环境保护。例如，1992年召开的联合国环境与发展大会通过和签署了5个重要的环境资源保护文件。① 这里仅讨论中华人民共和国成立后的环境保护问题。

（一）环境保护的初创时期

初创时期是从中华人民共和国成立到1973年全国第一次环境保护会议召开。在这一阶段，环境立法重点是自然资源的保护，其次是防止破坏环境，以及治理环

① 这五份文件分别是：《里约宣言》、《21世纪议程》、《关于森林问题的原则声明》、《联合国气候变化框架公约》和《联合国生物多样性公约》。

境污染。1956年3月,原国家建设委员会和卫生部联合颁布了《工业企业设计暂行卫生标准》,这是当时专门针对环境污染防治的唯一的、非强制性的技术规范。1972年6月,我国政府派代表团参加了在斯德哥尔摩召开的联合国人类环境会议。

(二)环境保护的艰难发展阶段

艰难发展阶段是从1973年召开全国第一次环境保护会议到1978年党的十一届三中全会召开。在这一阶段,国家制定和颁布了一批新的环境标准,颁布了一批新的环境法律法规。1973年8月,国务院召开了第一次全国环境保护会议,会后国务院批准了《关于保护和改善环境的若干规定》。1973年11月,原国家计委、国家建委、卫生部联合颁布《工业"三废"排放试行标准》。1978年3月,我国颁布的《宪法》第11条第3款规定:"国家保护环境和自然资源,防治污染和其他公害。"

(三)环境保护的完善阶段

环境保护的完善阶段是从1978年党的十一届三中全会召开至今。在这一阶段,全国人大常委会、国务院以及环境保护主管部门出台了大量环境法律法规和部门规章,环境保护法律体系初步形成,并进一步完善。

1. 环境法律法规

1979年9月13日,第五届全国人大常委会第十一次会议原则通过《环境保护法(试行)》。1984年年底,国务院召开第二次全国环境保护会议,首次提出"保护环境是一项基本国策"。根据会议精神,国务院在1984年5月发布《关于环境保护工作的决定》。1985年,国务院召开了第一次全国城市环境保护工作会议。1988年9月,国务院环境保护委员会发布了《关于城市环境综合整治定量考核的决定》和《全国城市环境综合整治定量考核实施办法(试行)》。1989年4月,国务院召开了第三次全国环境保护会议,提出要积极推行环境保护目标责任制、城市环境综合整治定量考核制、排放污染物许可证制、污染集中控制、限期治理、环境影响评价制度、"三同时"制度、排污收费制度等8项环境管理制度,基本确立了环境保护"以城市为主、以工业污染控制为主"的格局。① 1989年12月26日,第七届全国人大常委会第十一次会议通过《环境保护法》。1992年6月,我国政府派代表出席了联合国环境与发展大会,并签署《联合国气候变化框架公约》和《生物多样性公约》。1994年3月,我国政府批准发布了《中国21世纪议程——中国21世纪人口、环境与发展白皮书》。

① 参见吕忠梅:《〈环境保护法〉的前世今生》,载《政法论丛》2014年第5期。

2013 年 9 月，国务院发布了《大气污染防治行动计划》。2014 年 4 月，第十二届全国人大常委会第八次会议通过新修订的《环境保护法》(2015 年 1 月 1 日施行)。该法第 4 条第 1 款规定："保护环境是国家的基本国策。"2015 年 4 月，国务院发布了《水污染防治行动计划》。2015 年 8 月，第十二届全国人大常委会第十六次会议对《大气污染防治法》进行了第三次修订。2018 年 8 月，第十三届全国人大常委会第五次会议通过《土壤污染防治法》。2018 年 10 月，第十三届全国人大常委会第六次会议对《大气污染防治法》《循环经济促进法》等进行修订。2018 年 12 月，第十三届全国人大常委会第七次会议对《环境影响评价法》进行修订。2020 年 4 月，第十三届全国人大常委会第十七次会议对《固体废物污染环境防治法》进行修订。2019 年 8 月 26 日，第十三届全国人大常委会第十二次会议对《土地管理法》进行修正。

2. 党中央的工作报告

需要注意的是，自党的十六大以来，党中央的工作报告明确提出重视环境保护问题。例如，党的十六届五中全会将"生态文明"纳入建设"资源节约型社会"和"环境友好型社会"的目标。党的十七大报告将生态文明建设作为全面建设小康社会的新要求，提出"建设生态文明，基本形成节约能源资源和保护生态环境的产业结构、增长方式、消费模式"。党的十八大报告明确提出，"必须树立尊重自然、顺应自然、保护自然的生态文明理念，把生态文明建设放在突出地位，融入经济建设、政治建设、文化建设、社会建设各方面和全过程"。

党的十九大报告提出，在十八大以来的 5 年间，"生态文明建设成效显著。大力度推进生态文明建设，全党全国贯彻绿色发展理念的自觉性和主动性显著增强，忽视生态环境保护的状况明显改变。生态文明制度体系加快形成，主体功能区制度逐步健全，国家公园体制试点积极推进。全面节约资源有效推进，能源资源消耗强度大幅下降。重大生态保护和修复工程进展顺利，森林覆盖率持续提高。生态环境治理明显加强，环境状况得到改善。引导应对气候变化国际合作，成为全球生态文明建设的重要参与者、贡献者、引领者"。同时，也要认识到，"生态环境保护任重道远"。为此，必须认识并做到，"坚持人与自然和谐共生。建设生态文明是中华民族永续发展的千年大计。必须树立和践行'绿水青山就是金山银山'的理念，坚持节约资源和保护环境的基本国策，像对待生命一样对待生态环境，统筹山水林田湖草系统治理，实行最严格的生态环境保护制度，形成绿色发展方式和生活方式，坚定走生产发展、生活富裕、生态良好的文明发展道路，建设美丽中国，为人民创造良好生产生活环境，为全球生态安全作出贡献"。

党的十九大报告在第九部分“加快生态文明体制改革,建设美丽中国”对环境保护工作进行了详细阐述,具体包括推进绿色发展、着力解决突出环境问题、加大生态系统保护力度和改革生态环境监管体制等四个方面,①此处不赘。

① 参见习近平:《决胜全面建成小康社会　夺取新时代中国特色社会主义伟大胜利——在中国共产党第十九次全国代表大会上的报告》(2017 年 10 月 18 日),新华社北京 10 月 27 日电。

第二章　环境法的概念、发展演变、体系和适用范围

第一节　环境法的概念、特点、目的和任务

一、环境法的概念

(一)环境法的名称和概念之争

1. 为什么称为“环境法”

关于环境法的名称,主要有“环境法”“环境资源法”“生态法”“环境与资源保护法”“环境保护法”“自然资源法”“污染控制法”“公害法”等。

环境法规制环境问题的范围是一个不断拓展、扩张的过程。在第一次工业革命后,环境问题主要是工业污染,因此,20 世纪后半期的环境法主要是“污染控制法”。随着科技的进一步发展和人类改造自然、利用自然的能力提高,环境法的调整范围既包括“环境保护”“污染控制”,也包括“自然资源保护”“生态保育”。相对而言,以“环境法”命名有最大的包容性,可以容纳环境问题发展变迁对法律提出的制度规则需求。①

2. 各国环境法名称和概念的差异

受法律传统、文化和环境问题等的影响,各国环境法的名称及其内容也存在差异。

(1)英美法系国家。在英美法系,通常并不重视环境法(environmental law)的定义。例如,美国学者认为,“环境法由为同污染、滥用和忽视空气、土地和水资源作斗争而设计的法律战略和程序所组成”。“环境法是关于自然和人类免遭不明智的生产和发展的后果之危害的法规、行政条例、行政命令、司法判决和公民和政府求助于这些法律时所凭借的程序性规定。”②英国学者则认为,环境法是“有关环境的三个媒

① 参见吕忠梅主编:《环境法学概要》,法律出版社 2016 年版,第 41 页。

② 参见王曦:《美国环境法概论》,武汉大学出版社 1992 年版,第 59 ~ 60 页。

介即土地、空气和水的使用、保护和存续的法律,其中主要是有关环境管理(主要通过国家机关)的法律和调整因故意或者其他破坏侵害行为造成的损失及其后果等责任的法律"。①

(2)大陆法系国家。例如,德国学者将环境法分为广义和狭义两个层面。狭义的环境法主要包括风景保护法、水资源法、土地法、公害防治法、放射性防治法、垃圾法、危险物品法和气候保护法;广义的环境法是指一切与环境有关的法律规范的总称,除了狭义的环境法,还包括与其他法律部门交叉的规范,如环境宪法、环境行政法、环境刑法、欧洲环境法、国际环境法等。② 日本环境法的概念可以分为广义和狭义两个层面。其中,广义的环境法是指以公害、环境问题为对象而形成和发展起来的法律规范的总称,包括与环境问题本身有密切关系的人口、产业、开发、能源、资源等法律,以及与人类生活、生产有关的所有法律;狭义的环境法则是指直接以环境保护为目的的法律,即以环境保护为主要内容的法律。在第二次世界大战之后,大规模发展工业和建筑业等,导致严重的环境污染,日本在20世纪六七十年代出现了骨痛病、水俣病等大规模公害事件。日本环境法以"公害法"(Law of Public Nuisance)的方式应运而生。1967年8月,日本制定了《公害对策基本法》。其后,日本环境保护逐渐由"公害防治"转向以自然和环境为中心,先后制定了《自然环境保全法》(1972年)、《环境基本法》等。

3. 我国环境法的概念

我国环境法是由国家制定或者认可的,并由国家强制力保证实施的,在环境资源的开发、利用、保护、改善及其管理等过程中,通过防止自然环境破坏,防止环境污染,保护环境与资源,维护生态平衡,促进人与自然的和谐发展的,调整环境社会关系的法律规范的总称。

这个概念主要包括下列几个方面的含义:第一,环境法是由国家制定或者认可的,并由国家强制力保证实施的法律规范;第二,环境法的目的是通过防止自然环境破坏和环境污染,保护环境与资源,维护生态平衡,促进人与自然的和谐发展;第三,环境法调整的对象是环境社会关系;第四,环境法的内容包括环境资源的开发、利用、保护、改善及其管理等。

(二)环境法是否为独立的法律部门

关于环境法是否为独立的法律部门,现在似乎已经没有太大的争议。其理由主

---

① 参见高家伟:《欧洲环境法》,中国工商出版社2000年版,第6页。

② 同上书,第8~9页。

要有下列几点：第一，环境法具有特定的调整对象；第二，环境法的产生、发展具有特定原因；第三，环境法有特定的目的、任务和功能；第四，环境法具备作为独立法律部门的体系、规模和地位；等等。

笔者认为，环境法之所以具有独立性，主要与其他部门法诸如民法、行政法、刑法等无法全面、充分地满足解决环境问题的需求有关。

1. 民法不足以有效解决环境问题。这主要表现在：第一，民法某些基本原则不能适用于环境问题。例如，民法坚持私法自治原则，但是环境属于公用物，如果彻底采取私法自治原则，坚持个人本位，将无法有效解决环境污染问题。第二，民法某些基本制度不能适用于环境问题。例如，民法坚持绝对所有权原则，而环境具有公共性，如果环境领域采取绝对所有权制度，对于行为人侵害环境的问题将得不到有效解决。第三，就环境污染案件而言，大多属于生产生活的"副产品"，行为人主观上没有过错，如果采用民法上的过错责任原则，将难以预防环境污染，并有效惩罚侵权行为人。

2. 行政法不足以有效解决环境问题。这主要表现在：第一，传统行政法重在调整行政权的取得、行使等，对行政权的行使进行严格的限制与控制。但是，环境问题复杂多样，需要政府运用行政权对环境领域进行积极的、充分的、有效的干预。第二，传统行政法重在对行政相对人进行管制，但要解决环境问题，更强调进行管理。第三，环境管理需要重视公众参与，强调政府与公众的沟通与协调，而传统行政法强调行政单方干预，难以适应这一要求。

3. 刑法不足以有效解决环境问题。这主要表现在：第一，刑法对人身权和财产权的保护，侧重经济性判断，但是，自然环境的价值不限于经济价值，还包括生态价值。刑法对环境资源的保护不够全面。第二，刑法通过调整侵害人身权和财产权行为，对公民的人身权和财产权进行保护。但是，在环境领域，污染与破坏环境资源的行为是通过侵害环境进而侵害公民的人身权和财产权。刑法对环境问题的调整方法无法适应环境资源保护的需要。第三，刑法强调对侵害环境行为进行事后救济，不能契合环境保护的事前预防和过程控制的需要。为此，刑法已经开始进行调整，如将"重大环境污染事故罪"由实害犯、过失犯修正为"污染环境罪"这种危险犯、故意犯罪。

二、环境法的特点

环境法主要具有调整范围的广泛性、法律规范构成的科学技术性、保护方法的综合性、保护法益的社会性（公益性）以及管理手段的计划性等特点。

（一）调整范围的广泛性

调整范围的广泛性包括法律主体的广泛性、调整对象的广泛性和调整内容的广泛性。关于环境法的调整范围，存在不同观点。例如，汪劲教授认为："环境法的调整对象是人类的环境利用关系,所要控制的是可事前预见的人为原因导致的环境污染和自然破坏。而以预防事前不可预见、不能克服和不能避免的自然灾害为目的,或者以自然灾害之后实施环境恢复或者重建等为目的的法律规范,理论上都不属于环境法的范畴。"①曹明德教授认为,环境法是调整有关环境与资源的开发、利用、保护和改善的社会关系的法律规范的总称,具体包括环境保护法、污染防治法、生态保护法、自然资源法以及与自然资源保护密切相关的其他法律法规。②

在表述方法上,汪劲教授的观点采用了抽象概括的方式,曹明德教授的观点则采取了逐一明文列举的方式。众所周知,抽象概括的方法在调整范围上具有足够的张力,能有效涵摄更大的范围,但存在不够明确的问题;采用列举方法则较明确,但往往存在列举不全的问题。

实际上,可以将二者结合起来,环境法不是单纯调整人与人之间的社会关系,而是通过调整一定领域的社会关系来促进对人与自然关系的协调。具体来说,第一,关于判断环境法的调整范围的内在标准,借鉴汪劲教授的观点,采用抽象概括的方法,将环境法的调整范围界定为"人类在从事环境利用行为过程中形成的环境利用关系"。第二,关于环境法的调整范围,借鉴曹明德教授的观点,主张环境法主要包括"环境保护法、污染防治法、生态保护法、自然资源法以及与自然资源保护密切相关的其他法律法规"。第三,从消极或者否定的侧面看,尽管"以预防事前不可预见、不能克服和不能避免的自然灾害为目的,或者以自然灾害之后实施环境恢复或者重建等为目的的法律规范"也与环境有关,但不宜纳入环境法的调整范围。

(二)法律规范构成的科学技术性

与其他部门法相比,环境法需要利用科学和技术以预测和调整人类环境利用行为所导致的人与人、人与自然之间的不良后果,并直接依据自然规律确立行为模式和法律后果模式。环境法体系和环境法执法过程中涉及大量的技术规范、操作规程、环境标准、控制污染的各种工艺技术等。具体来说,环境法根据科学技术以及科学推理的结论确立行为模式和法律后果。环境法根据自然科学规律特别是生态规律确立协调人与自然关系的法律准则。环境保护法离不开自然科学和科学技术。

(三)保护方法的综合性

从形成基础看,环境法是以法学和环境科学为基础,是关系环境资源保护的部门法和有关自然科学相互交叉、渗透的产物。环境法的保护方法之所以具有综合性,主

---

① 汪劲:《环境法学》(第3版),北京大学出版社2014年版,第23页。

② 参见曹明德主编:《环境与资源保护法》(第3版),中国人民大学出版社2016年版,第9页。

要是因为：第一，环境问题的成因与人类社会的生产生活休戚相关，涉及环境利用关系的多种主体。第二，环境要素的关联性和动态性，要求人类适应生态系统的演变，并及时调整环境立法与政策的目标。第三，环境损害的永久性和不可逆转性，要求立法者和执法者在立法和执法过程中充分考虑决策对环境的长期的和间接的影响。①

环境法保护方法的综合性主要表现为：第一，从环境法的体系看，既包括环境保护单行法律法规，也包括其他部门法中有关环境保护的法律规范；第二，从环境法的内容看，既有实体法规范，也有程序法规范（主要是各种行政程序）；第三，从环境法律的渊源看，环境政策经常以指导性规范的形式出现在环境利用领域，以弥补法律的抽象性和局限性存在的问题；第四，从环境法律的实施看，既有司法方法，也有行政管理方法，还大量使用经济、技术等方法。②

（四）保护法益的社会性

全球生态系统是一个整体，不以国界、边界等人为的划分而分割。即便是在一国内，环境污染或者对自然资源的破坏，侵害的也不仅是某一个人或者某一个阶层的利益，而是所有人群的利益。因此，环境法主要是解决人类同自然的矛盾，不直接反映阶级利益的对立和冲突。③“环境法理念的出发点更多源于保护全人类的共同利益和保护人类生存繁衍基础的生态利益，以实现人类社会、经济可持续发展的目标。”④“环境法体现了社会整体利益；环境法的最终目的就是要保护人类的环境利益，维护生态平衡。”⑤

环境法律保护法益的社会性或者公益性，要求各国之间加强协调，重视风险预防。例如，《联合国气候变化框架公约》（1992 年）规定：“各缔约方应当采取预防措施，预测、制止或尽量控制气候变化并缓解其不利影响。当存在造成严重或不可逆转的损害的威胁时，不应当以科学上没有完全的确定性为理由推迟采取这类措施，同时考虑到应付气候变化的政策和措施应当讲求成本效益，确保以尽可能最低的费用获得全球效益。”

（五）管理手段的计划性

各国在进行环境和资源保护与管理过程中，普遍重视制订与实施环境计划。例

---

① 参见汪劲：《环境法学》（第 3 版），北京大学出版社 2014 年版，第 27～28 页。

② 同上书，第 28 页。

③ 参见金瑞林、汪劲：《20 世纪环境法学研究述评》，北京大学出版社 2003 年版，第 54 页。

④ 汪劲：《环境法学》（第 3 版），北京大学出版社 2014 年版，第 28 页。

⑤ 吕忠梅主编：《环境法原理》（第 2 版），复旦大学出版社 2017 年版，第 122 页。

如,美国《国家环境政策法》规定,联邦政府有责任采取一切切实可行,并与国家政策的其他基本考虑相一致的措施,改进并协调联邦的计划、职能、方案和资源[第101条(b)]。日本《环境基本法》第17条规定,为了谋求综合而有计划地推进有关环境保护的政策,政府应当制订有关环境保护的基本规划(第15条)。内阁总理大臣可以就符合下列任何一项的地区,向有关都、道、府、县知事指明在其地区应当实施的有关公害防治政策的基本方针,指示制订与政策有关的计划。

我国也非常重视制订和实施环境保护计划。我国的环境保护计划主要包括:第一,国家层面的国民经济和社会发展五年计划中的环境保护篇章;第二,国家层面的国民经济和社会发展五年计划中的生态建设和环境保护重点专项规划;第三,国家环境主管部门发布的环境保护计划;第四,国务院各主管部门发布的土地利用规划、城市规划、资源利用与开发建设规划等。例如,《环境保护法》第13条规定,县级以上政府应当将环境保护工作纳入国民经济和社会发展规划。国务院环境保护主管部门会同有关部门,根据国民经济和社会发展规划编制国家环境保护规划,报国务院批准并公布实施。县级以上地方政府环境保护主管部门会同有关部门,根据国家环境保护规划的要求,编制本行政区域的环境保护规划,报同级政府批准并公布实施。环境保护规划的内容应当包括生态保护和污染防治的目标、任务、保障措施等,并与主体功能区规划、土地利用总体规划和城乡规划等相衔接。

三、环境法的目的

(一)环境法的目的二元论(多元论)与一元论

环境立法的目的是立法者拟通过实定法实现的环境保护理想和目标。如何界定我国环境法的目的,是一个非常重要的问题。综观世界各国环境法的立法目的,大致可以分为目的二元论(多元论)和目的一元论,并呈现一种从目的二元论、多元论向一元论发展的趋势。

1. 目的二元论(多元论)

目的二元论(多元论)认为,从环境法的具体规定看,环境法的目的可以分为直接目的与终极目的。直接目的是协调人与环境的关系,保护和改善环境。终极目的则包括两个方面:保护人群健康与保障经济社会发展。目前,多数国家主张环境法的终极目的首先是保护人的健康,其次是促进经济社会持续发展。例如,日本《公害对策基本法》(1967年)第1条第1款规定:"本法是为了明确企业、国家和地方公共团体对防治公害的职责,确定基本的防治措施,以全面推行防治公害的对策,达到保护国民健康和维护其生活环境的目的。"第2款规定:"关于前款所规定的保护国民健康和维护生活环境,是与经济健全发展相协调的。"

2. 从目的二元论(多元论)转向目的一元论

目的一元论认为,环境法仅应该以保护环境或者保障人体健康为唯一目的。例如,在前述日本《公害对策基本法》(1967年)颁布之后,企业界以优先经济发展作为污染行为的挡箭牌,导致环境问题愈加严重。学者和公众对立法提出了强烈批评。为此,日本国会在1970年对该法进行了修订,删除了第2款,将"保护国民健康和维护其生活环境"作为该法的唯一目的。1992年6月,"可持续发展"(substainable development)战略得到了联合国环境与发展大会的确认,①对日本环境法产生了很大影响。日本于1993年颁布的《环境基本法》根据这一战略对该法的目的进行了调整。该法第4条将立法目的规定为:"必须以健全经济发展的同时实现可持续发展的社会构筑为宗旨,实现将社会经济活动以及其他活动造成对环境的负荷减少到最低限度,其他有关环境保全的行动由每个人在公平的分配负担下自主且积极的实行,既维持健全丰惠的环境,又减少对环境的负荷。"因此,目前日本环境法坚持了"目的一元论"。

(二)国际环境法的立法目的

在不同阶段,国际环境法的立法目的有所不同。第一个阶段是为了当代人类自身利益的环境保护阶段。从19世纪后半期看,国际环境立法的目的是确保人类对天然资源的开发、利用权和确保资源的最大效用。这一阶段的环境保护理念是功利主义思想,其特点是将自然保护局限于人类中心主义观念,即便对回避动物痛苦的要求以及提倡的环境管理方法都是基于当代人的利益作出的。② 第二阶段是包含未来世代人类利益的环境保护阶段。从20世纪40年代末期开始,国际环境立法的目的出现保护未来世代人类利益的发展趋势。例如,《国际捕鲸管制公约》(1946年)的序言是"保护鲸类及其后代丰富的天然资源,是全世界各国的利益"。其后,《人类环境宣言》(1972年)和《里约宣言》(1992年)等将人类应当保护全体生物圈、衡平世代之间的利益和可持续发展载入序言的目的条款和基本原则。上述宣言超越了以往仅保护对经济有益的环境要素的理念,承认环境要素之间不仅是相互依存的,并且,这

---

① 为什么"可持续发展"战略的提出如此重要?第一,可持续发展理念的提出是具有颠覆性的,至少在1990年之前,经济发展计划往往导致不必要的环境破坏,发展经济被认为与环境保护是不可能兼容的。第二,可持续发展要求同时关注代内公平(当代人之间的公平,如发展中国家与发达国家之间的公平)和代际公平(不仅考虑当代人的生存与发展,也要考虑次时代以及未来世代),要求兼顾当前利益和长远利益。第三,可持续发展战略在某种程度上否定了之前的"经济发展可以一劳永逸的解决所有问题"的主张,要求调整经济发展方式,甚至对经济发展速度进行适度限制。

② 参见[日]山村恒年等编:《自然的权利》,信山社1996年版,第89页。

种依存关系不受国界以及地理学界限的限制。

(三)我国环境法的立法目的

从我国的环境立法看,传统上坚持目的二元论。例如,《环境保护法》(1989年)第1条规定,为保护和改善生活环境与生态环境,防治污染和其他公害,保障人体健康,促进社会主义现代化建设的发展,制定本法。《大气污染防治法》(2000年)第1条也规定该法的立法目的是,防治大气污染,保护和改善生活环境和生态环境,保障人体健康,促进经济和社会的可持续发展。但是,由于环境法的立法目的中表达了强烈的对经济发展的追求,在环境法实施中,一旦遇到环境利益与经济利益相矛盾的情况,一般都会选择经济发展优先。

或许是意识到上述问题,2014年修订的《环境保护法》第1条规定:"为保护和改善环境,防治污染和其他公害,保障公众健康,推进生态文明建设,促进经济社会可持续发展,制定本法。"2018年修订的《大气污染防治法》第1条规定:"为保护和改善环境,防治大气污染,保障公众健康,推进生态文明建设,促进经济社会可持续发展,制定本法。"从上述立法看,我国环境法的立法目的正在由目的二元论转向目的一元论。

从理论层面看,关于环境法的目的也存在不同观点。例如,金瑞林教授等认为,环境法的目的分为两种:一是基础的直接的目标,即协调人与环境的关系,保护和改善环境;二是最终的发展目标,包括保护人群健康和保障经济社会可持续发展两个方面。[①] 吕忠梅教授认为,环境法的目的可以分为两个层次:第一个层次是直接目的,即保护和改善环境,保障公众健康;第二个层次是终极目的,即推进生态文明建设,促进经济社会可持续发展。[②]

综观国内外的环境立法以及我国当前的形势,环境污染和生态破坏已经成为影响我国公众健康的重要原因,也是制约我国经济社会持续发展的关键因素。这就要求环境法必须以保护公众的健康为最根本的目的。我国环境法的立法目的有两个:其一,"保护和改善环境,防治污染和其他公害",这是基础的、直接的目标;其二,"保障公众健康,推进生态文明建设,促进经济社会可持续发展",这是最终的发展目标。当然,环境基本法、环境污染防治法和自然资源保护法等之间在具体立法目的上存在差异,如表2-1所示:

---

① 参见金瑞林主编:《环境法学》(第4版),北京大学出版社2016年版,第18页。

② 参见吕忠梅主编:《环境法原理》(第2版),复旦大学出版社2017年版,第30~31页。

表 2－1　不同类型环境立法目的与规范特征比较①

<table>
<tr><th>类　型</th><th>立法目的</th><th>规范特征</th></tr>
<tr><td>环境基本法</td><td>1. 确立公众的环境权；
2. 衡平环境利益与经济利益的关系；
3. 确立国家环境政策目标和政府责任；
4. 确立环境保护的基本原则和基本制度；
5. 确立其他法律与本法规定不一致时的法律适用规则</td><td>1. 宣示环境政策；
2. 指导法律适用；
3. 指导单行法律的制定；
4. 弥补法律漏洞</td></tr>
<tr><td>环境污染防治法</td><td>1. 控制、减少或者消除环境污染和公害；
2. 调整环境容量利用关系；
3. 制裁违法排污行为；
4. 救济环境污染损害；
5. 保障公众人身财产安全</td><td rowspan="2">1. 调整环境利用关系；
2. 规制开发利用行为；
3. 对自然资源利用行为和侵害行为进行规制和救济</td></tr>
<tr><td>自然资源与生态保护法</td><td>1. 保护生态系统外在价值、内在价值；
2. 维护生态系统原生状态；
3. 调整资源开发利用关系；
4. 制裁违法开发利用行为；
5. 救济破坏自然资源行为；
6. 保障公众自然环境享受权</td></tr>
</table>

四、环境法的任务

环境法的基本功能是调整因环境资源开发、利用、保护、改善及其管理所发生的环境社会关系，具体包括人与自然的关系，以及与环境资源有关的人与人之间的关系。关于环境法的任务，则可以分别从宪法规定、环境保护法和单行法律法规的规定进行考察。

1. 从宪法层面看，我国《宪法》第 26 条第 1 款规定："国家保护和改善生活环境和生态环境，防治污染和其他公害。"第 9 条第 2 款规定："国家保障自然资源的合理利用，保护珍贵的动物和植物。禁止任何组织或者个人用任何手段侵占或者破坏自然资源。"第 10 条第 5 款规定："一切使用土地的组织和个人必须合理地利用土地。"

2. 从环境保护基本法和单行法律法规看，我国《环境保护法》第 1 条规定："为保护和改善环境，防治污染和其他公害，保障公众健康，推进生态文明建设，促进经济社会可持续发展，制定本法。"我国《海洋环境保护法》第 1 条规定："为了保护和改善海洋环境，保护海洋资源，防治污染损害，维护生态平衡，保障人体健康，促进经济和社会的可持续发展，制定本法。"

---

① 参见汪劲：《环境法学》（第 3 版），北京大学出版社 2014 年版，第 25 页。

综上,环境法的任务可以概括为三个方面:第一,合理利用环境,防止环境污染和生态破坏;第二,建设一个清洁适宜的环境,保护人民健康;第三,协调环境与经济、社会发展的关系,实现可持续发展。

第二节 环境法的发展演变

一、国外环境法的发展演变

环境法的产生、发展与环境保护的发展进程息息相关。由于欧美各国率先完成了工业革命和现代科技革命,不仅生产效率得到极大提高,也深刻改变了各国的生产和生活方式,引发一系列的包括环境问题在内的社会问题。近代意义上的环境法最早起源于工业发达国家,大致经历了产生、发展、完善三个阶段。

(一)古代环境法的发展概况

古代环境法发展于第一次工业革命之前。这一阶段环境法的特点主要有:第一,有关法律法规的立法目的不是应对“环境问题”和保护环境,保护环境仅仅是立法的“反射效果”;第二,有关环境的法律法规是零散的,缺乏体系性。

(二)近代环境法的发展概况

近代环境法的发展从第一次工业革命开始,到第二次世界大战结束。这一阶段环境法的特点主要有:第一,没有出现直接针对整体意义上的“环境问题”、以环境保护为立法目标的法律;第二,为应对工业化、城市化进程和人口集中带来的城市问题,出现了以保护城市环境卫生为目的、客观上能够规制局部环境污染和区域性环境污染的法律法规;第三,开始制定保护环境的单行法律法规。

(三)现代环境法的发展概况

现代环境法的发展从第二次世界大战之后至今。现代环境法可以分为两个阶段。第一个阶段是所谓“斯德哥尔摩时期”的环境法,即第二次世界大战之后至20世纪80年代。典型事例主要有:“八大公害事件”、[①]联合国人类环境会议(1972年)

---

① “八大公害事件”是指:第一,1930年,比利时马斯河谷工业区发生的大气污染事件;第二,20世纪40年代,美国洛杉矶发生的光化学烟雾事件;第三,1948年,美国宾夕法尼亚州多诺拉镇发生的光化学烟雾事件;第四,1952年,英国伦敦发生的毒雾事件;第五,20世纪50年代,因重金属污染发生在日本的三次公害事件,分别是熊本水俣病事件、新泻水俣病事件和富山骨痛病事件;第六,20世纪60年代,发生了大气污染,造成四日市哮喘病事件,以及爱知县多氯联苯污染造成的“米糠油”事件;等等。

等。第二个阶段是所谓“可持续发展时期”的环境法，即 20 世纪 80 年代至今。

这一时期环境法的特点主要有：第一，环境问题已经成为世界性问题，各国开始重视环境立法，立法目的、立法价值和立法规律等具有共通之处，一国的环境法制度得到其他国家的认同和借鉴；第二，环境立法坚持问题导向，以环境保护为目的和价值标准，直接应对环境问题；第三，出现环境保护领域的基础法和综合性环境立法，环境法成为独立的法律部门；第四，环境法律体系的构成和内涵处于不断发展变化之中。

1. 美国的环境立法

尽管美国属于判例法系，但是在环境法领域制定了大量的成文法。这在某种程度上说明环境法具有特殊性。例如，1948 年，制定了《水污染控制法》（从 1952 年到 1970 年经过 5 次修订），向州提供联邦资金，发展污染控制计划。1955 年，制定了《空气污染控制法》，敦促各州采取措施控制空气污染。1964 年，制定了《荒野法》（The Wilderness Act）。1965 年，制定了《土地和水资源保护法》（The Land and Water Conservation Act）。1969 年，颁布了《国家环境政策法》，首次针对所有的联邦机关，使环境保护成为联邦机关的职责。1970 年，前述《空气污染控制法》（1955 年）改称《清洁空气法》（The Clean Air Act），后分别于 1977 年和 1990 年进行修订。1972 年，制定了《清洁水法》（The Clean Water Act）。1976 年，制定了《固体废物处置法》（The Resource Conservation and Recovery Act）（该法于 1984 年进行修订，更名为《资源保护回收法》）。诸如此类。上述立法构成了美国的环境保护法律体系。

20 世纪 80 年代，美国的环境立法又有新的发展。1984 年，美国通过了《危险和固体废物修正案》；1986 年，制定了《综合环境法响应、补偿和责任法》（又称《超级基金法》），针对弥补整治修复化学品泄漏的土地进行立法，该法不仅建立了土地修复基金，以弥补污染土地修复成本，而且规定了连带责任制度。

为回应在印度发生的美国企业化学品泄漏致多人死伤的“博帕尔事件”，美国在 1986 年通过了《应急预案和社区知情权法》，建立了企业信息公开和环境与健康风险沟通制度。为应对石油泄漏事故，1990 年颁布了《石油污染法》。1990 年，通过了《1970 年清洁空气法修正案》，将温室气体作为空气污染物纳入法律监管。1996 年，修订了《安全饮用水法》。

2. 日本的环境立法

由于日本在第二次世界大战之后致力于恢复、发展经济，给环境带来严重影响和破坏。进入 20 世纪 50 年代后，相继发生了以骨痛病、水俣病、哮喘等为典型的公害事件。为此，日本出台了多部治理公害的法律。如 1959 年的《水质综合保护法》和

《工厂排水法》,1962年《煤烟控制法》,1967年《公害对策基本法》。

在1970年召开的日本第64届国会上,通过了14部环境法律,内容涉及公害基本对策、费用负担、海洋污染、水质污染、大气污染、农地污染、噪声控制、废物处理、公害犯罪、下水道、农药、自然公园、毒品及剧毒物品、道路交通等。之后,日本相继制定了《环境厅设置法》《公害等调整委员会设置法》《关于特定工厂整备防治公害组织的法律》《自然环境保全法》《公害健康损害补偿法》《恶臭防止法》等,形成了以公害治理为特色的环境法律体系。

进入20世纪70年代后,由于依然沿用"产业优先"的环境立法指导思想,在经济发展停滞的压力下,日本的公害防治法律制度与政策出现反复,陷入停顿,甚至倒退,在立法和司法上放宽了对污染者的限制。

在20世纪90年代,日本环境法制走出停滞、倒退时期,进入完善期。标志性事件是在1993年颁布了《环境基本法》,使环境法制在通往"可持续发展"的道路上迈出重要的一步,形成了以可持续发展为指导的环境法体系。

3. 英国的环境立法

英国现代意义上的环境法出现在工业革命后,但最初大多是针对特定的污染事故而立法,缺乏系统性,如《制碱法》、因1952年伦敦烟雾事件制定的《清洁空气法》等。20世纪70年代后,随着环境权观念和环境意识的增强,环境立法走向统一化。例如,1990年颁布的《环境保护法》《城市规划法》,1991年颁布的《水资源法》《水电法》《野生动物及乡村法》等。

《环境保护法》(1990年颁布)是英国的环境基本法。该法是在1974年《污染控制法》的基础上制定的。该法总结了英国环境污染管理的经验,体现了环境污染预防与治理相结合的方针,规定公民有获取环境污染信息权,以及环境工艺标准、区域环境质量控制标准与监测标准、环境犯罪的刑事制裁等,内容涉及环境保护的大部分领域。该法的主要内容包括三个部分:第一部分是有关水体与大气污染及污染综合防治的内容,第二部分是有关固体废弃物污染的控制,第三部分是有关噪声污染的控制。

单行环境法律法规,主要包括:第一,水污染防治方面,主要有《水法》(2016年修订)、《水资源法》(1991年)、《水电法》(1991年)等。第二,大气污染防治方面,主要有《清洁空气法》(1968年)、《工厂健康与安全法》等。第三,固体废弃物污染防治方面,主要有《矿山及采石场法》(1954年)、《危险废弃物法》(1971年)、《垃圾处理法》(1977年)等。

此外,英国在有毒有害物质污染、海洋污染、自然资源保护等方面也制定了相应的单行法律法规。

4. 法国的环境立法

法国的环境法主要包括公害防治法(狭义上的环境保护法)和自然保育法两个部分。其中,公害防治法长期以来是以各独立并行的单行法规为主,并另行制定各种命令或者专门立法分别进行补充。法国于1998年5月27日颁布了《环境法典》,[①]该法典体系完备、结构严谨、内容丰富,包括卷、编、章、节、条以及数个附件。

法国环境法典分为法律和法规两部分。其中,法律部分包括7卷,法规部分仅对法律部分的第1卷、第3卷、第4卷和第7卷进行了补充。法律部分又分为总则和分则两部分。第1卷是总则,第2卷是环境要素(水和空气),第3卷是自然空间,第4卷是动植物,第5卷是污染、风险和妨害的预防,第6卷是法属各群岛的适用条款,第7卷是南极环境保护。

自然保育法则主要源于民法的相关规定,并由此派生出农业、森林、渔业、矿业等专门性法规,以及国有土地法、城市计划法、海港法等,而且刑法的相关条文可以直接纳入准用。1976年,法国国会将这类规定整合为《自然保育法》。

5. 欧盟的环境立法

1993年11月1日,欧洲联盟(欧盟)正式成立。欧盟成员国、欧盟机构和欧盟公民适用成员国国内环境法、欧盟环境法和国际环境法。下面主要介绍欧盟环境法。

欧盟环境法包括欧盟基础条约、欧盟签署或者参加的国际环境条约、欧盟机构制定的欧盟法规(包括条例、指令和决定)、其他具有法律规范性的文件、其他相关法律渊源等。欧盟环境法的形式包括成文法和判例法,以成文法为主。成文法主要有宪法性规范、条例、指令、决定、决议、标准等形式,包括国家级环境法、欧盟级环境法和国际环境法,其中以欧盟级环境法最具特色。

(1)基础条约。在欧盟环境法体系中,宪法性规范即建立欧洲共同体或者欧盟的基础条约起到根本性、决定性的作用。例如,《单一欧洲法》(1986年)和《欧洲联盟条约》(1991年)第130R条专门规定了"环境条款",明确了环境保护的定位。

(2)条例、指令、决定等。欧盟签署的国际条约以及欧盟机构制定的条例、指令、决定等构成了一个相对完整的法律体系。其中,条例具有普遍而直接的适用性,具有全面的法律约束力,一经颁布即在成员国内发生完全的法律效力,成员国不得采取任何国内立法或者行政措施变更条例的内容,或者变通实施。指令对于每个成员国均

---

① 2000年9月18日,法国《环境法典》法律部分以法令形式获得通过并正式生效。法规部分于2003年获得通过,2009年12月19日整理版本为最新版本。

具有法律约束力,但是赋予各成员国当局在形式和方法上的选择权。例如,欧盟在噪声污染和土壤污染控制、水体保护以及海洋环境保护等方面都颁布了指令。决定的各组成部分对它所指向的对象均具有约束力,可以对成员国发布,也可以对自然人和法人发布,是一种对特定个人有效的,对接受者具有直接法律影响力的规则和条件。例如,在环境信息公开方面,欧盟于 1994 年发布了《有关公众获取委员会文件的 94/90 决定》,在 1997 年发布了《有关公众获取理事会文件的 97/731 决定》等。

(3)环境标准。环境标准是欧盟环境法的重要组成部分。这些环境标准与环境法规具有相同的法律效力,而且遵循相同的立法程序。根据《建立欧洲原子能共同体条约》第 30 条的规定,共同体制定的有关防治放射线污染的基本标准具有很高的法律地位。

(4)行动计划。根据《欧洲联盟条约》第 130S(3)条的规定,欧盟理事会应当根据第 189B 条提及的程序和经征询经社委员会的意见,通过总体行动规划,提出应予实现的优先目标。总体行动计划制定后,要求根据环境总体行动规划制定实施总体规划所需要的措施(包括条例、指令和决定)。因此,它是一种层次较高的法律文件,具有特别的法律地位和立法指引功能。自 1973 年成立欧共体(欧盟)至今,欧盟已经颁布了 6 个行动计划,为欧盟环境法的发展起到了基础性的指导作用。

二、我国环境法的发展演变

关于我国环境立法的阶段划分,存在不同观点。[①] 笔者认为,我国环境法的发展演变可以分为四个阶段:第一,中华人民共和国成立初期的环境法;第二,经济转型时期的环境法;第三,基本形成环境法律体系时期的环境法;第四,进入生态文明建设时期的环境法。

(一)中华人民共和国成立初期的环境法

从中华人民共和国成立到 1979 年颁布《环境保护法(试行)》,是我国环境保护事业兴起和环境法的孕育和产生阶段。在这个阶段,逐步建立了相对完整的工业体系,环境污染也日益严重。相应地,在这个时期,环境立法较多的关注自然资源保护。由于初步建立了完整的工业体系,环境破坏和环境污染日益严重。立法者也开始关注此类问题。相关法律法规主要有:《矿业暂行条例》(1950 年)、《国家建设征用土地办法》(1953 年)、《工厂安全卫生规程》(1956 年)、《狩猎管理办法(草案)》(1956 年)、《水产资源繁殖保护暂行条例》(1957 年)、《水土保持暂行纲要》(1957 年)、《生

---

① 篇幅所限,本书仅讨论中华人民共和国成立后环境法的发展演变。

活饮用水卫生规程》(1959年)、《放射性工作卫生防护暂行规定》(1960年)、《森林保护条例》(1963年)、《矿产资源保护试行条例》(1965年)等。这些规范性法律文件比较零散、杂乱,自然保护和污染防治方面缺乏有机联系,还没有形成完整的环境保护的概念。

1972年6月,我国政府派代表参加了联合国人类环境会议。1973年8月,国务院组织召开第一次全国环境保护会议。这标志着我国环境保护跨入新时代,迈向新征程。

(二)经济转型时期的环境法

从1979年《环境保护法(试行)》的颁布实施,到1989年对该法进行修订。该时期,全面展开环境保护单行法律、行政法规和规章的立法工作,制定和完善了一批国家和地方环境质量标准,环境法律体系基本形成。

1. 在污染防治方面,颁布了《海洋环境保护法》(1982年)、《防治船舶污染海域管理条例》(1983年)、《海洋石油勘探开发环境保护管理条例》(1983年)、《关于结合技术改造防治工业污染的规定》(1983年)、《水污染防治法》(1984年)、《海洋倾废管理条例》(1985年)、《关于加强防尘防毒工作的决定》(1984年)、《关于防治煤烟型污染技术政策的规定》(1984年)、《农药登记管理规定》(1982年)、《大气污染防治法》(1987年)等。

2. 在保护环境资源方面,颁布了《水产资源繁殖保护条例》(1981年)、《水土保持工作条例》(1982年)、《关于严格保护珍贵稀有野生动物的通令》(1983年)、《森林法》(1984年)、《渔业法》(1986年)、《土地管理法》(1986年)、《水法》(1988年)、《野生动物保护法》(1988年)等。

3. 在环境资源管理方面,颁布了《征收排污费暂行办法》(1982年)、《全国环境监测管理条例》(1983年)、《环境保护标准管理办法》(1983年)、《国务院关于加强乡镇、街道企业环境管理的规定》(1984年)、《关于开展资源综合利用若干问题的暂行规定》(1985年)、《工业企业环境保护考核制度实施办法(试行)》(1985年)、《对外经济开放地区环境管理暂行规定》(1986年)、《建设项目环境保护管理办法》(1986年)等。

4. 在环境质量标准等方面,颁布了《工业企业设计卫生标准》(1980年)、《大气环境质量标准》(1982年)、《海水水质标准》(1982年)、《城市区域环境噪声标准》(1982年)等。

(三)基本形成环境法律体系时期的环境法

从1989年12月26日第七届全国人大常委会第十一次会议修订颁布《环境保护

法》,到2012年党的十八大报告提出“生态文明”建设。在这个阶段,环境法得到进一步完善。

1.在污染防治方面,《海洋环境保护法》(1982年通过,1999年修订)、《水污染防治法》(1984年通过,1996年、2008年修订)、《大气污染防治法》(1985年通过,1995年、2000年修订)等进行了修订,新颁布了《环境噪声污染防治条例》(1989年)、《固体废物污染环境防治法》(1995年)、《环境噪声污染防治法》(1996年)、《放射性污染防治法》(2003年)、《危险化学品安全管理条例》(2002年通过,2011年修订)、《清洁生产促进法》(2002年发布,2012年修订)等。

2.在保护环境资源方面,颁布了《森林法》(1984年通过,1998年、2009年修订)、《草原法》(1985年通过,2002年、2009年修订)、《渔业法》(1986年通过,2000年、2004年修订)、《土地管理法》(1986年通过,1988年、1998年、2004年修订)、《矿产资源法》(1986年通过,1996年、2009年修订)、《野生动物保护法》(1988年通过,2004年修订)、《水土保持法》(1991年通过,2010年修订)、《防沙治沙法》(2001年)、《海域使用管理法》(2001年)、《海岛保护法》(2012年)等。同时,根据环境保护的需要,对《水法》(1988年通过,2002年、2009年修订)等进行了修订。

3.在合理利用能源,实现可持续发展方面,颁布了《节约能源法》(1997年通过,2007年修订)、《可再生能源法》(2005年通过,2009年修订)、《循环经济促进法》(2008年)、《电力法》(1995年通过,2009年、2015年修订)、《煤炭法》(1996年通过,2011年、2013年修订)、《石油天然气管道保护法》(2010年)等。

4.在环境行政管理方面,颁布了《环境影响评价法》(2002年通过,2016年、2018年修订)、《城乡规划法》(2007年通过,2015年修订)和《全国环境监测管理条例》(1983年)、《建设项目环境保护管理条例》(1998年)、《排污费征收使用管理条例》(2003年,已废止)、《全国污染源普查条例》(2007年)、《规划环境影响评价条例》(2009年),以及《环境保护产品认定管理暂行条例》(1997年发布,2001年修订)、《环境标准管理办法》(1999年)、《排污费征收标准管理办法》(2003年)、《环境保护行政许可证暂行办法》(2004年)、《公众参与环境影响评价暂行办法》(2006年)、《环境保护违法违纪行为暂行规定》(2006年)等。

(四)进入生态文明建设时期的环境法

从2012年党的十八大报告提出“生态文明”建设,到2014年4月24日第十二届全国人大常委会第八次会议修订《环境保护法》,直到今天,在这个时期,不仅原有的环境法律法规需要进一步完善,而且随着经济社会的发展和环境保护工作的开展,需要制定的新的环境保护法律法规。这个时期环境法的发展主要包括下列几个方面的内容。

1. 新颁布或者修订了部分环境法律法规

例如,2014 年 4 月,第十二届全国人大常委会第八次会议通过了新修订的《环境保护法》(2015 年 1 月 1 日起施行)。修订后的《环境保护法》包括总则、监督管理、保护和改善环境、防止污染和其他公害、信息公开和公众参与、法律责任、附则 7 章,共 70 条。

此外,还对《固体废物污染环境防治法》《海洋环境保护法》《水污染防治法》《大气污染防治法》等进行了修订,国务院及其相关部门也发布了大量的环境行政法规和规章。

2. 中共中央和国务院发布的有关环境法治建设的文件

在这一时期,中共中央和国务院发布了一系列重要的、涉及或者以环境法治建设为主要内容的文件。2013 年 11 月,中共中央第十八届中央委员会第三次全体会议通过的《中共中央关于全面深化改革若干重大问题的决定》指出:“建设生态文明,必须建立系统完善的生态文明制度体系,实行最严格的源头保护制度、损害赔偿制度、责任追究制度,完善环境治理和生态修复制度,用制度保护生态环境。”2014 年 10 月,《中共中央关于全面推进依法治国若干重大问题的决定》指出,要“用严格的法律制度保护生态环境,加快建立有效约束开发行为和促进绿色发展、循环发展、低碳发展的生态文明法律制度,强化生产者环境保护的法律责任,大幅度提高违法成本。建立健全自然资源产权法律制度,完善国土空间开发保护方面的法律制度,制定完善生态补偿和土壤、水、大气污染防治及海洋生态环境保护等法律法规,促进生态文明建设”。2015 年 4 月,中共中央、国务院发布《关于加快推进生态文明建设的意见》,提出生态文明建设是中国特色社会主义事业的重要内容。该意见要求,坚持把节约优先、保护优先、自然恢复为主作为基本方针,坚持把绿色发展、循环发展、低碳发展作为基本途径,坚持把深化改革和创新驱动作为基本动力,坚持把培育生态文化作为重要支撑,坚持把重点突破和整体推进作为工作方式,从优化国土空间开发格局、推进技术创新和结构调整、全面促进资源节约循环高效使用、切实改善生态环境质量、健全生态文明制度体系、加强生态文明建设统计监测和执法监督、加快形成推进生态文明建设的良好社会风尚、切实加强组织领导等方面提出加快推进生态文明建设的具体措施和方向。

针对大气污染防治和水污染防治等问题,国务院分别于 2013 年 9 月发布《大气污染防治行动计划》(简称“大气十条”),于 2015 年 4 月发布《水污染防治行动计划》(简称“水十条”),对全面控制污染物排放、推动经济结构转型升级、资源管理、市场机制、执法监管、责任落实、公众参与和社会监督等内容提出了主要工作目标、工作重点和评价指标。

2015 年 8 月,中共中央办公厅、国务院办公厅联合印发《党政领导干部生态环境损害责任追究办法(试行)》,强化党政领导干部生态环境和资源保护职责,规定地方各级党委和政府对本地区生态环境和资源负责,党委和政府主要领导成员承担主要责任,其他有关领导成员在职责范围内承担相应责任。

3. 有关环境的司法改革和司法解释性文件

2013 年 6 月,最高人民法院与最高人民检察院发布《关于办理环境污染刑事案件适用法律若干问题的解释》(该解释已于 2016 年废止),进一步明确了环境犯罪的法律适用问题,并向社会公布了一批典型案件。2014 年 7 月,最高人民法院成立了环境资源审判庭,地方各级法院也分别设立环境审判庭或者环境法院。与普通刑事、民事、行政审判不同,环境审判实行刑事、民事和行政审判"三审合一"。2014 年 12 月,最高人民法院通过《关于审理环境民事公益诉讼案件适用法律若干问题的解释》(2015 年 1 月 7 日实施)。最高人民检察院制定了《人民检察院提起公益诉讼试点工作实施办法》(以下简称《公益诉讼实施办法》)(2015 年 12 月 16 日)。

4. 环境行政管理方面

国务院生态环境部(原环境保护部)等各部委先后制定了《企业环境信用评价办法》(2013 年)、《行政主管部门移送适用行政拘留环境违法案件暂行办法》(2014 年)、《环境保护主管部门实施按日连续处罚办法》(2014 年)、《环境保护主管部门实施查封、扣押办法》(2014 年)、《环境保护主管部门实施限制生产、停产整治办法》(2014 年)、《企业事业单位环境信息公开办法》(2014 年)、《突发环境事件调查处理办法》(2014 年)、《突发环境事件应急管理办法》(2015 年)、《环境保护公众参与办法》(2015 年)等。

(五)我国环境法发展演变的特点

我国环境法的发展主要有下列几个特点。①

1. 从最初强调发展优先,到日益强调和落实保护优先

例如,《环境保护法》第 4 条规定,"……使经济社会发展与环境保护相协调"。

2. 从被动应对环境问题到主动调整

单纯的、被动的应对环境问题,无法从根本上解决环境问题,必须着力于发展方式的变革。为此,修订后的《环境保护法》建立了资源环境承载能力监测预警机制、

① 参见吕忠梅主编:《环境法原理》(第 2 版),复旦大学出版社 2017 年版,第 25 ~ 26 页。

环保目标责任制和考核评价制度，要求制定经济政策应当充分考虑对环境的影响，将环境影响评价上升为法律，要求分阶段、有步骤地改善环境质量。

3. 从"为城市立法，为企业立法、为污染立法"到"为城乡立法、为政府与企业立法、为生态环境保护立法"

长期以来，我国环境法偏重于对城市和工业污染的治理，忽视农业和农村环境问题。为此，我国颁布了《畜禽规模养殖污染防治条例》等法律法规，《环境保护法》新增了生态保护红线制度、生态补偿制度、生物多样性保护制度、生态修复制度、农村农业污染防治制度、政府责任制等。

4. 从政府一元监管到政府、企业和社会等多元共治

例如，《环境保护法》规定，各级政府对环境质量负责，企业承担防治污染的主体责任，公民有进行违法举报的权利、知情参与监督的权利和绿色消费、低碳生活的义务，社会组织依法参与，新闻媒体进行舆论监督，等等。

5. 从对环境问题的危机管理到注意风险预防

长期以来，我国环境法主要是预防和应对环境污染和环境破坏等，但是，随着危险化学品、气候变化等新型环境问题的出现，要求环境法提高环境风险防控能力。例如，《环境保护法》规定建立健全环境与健康监测、调查和风险评估制度（第39条），体现了预防风险原则。

6. 从个人主义本位到整体主义本位

例如，《环境保护法》和《大气污染防治法》，将立法目的从原来的"保障人体健康"修订为"保障公众健康"。

第三节　环境法的体系

环境法体系是指由调整环境资源开发、利用、保护、改善及其管理的法律规范和其他法律表现形式所组成的相互联系、互相补充、相互制约的系统。

一、我国环境法的体系与渊源

我国环境法律体系是以宪法关于环境保护的规定为基础，由环境基本法、保护自然资源和环境、防止环境污染和环境破坏的一系列单行法律法规和具有规范性的环境标准等组成的法律体系。环境法的渊源可以分为国内法渊源和国际法渊源。其中，环境法的国内法渊源主要表现为宪法、法律、行政法规、地方性法规、自治条例和单行条例、规章等。

笔者初步认为,我国环境法的体系包括下列六个部分:第一,宪法关于环境保护的规定;第二,环境保护基本法律;第三,环境保护单行法律、法规和各部委规章;第四,地方性环境保护法规和地方政府规章;第五,环境标准中的环境法规范;第六,环境法的国际法渊源。

(一)宪法有关环境保护的规定

1. 各国宪法有关环境保护规定的模式

考察各国宪法有关环境保护规定的立法例,可以发现主要有两种立法模式。

第一种模式,是从公民权利角度规定环境法规范。日本、韩国等采用这种模式。例如,日本《宪法》(1946 年)第 11 条规定:“国民享有的一切基本人权不能受到妨碍。本宪法所保障的国民的基本人权,作为不可侵犯的永久权利,现在及将来均赋予国民。”第 13 条规定:“全体国民都作为个人而受到尊重。对于谋求生存、自由以及幸福的国民权利,只要不违反公共福利,在立法及其他国政上都必须受到最大的尊重。”韩国《宪法》第 35 条规定:“所有国民享有生活在舒适环境中的权利,国家和国民都要为环境保护而努力。关于环境权的内容和行使,由法律来规定。国家应通过住宅开发政策等,为国民能过上舒适的居住生活而努力。”

第二种模式,是从公权力角度规定环境法规范。中国、希腊等采用这种模式。例如,我国《宪法》第 26 条第 1 款规定:“国家保护和改善生活环境和生态环境,防治污染和其他公害。”希腊《宪法》(1975 年)第 24 条规定:“保护自然和文化环境,是国家的职责之一,国家应当就环境保护制定特殊的预防或强制措施。”

2. 我国宪法有关环境保护的规定

我国《宪法》关于环境保护的规定是环境法的基础,是各种环境保护法律法规的立法依据。

(1)关于国家的环境保护职责和公民的权利义务。国家保护和改善生活环境和生态环境,防治污染和其他公害(第 26 条第 1 款)。公民在行使自由和权利时,不得损害国家的、社会的、集体的利益和其他公民的合法的自由和权利(第 51 条)。

(2)关于保护自然资源和环境要素。第一,矿藏、水流、森林、山岭、草原、荒地、滩涂等自然资源,都属于国家所有,即全民所有;法律规定属于集体所有的森林和山岭、草原、荒地、滩涂除外。国家保障自然资源的合理利用,保护珍贵的动物和植物。禁止任何组织或者个人用任何手段侵占或者破坏自然资源(第 9 条)。第二,城市的土地属于国家所有。农村和城市郊区的土地,除法律规定属于国家所有的以外,属于集体所有;宅基地和自留地、自留山,也属于集体所有(第 10 条第 1 款、第 2 款)。一切使用土地的组织和个人必须合理地利用土地(第 10 条第 5 款)。第三,国家保护名胜古迹、珍贵文物和其他重要历史文化遗产(第22条第2款)。

(二)环境保护基本法律

1. 环境保护基本法的概念和产生背景

环境保护基本法(综合性环境法律)是指在一国环境保护法律体系内,由国家立法机关制定的全面调整环境关系的规范性法律文件。这个法律文件以人类环境的合理开发利用、保护改善为目的,以规定公民的环境权利义务以及国家的环境保护职责和管理权限为内容,以全面协调人类与环境的关系为宗旨,对一国环境法律关系的建立、确认和保障发挥基础作用。

环境保护基本法的出现时间大致是20世纪50年代末至70年代初,是环境法成为独立法律部门的标志。自20世纪50年代以来,世界主要国家和地区先后制定了环境保护基本法。例如,德国于1959年和1974年分别制定了《自然保护法》和《污染控制法》;日本于1968年和1972年分别制定了《公害对策基本法》和《自然环境保全法》,在1993年又将这两部法律合并修订为《环境基本法》;美国于1969年颁布了《国家环境政策法》。

环境保护基本法的产生背景主要有:第一,与经济利益相抗衡的环境利益不能及时在国家政治尤其是宪法上得到充分反映;第二,环境问题的对策措施关系经济、社会、生活、文化等各个领域,需要综合平衡和统一协调各个方面的利益。

2. 作为我国环境保护基本法的《环境保护法》

1979年9月13日,第五届全国人大常委会第十一次会议原则通过《环境保护法(试行)》,该法共7章33条,确立了以环境污染防治为本位的环境保护立法目标。《关于〈中华人民共和国环境保护法(试行)〉(修改草案)的说明》指出:"《环境保护法》是一个基本法,主要是规定国家在环保方面的基本方针和基本政策。"1989年12月26日,第七届全国人大常委会第十一次会议通过《环境保护法》,该法共6章47条。2014年4月24日,第十二届全国人大常委会第八次会议对《环境保护法》进行修订并公布,该法于2015年1月1日起实施。

2014年修订的《环境保护法》包括总则、监督管理、保护和改善环境、防治污染和其他公害、信息公开和公众参与、法律责任以及附则等,共7章70条,主要内容如下。①

第一章,"总则",共12条。本章主要规定了环境法的立法目的、保护环境的基本国策、环境保护的基本原则以及国家环境管理体制等。

① 参见吕忠梅:《论生态文明建设的综合决策法律机制》,载《中国法学》2014年第3期。

第二章,“监督管理”,共15条。本章系统规定了环境监督管理制度体系,包括环境规划制度、政策环境影响评价制度、环境质量标准制度、污染物排放标准制度、环境监测制度、环境资源承载能力监测预警制度、环境影响评价制度、环境污染和生态破坏联合防治协调制度、环境保护产业鼓励与支持制度、环境保护激励制度、查封扣押制度、环境保护目标责任制和考核评价制度和环境保护人大监督制度等。

第三章,“保护和改善环境”,共12条。本章系统规定了限期达标制度、农业环境保护制度、海洋环境保护制度、城乡建设环境保护制度、生态保护红线制度、生态保护补偿制度、生态安全保障和生物多样性保护制度、环境要素调查监测评估和修复制度、循环经济制度和环境保护政府示范制度、生活废弃物分类处置回收利用制度、环境与健康保护制度等。

第四章,“防治污染和其他公害”,共13条。本章系统规定了清洁生产和资源循环利用促进制度、“三同时”制度、重点污染物排放总量控制及排污收费制度、环境税制度、排污许可证制度、防治污染物转嫁制度、突发环境事件应急制度、农村污染治理制度、农村环境保护资金投入及环境保护公共设施建设制度,鼓励投保环境污染责任保险等。

第五章,“信息公开和公众参与”,共6条。本章系统规定了公众环境保护程序性权利及政府保障义务、政府环境信息公开制度、重点排污企业环境信息公开制度、公众参与和信息制度、环境举报制度和公益诉讼制度等。

第六章,“法律责任”,共12条。本章主要规定了违反环境法的法律责任体系,具体规定了违反环境保护的行政责任,并对民事责任和刑事责任作出了系统规定,明确了管理者责任、企业和生产经营者的责任。

3.《环境保护法》是环境与资源保护的基本法

《环境保护法》被认为是我国的“综合性环境基本法”。“综合性环境基本法属于对国家环境政策的宣示性法律,它在整个环境法律体系中所起到的作用相当于一国法律体系中‘宪法’的作用,因此也有‘环境宪法’之称。”①但是,如果着眼于立法主体,由于《环境保护法》是由全国人大常委会而不是全国人大制定的,将其称为“基本法律”是不太妥当的。

笔者认为,之所以称《环境保护法》为综合性环境保护基本法,主要是从学理角度出发的。第一,从《环境保护法》的内容看,既规定了环境保护的基本原则、基本制度,也规定了保护自然资源和防治环境污染的基本措施及法律责任,不同于只规定适

① 金瑞林、汪劲:《20世纪环境法学研究述评》,北京大学出版社2003年版,第67页。

用于某一类自然资源保护或者某一类环境污染防治的单行环境法律。第二，从《环境保护法》的地位看，其仅次于作为国家根本法的宪法和民法、刑法等基本法律，但高于各种自然资源保护和环境污染防治单行法、环境保护行政法规、规章。[①] 因此，至少可以说，在环境法这一法律部门中，《环境保护法》属于环境保护基本法。作为环境保护基本国策法制保障的基本法，《环境保护法》不仅应当在其他环境基本法的立法和实施过程中得到遵守，而且也是普通环境法律法规的立法依据。

（三）环境保护单行法律、法规和各部委规章

环境保护单行法律、法规和各部委规章主要包括污染防治法、自然资源保护法、特殊区域环境保护法、矿产资源法与能源法、自然灾害防治法五类。[②]

1. 有关污染防治的法律、法规和规章

污染防治法是指以防治环境要素污染为立法对象的法律法规，主要包括大气污染防治法、水污染防治法、海洋污染防治法、固体废物污染环境防治法、环境噪声污染防治法、放射性污染防治法、化学品污染防治法和其他污染防治法。

（1）有关环境污染的法律法规，主要包括：《大气污染防治法》（1987 年通过，1995 年、2000 年、2015 年、2018 年修订）、《水污染防治法》（1984 年通过，1996 年、2008 年、2017 年修订）、《海洋环境保护法》（1982 年通过，1999 年、2013 年、2016 年、2017 年修订）、《环境噪声污染防治法》（1996 年通过，2018 年修订）、《固体废物污染环境防治法》（1995 年通过，2004 年、2013 年、2015 年、2016 年修订）、《土壤污染防治法》（2018 年）、《放射性污染防治法》（2003 年）等。

（2）有关环境污染防治的行政法规，主要有：《水污染防治法实施细则》（2000 年）、《危险废物经营许可证管理办法》（2016 年）、《海洋倾废管理条例》（1985 年通过，2011 年、2017 年修订）、《防止海洋工程建设项目污染损害海洋环境管理条例》（2006 年）、《医疗废物管理条例》（2003 年通过，2011 年修订）、《危险化学品安全管理条例》（2002 年通过，2011 年修订）、《新化学物质环境管理办法》（2003 年通过，2009 年修订）等。

污染防治法主要有下列特点。第一，污染防治法以环境要素的自然属性、生态学规律等作为制定的科学依据，如环境质量标准、污染物排放标准。第二，污染防治法

---

① 参见韩德培主编：《环境保护法教程》（第 8 版），法律出版社 2018 年版，第 19 页。

② 环境保护法和自然资源法的立法目的存在很大差异。“如果说污染防治立法的目的是规制排污行为、保护生活环境的话，那么自然资源立法的目的则主要是促进对国家所有资源的合理开发利用而不是保护自然环境。”参见汪劲：《环境法学》（第 3 版），北京大学出版社 2014 年版，第 21 页。

是针对某一环境要素的污染防治或者针对某类污染控制进行的综合性立法,如《大气污染防治法》《环境噪声污染防治法》等。第三,污染防治法是由某一环境要素保护的专门单行法及其相关法规构成的子法律系统。例如,有关水污染的环境法律法规,既包括《水污染防治法》,也包括《水污染防治法实施细则》《地表水环境质量标准》等。

2. 有关自然资源保护的法律、法规和规章

自然资源保护法是指为了规范人类开发利用自然资源的行为,确保对自然资源的适度开发,平衡对自然资源的社会需求与自然资源的供给之间的关系,促进人类与自然资源和自然环境的和谐共存,实现可持续发展而进行的立法。主要包括海洋资源保护法、森林资源保护法、草原资源保护法、渔业资源保护法、野生动植物资源保护法、土地资源保护法、水资源保护法、水土保持法。

自然资源保护法主要有下列特点。第一,自然资源保护法以生态规律为基本依据。生态系统的整体性、系统性、协调性所需要的整体主义思想,是自然资源保护法的观念基础。第二,自然资源保护法必须充分重视与体现“可持续发展”理念。既要满足人们的环境资源利用权,又要规制开发利用行为,不对自然环境的生态系统功能造成损害,使之能为人类永续利用,实现经济、社会、资源的可持续发展。第三,自然资源保护法与污染防治法相互协调,共同实现对环境保护的目标。

3. 有关特殊区域环境保护、矿产资源法与能源、自然灾害防治的法律、法规和规章

主要包括但不限于以下几点。第一,特殊区域环境保护法,主要包括生态功能区法、自然保护区法、风景名胜区管理法、森林公园保护法、人文遗迹保护法、关于城市景观、绿地与城市规划的法律法规等。第二,矿产资源法与能源法,主要包括《矿产资源法》(1986年通过,1996年、2009年修订)、《节约能源法》(1997年通过,2007年修订)、《清洁生产促进法》(2002年通过,2012年修订)、《可再生能源法》(2005年通过,2009年修订)、《循环经济促进法》(2008年)、《废弃电器电子产品回收处理管理条例》(2008年)等。第三,自然灾害防治法,主要包括《防洪法》(1998年通过,2009年、2015年修订)、《防震减灾法》(1997年通过,2008年修订)和《防沙治沙法》(2001年通过,2018年修订)等。

(四)地方性环境行政法规和地方政府规章

除全国人大及其常委会、国务院及其部委等具有立法权外,根据我国《立法法》的规定,地方立法机构(人大及其常委会)具有地方立法权。具体来说,省级人大及其常委会在不同宪法、法律、行政法规相抵触的前提下,可以制定地方性法规。设区的市的人大及其常委会在不与宪法、法律、行政法规和本省制定的地方性法规等上位法抵触的前提下,可以对城乡建设与管理、环境保护、历史文化保护等方面的事项制

定地方性法规,报省级人大常委会批准后施行(第72条)。例如,《北京市生活垃圾管理条例》(2011年通过,2019年修改)、《北京市大气污染防治条例》等。

(五)环境标准中的环境法规范

环境标准是具有法律性质的技术规范,主要是通过一些技术指标,控制污染、维持一定的环境质量,保护人体健康和生态平衡。目前,我国已经形成国家和地方两级,包括环境质量标准、污染物排放标准、环境基础标准、环境方法标准、环境标准样品标准五个方面的环境标准体系。

1. 国家环境标准

截至2017年,我国累计发布国家环保标准2038项,废止标准285项,现行标准1753项。其中,现行国家环境质量标准16项,覆盖空气、水、土壤、声与振动、核与辐射等主要环境要素;现行国家污染物排放(控制)标准163项,其中大气污染物排放标准75项,控制项目达到120项;水污染物排放标准64项,控制项目达到158项。总体而言,我国大气、水污染物排放标准中控制的污染物项目数量和严格程度与主要发达国家和地区相当。①

2. 地方环境标准

在地方标准方面,全国各省(自治区、直辖市)共制定了30多项地方环境质量标准和污染物排放(控制)标准。相对国家标准而言,地方标准能够根据各地的具体情况进行设定,具有一定的灵活性和地域性,但是也存在某些问题。

关于地方标准的设定,存在两种情形。第一种情形是地方标准高于国家标准。这将提高该地的环境质量,同时也意味着对当地的工业、农业、服务业生产经营活动以及居民生活等提出了较高的要求,导致生产、生活成本的提高;第二种情形是地方标准低于国家标准。有些地区为了发展经济,制定的标准低于国内其他地域,对企业减排较宽松,会吸引重污染企业大量进入。在创造就业机会的同时,导致适用地方标准的地区沦为重污染企业的"避难所"。②

(六)环境法的国际法渊源

1. 适用于我国的国际条约和国际习惯

我国环境法的国际法渊源主要包括国际条约、国际习惯(国际惯例)等。其中,

---

① 参见《我国已累计发布国家环保标准2038项》,载新华网:http://www.xinhuanet.com//politics/2017-05/23/c_1121022608.htm,最后访问日期:2017年6月2日。

② 参见[美]詹姆斯·萨尔兹曼、巴顿·汤普森:《美国环境法》(第4版),徐卓然、胡慕云译,北京大学出版社2016年版,第86~87页。

国际条约是指两个或者两个以上国际法主体依据国际法确定其相互间权利和义务的一致意思表示。国际习惯是指作为通例的证明而经接受为法律的规则。我国迄今已缔结或者参加的与环境保护有关的国际公约和条约有100多部。例如,《联合国海洋法公约》(1982年)、《保护臭氧层维也纳公约》(1985年)、《联合国气候变化框架公约》(1992年)、《生物多样性公约》(1992年)等。

2. 我国环境法律法规关于国际法渊源的规定

根据我国有关国际条约适用的规定,"我国已经缔结或者参加的国际公约与国内法律有不同规定的,适用国际公约的规定。但是,我国声明保留的条款除外。"例如,《海洋环境保护法》第96条规定,我国缔结或者参加的与海洋环境保护有关的国际条约与本法有不同规定的,适用国际条约的规定;但是,我国声明保留的条款除外。对于我国法律、我国缔结和参加的国际条约没有规定的,可以适用国际惯例。不过,司法与执法部门不能直接援引这些国际条约与协定作为环境法制实践的依据。只有通过国内法的规定进行转化,这些国际公约和协定才能真正得以贯彻和实施。

二、环境立法

环境立法(environmental legislation)有广义和狭义之分。其中,广义的环境立法是指国家立法机关和具有立法权的行政机关,依照法定程序,制定、修改或者废除各种有关环境保护、开发和利用自然资源、防治环境污染和其他公害的规范性法律文件的活动。狭义的环境立法是指国家立法机关制定、修改或者废除环境法律的活动。

(一)环境立法体制

立法体制是国家对不同类型的立法在国家机关内部所作的立法权限进行划分形成的机制。目前,我国的环境立法体制是一个由宪法、法律、行政法规、地方性法规、国务院部门规章和地方政府(设区的市)规章组成的二级多元体制。"二级"是指环境法的立法机关(人大和人大常委会)分为国家和地方两级。"多元"是指除人大及其常委会进行立法外,国务院及各部委、设区的市级以上地方政府等也在相应的职权范围内享有环境立法权。具体来说:

第一,全国人大及其常委会制定国家层面的环境法。例如,1989年12月26日第七届全国人大常委会第十一次会议通过的《环境保护法》等。第二,国务院根据宪法和法律,制定环境领域的行政法规。例如,《排污费征收使用管理条例》《建设项目环境保护管理条例》《规划环境影响评价条例》《自然保护区条例》《基本农田保护条例》《野生植物保护条例》等。第三,省级和设区的市以上地方人大及其常委会可以制定地方性法规。例如,《四川省环境保护条例》《北京市水污染防治条例》。第四,国务院各部门可以制定部门规章,省级政府和设区的市以上地方政府可以制定地方性规章。例如,原国家环保总局制定的《环境标准管理办法》,上海市出台的《上海市危险废物污染防治办法》等。

(二)环境立法规划

环境立法规划是立法者对一定时期环境立法的项目、议程等事项所作的安排和部署。按照规划进行环境立法,可以避免立法工作的盲目性和无序性,使立法工作在经过预测、调研、综合和整体部署的基础上,更科学化、系统化和有序化。

制定环境立法规划,应当注意下列事项。第一,制定环境立法规划的主体,应当是具有立法权的国家机关。第二,应当根据国家的政治、经济、文化、科学技术等各种因素的发展变化,以及这些因素发展变化对环境立法提出的要求来制定环境立法规划。第三,在制定环境立法规划时,必须从整体上、从环境立法的全过程不断地建立和完善国家的法律体系。

(三)环境立法的指导原则

环境立法的指导原则是指为实现环境保护的目标,充分体现环境的生态价值与经济价值,在环境法律的立、改、废过程中,对立法者具有指导意义的基本原理和基本方法。我国环境立法的指导原则主要有下列几项。①

1. 尊重和体现生态规律的原则

在进行环境立法时,应当充分考虑和尊重自然和生态演变的规律,以生态系统平衡的基本原理作为制定法律的理论基础。

2. 以可持续发展为导向的原则

可持续发展的前提是发展,目的是增进人类的利益,改善人类的生活质量。坚持可持续发展导向,既要实现发展以满足各种需要,又要为维持生态系统的完整性和可持续性而合理限制某些行为,不至于因为当代人的发展而危及后代人实现其发展的能力。

3. 突出运用环境经济学方法的原则

在进行环境立法时,应当将环境效益的损益分析方法和对法律规范的成本—效益分析方法分别运用到对开发行为的预测、评价、管理以及拟定法律制度的设计和分析中,作为指导(修正)法律以及确定法律规范的理论基础,以真正通过立法实现社会、经济、环境三方面效益的均衡和综合决策。

---

① 参见金瑞林主编:《环境法学》(第4版),北京大学出版社2016年版,第60~65页。

4. 便于法律规范的操作和适用原则

在进行环境与自然资源立法时,应当注重使规范同类事项或者行为的法律草案对条文所涉及的权利义务关系的规定尽可能具体、明确,使法律规范的逻辑结构更为严密完整,并且要规定保障实施的条件。

(四)环境立法的发展趋势

当前我国环境立法的发展趋势主要如下:第一,统筹城乡环境保护立法;第二,推进循环经济立法;第三,严格控制污染物排放总量的立法;第四,协调推进区域环境保护立法;第五,进一步加强国际环境保护方面的合作。①

第四节　环境法的适用范围

一、环境法的空间效力范围

(一)环境法律法规的效力范围概说

环境法的空间效力范围,又称环境法的地域效力范围,是指环境法在哪些地方、区域,对哪些人有效力。一般来说,环境法律法规的效力范围与该法的位阶有关。

1. 全国性的环境法律法规在全国范围内有效

例如,我国《环境保护法》第 3 条规定,本法适用于我国领域和我国管辖的其他海域。我国《水污染防治法》第 2 条规定,本法适用于我国领域内的江河、湖泊、运河、渠道、水库等地表水体以及地下水体的污染防治。

2. 地方性的环境法律法规在本地区有效

例如,国务院 1995 年 8 月 8 日发布实施的《淮河流域水污染防治暂行条例》,仅适用于淮河流域的河流、湖泊、水库、渠道等地表水体的污染防治(第 2 条)。

3. 某些环境保护法律在域外有效力

例如,我国《海洋环境保护法》(2017 年修正)第 2 条第 3 款规定,在我国管辖海域以外,造成我国管辖海域污染的,也适用本法。

4. 我国缔结或者参加的国际条约的效力优于国内法

例如,《防治船舶污染海洋环境管理条例》(2009 年通过,2017 年修订)第 51 条第 2 款规定,船舶所有人投保船舶油污损害民事责任保险或者取得的财务担保的额

① 参见曹明德主编:《环境与资源保护法》(第 3 版),中国人民大学出版社 2016 年版,第 11 ~ 12 页。

度应当不低于《海商法》、我国缔结或者参加的有关国际条约规定的油污赔偿限额。

5. 国内跨区域环境法律法规的适用，原则上以环境违法行为发生地的法律进行处理

根据国务院《关于落实科学发展观加强环境保护的决定》（国发〔2005〕39 号，2005 年）的规定，对于环境污染赔偿纠纷案件，属于跨界的"上游省份排污对下游省份造成污染事故的，上游省级人民政府应当承担赔付补偿责任，并依法追究相关单位和人员的责任"。

（二）环境法律法规的地域效力范围

1. 我国领域（领陆、领水、领空、底土以及延伸意义上的领域）

例如，《海洋环境保护法》（2017 年修正）第 2 条规定，本法适用于我国内水、领海、毗连区、专属经济区、大陆架以及我国管辖的其他海域。在我国管辖海域内从事航行、勘探、开发、生产、旅游、科学研究及其他活动，或者在沿海陆域内从事影响海洋环境活动的任何单位和个人，都必须遵守本法。

2. 我国管辖的其他海域（毗连区、大陆架和专属经济区）

例如，《环境影响评价法》（2018 年修正）第 3 条规定，编制本法第 9 条所规定的范围内的规划，在我国领域和我国管辖的其他海域内建设对环境有影响的项目，应当依照本法进行环境影响评价。

3. 我国管辖海域以外的海域

例如，《海洋倾废管理条例》（2017 年修订）第 7 条第 2 款规定，在我国管辖海域以外倾倒废弃物，造成我国管辖海域污染损害的，按本条例第 17 条规定处理。

4. 适用于我国管辖范围之外的海床、洋底及其底土

例如，《深海海底区域资源勘探开发法》（2016 年）第 2 条规定，我国的公民、法人或者其他组织从事深海海底区域资源勘探、开发和相关环境保护、科学技术研究、资源调查活动，适用本法。深海海底区域是指我国和其他国家管辖范围以外的海床、洋底及其底土。

（三）环境案件行为人的范围

环境案件的范围包括与环境资源的开发、利用、保护、改善、治理、管理等有关的案件。环境案件的行为人包括自然人和单位，通常先确定适用的地域，然后确定是否适用我国环境资源法律法规。

第一，自然人。自然人包括我国公民、在我国领域内的外国公民和无国籍人。我国环境法以属地原则为主，兼及属人原则、保护原则。根据国际惯例和条约，外国代表和依据国际条约享有外交特权和豁免权的人，我国法律原则上不具有法律约束力。

但是,如果严重污染环境或者破坏环境,必须依法追究刑事责任的,可以通过外交途径解决。

第二,单位。单位包括法人单位和非法人单位。法人单位还可以分为企业法人和非企业法人。

二、环境法的时间效力范围

(一)环境法律法规的生效时间

关于环境法律法规的生效时间,主要有两种方式。

第一,立即生效。不对生效时间作出明文规定,原则上从法律法规颁布之日起生效,或者规定"从颁布之日起生效"。例如,1979年颁布的《环境保护法(试行)》未规定生效时间,原则上应认为自公布之日起开始生效。但是,法律既是行为规范,也是裁判规范;法律的适用需要公众有一个学习了解的过程。这种"立即生效"形式存在较多负面问题,极少使用。

第二,公布一段时间后生效。明文规定法律法规的生效时间,或者规定"在法规颁布后的某个日期生效"。例如,2014年4月24日,第十二届全国人大常委会第八次会议修订通过《环境保护法》,该法自2015年1月1日起施行。

(二)环境法律法规的失效时间

关于环境法律法规的失效时间,主要有三种方式。

第一,随着新法的颁布,旧法自动失效。

第二,在新法颁布时,宣布"凡与新法相抵触的法律或者旧的法律失效"。例如,根据1996年5月15日全国人大常委会第十九次会议《关于修改〈中华人民共和国水污染防治法〉的决定》,原有的《水污染防治法》的规定与新法规定相抵触的,自行失效。

第三,经修订的法律法规,在颁布时宣布相应的旧法律法规失效。例如,《环境噪声污染防治法》(1996年公布)第64条规定,本法自1997年3月1日起施行。1989年国务院发布的《环境噪声污染防治条例》同时废止。

(三)环境法律法规的溯及力问题

环境法的溯及力,是指环境法对于其生效以前的行为和事件是否具有法律效力。如果有法律效力,则有溯及力;否则,没有溯及力。

从世界各国的环境立法看,主要有五种原则。第一,从旧原则,即新法没有溯及力。第二,从新原则,即新法具有溯及力。第三,从轻原则,即对新法与旧法进行比较,以对行为人处罚较轻的法律作为处罚根据。第四,从旧兼从轻原则,即新法原则上没有溯及力,但新法对行为人处罚较轻的,适用新法,具有溯及力。第五,从新兼从轻原则,即新法原则上溯及既往,但旧法对行为人处罚较轻的,则适用旧法,没有溯及力。

我国环境法原则上采取"从旧兼从轻"的原则。新法不溯及既往,但是如果新法规定的处罚更轻的,则适用新法。在例外的场合,适用"从新原则",新法具有溯及力。

第三章　环境法学、环境法律关系与环境法学理论体系

第一节　环境法学的概念、特征和学科的独立性

一、环境法学的概念和特征

(一)环境法学的概念

环境法(environmental law)是关于环境资源的开发、利用、保护、改善及其管理的各种法律规范的总和。环境法学(environmental law theory)以环境法为研究对象,是有关环境保护规律,环境保护立法、执法和司法等环境法律规范的部门法学理论,是在法学和环境科学相互渗透的基础上形成的一门新兴法学学科。

(二)环境法学的特点

环境法学是法学和环境科学相结合的一门边缘学科,具有自然科学和社会科学交叉渗透的特点。具体来说,第一,环境法学的研究对象具有独特性,包括人与自然的关系,以及与环境有关的人与人的关系;其他部门法学的研究对象仅限于人与人的关系。第二,环境法学是一门新兴学科,也是一门交叉学科。环境问题严重化,强化国家环境管理、加强环境立法的迫切性,推动着环境法学迅速发展。[①] 第三,环境法学是介于法学和环境科学的一门交叉学科,对环境法的学习和研究,必须注意学会运用生态学、环境经济学、环境伦理学的理论与方法。

二、环境法学是一门独立的学科

(一)环境法学作为一门独立学科的含义和理由

环境法学以环境法的理论与实践及其发展规律为研究对象,是我国法学体系中的新兴学科。由于它需要围绕“人类—环境—社会”的关系展开研究,因此,环境法学也属于具有多元性科学特点的环境科学学科的范畴。尽管环境法学在研究上较多地吸收了环境科学的理论和方法,在一定程度上与传统法学以实证和规范为基础有

---

① 参见金瑞林主编:《环境法学》(第4版),北京大学出版社2016年版,第15页。

所不同，但是其主流的法学属性、内容的法学特质和解释的法学方法等决定了环境法学属于法学学科的范畴。①

之所以说环境法学是一门独立学科，主要理由如下。第一，环境法学具有独特的基本理念。环境问题是世界上多数国家面临的严重社会问题。为了实现环境正义，要求我们准确发现和严格遵循环境规律，实现人与自然和谐共处。第二，环境法学具有独特的"法律人"模式。基于理论建构的需要，人文社会学科领域各个学科存在"理性人""社会人""法律人"等各种模式。环境法学领域也不例外，采取"生态人模式"。第三，环境法学具有独特的研究对象、研究重点、基本理论、法律关系理论、研究范式、研究方法和社会需要。例如，环境法学具有公益性和技术性等特点，环境法学是法学和环境科学相结合的边缘学科。

研究环境法学的主要目的是，通过对环境法的演变与形成的历史考察，研究环境法的内容与本质，探讨人类在经济、社会发展过程中因环境利用行为导致既定社会关系发生改变而出现的一系列新的法律问题及其对策措施，归纳和总结有关环境保护的法律思想和学说，确立和阐明环境法基本原则和环境保护基本制度的构建原理和方法。

（二）环境法学作为一门独立学科的标志

1. 环境法学领域的学科点建设

1979 年，北京大学法律系率先在国内法学专业开设环境法学课程。1980 年，由武汉大学与中国环境科学研究院、原国家环保总局共同创建武汉大学环境法研究所，这是中国乃至亚太地区第一个专门从事环境与资源保护法学教学和研究的机构。1980 年，北京大学法律系和武汉大学环境法研究所开始招收环境法学硕士生。

1993 年，经国务院学位委员会第十二次会议评定，批准北京大学为我国第一个环境法学博士学位授予单位。1997 年，国务院学位委员会在对法学二级学科进行调整时，将环境法学命名为"环境与资源保护法学"，作为一门新兴的交叉性法学学科。1999 年，中国法学会环境资源法学研究会在武汉成立，这是我国最早建立的专业性的环境资源学术团体。

2007 年 3 月，教育部高等法学学科教学指导委员会全体委员会议将环境与资源保护法增列位法学学科核心课程之一。根据中国法学会环境资源法学研究会的统计，截至 2007 年，我国高等院校已经设立 67 个环境资源法学硕士点，13 个环境法学博士点。截至 2020 年，全国设置法学博士点的高校共有 57 所（含一个法学二级学科

① 参见汪劲：《环境法学》（第 3 版），北京大学出版社 2014 年版，第 17 页。

博士点),原则上均可以设立环境法学博士点。

2. 环境法学的研究范围

环境法学的研究范围主要包括以下几点。第一,环境法的理论基础,包括法学基础、生态学基础、伦理学基础以及经济学基础。第二,环境法的概念、目的、历史、地位、作用和体系,环境立法、环境管理体制、环境法的基本原则、环境法的基本制度、环境法律责任、自然资源保护、环境污染治理的法律规定、行政执法和司法实务。第三,其他部门法学和环境科学的有关研究成果。第四,欧美发达国家的环境立法和实践,以及关于环境法的理论研究成果。第五,各国之间以及国际社会关于区域环境问题、全球环境问题召开的国际会议,签订的区域性或者全球性国际公约、条约、议定书和实践。当然,正如韩德培教授等指出的,一国的环境法学必须坚持以研究本国的环境法为重点。①

第二节　环境法律关系

一、环境资源法律关系的概念

(一)环境法律关系的概念与特点

环境法律关系是指环境法主体之间在利用、保护和改善环境的活动中形成的,由环境法规范所确认和调整的权利义务关系,包括人与人的关系以及人与自然的关系。主要有下列特点:第一,环境法律关系是以环境法律规范为基础形成的社会关系;第二,环境法律关系是法律主体之间的社会关系;第三,环境法律关系是以环境作为媒介的社会关系;第四,环境法律关系承认自然环境具有一定价值;第五,环境法律关系具有广泛性和复杂性。②

(二)对环境法律关系理解的争论

关于如何理解环境法律关系,我国环境法理论上主要存在传统环境理论与调整论之争。传统理论认为,法律的调整对象仅限于人与人之间的关系,人与自然的关系不是法律的调整对象。调整论则认为,环境法既调整和环境资源有关的人与人的关系,也调整人与自然的关系。

笔者基本赞同调整论的观点,环境法律关系不单纯是一种人与人之间的社会联

---

① 参见韩德培主编:《环境保护法教程》(第 8 版),法律出版社 2018 年版,第 14 页。

② 参见吕忠梅主编:《环境法学概要》,法律出版社 2016 年版,第 101 页、第 103 ~ 106 页。

系，而是人们在同各种自然环境相互作用的过程中，即在利用、保护和改善环境的活动中形成的人与人之间的关系，是人与人之间、人与环境之间互相关系的结合。[①]

二、环境法律关系的类型

根据不同的分类标准和认识视角，可以对环境法律关系进行不同的分类。

（一）环境污染防治法律关系和生态保护法律关系

按照环境法的调整对象和规范保护目的，可以分为环境污染防治法和生态环境保护法，相应地存在环境污染防治法律关系和生态保护法律关系。

1. 环境污染防治法律关系

环境污染防治法通过控制人类生产生活所形成的废气、废水和废渣等废弃物的产生和排放，以保护环境。这类环境法律法规主要有《水污染防治法》《大气污染防治法》《固体废物污染环境防治法》《环境噪声污染防治法》《海洋环境保护法》等。

2. 生态环境保护法律关系

生态环境保护法通过规范人们开发、利用环境要素的行为，保护生态环境，使环境开发行为不至于危及生态环境的平衡。这类法律法规主要有《水法》《土地管理法》《渔业法》《矿产资源法》《森林法》《草原法》《野生动物保护法》《水土保持法》《防沙治沙法》等。

（二）横向法律关系和纵向法律关系

根据环境法律主体在环境法律关系中的地位和相互关系，可以将环境法律关系分为横向法律关系和纵向法律关系。

1. 横向法律关系

横向法律关系（平权型法律关系）是指环境法律法规规定的、平等主体之间的环境法律关系。主要有下列特点：第一，主体之间的法律地位是平等的；第二，主体之间的环境权利义务关系的内容具有一定的任意性。这种法律关系与民事法律关系具有相似之处。

2. 纵向法律关系

纵向法律关系（隶属性法律关系）是指环境法律法规规定的、不平等的环境法律主体之间所建立的权力服从关系。主要有下列特点：第一，主体之间的法律地位不平等，双方之间存在管理与被管理、命令与服从的法律关系；第二，主体之间的权利（力）义务具有强制性，既不能任意转让，也不能随意放弃；第三，主体之间的权利

① 参见金瑞林、汪劲：《20世纪环境法学研究述评》，北京大学出版社2003年版，第61页。

(力)义务关系主要是由法律规定的。这种法律关系与行政法律关系具有相似之处。

(三)绝对环境法律关系和相对环境法律关系

根据构成环境法律关系的主体是否具体和特定,可以将环境法律关系分为绝对环境法律关系和相对环境法律关系。

1. 绝对环境法律关系

绝对环境法律关系中的环境权利主体是特定的,但环境义务主体是不特定的。其主要有下列特点:第一,只有环境权利主体具有特定性,而环境义务主体则不具有特定性;第二,在这种法律关系中,权利实现的重心在于权利主体自己积极的作为,义务主体通常只有消极的不作为义务,即不妨碍权利主体行使权利。环境领域的物权关系是绝对法律关系的典型。

2. 相对环境法律关系

相对环境法律关系中的环境权利主体与环境义务主体都是特定的。其主要有下列特点:第一,权利主体与义务主体都是特定的、具体的;第二,环境权利主体要实现自己的权利,需要义务主体积极作为;第三,环境权利主体的权利与环境义务主体的义务之间具有对应性。环境领域的合同关系是相对法律关系的典型。

三、环境法律关系的主体、客体和内容

(一)环境法律关系的主体

环境法律关系的主体是环境法律关系中享有环境权利、承担环境义务的主体,包括环境利用行为人以及代表国家行使环境监督管理权的行政机关。环境法律关系的主体可以分为管理主体和参与主体。管理主体是能够代表国家行使其环境资源保护职能的各种国家机关,参与主体则是在经济和社会活动中接受国家的调控、组织、管理的主体。其中,政府及其环境、资源行政主管部门是管理主体,开发利用者(企业或者个人)是生态环境开发主体或者污染防治主体,公民(自然人)、其他法人和非法人组织是环境和自然资源的享受者或环境质量和生态效益的受益者。公众是指与开发利用环境行为及其结果具有直接或者间接利害关系的各种主体的统称。

1. 国家

国家作为环境法律关系的主体,主要体现在两个方面:第一,根据国家主权理论,国家作为主体参与国际环境法律关系,缔结国际条约或者公约,享有国际环境保护方面的权利,承担国际环境法律义务与责任,并参与国际环境纠纷的解决;第二,国家对发生在本国内的国内环境污染和生态环境的保护等享有监督管理的权力,并履行相应的环境保护职责。例如,《宪法》第 9 条、第 10 条第 1 款、第 26 条有明确规定。

2. 国家行政机关

国家行政机关主要包括各级政府、生态环境主管部门和环境保护相关监督管理部门。

(1)各级政府。例如,《环境保护法》系统规定了各级政府的环境监督管理职权。第一,各级政府应当对本行政区域的环境质量负责(第6条第2款)。第二,各级政府应当加大保护和改善环境、防治污染和其他公害的财政投入,提高财政资金的使用效益(第8条)。第三,县级以上政府应当每年向本级人大或者人大常委会报告环境状况和环境保护目标完成情况,对发生的重大环境事件应当及时向本级人大常委会报告,依法接受监督(第27条)。

(2)生态环境主管部门。例如,《环境保护法》第10条规定,国务院环境保护主管部门对全国环境保护工作实施统一监督管理;县级以上地方政府环境保护主管部门对本行政区域环境保护工作实施统一监督管理。

(3)环境保护相关监督管理部门。在我国,除了生态环境主管部门外,根据环境法律法规的规定,其他行政机关也具有一定的环境监督管理职权。例如,《水污染防治法》第9条规定,县级以上政府环境保护主管部门对水污染防治实施统一监督管理。交通主管部门的海事管理机构对船舶污染水域的防治实施监督管理。县级以上政府水行政、国土资源、卫生、建设、农业、渔业等部门以及重要江河、湖泊的流域水资源保护机构,在各自的职责范围内,对有关水污染防治实施监督管理。

3. 法人和事业单位等

在隶属性法律关系中,法人和其他组织是受制主体;在平权型法律关系中,法人、事业单位等是平等主体,既享有开发利用环境的权利,也承担遵守环境法律法规、服从国家环境管理机构监督管理的义务。例如,我国《环境保护法》规定:第一,企业事业单位和其他生产经营者应当防止、减少环境污染和生态破坏,对所造成的损害依法承担责任(第6条第3款)。第二,企业应当优先使用清洁能源,采用资源利用率高、污染物排放量少的工艺、设备以及废弃物综合利用技术和污染物无害化处理技术,减少污染物的产生(第40条第3款)。第三,重点排污单位应当依照国家有关规定和监测规范安装使用监测设备,保证监测设备正常运行,保存原始监测记录(第42条第3款)。

4. 自然人

自然人是环境法律关系中最广泛、最主要的主体类型。例如,我国《环境保护法》规定:第一,一切单位和个人都有保护环境的义务(第6条第1款);第二,公民应当增强环境保护意识,采取低碳、节约的生活方式,自觉履行环境保护义务(第6条第

4款);第三,公民、法人和其他组织依法享有获取环境信息、参与和监督环境保护的权利(第53条第1款)。

5. 非政府组织特别是环境公益团体

由于企业等利益集团具有强大的支付能力和游说能力,会投入资金来阻碍或者削弱环境立法和执法工作,公众没有能力或者意愿联合起来就环境问题向政府施加压力,处于弱势地位,于是出现了各种以环境保护为目的的环保组织或者非政府组织(Non-Governmental Organizations,NGO)。环保组织通过募集资金、组织人力、搜集环境科学资料等,发挥了重要作用。例如,环境公益诉讼主要是由环保组织提起的,其本质是保存自然环境的原生状态和保护人类的本能环境利用行为。

关于环保组织等非政府组织,现行法律法规作出了明文规定。例如,我国《民事诉讼法》第55条第1款规定,对污染环境、侵害众多消费者合法权益等损害社会公共利益的行为,法律规定的机关和有关组织可以向法院提起诉讼。我国《环境保护法》第58条规定,对污染环境、破坏生态,损害社会公共利益的行为,依法在设区的市级以上政府民政部门登记,并且专门从事环境保护公益活动连续5年以上且无违法记录的社会组织可以向法院提起诉讼;上述社会组织向法院提起诉讼的,法院应当依法受理。此外,提起诉讼的社会组织不得通过诉讼牟取经济利益。

此外,最高人民法院与民政部、原环境保护部等于2014年12月26日联合发布《关于贯彻实施环境民事公益诉讼制度的通知》(法〔2014〕352号)。最高人民法院颁布的《关于审理环境民事公益诉讼案件适用法律若干问题的解释》、最高人民检察院颁布的《公益诉讼实施办法》(2015年12月16日通过)等,对于社会组织的诉讼主体范围、认定程序等作出了较具体的规定。

(二)环境法律关系的客体

环境法律关系的客体是指环境法律关系主体的权利和义务共同指向的对象。环境法律关系的客体包括环境资源、人、人的行为和人的权利。

1. 环境资源

作为环境法律关系客体的环境资源,是指由法律所确认的人类赖以生产和发展的客观物质条件的总和。我国《环境保护法》第2条明文列举了环境资源的范围,主要包括大气、水、海洋、土地、矿藏、森林、草原、湿地、野生生物、自然遗迹、人文遗迹、自然保护区、风景名胜区、城市和乡村等。

2. 开发、利用、保护、改善环境资源的行为

作为环境法律关系客体的行为,是指环境法律关系主体所实施的、纳入环境法律体系规制范围的各类产生环境影响的行为。这主要包括各种环境开发、利用、保护、

改善、监督、管理的行为。其在行为方式上,既包括作为,也包括不作为。

(三)环境法律关系的内容

环境法律关系的内容是环境法律关系的主体依法享有的权利和应当承担的义务。环境法律关系的内容包括与环境资源有关的人与人的关系,以及人与自然的关系。金瑞林教授等认为:"调整人与人之间的关系也不是环境法的唯一目的,通过调整人与人的关系来防止人类活动造成对环境的损害,从而协调人与自然的关系,才是环境法的主要目的。"①

其中,环境管理主体的权利义务,主要表现为国家及其承担环境监督管理职能部门的权力和责任。根据《环境保护法》第 10 条的规定,我国建立了环境行政部门统一监督管理和其他相关部门分工负责的体制。具体来说,国务院环保主管部门对全国环保工作实施统一监督管理;县级以上地方政府环保主管部门对本行政区域环保工作实施统一监督管理。县级以上政府有关部门和军队环保部门对资源保护和污染防治等环保工作实施监督管理。

四、环境法律关系的主体之一——公众的环境权利和义务

环境法律关系是环境法律关系主体就其赖以生存、发展的环境所享有的权利和承担的义务。环境法律关系的主体既有开发、利用环境与资源,享受适宜环境的权利,也有保护环境的义务。

(一)环境权的提出与发展

自 20 世纪 50 年代以来,全世界出现了严重的环境问题和资源危机。国外学者提出并日益重视对环境权的研究发展。②

1. 美国学者萨克斯的公共信托理论与环境权理论

1968 年,美国学者萨克斯(Joseph L. Sax)出版了《保卫环境——公民行动战略》一书,针对政府环境行政决定过程公众参与率较低、环境诉讼中诉讼资格障碍等问题,根据公共信托原理(public trust doctrine)提出了"环境权"理论。萨克斯教授认为,空气、水、阳光等人类生存所必需的环境要素受到严重的污染和破坏,以致威胁人类正常生活的当代社会,不能再将其视为"自有财产"而成为所有权的客体。就其自

① 参见金瑞林主编:《环境法学》(第 4 版),北京大学出版社 2016 年版,第 21 页。

② 美国学者萨尔兹曼等认为,环境权的概念容易导致环境政策走向极端。在环境权概念的指引下,至少美国的部分环境法律存在很大问题。例如,《清洁空气法》制定的空气质量标准是"保护人类健康所必需的",没有考虑成本问题;《清洁水法》最初要求在 1985 年之前做到所有污水的零排放,但直到今天也没有达到这一目标。参见[美]詹姆斯·萨尔兹曼、巴顿·汤普森:《美国环境法》(第 4 版),徐卓然、胡慕云译,北京大学出版社 2016 年版,第 24 页。

然属性和对人类社会的极端重要性而言,环境资源是全体国民的"公共财产",任何人不能任意对其占有、支配和损害。为了合理支配和保护这一"公共财产",共有人委托国家进行管理。国家对环境资源的管理是受共有人的委托行使管理权,因而不能滥用委托权。

针对美国环境管理行政决定过程中存在的公众参与程度低下、环境行政诉讼中存在的当事人资格等问题,萨克斯教授在"公共信托理论"的基础上提出了公民环境权理论。他指出,公共信托理论倡导在必要的产业开发的最上限衡量对资源进行公共利用的利益。企业将洁净的空气和水这样的公共资源作为"垃圾场",他们不考虑毫无利润的人们的普通消费愿望,更不考虑公共利益。实际上,这些利益与私人利益一样具有受到法的保护的资格,其所有者具有强制执行的权利。①

"公共信托理论"有三个原则可以适用于环境领域:第一,对于公众而言,他们享受空气和水的权利和利益非常重要,不能将其作为私有财产;第二,自然给人类很多恩惠,全体公众都可以自由利用,这与利用者是企业还是个人无关;第三,建立政府的主要目的是增进一般公益,不能为了私利而将原本可一般利用的公共物品进行限制或者改变其分配方式。

2. 日本学者倡导的环境权

1970 年 3 月,国际社会科学评议会在东京召开公害问题国际研讨会,与会代表共同发表了《东京宣言》,首次明确提出,"我们请求,把每个人享有其健康和福利等要素不受侵害的环境的权利和当代人传给后代的遗产是一种富有自然美的自然资源的权利,作为一种基本人权,在法律体系中确定下来"。② 这是一种基本人权,应将该原则在法律中规定下来。

1970 年 9 月,在日本新潟召开的日本律师联合会第 13 次拥护人权大会上,大阪律师协会的藤仁一、池尾隆良两位律师作了题为《公害对策基本法的争议点》的报告,明确提出"环境权"的问题,认为环境权是指"支配环境和享受良好环境的权利",提倡"为了保护环境免遭破坏,支配环境并享有良好环境的权利";主张可以将环境权理解为一种私权利,即以环境为直接支配对象的"支配权";③对于过度污染环境、影响居民舒适的生活,甚至造成妨害的,可以请求排除妨害,采取预防措施;与此同

---

① 参见[美]约瑟夫·L. 萨克斯:《保卫环境:公民诉讼战略》,王小钢译,中国政法大学出版社 2011 年版。

② 参见杜钢建:《日本的环境权理论和制度》,载《中国法学》1994 年第 6 期。

③ 参见[日]大冢直:《环境法》,有斐阁 2002 年版,第 51 页。

时,公众负有在一定限度范围内忍受公害的义务。

但是,环境权理论没有成为理论上的通说,也几乎没有得到日本法院的认可。这主要是因为:第一,环境是一定社会的自然状态,国民对环境存在不同的认识和评价,因此不可能共同享有排他的支配权;第二,作为私权的环境权所能够提供的法律救济,完全可以通过所有权、人格权等得到实现;第三,根据环境权,在发生环境侵害前就去阻止环境破坏,或者超出个人享有的权利之外要求阻止环境破坏,超过了私权救济的范围;第四,通常被视为环境权根据日本《宪法》第13条和第25条的规定并非要赋予公民某项具体的权利,日本环境法中也没有明文规定环境权,这导致环境权的内容和范围并不明确。

环境权理论的提出,主要有下列作用:第一,有关环境问题确立了居民的主体性,环境权可以促进环境行政的民主化,并开辟了公众参与公害防治和环境管理的渠道;第二,环境权能够成为环境领域新型权利的根据;第三,环境权可以为居民对环境行政进行调查、请求提供根据;第四,传统观点强调对环境破坏的事前控制,而环境权开创了环境创造行政的先河;第五,环境权为环境影响评价、环境行政诉讼提供了根据;第六,在公害侵害公众生命或者身体健康的场合,环境权可以为公害损害赔偿请求权提供根据。

(二)环境权的性质、特点和类型

1. 我国学者关于环境权的论述

环境权是环境法律关系主体享有健康、舒适的生活环境,以及合理利用环境和资源的基本权利。环境权概念的出现源于政府不当开发决策和企业不当开发利用环境行为,其造成的环境污染和自然破坏的结果可能妨害或侵害公民(自然人)个人和其他全体公众自由、本能的利用环境及其利益。因公民个人不具有独占环境的权利,除环境污染和自然破坏导致公民个人权益侵害的场合外,公民个人并不能主动独立地要求和主张公众的环境利益。环境权既是公民基本权利中与享受优美环境相关的、非独占性的权利和利益的集合,也是公民对其正常生活和工作环境享有的不受他人干扰和侵害的权利与利益。①

2. 环境权的性质和特点

关于环境权到底是一种公权力还是一种私权利,存在公权力说与私权利说的对立观点。对此,汪劲教授认为:“环境权在公民要求国家保护环境或者据以参与环境监督和管理的意义上使用时,因其与公权力发生关系的权利是人权或宪法性权利,主

---

① 参见汪劲:《环境法学》(第3版),北京大学出版社2014年版,第65页。

要具有共益权的性质;当环境权用于私主体之间的法律关系时,因其具有自益权的性质而成为一种实质上的私权。"①

本书认为,环境权主要有下列几个特点:第一,环境权是环境社会关系的反映和法定化,是自然权利和道德权利的法定化。环境权具有自然性、不可缺乏性、不可取代性、不可转让性和稳定性。第二,环境权中的基本权利和基本义务具有不可分割性。第三,环境权具有预防性、公益性、指导性和有效性等特点。第四,环境权是一种新型的法律权利,是一种连带性权利、第三代人权,也是一种兼具公权力与私权利双重属性的权利。

3. 环境权的类型

关于环境权的类型,有不同的界定。蔡守秋教授认为,环境权可以分为个人环境权(自然人的环境权)、单位环境权(法人的环境权)、国家环境权和人类环境权四个层次。② 陈泉生教授等也采纳蔡守秋教授的分类,认为公民环境权包括日照权、通风权、安宁权、清洁空气权、清洁水权和观赏权,法人及其他组织的环境权包括对良好环境进行无害使用权、依法排放其生产的废物权、享受清洁适宜的生产劳动环境权,国家环境权包括环境处理权、环境管理权、环境监督权、保护和改善环境的职责、履行国际义务,人类环境权包括平等享用共有财产权、共同继承共有遗产权、与后代人共享环境资源权、与其他生命物种种群共同拥有地球。③ 本书仅讨论公民(公众)的环境权。

(三)环境权的立法

1. 国际公约关于环境权的规定

《人类环境宣言》(1972 年)第 1 条指出:"人类有权在一种能够过着尊严的和福利的生活环境中,享有自由、平等和充足的生活条件的基本权利,并且负有保护和改善这一代和将来的世世代代的环境的庄严责任。"《我们共同的未来》(1987 年)建议,作为环境保护和可持续发展的一项原则,"全人类对能满足其健康和福利的环境拥有基本的权利"。

2. 宪法关于环境权的规定

例如,《马里宪法》(1992 年)第 15 条规定:"每个人都有拥有一个健康的环境的权利。国家和全体国民负有保护、保卫环境和提高生活质量的义务。"我国《宪法》第

① 汪劲:《环境法学》(第 3 版),北京大学出版社 2014 年版,第 65 页。

② 参见蔡守秋主编:《环境资源法》(第 3 版),高等教育出版社 2017 年版,第 119 ~ 124 页。

③ 参见陈泉生主编:《环境法学》,厦门大学出版社 2008 年版,第 135 ~ 139 页。

26 条第 1 款规定:“国家保护和改善生活环境和生态环境,防治污染和其他公害。”

3. 环境法律法规关于环境权的规定

例如,美国《国家环境政策法》第 3 条规定:“国会认为,每个人都应当享受健康的环境,同时每个人也有责任对维护和改善环境作出贡献。”日本《东京都公害防止条例》的序言明确规定:“所有市民都有过健康、安全以及舒适的生活的权利,这种权利不能因公害而遭受侵害。”我国《环境保护法》第 1 条规定:“为保护和改善环境,防治污染和其他公害,保障公众健康……”

(四)公民环境权的内容

关于公民环境权的内容,存在不同观点。例如,汪劲教授认为,公民的环境权包括优美舒适环境的享受权、开发利用环境决策与行为知悉权、开发利用环境决策建议权、监督开发利用环境行为和举报权,以及环境权益遭受侵害时的诉讼请求权。[①] 吕忠梅教授等认为,公民的环境权利主要包括环境使用权、环境知情权、环境事务参与权、环境监督权、救济请求权等。[②]

上述两位学者的观点没有本质差异:“环境资源利用权”基本上等同于“享受优美舒适环境的权利”;“环境知情权”大致相当于“开发利用环境决策与行为知悉权”;“环境事务参与权”基本上等同于“开发利用环境决策建议权”;“环境监督权”大致相当于“监督开发利用环境行为和举报权”;“救济请求权”就是“环境权益遭受侵害时的诉讼请求权”。

1. 环境资源利用权(享受优美舒适环境的权利)

公民环境权的核心在于保障人类现代和将来世世代代对环境的利用,以满足人类生存与发展的需要。环境资源利用权主要包括清洁空气权、清洁水权、安宁权、采光权(日照权)、通风权、眺望权、观赏权以及在优美、舒适环境下工作或者休息的权利。这既包括从生理层面享受清洁环境要素的权利,也包括从心理或者精神层面享受优美环境、原生自然状况的权利。

2. 环境状况知情权(开发利用环境决策与行为知悉权)

环境状况知情权是指国民获得所生活的地区、本国乃至他国的环境状况、环境管理状况等信息的权利。对可能造成不良环境影响的政府开发与环境决策行为、企事业单位开发利用环境行为等,公众有知悉的权利。例如,《环境保护法》第 53 条第 1 款规定,公民、法人和其他组织依法享有获取环境信息、参与和监督环境保护的权利。

---

① 参见汪劲:《环境法学》(第 3 版),北京大学出版社 2014 年版,第 65 ~ 66 页。

② 参见吕忠梅主编:《环境法》(第 2 版),高等教育出版社 2017 年版,第 64 ~ 66 页。

环境状况知情权需要通过法定程序加以保障,要求环境行政机关负有全面、及时披露相关信息的义务。为保护公众的知情权,最高人民法院于2011年7月颁布《关于审理政府信息公开行政案件若干问题的规定》,其中规定,对于公民认为政府信息公开工作中的具体行政行为侵害其合法权益的,有权提起行政诉讼。

3. 环境事务参与权(开发利用环境决策建议权)

对可能造成不良环境影响的政府开发与环境决策行为、企事业单位开发利用环境行为等,公众有提出主张或者意见、建议的权利。环境事务参与权主要包括:第一,参与国家环境管理的决策过程;第二,参与开发利用环境的过程以及环境保护制度的实施过程;第三,参与环境科学技术的研究、示范和推广等;第四,组建、参与环境保护团体;第五,参与环境纠纷的调解;等等。其中,第二个方面的内容是当前环境事务参与权的重点。

我国环境法律法规明文规定环境事务参与权。例如,《环境保护法》第56条第1款规定,对依法应当编制环境影响报告书的建设项目,建设单位应当在编制时向可能受到影响的公众说明情况,充分征求意见。《环境影响评价法》第5条、第11条、第21条和第23条等规定,公众有权以各种方式参与规划和项目的环境影响评价。有权参与规划的编制机关或者项目建设单位组织的论证会、听证会等各种形式的征求意见活动。公众就规划或者项目的环境影响评价报告书草案提出的意见和建议,政府审批或批复机关应当认真考虑并进行说明。

4. 环境监督权(监督开发利用环境行为和举报权)

公众有权对开发利用环境与资源的企业进行监督;对于违法行为,公民有权进行举报。例如,《环境保护法》第53条、第57条规定,公民、法人和其他组织除了有权监督开发利用环境行为过程中的环境保护事项外,还有权向环境保护主管部门或者其他负有环保监管职责的部门举报污染环境和破坏生态行为。《清洁生产促进法》第17条、第31条规定,公众有权监督企业实施清洁生产的状况。列入污染严重企业名单的企业,应当按照规定公布主要污染物的排放情况,接受公众监督。

5. 环境权益遭受侵害时的诉讼请求权

在公民认为自己的环境权受到或者可能受到不当或者不法的政府决策或者企事业单位的开发利用环境行为影响或者侵害时,有权依法申请行政复议、提起行政诉讼或者民事诉讼,请求法院撤销政府或者生态环境主管部门的行政决定,或者请求法院判令环境侵权的企事业单位恢复环境原状等。例如,根据《环境保护法》第58条的规定,对污染环境、破坏生态,损害社会公共利益的行为,有关环境保护的社会组织可以向法院提起环境公益诉讼。

(五)公民(公众)的环境义务

1.公民(公众)的环境保护义务的主要内容①

公民的环境保护义务主要包括两项。第一,保护环境的一般义务。例如,《环境保护法》第6条第1款规定:"一切单位和个人都有保护环境的义务。"第二,忍受一定限度环境污染或者自然环境损害的特别义务。向环境排放污染物或者开发自然资源,会不同程度地破坏部分地域的环境质量。为了解决保护环境与经济社会发展之间的矛盾,一方面,通过行政许可限制开发利用环境者对环境和资源的利用;另一方面,则要求公民对开发利用行为予以容忍。

2.公民(公众)的容忍义务的来源和判断标准

公民的容忍义务来自法律规定,亦即,只要法律不禁止某个干扰行为,公民就应当予以忍受。公民的容忍义务分为两类:第一类是公民有容忍第三人为环境保护的作为的义务;第二类是公民有容忍第三人为法律所允许环境污染的义务。

关于容忍义务的判断标准,原则上应当以排污行为是否具有合法性为标准。此外,应以行为是否构成实质性影响为判断标准。在德国,某种妨害是否具有实质性影响,通常从理性的正常人的理解出发进行利益衡量,并以生活习惯以及被妨害的不动产的用途来评价妨害的程度和持续时间。此外,还应当考虑基本权利体现的价值和公众利益。关于是否应当许可或者忍受实质性影响,需要考察:第一,该行为是否为当地通行;第二,该影响是否可以通过经济上可行的其他措施克服。②

五、环境法律关系的主体之二——公司企业的环境权益和义务

(一)企业开发利用环境资源的一般权利和义务

1.开发利用自然资源的权利与义务

开发利用自然资源的权利必须受到环境保护法律的限制。对此,我国《环境保护法》第30条规定,开发利用自然资源,应当合理开发,保护生物多样性,保障生态安全,依法制定有关生态保护和恢复治理方案并予以实施。引进外来物种以及研究、开发和利用生物技术,应当采取措施,防止对生物多样性的破坏。

此外,开发利用者还应当遵守法律规定的其他干预性、给付性、计划性以及禁止性和命令性等法律规范的义务。例如,《环境保护法》规定:第一,企业事业单位和其他生产经营者应当防止、减少环境污染和生态破坏,对所造成的损害依法承担责任

---

①　参见汪劲:《环境法学》(第3版),北京大学出版社2014年版,第67～68页。

②　参见[德]曼弗雷德·沃尔夫:《物权法》(第18版),吴越、李大雪译,法律出版社2002年版,第172～174页。

(第6条第3款)。第二,国家鼓励和引导公民、法人和其他组织使用有利于保护环境的产品和再生产品,减少废弃物的产生(第36条第1款)。第三,企业应当优先使用清洁能源,采用资源利用率高、污染物排放量少的工艺、设备以及废弃物综合利用技术和污染物无害化处理技术,减少污染物的产生(第40条第3款)。

2.利用环境容量排污的权利和义务

第一,利用环境容量排污的权利("排污权",emission right),是行政机关依法赋予排污者依照法律规定的污染物排放(控制)标准向环境排放污染物的权利。第二,利用环境容量排污的义务。利用环境容量排污者应当根据行政机关依法许可的排污范围、排污方法、排污途径,按照排污标准所限定的种类、浓度和数量等排放污染物,并且依法履行环境影响评价、"三同时"、排污许可、缴纳排污税费、接受现场检查等法定义务。

我国《环境保护法》第42条规定了排污者应当履行的义务。第一,排放污染物的企业事业单位,应当建立环境保护责任制度,明确单位负责人和相关人员的责任。第二,重点排污单位应当按照国家有关规定和监测规范安装使用监测设备,保证监测设备正常运行,保存原始监测记录。第三,严禁通过暗管、渗井、渗坑、灌注或者篡改、伪造监测数据,或者不正常运行防治污染设施等逃避监管的方式违法排放污染物。此外,排污者还应当遵守法律规定的其他干预性、给付性、计划性以及禁止性和命令性等法律规范的义务。

在排污行为污染环境造成环境损害时,只要行为符合行政法律法规和排放标准,即便行为人主观上无过错,也应当承担相应的消除危险、排除妨害、恢复原状或者赔偿(补偿)损失的责任。

(二)企业的环境社会责任

1.企业的环境社会责任的概念和特点

企业的环境社会责任(corporation's environmental social responsibility),是指从事开发利用环境行为的企业作为一类社会群体对社会和其他公众,在强制性法律规范外,还应当依法履行的环境保护义务。主要有两个特点:第一,责任主体是从事开发利用环境行为(排污或者开发资源)的企业,是一种社会群体类型;第二,这种责任并非来源于法律的强制性规范,而是开发利用环境资源的企业用以维系和调整与本能利用环境的社会公众之间的关系的一种道义。

企业的环境社会责任的履行,可以分为两个层次:第一,企业遵守环境立法有关强制性规范。这是企业最基本的法律义务和社会对企业的最基本要求;第二,企业主动、自主地承担环境社会责任,包括履行环境与自然保护法律法规中的指导性规范和任意性规范，适用各种社会组织推荐的有利于保护环境的规则，以及自主地确立环境保护理念并付诸实施。

部分企业之所以主动履行环境社会责任，主要有下列原因：第一，宣示环境友好性和社会公益性，以提升企业的国际国内影响，有利于国际国内贸易；第二，迎合消费者日益高涨的"绿色消费"（green consumption）意识，提高社会对企业的认同感，促进产品销售；第三，节省能源和资源，削减能源资源采购成本；第四，事前回避环境风险，预防因环境污染而引起的巨额赔偿。①

2. 企业的环境社会责任的内容②

（1）通过环境保护质量体系认证。例如，企业可以主动要求通过国际标准化组织制定的 ISO14000 环境标准系列的认证，以显示自己的生产过程与产品符合环境友好的社会理念，实现自由贸易与环境保护的统一。

（2）建立环境审计制度。环境审计制度以环境资源耗费补偿为中心，可以为企业提供环境和经济信息，并反映环境对经济的贡献以及经济活动对环境的影响。企业可以通过会计系统以及其他途径采集环境信息，以年度报告的形式向外界披露，以宣示其履行环境责任的程度。

（3）推行清洁生产。一方面，推行清洁生产，可以改进生产工艺，提高资源利用率，避免粗放式的生产模式，以较少的环境污染和资源消耗生产更多的产品；另一方面，改进排污设施，降低污染物的排放数量，减少甚至避免企业在运营过程中对生态环境造成的不利影响。

（4）宣示企业环境保护守则。例如，有的企业在生产链上实行"绿色供应"（green supply），即向上游供应企业提供"绿色供应标准书"，规定产品、材料、部件的各种标志，优先选取具有"ISO14001"认证资格或者推行"环境管理体系构建"的企业作为供应商，采购对环境影响较小的零部件、原材料。有的企业按照政府指导性要求或者社区与环保团体的请求，自愿与周边居民签署防治污染协议或者污染减排计划。

六、环境法律关系的主体之三——国家机关的环境监管权力和职责

详见本书第四章，此处不赘。

① 参见汪劲：《环境法学》（第 3 版），北京大学出版社 2014 年版，第 70 页。

② 同上书，第 71 页。

第三节 环境法学的理论体系和研究方法

一、环境法学的理论体系

与环境法体系相关的是环境法学体系。我国环境法学教材通常将环境法学分为导论、环境法学总论、环境法学分论和国际环境法学四大部分。

(一)环境法学总论

环境法学总论的目的,在于确立环境与资源保护法律法规所共同适用的基本原理、原则、制度和措施,主要研究环境法学的概念、特点、理论体系、环境管理与环境行政责任、环境法的基本原则、环境法的基本制度、环境损害的民事救济与环境犯罪的刑事制裁等。

(二)环境法学分论

环境法学分论的目的,在于将总论的基本规定具体适用于各个不同的环境保护领域,主要对我国环境污染防治法、自然保护法、环境损害救济法以及环境犯罪制裁法等具体法律制度的立法现状和法律制度的具体内容展开论述,并与外国环境法律制度进行相应的比较。具体来说,环境法学分论主要包括环境污染防治法、自然资源保护法、特殊区域环境保护法、城市环境和农村环境保护法、矿产资源与能源法、自然灾害防治法等。

就自然资源法与生态保护法而言,自然资源法并不以保护自然资源和环境为直接目的,它所强调的是自然资源对人类的外在经济价值,目的是维护生态系统中自然资源得以为人类永续利用的价值,通过自然资源保护的反射利益来保护生态的价值;而生态保护法的重点是维持生态系统的多样性以及自然的原生状态,防止人为因素对生态系统造成不良影响和破坏,并探索人与自然生态系统在深层次上的外在与内在联系,发现人类对自然资源予以永续开发和利用的途径。①

(三)国际环境法学

国际环境法是调整国际法主体(主要是国家)在利用、保护和改善环境与资源过程中所形成的各种国际关系的法律规范的总称。国际环境法学是以国家环境法为主要研究对象而展开的环境法学的分支学科。

---

① 参见金瑞林、汪劲:《20 世纪环境法学研究述评》,北京大学出版社 2003 年版,第 46 页。

研究国际环境法的意义在于：第一，国际环境法反映了既往和当代人类在环境与自然资源领域的立法的最高水平，其中规定的基本原则和基本制度等对我国环境立法和理论研究等具有重要的借鉴意义；第二，根据“国际公约优先”的原则，国际环境法中的很多制度性规定已经得到国内环境法的确认和肯定。

二、环境法学的研究方法

（一）以生态学为主的综合分析方法

生态学方法（生态学思维）是指用生态学观点思考问题、解决问题。以生态学为主的综合分析方法是指环境法学所采取的各种与生态学方法有关的研究方法，包括传统的解释学方法、实证分析方法、经济分析方法、有关自然科学技术的研究方法等。其中，生态学方法是最主要的研究方法。生态学关于“生产和生活废弃物的排放量不能超过环境容量的极限”和“生产对资源的需要量同环境对资源的可供量之间保持平衡”这两个基本要求，应当成为人类处理环境问题所遵循的基本原则、指导环境政策和立法的理论基础。①

生态学方法具有下列几个特点：第一，生态学方法建立在“主观与客观一体化”研究范式即整体论世界观或生态世界观基础上，倡导生态学思维，主张用生态学的整体观点思考问题；第二，生态学方法认为世界是普遍联系的，事物之间的联系和相互作用远胜于彼此之间的差异；第三，生态学方法认为人与自然的关系不是非此即彼的，并非一定要区分人类中心还是自然中心，强调人与自然的和谐相处。②

以生态学为主的综合分析方法的基本要求：第一，结合环境法的特点，借鉴和运用现有各种研究方法；第二，在借鉴、运用现有的各种研究方法时，注意发挥和挖掘各种研究方法的不同之处；第三，以生态学方法为主，综合运用现有的各种研究方法。

（二）人文社科研究方法

环境法学研究所采用的人文社科研究方法，主要有以下几种。

1. 解释学方法

这是法学研究的最基本方法。环境法学运用的解释学方法与其他部门法学没有差异，主要有文义解释方法、目的解释方法、体系解释方法和历史解释方法等。

2. 经济分析方法

经济分析方法是20世纪60年代以来从美国发展起来的一种研究方法，主要采用经济学的准则和价值观研究法律问题，重视对于法律机制进行经济分析，强调促进

---

① 参见金瑞林编著：《环境法——大自然的护卫者》，时事出版社1985年版，第12～14页。

② 参见蔡守秋主编：《环境资源法教程》（第3版），高等教育出版社2017年版，第89～90页。

法的经济效益和选择最优效益;将微观经济学的研究方法和研究成果直接应用于法律和法学研究,将成本、收益作为基本判断标准。经济分析方法中的诸如经济活动的外部性、“共用物的悲剧”、科斯定理等,或多或少都与环境法有关。利用经济学方法对环境政策和法律进行分析和评价,能够提高环境决策的科学性和效率。近年来,环境法领域的经济分析逐渐转向环境经济分析技术以及环境管理经济手段的研究和政策建议,如在环境经济规划中引入投入产出法、将成本效益分析方法应用于一般的环境决策问题,以及在现代环境管理中运用市场经济手段等。①

3. 哲学伦理学方法或者价值分析方法

目前,西方环境伦理学所探讨的主要问题有人类对环境的责任问题、未来世代的权利、自然物的权利、动物的权利、自然资源与人类的消费关系、环境破坏与经济发展的关系、贫穷与环境的关系、现代科学技术与环境等。其中,涉及权利、正义的环境伦理是环境立法的主要力量基础。②

4. 实证分析方法

实证分析方法是指通过与法律有关的,人类可以直接观察或者通过仪器设备可以间接获得的事实、现象、经验的分析和研究,去建立和检验各种法学理论观点。实证分析方法包括有关环境资源的社会调查方法、历史考察方法等。

5. 历史分析方法

历史分析方法是指在法学研究中注意对研究对象(包括研究事项和问题)进行历史考察和分析,探求问题的历史根源、历史原因和历史发展,批判地继承历史上的有关成果,为法学研究和司法实践服务。

(三)自然科学技术研究方法

与其他部门法学的不同之处在于,环境法学发端和奠基于环境科学,是法学与环境科学学科交叉的产物,因此,要注意以环境科学的最新成果来指导、丰富环境法学,要运用现代科学技术方法来革新、充实环境法学的研究方法。

---

① 参见汪劲:《环境法学》(第3版),北京大学出版社2014年版,第19页。

② 参见金瑞林、汪劲:《20世纪环境法学研究述评》,北京大学出版社2003年版,第22页。

第四章　环境管理、环境行政责任与环境行政诉讼

第一节　环境管理概述

一、环境管理的概念和沿革

从环境保护的规范对象看,只要是有可能造成环境污染或者自然破坏的行为,都应当加以规范。在当代社会,各国政府是环境保护的主体,没有任何一个环境问题不是由政府机关管理的。因此,环境保护不能局限于对企业行为进行直接控制或者间接诱导,还需要政府通过制定相应的环境政策来落实,通过设立相应的环境保护管理机关加以管理和协调。

(一)环境管理的概念

环境管理(国家环境管理、政府及其主管部门的环境监管)是根据人类活动对环境影响的原理,由国家环境管理职能部门或者其他社会管理主体通过运用行政、经济、法律、科学技术、教育等多种手段,对各种影响环境或者可能影响环境的活动进行规划、调整和监督,以协调经济发展与环境保护的关系,防治环境污染和环境破坏,维护生态平衡的行政管理活动。环境管理可以分为狭义和广义两个层次,其中,狭义的环境管理主要是指污染控制,而广义的环境管理还包括环境和自然资源保护在内。①

环境管理主要有下列特点:第一,环境管理的首要主体是国家。此外,有些社会组织如行业协会、环保组织等也参与环境事务的管理;第二,环境管理的手段主要有行政、经济、法律、科学技术、教育等;第三,环境管理的对象是影响或者可能影响环境资源状况的活动;第四,环境管理的目的是实现环境法的立法目的。

(二)环境管理的沿革

关于环境管理的产生与发展,大致可以分为四个阶段:第一阶段,环境管理仅仅是国家的一般职责,时间大致是 20 世纪 50 年代以前;第二阶段,环境管理成为国家

① 参见金瑞林主编:《环境法学》(第 4 版),北京大学出版社 2016 年版,第 67 页。

的专门职责,时间大致是第二次世界大战之后;第三阶段,环境管理成为国家的基本职能,时间大致是20世纪60年代以后90年代以前;第四阶段,国家环境资源管理职能的深入、全面发展,时间大致是20世纪90年代以后。

二、政府的环境管理职权与义务

(一)政府的环境管理职权

政府的环境管理,主要针对显著的环境危害或者危险,以及防范由此造成的对公众侵害后果,以确保公众赖以生存的最低环境品质。这是从20世纪中叶的“社会国原则”所形成的结果。例如,陈慈阳教授认为,国家自我环境保护行为的任务,一是对于显著的对环境或者人民的危害性、或有危害之虞加以防卫或抵抗或排除;二是确保人民生存的最低基础。①

(二)政府的环境管理义务

与政府环境管理职权相对应的是,政府还负有下列环境管理义务:第一,政府负有自己不污染和破坏本国和管辖范围以外的环境的义务,包括军事、国防行为造成对环境的污染或者破坏;第二,政府对环境法律行为上的不作为及其造成的不利后果承担法律责任;第三,政府对环境负有监控义务,不得以发展经济为借口放宽环境法确立的许可条件和对环境标准的严格适用;第四,政府对有利于环境的保护行为负有给付义务;第五,在政府许可和监督下的污染行为危害第三人的场合,政府还应当积极主动地建立相应的救济制度保障第三人和相邻人的基本权利。

三、环境管理的类型和发展趋势

(一)环境管理的类型

表4-1 环境管理的类型②

序号	分类标准	具体类型
1	管理主体	立法机关监督管理、司法机关监督管理、行政机关监督管理、社会监督管理、企业监督管理
2	管理的对象从事的影响环境资源的活动	生产活动的监督管理、流通服务活动的监督管理、生活活动的监督管理

① 参见陈慈阳:《环境法总论》,台北,元照出版有限公司2000年版,第252页。
② 详细内容参见蔡守秋主编:《环境资源法》(第3版),高等教育出版社2017年版,第136页。

续表

序号	分类标准	具体类型
3	监督管理的内容	环境质量监督管理、生态环境监督管理、自然资源监督管理
4	管理地域	国土环境资源监督管理、海域环境资源管理、区域环境资源管理、流域环境资源管理、地方环境资源监督管理、城镇环境资源监督管理、农村环境资源监督管理、开发区环境资源监督管理、工矿区环境资源监督管理、特别保护区环境资源监督管理、居民区环境资源监督管理
5	环境要素	大气环境资源监督管理、水环境资源监督管理、土壤环境资源监督管理、生物环境资源监督管理、声环境监督管理、辐射环境监督管理、矿产资源监督管理

（二）环境管理的发展趋势

环境管理主要有三种机制：第一，以政府组织为主体的行政调整机制；第二，以营利性的企业组织为主体的市场调整机制；第三，以非政府非营利组织（第三部门）为主体的社会调整机制。

当代环境管理的发展趋势，主要有四个方面：第一，政府组织、企业组织、第三部门的协商与合作；第二，政府的服务指导作用与公众的参与结合起来；第三，从环境统治（government）走向环境治理（governance）；第四，从环境善治（good government）走向环境良治（good governance）。①

四、环境管理体制

（一）环境管理体制的概念

环境管理体制（环境行政管理体制、环境资源监督管理体制）是指国家进行环境管理的机构设置、组织结构、职权结构以及这些组织和职权的运行方式。换言之，就是国家管理环境保护事务的行政组织结构体系、各环境行政管理机构之间的职权配置，以及环境保护行政管理职能的运行机制，解决的是谁管、管什么和怎么管的问题。② 从广义上看，环境管理体制包括立法体制、司法体制和行政管理体制等；从狭义上看，指环境资源行政监督管理体制。

---

① 参见蔡守秋主编：《环境资源法》（第3版），高等教育出版社2017年版，第136～137页。

② 参见吕忠梅主编：《环境法原理》（第2版），复旦大学出版社2017年版，第176页。

（二）环境管理体制的内容

1. 我国的环境管理体制

我国采取了“统一监督管理与分级、分部门监督管理相结合”或者“以行政区域管理为中心,国家与地方双重领导”的环境保护管理体制,根据《环境保护法》的规定,国务院环境保护主管部门对全国环境保护工作实施统一监督管理;县级以上地方政府环境保护主管部门对本行政区域环境保护工作实施统一监督管理。县级以上政府有关部门和军队环境保护部门,依照有关法律的规定对资源保护和污染防治等环境保护工作实施监督管理(第10条)。

2. 环境管理体制的内容

(1)组织结构是指国家对享有环境行政管理权的行政管理机构的具体设置以及机构之间的相互关系。这是环境资源行政监督管理的组织形式和组织保证。环境行政管理机构具体包括环境行政机关、授权的环境行政机构、受委托的机构与社会组织。

(2)职权结构(权力配置结构)是指各种环境行政管理机构横向的职权分工、权限划分以及纵向的职权位阶等。这是环境资源行政监督管理的职能形式和功能保证。我国环境管理权的职权结构包括四个层次:第一,环保行政权力在中央和地方之间的上下级垂直配置;第二,环保行政权力在跨行政区的同级政府之间的配置;第三,环保行政权力在同级政府所属的不同部门或者机构之间的配置;第四,环保行政权力在具体一个部门的内部机构之间的分工。

环境保护统管部门(各级政府环境保护监督管理机构)与分管部门在环境保护监督管理上不是行政上的隶属关系,不存在领导与被领导、监督与被监督的关系,只有分工差异,即监督管理的对象和范围有差异,但都属于环境保护行政执法机关,其环境监督管理的性质和目标是相同的。①

(3)职权运行方式(职权运行机制)是指享有环保监管权力的环境行政管理机构的职权运行方式、行政程序以及各机构之间就开展环境事务进行行政协作的方式等,如行政决策机制、行政执行机制、环保行政事务的部门协调机制、公众参与机制以及监督机制等。这是环境资源行政监督管理组织形式和职能形式的动态结合形式和协调保证。

3. 我国环境管理体制存在的问题及其完善

我国《环境保护法》第10条关于环境管理体制的规定不够具体,对统管和分管

① 参见韩德培主编:《环境保护法教程》(第8版),法律出版社2018年版,第30～31页。

部门之间的关系以及职责权限的划分不够详尽,有些自然资源保护单行法律法规对环境监督管理体制也缺乏明确的规定,导致有些地方、部门之间存在相互扯皮、揽权、争权,或者相互推诿的现象。要解决上述问题,关键在于进一步深化体制改革,按照区域生态系统管理方式,逐步理顺部门职责分工,增强环境监管的协调性、整体性。建立健全国家监察、地方监管、单位负责的环境监管体制。①

第二节 环境行政监督管理体制

一、构建环境行政监督管理体制的原则

(一)公共资源理论

1."市场失灵"与"政府失灵"

环境资源主要是公共资源、共同财富或者公众共用物,具有利用的非排他性、使用的分散性和高度的相互依存性。环境资源作为公众共用物,其供给具有外部性和"市场失灵"等特点,即市场机制对其不起作用,所以环境资源主要依靠政府供给。但是,某些公共环境资源也可以人为转化为自然资源资产或者物权客体,且政府往往代表特定阶层的利益或者为大企业所"俘获"(寻租),如果政府环境监督管理体制不健全,就会出现"政府失灵",导致公众共用物的悲剧或者自然资源资产不当配置。②

2.环境管理制度设计:分权与集权

从公共管理角度看,过度分权容易导致权力行使和管理责任的模糊,行政管理权力主体越多元,对环境资源的保护就越乏力,环境资源状况就越差;反之,行政权力越集中,并趋向于单一中心,责任就越明确,权力主体之间的破坏性竞争和相互推诿、扯皮就越少。但是,过犹不及,过度集权容易导致权力垄断。从各国环境管理权力的实际分配和行使看,基本趋势是进一步集中环境管理权,建立单一决策、指导、控制与执行体制。

(二)效率原则

随着管理化公共行政的发展,效率原则成为评价行政权力体制及其运行的重要标准。一般认为,管理系统的专门化和管理体制的单一权力机构,有助于减少决策和

---

① 参见国务院2005年12月《关于落实科学发展观加强环境保护的决定》(国发〔2005〕39号)第20项。

② 参见蔡守秋主编:《环境资源法》(第3版),高等教育出版社2017年版,第137~138页。

办事过程中的消耗,提高效率,克服无责任性和混乱性。从各国环境监督管理体制看,多数国家选择加强政府的大部门决策能力,组建专门化系统,合并与强化庞大的体制等途径和模式。

(三)公众利益与民主决策原则

多元的决策权力和单一的控制执行中心相结合,是合理、公正的环境资源监督管理体制的必然选择。另外,随着公共服务新思维的提出,公共服务成为公共管理的重要组成部分,公众满意度、公众的评价和判断等成为环境行政监督管理体制的重要评判标准。

二、国外环境行政监督管理体制

(一)体制发展与相关立法概况

1.20 世纪 60 年代以前

在这一阶段,各国的环境行政管理机关职能侧重于自然资源的开发利用,各国政府只进行自然资源的开发管理和公共行政管理。行政机关的职权主要是管理国有自然资源和能源,通过制定自然资源的开发利用规划,并对企业开发利用自然资源等行为进行控制。

2.20 世纪 60 年代至 70 年代

在这一阶段,各国逐渐设立专门的环境行政机关,因为政府开发利用环境资源政策导致环境污染和生态破坏的进一步加剧,公众指责政府只考虑发展经济,不考虑民众健康。于是,各国政府开始制定和实施环境问题的对策,设立专门的环境行政机关。

3.20 世纪 70 年代以后

在这一阶段,各国逐渐在中央设立和强化环境保护专门机构,环境行政机关的设立,导致政府原有行政机关有关环境的权力重新分配;此外,环境问题涉及生产、生活的各个领域,环境行政权力与原有行政机关的权力存在交叉重叠。为此,在 20 世纪 70 年代以后,各国大量制定治理环境污染和生态破坏的法律,并设立高级别的环境行政机关。例如,美国在 1970 年成立联邦环保署(U. S. Environmental Protection Agency),日本在 1971 年成立环境厅(现在为环境省)。

4.20 世纪 80 年代以来

在这一阶段,各国逐渐在中央设立综合性的环境行政管理机构。例如,俄罗斯于 1992 年成立俄罗斯联邦环境与自然资源保护部;在 1997 年撤销该部,成立俄罗斯联邦国家环境保护委员会。法国于 2007 年成立环境、能源、可持续发展与海洋部。

（二）环境行政监督管理体制和职权模式

1. 各国环境行政监督管理机构的设置模式

第一，不设立专门的环境保护管理机构，而是由现有政府部门兼任环境保护职责。第二，设立环境管理协调机构。例如，德国联邦政府设立"联邦内阁环境委员会"，意大利政府设有"环境问题部际委员会"，日本政府曾设立"公害对策特别委员会"等。第三，成立专门的部级机构。例如，1970 年，英国设立环境部；1974 年，德国设立环境局（部级）。第四，上述几种机构同时存在。

2. 环境行政监督管理机构设置的首要问题和发展趋势

建立具有较高权威、高效、执法能力强的环境资源行政管理机构，是各国环境管理和法制建设的首要问题和发展趋势。① 以美国为例，1988 年，美国国会通过法律授权赋予环保署全面、永久的法律调查执行权。1990 年 11 月，作为全面提高环保局法律执行能力的标志的《污染起诉法》（Pollution Prevention Act of 1990，PPA）在国会获得通过。

三、我国环境行政监督管理体制

（一）我国环境行政监督管理体制发展与相关立法概况

1. 我国环境行政监督管理体制可以分为三个阶段

第一，改革开放前的计划经济体制阶段，时间是从 1972 年到 1978 年。1973 年 8 月，召开第一次全国环境保护工作会议。会后，国务院批准并转发原国家计委制定的《关于保护和改善环境的若干决定（试行草案）》，要求"各地区、各部门要设立精干的环境保护机构，给它们以监督、检查的职权"。据此，于 1974 年 5 月成立了国务院环境保护领导小组，主要职责是制定国家的环境保护方针、政策和行政规章，拟订国家环境保护规划，组织协调和监督检查各地区、各部门的环境保护工作。领导小组下设一个办公室，负责处理日常工作。该领导小组的成立，标志着我国环境保护监督管理机构的诞生。

第二，向社会主义市场经济体制的过渡阶段，时间是从 1979 年到 1987 年。1979 年 9 月 13 日，第五届全国人大常委会第十一次会议通过《环境保护法（试行）》，其第 4 章规定"环境保护机构和职责"，共 3 个条文，分别规定了国务院设立环境保护机构及其主要职责（第 26 条）；县级以上地方政府设立环境保护局等环境保护机构及其主要职责（第 27 条）；国务院和地方各级政府的有关部门，大、中型企业和有关事业

① 参见蔡守秋主编：《环境资源法》（第 3 版），高等教育出版社 2017 年版，第 140 页。

单位“根据需要”设立环境保护机构,分别负责本系统、本部门、本单位的环境保护工作(第28条)。此外,根据《森林法(试行)》(1979年2月)第8条的规定,政府林业行政部门也成立了对森林资源进行监督管理的机关。

1982年5月,国务院撤销了国务院环境保护领导小组,在城乡建设环境保护部下设立环境保护局。1984年5月,国务院成立环境保护委员会,以加强对全国环境保护的统一领导和部门之间的协调。同年年底,城乡建设环境保护部内设立的环境保护局改称国家环境保护局。

第三,生态文明体制建设阶段,时间是从1988年至今。1988年7月,将环境保护局从城乡建设环境部独立出来,同时作为国务院环境保护委员会的办事机构,称为国家环境保护局。

1989年12月,经修订后颁布的《环境保护法》第7条对我国的环境保护监督管理体制作出明文规定。根据该规定,除国务院环境保护行政管理机关和县级以上地方政府环境保护行政管理机关外,在国务院有关部门和县级以上地方政府有关部门中,如海洋行政主管部门、港务监督、渔政渔港监督、军队环境保护部门和各级公安、交通、铁路、民航管理部门,依照有关法律的规定对环境污染防治实施监督管理;国务院有关部门和县级以上地方政府有关部门,如土地、矿产、林业、农业、水利部门,依照有关法律的规定对资源保护实施监督管理。

1998年4月,国家环境保护局(副部级)升格为国家环境保护总局(正部级),仍然是国务院直属机构。同时,撤销国务院环境保护委员会,其职能由国家环保总局承担。2001年6月,国务院批准建立“全国环境保护部际联席会议制度”,以协调环境保护工作。

2008年3月,第十一届全国人大第一次会议决定,组建环境保护部,不再保留国家环保总局。在2018年3月,第十三届全国人大第一次会议审议通过组建生态环境部,不再保留环境保护部。地方政府环境保护监督管理机构也进行了相应的改革。

2. 我国环境行政监督管理体制发展的基本方向

《宪法》确立了我国环境行政监督管理体制发展的基本方向,例如,《宪法》第9条第2款规定:“国家保障自然资源的合理利用,保护珍贵的动物和植物。禁止任何组织或者个人用任何手段侵占或者破坏自然资源。”第26条第1款规定:“国家保护和改善生活环境和生态环境,防治污染和其他公害。”《环境保护法》第4条第1款也规定,保护环境是国家的基本国策。

2016年,中共中央办公厅、国务院办公厅印发《关于省以下环保机构监测监察执法垂直管理制度改革试点工作的指导意见》,该意见包括总体要求、强化地方党委和政府及其相关部门的环境保护责任、调整地方环境保护管理体制、规范和加强地方环保机构和队伍建设、建立健全高效协调的运行机制、落实改革相关政策措施和加强组织实施等七个部分。

(1)指导思想。改革环境治理基础制度,建立健全条块结合、各司其职、权责明确、保障有力、权威高效的地方环境保护管理体制,切实落实对地方政府及其相关部门的监督责任,增强环境监测监察执法的独立性、统一性、权威性和有效性,适应统筹解决跨区域、跨流域环境问题的新要求,规范和加强地方环保机构队伍建设,为建设天蓝、地绿、水净的美丽中国提供坚强体制保障。

(2)基本原则。第一,坚持问题导向。改革试点要有利于推动解决地方环境保护管理体制存在的突出问题,有利于环境保护责任目标任务的明确、分解及落实,有利于调动地方党委和政府及其相关部门的积极性,有利于新老环境保护管理体制平稳过渡。第二,强化履职尽责。地方党委和政府对本地区生态环境负总责。建立健全职责明晰、分工合理的环境保护责任体系,加强监督检查,推动落实环境保护党政同责、一岗双责。对失职失责的,严肃追究责任。第三,确保顺畅高效。改革完善体制机制,强化省级环保部门对市县两级环境监测监察的管理,协调处理好环保部门统一监督管理与属地主体责任、相关部门分工负责的关系,提升生态环境治理能力。第四,搞好统筹协调。做好顶层设计,要与生态文明体制改革各项任务相协调,与生态环境保护制度完善相联动,与事业单位分类改革、行政审批制度改革、综合行政执法改革相衔接,提升改革综合效能。

(3)落实地方党委和政府的环境保护责任。要进一步强化地方各级党委和政府环境保护主体责任、党委和政府主要领导成员主要责任,完善领导干部目标责任考核制度,把生态环境质量状况作为党政领导班子考核评价的重要内容。建立和实行领导干部违法违规干预环境监测执法活动、插手具体环境保护案件查处的责任追究制度,支持环保部门依法依规履职尽责(第3条)。

(4)强化地方环境保护部门监测与监察执法。

第一,强化环境保护部门对环境保护实施统一监督职责。省级环保部门对全省(自治区、直辖市)环境保护工作实施统一监督管理,在全省(自治区、直辖市)范围内统一规划建设环境监测网络,对省级环境保护许可事项等进行执法,对市县两级环境执法机构给予指导,对跨市相关纠纷及重大案件进行调查处理。市级环保部门对全市区域范围内环境保护工作实施统一监督管理,负责属地环境执法,强化综合统筹协调。县级环保部门强化现场环境执法,现有环境保护许可等职能上交市级环保部门,在市级环保部门授权范围内承担部分环境保护许可具体工作(第4条)。

第二,加强市县级环境保护机构监测监察建设。环境执法重心向市县下移,加强基层执法队伍建设,强化属地环境执法。市级环保局统一管理、统一指挥本行政区域内县级环境执法力量,由市级承担人员和工作经费。依法赋予环境执法机构实施现场检查、行政处罚、行政强制的条件和手段。将环境执法机构列入政府行政执法部门序列,配备调查取证、移动执法等装备,统一环境执法人员着装,保障一线环境执法用车(第9条)。

第三,地方环境保护机构监察监测职责。其一,加强环境监察工作。将市县两级环保部门的环境监察职能上收,由省级环保部门统一行使,通过向市或跨市县区域派驻等形式实施环境监察。经省级政府授权,省级环保部门对本行政区域内各市县两级政府及相关部门环境保护法律法规、标准、政策、规划执行情况,一岗双责落实情况,以及环境质量责任落实情况进行监督检查,及时向省级党委和政府报告(第7条)。其二,调整环境监测管理体制。本省(自治区、直辖市)及所辖各市县生态环境质量监测、调查评价和考核工作由省级环保部门统一负责,实行生态环境质量省级监测、考核。首先,现有市级环境监测机构调整为省级环保部门驻市环境监测机构,由省级环保部门直接管理,人员和工作经费由省级承担;领导班子成员由省级环保厅(局)任免;主要负责人任市级环保局党组成员,事先应征求市级环保局意见。省级和驻市环境监测机构主要负责生态环境质量监测工作。直辖市所属区县环境监测机构改革方案由直辖市环保局结合实际确定。其次,现有县级环境监测机构主要职能调整为执法监测,随县级环保局一并上收到市级,由市级承担人员和工作经费,具体工作接受县级环保分局领导,支持配合属地环境执法,形成环境监测与环境执法有效联动、快速响应,同时按要求做好生态环境质量监测相关工作(第8条)。

第四,为跨地区、跨流域建立高效协调运行机制。要建立健全环境保护议事协调机制,研究解决本地区环境保护重大问题,强化综合决策,形成工作合力(第14条)。

(二)我国环境行政监督管理体制和职权模式

目前,我国环境行政监督管理采用“环境行政主管部门统一监督管理,各有关部门分工负责,中央级管理与地方分级管理相结合”的体制。

根据我国《环境保护法》的规定,国务院环境保护主管部门,对全国环境保护工作实施统一监督管理;县级以上地方政府环境保护主管部门,对本行政区域环境保护工作实施统一监督管理。县级以上政府有关部门和军队环境保护部门,依照有关法律的规定对资源保护和污染防治等环境保护工作实施监督管理(第10条)。根据国务院《关于落实科学发展观,加强环境保护的决定》规定,地方政府主要领导和有关部门主要负责人是本行政区域和本系统环境保护的第一责任人,政府和部门都要有一位领导分管环保工作(第29项)。

第一,在省、市、县等三级政府建立专门的环境保护机构。第二,根据国家环保总局2006年出台的《总局环境保护督查中心组建方案》,在全国范围内设立华东、华南、西北、西南、东北、华北6个区域环保督查中心。第三,地方各级政府应当对本行政区域的环境质量负责(第6条第2款),并且实行环境保护目标责任制和考核评价制度(第26条)。第四,行政约谈制度,是指上级环境行政保护部门约谈未能履行环境保护职责或者履行环境保护职责不到位的地方政府及其相关部门有关负责人,依法进行告诫谈话、指出相关问题,提出整改要求并督促整改到位的一种行政监督措施。第五,人大监督制度。县级以上政府应当每年向本级人大或者人大常委会报告环境状况和环境保护目标完成情况,对发生的重大环境事件应当及时向本级人大常委会报告(第27条)。

(三)我国环境行政监督管理部门及其职责

1. 生态环境部及其生态环境管理职责

根据《环境保护法》的规定,国务院环保主管部门对全国环境保护实施统一监督管理(第10条)。根据《生态环境部职能配置、内设机构和人员编制规定》第3条的规定,国务院环保主管部门(生态环境部)具体的监督管理职责如下:

(1)负责建立健全生态环境基本制度。会同有关部门拟订国家生态环境政策、规划并组织实施,起草法律法规草案,制定部门规章。会同有关部门编制并监督实施重点区域、流域、海域、饮用水水源地生态环境规划和水功能区划,组织拟订生态环境标准,制定生态环境基准和技术规范。

(2)负责重大生态环境问题的统筹协调和监督管理。牵头协调重特大环境污染事故和生态破坏事件的调查处理,指导协调地方政府对重特大突发生态环境事件的应急、预警工作,牵头指导实施生态环境损害赔偿制度,协调解决有关跨区域环境污染纠纷,统筹协调国家重点区域、流域、海域生态环境保护工作。

(3)负责监督管理国家减排目标的落实。组织制定陆地和海洋各类污染物排放总量控制、排污许可证制度并监督实施,确定大气、水、海洋等纳污能力,提出实施总量控制的污染物名称和控制指标,监督检查各地污染物减排任务完成情况,实施生态环境保护目标责任制。

(4)负责提出生态环境领域固定资产投资规模和方向、国家财政性资金安排的意见,按国务院规定权限审批、核准国家规划内和年度计划规模内固定资产投资项目,配合有关部门做好组织实施和监督工作。参与指导推动循环经济和生态环保产业发展。

(5)负责环境污染防治的监督管理。制定大气、水、海洋、土壤、噪声、光、恶臭、固体废物、化学品、机动车等的污染防治管理制度并监督实施。会同有关部门监督管理饮用水水源地生态环境保护工作,组织指导城乡生态环境综合整治工作,监督指导农业面源污染治理工作。监督指导区域大气环境保护工作,组织实施区域大气污染联防联控协作机制。

(6)指导协调和监督生态保护修复工作。组织编制生态保护规划,监督对生态环境有影响的自然资源开发利用活动、重要生态环境建设和生态破坏恢复工作。组织制定各类自然保护地生态环境监管制度并监督执法。监督野生动植物保护、湿地生态环境保护、荒漠化防治等工作。指导协调和监督农村生态环境保护,监督生物技术环境安全,牵头生物物种(含遗传资源)工作,组织协调生物多样性保护工作,参与生态保护补偿工作。

(7)负责核与辐射安全的监督管理。拟订有关政策、规划、标准,牵头负责核安全工作协调机制有关工作,参与核事故应急处理,负责辐射环境事故应急处理工作。监督管理核设施和放射源安全,监督管理核设施、核技术应用、电磁辐射、伴有放射性矿产资源开发利用中的污染防治。对核材料管制和民用核安全设备设计、制造、安装及无损检验活动实施监督管理。

(8)负责生态环境准入的监督管理。受国务院委托对重大经济和技术政策、发展规划以及重大经济开发计划进行环境影响评价。按国家规定审批或审查重大开发建设区域、规划、项目环境影响评价文件。拟订并组织实施生态环境准入清单。

(9)负责生态环境监测工作。制定生态环境监测制度和规范、拟订相关标准并监督实施。会同有关部门统一规划生态环境质量监测站点设置,组织实施生态环境质量监测、污染源监督性监测、温室气体减排监测、应急监测。组织对生态环境质量状况进行调查评价、预警预测,组织建设和管理国家生态环境监测网和全国生态环境信息网。建立和实行生态环境质量公告制度,统一发布国家生态环境综合性报告和重大生态环境信息。

(10)负责应对气候变化工作。组织拟订应对气候变化及温室气体减排重大战略、规划和政策。与有关部门共同牵头组织参加气候变化国际谈判。负责国家履行联合国气候变化框架公约相关工作。

(11)组织开展中央生态环境保护督察。建立健全生态环境保护督察制度,组织协调中央生态环境保护督察工作,根据授权对各地区各有关部门贯彻落实中央生态环境保护决策部署情况进行督察问责。指导地方开展生态环境保护督察工作。

(12)统一负责生态环境监督执法。组织开展全国生态环境保护执法检查活动。查处重大生态环境违法问题。指导全国生态环境保护综合执法队伍建设和业务工作。

(13)组织指导和协调生态环境宣传教育工作,制定并组织实施生态环境保护宣传教育纲要,推动社会组织和公众参与生态环境保护。开展生态环境科技工作,组织生态环境重大科学研究和技术工程示范,推动生态环境技术管理体系建设。

(14)开展生态环境国际合作交流,研究提出国际生态环境合作中有关问题的建议,组织协调有关生态环境国际条约的履约工作,参与处理涉外生态环境事务,参与全球陆地和海洋生态环境治理相关工作。

(15)完成党中央、国务院交办的其他任务。

此外,生态环境部要统一行使生态和城乡各类污染排放监管与行政执法职责,履行监管责任,全面落实大气、水、土壤污染防治行动计划,大幅减少进口固体废物种类和数量直至全面禁止洋垃圾入境。构建政府为主导、企业为主体、社会组织和公众共同参与的生态环境治理体系,实行最严格的生态环境保护制度,严守生态保护红线和环境质量底线,坚决打好污染防治攻坚战,保障国家生态安全。

2. 自然资源部及其自然资源管理职权

根据《自然资源部职能配置、内设机构和人员编制规定》第 3 条的规定,自然资源部的主要职责如下:

(1)履行全民所有土地、矿产、森林、草原、湿地、水、海洋等自然资源资产所有者职责和所有国土空间用途管制职责。拟订自然资源和国土空间规划及测绘、极地、深海等法律法规草案,制定部门规章并监督检查执行情况。

(2)负责自然资源调查监测评价。制定自然资源调查监测评价的指标体系和统计标准,建立统一规范的自然资源调查监测评价制度。实施自然资源基础调查、专项调查和监测。负责自然资源调查监测评价成果的监督管理和信息发布。指导地方自然资源调查监测评价工作。

(3)负责自然资源统一确权登记工作。制定各类自然资源和不动产统一确权登记、权籍调查、不动产测绘、争议调处、成果应用的制度、标准、规范。建立健全全国自然资源和不动产登记信息管理基础平台。负责自然资源和不动产登记资料收集、整理、共享、汇交管理等。指导监督全国自然资源和不动产确权登记工作。

(4)负责自然资源资产有偿使用工作。建立全民所有自然资源资产统计制度,负责全民所有自然资源资产核算。编制全民所有自然资源资产负债表,拟订考核标准。制定全民所有自然资源资产划拨、出让、租赁、作价出资和土地储备政策,合理配置全民所有自然资源资产。负责自然资源资产价值评估管理,依法收缴相关资产收益。

(5)负责自然资源的合理开发利用。组织拟订自然资源发展规划和战略,制定自然资源开发利用标准并组织实施,建立政府公示自然资源价格体系,组织开展自然资源分等定级价格评估,开展自然资源利用评价考核,指导节约集约利用。负责自然资源市场监管。组织研究自然资源管理涉及宏观调控、区域协调和城乡统筹的政策措施。

(6)负责建立空间规划体系并监督实施。推进主体功能区战略和制度,组织编制并监督实施国土空间规划和相关专项规划。开展国土空间开发适宜性评价,建立国土空间规划实施监测、评估和预警体系。组织划定生态保护红线、永久基本农田、城镇开发边界等控制线,构建节约资源和保护环境的生产、生活、生态空间布局。建立健全国土空间用途管制制度,研究拟订城乡规划政策并监督实施。组织拟订并实施土地、海洋等自然资源年度利用计划。负责土地、海域、海岛等国土空间用途转用工作。负责土地征收征用管理。

(7)负责统筹国土空间生态修复。牵头组织编制国土空间生态修复规划并实施有关生态修复重大工程。负责国土空间综合整治、土地整理复垦、矿山地质环境恢复治理、海洋生态、海域海岸线和海岛修复等工作。牵头建立和实施生态保护补偿制度,制定合理利用社会资金进行生态修复的政策措施,提出重大备选项目。

(8)负责组织实施最严格的耕地保护制度。牵头拟订并实施耕地保护政策,负责耕地数量、质量、生态保护。组织实施耕地保护责任目标考核和永久基本农田特殊保护。完善耕地占补平衡制度,监督占用耕地补偿制度执行情况。

(9)负责管理地质勘查行业和全国地质工作。编制地质勘查规划并监督检查执行情况。管理中央级地质勘查项目。组织实施国家重大地质矿产勘查专项。负责地质灾害预防和治理,监督管理地下水过量开采及引发的地面沉降等地质问题。负责古生物化石的监督管理。

(10)负责落实综合防灾减灾规划相关要求,组织编制地质灾害防治规划和防护标准并指导实施。组织指导协调和监督地质灾害调查评价及隐患的普查、详查、排查。指导开展群测群防、专业监测和预报预警等工作,指导开展地质灾害工程治理工作。承担地质灾害应急救援的技术支撑工作。

(11)负责矿产资源管理工作。负责矿产资源储量管理及压覆矿产资源审批。负责矿业权管理。会同有关部门承担保护性开采的特定矿种、优势矿产的调控及相关管理工作。监督指导矿产资源合理利用和保护。

(12)负责监督实施海洋战略规划和发展海洋经济。研究提出海洋强国建设重大战略建议。组织制定海洋发展、深海、极地等战略并监督实施。会同有关部门拟订海洋经济发展、海岸带综合保护利用等规划和政策并监督实施。负责海洋经济运行监测评估工作。

(13)负责海洋开发利用和保护的监督管理工作。负责海域使用和海岛保护利用管理。制定海域海岛保护利用规划并监督实施。负责无居民海岛、海域、海底地形地名管理工作,制定领海基点等特殊用途海岛保护管理办法并监督实施。负责海洋观测预报、预警监测和减灾工作,参与重大海洋灾害应急处置。

(14)负责测绘地理信息管理工作。负责基础测绘和测绘行业管理。负责测绘资质资格与信用管理,监督管理国家地理信息安全和市场秩序。负责地理信息公共服务管理。负责测量标志保护。

(15)推动自然资源领域科技发展。制定并实施自然资源领域科技创新发展和人才培养战略、规划和计划。组织制定技术标准、规程规范并监督实施。组织实施重大科技工程及创新能力建设,推进自然资源信息化和信息资料的公共服务。

(16)开展自然资源国际合作。组织开展自然资源领域对外交流合作,组织履行有关国际公约、条约和协定。配合开展维护国家海洋权益工作,参与相关谈判与磋商。负责极地、公海和国际海底相关事务。

(17)根据中央授权,对地方政府落实党中央、国务院关于自然资源和国土空间规划的重大方针政策、决策部署及法律法规执行情况进行督察。查处自然资源开发利用和国土空间规划及测绘重大违法案件。指导地方有关行政执法工作。

(18)管理国家林业和草原局、管理中国地质调查局。

(19)完成党中央、国务院交办的其他任务。

此外,自然资源部要落实中央关于统一行使全民所有自然资源资产所有者职责,统一行使所有国土空间用途管制和生态保护修复职责的要求,强化顶层设计,发挥国土空间规划的管控作用,为保护和合理开发利用自然资源提供科学指引。加强自然资源的保护和合理开发利用,建立健全源头保护和全过程修复治理相结合的工作机制,实现整体保护、系统修复、综合治理。创新激励约束并举的制度措施,推进自然资源节约集约利用。进一步精简下放有关行政审批事项、强化监管力度,充分发挥市场对资源配置的决定性作用,更好发挥政府作用,强化自然资源管理规则、标准、制度的约束性作用,推进自然资源确权登记和评估的便民高效。

3. 交通运输部、公安部、农业部、国土资源部、水利部、国家林业局及其环境管理职责

第一,在环境污染防治方面,具有一定管理权限的政府职能部门主要有:海洋行

政(国家海洋局)、港务监督(归口交通运输部)、渔政监督(归口农业农村部)、军队环保部门(全军环境保护局)以及公安、交通、铁路、民航等部门。

第二,在生态环境资源保护方面,具有一定管理权限的政府职能部门主要有土地行政(归口国土资源部)、矿产资源管理(归口国土资源部)、林业行政(国家林业局)、农业行政(农业农村部)、水利行政(水利部)等。

此外,政府部门中涉及环境保护的行政机关,还有国家发改委、住建部、商务部、工信部、市场监管局、应急管理局等。

4. 县级以上地方政府生态环境主管部门及其环境管理职责

根据我国《环境保护法》的规定,县级以上政府环境保护主管部门的职责主要有:对本辖区的环境保护实施统一监督管理;审批环境影响报告书(表);验收防治污染设施的"三同时",并监督其正常运行;实施排污申报登记,依法发放排污许可证和临时排污许可证;征收排污费和超标排污费;实施现场检查;作出行政复议决定;实施行政处罚;申请法院强制执行行政处罚决定;将环境污染犯罪嫌疑人移送公安机关处理;拟定辖区环境保护规划;发布辖区环境状况公报;调解处理环境污染民事赔偿纠纷;组织开展本辖区内环境保护科学研究和宣教工作;承担生态环境部、自然资源部及上级生态环境主管部门交办的其他事项。

第三节 环境行政管理的方法

一、环境行政管理职权与环境行政管理方法

根据宪法和有关法律法规的规定,各级政府和环境行政机关享有治理环境污染和保护自然资源等职权。主要包括:开发利用环境决策权、开发利用环境许可权(行政许可、行政审批权)、开发利用环境监督管理权、法律赋予的规章制定权(行政立法权)、行政强制权、行政处罚权、行政指导权,等等。

在这些职权中,关于行政许可权(行政许可制度)、开发利用环境与资源决策权(环境资源规划)、开发利用环境监督管理权(环境资源调查与监测制度)等将在第六章"环境法的基本制度"展开详细论述,因此这里仅作简要阐述。此外,有些管理职权尽管在形式上通过技术制度或者技术方法展示出来,但作为其背后根据的,仍然是环境管理职权。这些技术制度或者技术方法,主要有环境标准制度、环境监测调查制度和环境信息制度等。

二、环境标准制度

(一)环境标准的概念和功能

1. 环境标准的概念

环境标准(environmental standards)是国家为了维护环境质量、控制污染、促进环境资源的永续利用,根据人体健康、生态平衡和社会经济发展对环境结构、状况的要求,在综合考虑本国自然环境特征、科学技术水平和经济条件的基础上,对环境要素间的配比、布局和各环境要素的组成以及进行环境保护工作的某些技术要求,按照法定程序制定的各种技术指标与技术规范的总称。环境标准是环境资源监督管理的重要技术支持和保证,是国家依法对环境资源方面需要统一的技术要求所制定的标准。

狭义的环境标准仅指规定公众健康、公共福利与环境安全的环境质量标准。欧美发达国家多采用狭义说。例如,美国的环境标准是国家制定的以保障公众健康和生态环境所制定的环境质量基准,以及平衡社会经济发展、污染治理水平所制定的对污染源的排放限值。主要有国家大气环境质量标准(national abbient air quality standards)、水质标准(water quality standards)等。欧盟的环境标准包括环境质量标准(environmental quality standards)和排放限值(emission limit values)。

国际标准化组织于1972年开始制定环境基础标准和方法标准,以统一各国环境保护工作中的名词、术语、单位以及取样、监测、分析方法等。我国在1973年颁布《工业"三废"排放试行标准》,逐步建立环境标准体系与环境标准法律制度。《环境标准管理办法》规定,为防治环境污染,维护生态平衡,保护人体健康,国务院环境保护行政主管部门和省级政府依据国家有关法律规定,对环境保护工作中需要统一的各项技术规范和技术要求,制定环境标准(第3条第1款)。此外,《环境保护法》第15条和第16条、《大气污染防治法》第8条至第13条以及《水污染防治法》等,均对我国的环境标准制度作出了具体规定。

2. 环境标准的功能

环境标准通过客观、科学的数据对相关领域的人类活动及其所产生的环境负荷进行定量分析,以量化方法来预测、判断和说明环境承载能力,约束人类的环境利用行为,间接地实现了对环境污染和生态破坏行为的"事前控制"。[①]

第一,环境资源标准是制定国家环境资源规划和计划的主要依据。第二,环境资源标准是环境资源法制定与实施的重要基础与依据。第三,环境资源标准是国家环

① 参见汪劲:《环境法学》(第3版),北京大学出版社2014年版,第124页。

境资源管理的技术基础。第四,环境资源标准是促进技术进步、产业结构调整、经济建设与社会发展的有效手段。①

3. 环境标准与环境基准

环境基准,是指环境中污染物对特定保护对象(人或者其他生物)不产生不良或有害影响的最大剂量或浓度,是一个基于不同保护对象的多目标函数或一个范围值。环境基准是一种综合性基准,是由与人体健康有关的卫生基准、与各种动植物有关的生物基准等综合而成,主要是通过科学实验和科学判断得出的,强调"以人(生物)为本"以及自然和谐的理念,是科学理论上人与自然"希望维持的标准"。② 环境基准是国家进行环境质量评价、制定环境质量标准的科学依据。

以欧美各国为例,美国形成了一套以保护水生生物和人体健康的水环境基准为主,辅以营养物基准、沉积物基准、细菌基准、生物学基准、野生生物基准等较为完善的水环境基准体系;欧美各国基本建立了各具特色的土壤环境基准和标准体系;美国和欧盟在评价空气污染对健康的危害时均选择颗粒物浓度作为代表性的空气污染物。

环境基准与环境标准是不同的。环境基准是科学术语,由环境物质与特定对象之间的剂量——效应关系确定,不包含社会、经济、技术等人为因素,也没有法律效力,但它是社会制定环境标准的基础和科学依据。环境标准规定的环境有害化学成分或者物理因素的容许浓度(剂量、强度)原则上应当小于或者等于相应的环境基准值,是环境保护工作的"自然控制标准",是国家进行环境质量评价、制定环境保护目标与方向的前提和依据。③

(二)环境标准的性质

环境标准是环境立法的科学依据、环境评价的技术基础、环境管理的重要手段,也是判断环境质量和衡量环保工作优劣的准绳。环境标准是环境行政的手段或工具,必须经过环境立法的确认并由环境保护部门决定适用后才具有法律效力,是判断行为人是否承担环境行政责任的依据。④

1. 环境标准具有规范性

环境标准不仅具有技术性,也是一种具有规范性的行为规则;只不过,"它不是

---

① 参见蔡守秋主编:《环境资源法》(第3版),高等教育出版社2017年版,第147页。

② 参见吕忠梅主编:《环境法原理》(第2版),复旦大学出版社2017年版,第221页。

③ 参见吕忠梅主编:《环境法学概要》,法律出版社2016年版,第172页。

④ 参见罗丽主编:《环境法教程》,中国法制出版社2014年版,第78页。

通过法律条文规定人们的行为模式和法律后果，而是通过一些定量性的数据、指标、技术规范来表示行为规则的界限，来调整人们的行为”。①

2. 强制性环境标准具有法律的约束力

环境标准，特别是环境质量标准和污染物排放（控制）标准，是国家环境资源法律体系的组成部分，是国家对环境保护进行监管、检测以及执法的依据。其中，环境质量标准是制定环境目标和环境规划的依据，也是判断环境是否受到污染和制定污染物排放（控制）标准的法定依据。污染物排放（控制）标准是实施法律，监督、检测各种排污活动，判断排污活动是否违法的依据。污染物排放（控制）标准是国家环境法律的量化和技术指标的体现。

需要注意的是，污染物排放标准对排放污染物的行为没有直接的约束力。例如，《海洋环境保护法》规定，对超过污染物排放标准的，或者在规定的期限内未完成污染物排放削减任务的，或者造成海洋环境严重污染损害的，应当限期治理（第 12 条）。② 另外，环境标准也不是判断是否承担民事责任的决定性根据。例如，1991 年 10 月 10 日，国家环保局给湖北省环保局《关于确定环境污染损害赔偿责任问题的复函》（环法函字第 104 号）指出：“承担污染赔偿责任的法定条件，就是排污单位造成环境污染危害，并使其他单位或个人遭受损失……国家或地方规定的污染物排放标准，只是环境保护部门决定排污单位是否需要缴纳排污费和进行环境管理的依据，而不是确定排污单位是否承担赔偿责任的界限。”

3. 环境标准由经授权的有关国家机关按照法定程序制定和发布

《标准化法》（1988 年通过，2017 年修订）明确规定了强制性国家标准和地方标准的制定程序。

（1）强制性国家标准的制定程序（第 10 条）。第一，对保障人身健康和生命财产安全、国家安全、生态环境安全以及满足经济社会管理基本需要的技术要求，应当制定强制性国家标准。第二，国务院有关行政主管部门依据职责负责强制性国家标准的项目提出、组织起草、征求意见和技术审查。国务院标准化行政主管部门负责强制性国家标准的立项、编号和对外通报。国务院标准化行政主管部门应当对拟制定的强制性国家标准是否符合前款规定进行立项审查，对符合前款规定的予以立项。

（2）地方标准的制定程序（第 13 条）。为满足地方自然条件、风俗习惯等特殊技术要求，可以制定地方标准。地方标准由省级政府标准化行政主管部门制定；设区的

---

① 参见金瑞林主编：《环境法学》（第 4 版），北京大学出版社 2016 年版，第 76 页。

② 《海洋环境保护法》（2018 年修订）已经删除该规定。

市级政府标准化行政主管部门根据本行政区域的特殊需要,经所在地省级政府标准化行政主管部门批准,可以制定本行政区域的地方标准。地方标准由省级政府标准化行政主管部门报国务院标准化行政主管部门备案,由国务院标准化行政主管部门通报国务院有关行政主管部门。

(三)我国环境标准的沿革

我国的环境标准经历了一个从无到有、从少到多、从单一的环境标准到基本形成环境标准体系的过程。

1. 20 世纪 50 ~ 60 年代

1956 年,国家建设委员会和卫生部颁布《工业企业设计暂行卫生标准》,这是我国第一个具有环境标准性质的设计标准。1959 年,建筑工程部和卫生部颁发《生活饮用水卫生规程》。1962 年,卫生部颁布《工业企业设计卫生标准》。1963 年,颁布《污水灌溉农田卫生管理试行办法》。

2. 20 世纪 70 年代

从 1973 年召开第二次全国环境保护工作会议起,全国人大常委会、国务院和各部委共同编制了《工业"三废"排放试行标准》。之后,还编制了《放射防护规定》《生活饮用水卫生标准》《农田灌溉水质标准》《渔业水质标准》,修订了《工业企业设计卫生标准》等,环境标准已经由环境质量标准向污染物排放标准(浓度控制)发展。

3. 20 世纪 80 年代

1981 年,在建设部成立了环境保护局。1983 年,国家环境保护总局发布《环境保护标准管理办法》(1999 年已失效)。

4. 20 世纪 90 年代

在 1991 年,在广州召开的环境标准工作座谈会上,提出新的环境标准体系。之后,针对污染物排放标准时限和重点污染源控制问题,进一步明确了排放标准时间段的确定依据,明确了综合排放标准及其与行业排放标准之间的关系,并着手修订综合排放标准和重点行业排放标准。截至 1991 年年底,先后制定的各种环境标准已经达到 204 项。其中,环境质量标准 12 项,污染物排放标准(含行业排放标准)46 项,环境基础和方法标准 146 项。此外,北京、上海等省市也制定了地方性环境标准。在 1999 年,发布《环境标准管理办法》。

5. 进入 21 世纪之后

新修订的《大气污染防治法》和《水污染防治法》均规定,超标排放行为属于违法行为。

2017 年 4 月,环境保护部发布《国家环境保护标准"十三五"发展规划》,具体内容如下：第一，围绕排污许可以及水、大气、土壤等环境管理中心工作，加大在研项目推进力度，制定、修订一批关键标准。第二，构建基于实测的标准制订、修订及实施评估方法体系，优化形成内部科学、外部协调的环保标准体系。第三，进一步加强污染物排放标准的实施评估，提升标准的科学性与可操作性。第四，制订、修订并实施一批标准管理规章制度，形成一支专业扎实、特色明显的环保标准队伍，深化标准信息化建设，提高标准管理的规范性和高效性。第五，加强宣传培训及交流合作，扩大环保标准的社会影响。

（四）环境标准的分类

按照适用范围，环境标准可以分为国家标准、地方标准、行业标准和国际标准等；按照执行性质，环境标准可以分为强制性标准（代号是“GB”）和推荐性标准（代号是“GB/T”）。此外，环境标准还可以分为环境质量标准和污染物排放标准。

1. 按照适用范围，可以分为国家标准、地方标准、行业标准和国际标准等。

（1）国家环境质量标准和地方环境质量标准。《环境标准管理办法》第 3 条第 2 款规定，环境标准分为国家环境标准、地方环境标准和国家环境保护总局标准。

第一，国家环境质量标准是指由国务院生态环境主管部门制定的，由国务院生态环境主管部门和国务院标准化主管部门共同发布，在全国范围内适用的标准。根据《环境标准管理办法》第 6 条的规定，国家环境保护总局负责全国环境标准管理工作，负责制定国家环境标准和国家环境保护总局标准。例如，《地表水环境质量标准》（GB 3838 – 2002）、《渔业水质标准》（GB 11607 – 89）、《污水综合排放标准》（GB 8978 – 1996）、《大气污染物综合排放标准》（GB 16297 – 1996）等。根据《环境保护法》第 15 条的规定，国务院环境保护主管部门制定国家环境质量标准。

第二，地方环境质量标准是指由省级政府批准发布的，在该行政区域内适用的标准。《标准化法》第 13 条第 1 款规定，为满足地方自然条件、风俗习惯等特殊技术要求，可以制定地方标准。《环境标准管理办法》第 9 条规定，省级政府对国家环境质量标准中未作规定的项目，可以制定地方环境质量标准；对国家污染物排放标准中未作规定的项目，可以制定地方污染物排放标准；对国家污染物排放标准已作规定的项目，可以制定严于国家污染物排放标准的地方污染物排放标准。《环境保护法》第 15 条规定，省级政府对国家环境质量标准中未作规定的项目，可以制定地方环境质量标准；对国家环境质量标准中已作规定的项目，可以制定严于国家环境质量标准的地方环境质量标准。

关于国家环境质量标准与地方环境质量标准的关系，有三点需要注意。第一，二者的效力等级不同。关于环境质量标准，《环境保护法》第 15 条规定，国务院环境保护主管部门制定国家环境质量标准。省级政府对国家环境质量标准中未作规定的项目,可以制定地方环境质量标准;对国家环境质量标准中已作规定的项目,可以制定严于国家环境质量标准的地方环境质量标准。关于污染物排放标准,《环境保护法》第 16 条规定,国务院环境保护主管部门根据国家环境质量标准和国家经济、技术条件,制定国家污染物排放标准。省级政府对国家污染物排放标准中未作规定的项目,可以制定地方污染物排放标准;对国家污染物排放标准中已作规定的项目,可以制定严于国家污染物排放标准的地方污染物排放标准。第二,二者的效力范围不同。《环境标准管理办法》第 4 条规定,国家环境标准和国家环境保护总局标准在全国范围内执行。国家环境标准发布后,相应的国家环境保护总局标准自行废止。地方环境标准则在颁布该标准的省级辖区范围内执行。第三,二者的制定权限不同。根据《环境标准管理办法》第 3 条第 3 款、第 4 款的规定,国家环境标准包括国家环境质量标准、国家污染物排放标准(或控制标准)、国家环境监测方法标准、国家环境标准样品标准和国家环境基础标准。地方环境标准包括地方环境质量标准和地方污染物排放标准(或控制标准)。

(2)环境保护行业标准。在环境保护国家标准和地方标准之外,还有环境保护行业标准。国家环境保护总局标准(环境保护行业标准、生态环境部标准)是指由国务院生态环境主管部门制定并发布的,在全国环境保护行业范围内适用的标准。《标准化法》第 12 条规定,对没有推荐性国家标准、需要在全国某个行业范围内统一的技术要求,可以制定行业标准。行业标准由国务院有关行政主管部门制定,报国务院标准化行政主管部门备案。《环境标准管理办法》规定,环境标准分为国家环境标准、地方环境标准和国家环境保护总局标准(环境保护行业标准)(第 3 条第 2 款、第 26 条)。需要在全国环境保护工作范围内统一的技术要求而又没有国家环境标准时,应制定国家环境保护总局标准(第 8 条)。在国家标准发布之后,相应的生态部标准自动废止。

“环境保护行业标准”是指需要在全国环境保护工作范围内统一的技术要求而又没有国家环境标准时由生态环境部制定的标准。从适用范围看,生态环境部标准不是国家标准,而是环境保护行业标准。从标准的执行性质看,主要限于环境基础标准和环境影响评价技术规范,属于推荐性标准。[1] 根据《环境标准管理办法》第 21 条的规定,国家环境标准和环境保护总局标准由国家环境保护总局负责解释;环境保护总局可委托有关技术单位解释。

---

① 参见汪劲:《环境法学》(第 3 版),北京大学出版社 2014 年版,第 130 页。

(3)环境保护企业标准。企业排放标准是指企业自行制定的污染物排放标准。根据《标准化法》的规定,第一,企业可以根据需要自行制定企业标准,或者与其他企业联合制定企业标准(第 19 条)。第二,国家支持在重要行业、战略性新兴产业、关键共性技术等领域利用自主创新技术制定团体标准、企业标准(第 20 条)。第三,推荐性国家标准、行业标准、地方标准、团体标准、企业标准的技术要求不得低于强制性国家标准的相关技术要求(第 21 条第 1 款)。

(4)环境保护国际标准和国外标准。除环境保护国家标准、地方标准和行业标准外,还有国际标准和国外标准。其中,国际标准是指国际标准化组织(International Organization for Standardization,ISO)等国际组织制定的标准等。国外标准主要是有影响的区域标准、工业发达国家的标准、国际公认为有权威的团体标准和企业标准等。我国鼓励采用国际标准和国外先进标准。

2. 按照执行性质,可以分为强制性标准和推荐性标准

对于强制性标准和推荐性标准,《标准化法》作出了具体规定(见表 4－2)。

表 4－2　环境标准的分类和制定程序

<table>
<tr><th colspan="2">环境标准的类型</th><th>制定环境标准的范围</th><th>制定环境标准的程序</th></tr>
<tr><td rowspan="2">国家标准</td><td>强制性标准(GB)</td><td>《标准化法》第 10 条第 1 款规定:“对保障人身健康和生命财产安全、国家安全、生态环境安全以及满足经济社会管理基本需要的技术要求,应当制定强制性国家标准。”
环境质量标准、污染物排放(控制)标准属于强制性标准。</td><td>《标准化法》第 10 条第 2 款规定:“国务院有关行政主管部门依据职责负责强制性国家标准的项目提出、组织起草、征求意见和技术审查。国务院标准化行政主管部门负责强制性国家标准的立项、编号和对外通报。国务院标准化行政主管部门应当对拟制定的强制性国家标准是否符合前款规定进行立项审查,对符合前款规定的予以立项。”</td></tr>
<tr><td>推荐性标准(GB/T)</td><td>《标准化法》第 11 条第 1 款规定:“对满足基础通用、与强制性国家标准配套、对各有关行业起引领作用等需要的技术要求,可以制定推荐性国家标准。”</td><td></td></tr>
<tr><td colspan="2">行业标准</td><td>《标准化法》第 12 条第 1 款规定:“对没有推荐性国家标准、需要在全国某个行业范围内统一的技术要求,可以制定行业标准。”</td><td>《标准化法》第 12 条第 2 款规定:“行业标准由国务院有关行政主管部门制定,报国务院标准化行政主管部门备案。”</td></tr>
</table>

续表

环境标准的类型	制定环境标准的范围	制定环境标准的程序
地方标准	《标准化法》第 13 条第 1 款规定:“为满足地方自然条件、风俗习惯等特殊技术要求,可以制定地方标准。”	《标准化法》第 13 条第 2 款规定:“地方标准由省、自治区、直辖市人民政府标准化行政主管部门制定;设区的市级人民政府标准化行政主管部门根据本行政区域的特殊需要,经所在地省、自治区、直辖市人民政府标准化行政主管部门批准,可以制定本行政区域的地方标准。地方标准由省、自治区、直辖市人民政府标准化行政主管部门报国务院标准化行政主管部门备案,由国务院标准化行政主管部门通报国务院有关行政主管部门。”

此外,制定强制性标准、推荐性标准,应当在立项时对有关行政主管部门、企业、社会团体、消费者和教育、科研机构等方面的实际需求进行调查,对制定标准的必要性、可行性进行论证评估;在制定过程中,应当按照便捷有效的原则采取多种方式征求意见,组织对标准相关事项进行调查分析、实验、论证,并做到有关标准之间的协调配套(第 15 条)。

根据《环境标准管理办法》第 5 条的规定,环境标准分为强制性环境标准和推荐性环境标准。环境质量标准、污染物排放标准和法律、行政法规规定必须执行的其他环境标准属于强制性环境标准,强制性环境标准必须执行。强制性环境标准以外的环境标准属于推荐性环境标准。国家鼓励采用推荐性环境标准,推荐性环境标准被强制性环境标准引用,也必须强制执行。

(五)环境标准的体系

环境标准体系是指根据环境标准的性质、内容和功能,以及它们之间的内在联系,将其进行分级、分类,构成一个有机联系的体系。我国环境标准体系包括三级五类。其中,三级是指我国环境标准分为国家级(国家标准)、地方级(地方标准)和环境保护级(行业标准)三级。五类是指环境质量标准、污染物排放(控制)标准、环境监测方法标准(environmental monitoring analytical method standard)、环境标准样品标准(environmental reference material standard)和环境基础标准(environmental foundation standard)。

1. 环境质量标准

环境质量标准,是指为了维护一定的环境质量,保护人体健康、社会物质财富安全和维护生态平衡，对在一定时间和空间内环境中各类有害物质（或者因素）含量的最高限额和有利环境要素的最低要求所作的规定。编制环境质量标准的主要依据是各主要环境要素的使用功能、使用目的和保护目标，在此基础上对该环境要素所处在的区域分为不同类别的功能区，分别确立污染物的最大数值或环境保护的项目。[①]环境标准体现环境目标的要求，是评价环境是否受到污染和制定污染物排放（控制）标准的依据，也是实行环境保护目标责任制和考核评价制度过程中的重要判断依据。环境污染，是指某一地区环境中的污染物含量超过了其适用的环境标准规定的数值。因此，判断某地区环境是否已被污染，只能以适用的环境质量标准为根据。[②]

我国环境质量标准的制定始于 20 世纪 70 年代。为了控制工业集中地区出现的局部环境污染，首先制定了一些以保护人群健康为主的专业性环境质量标准。例如，1973 年发布了《工业“三废”排放试行标准》。1976 年颁布《生活饮用水卫生标准》。1979 年 9 月颁布《环境保护法（试行）》，使环境标准的制定和实施有了法律依据。进入 20 世纪 80 年代以后，系统加强了环境质量标准的制定与修订工作。例如，《环境空气质量标准》（GB 3095 – 2012）、《地表水环境质量标准》（GB 3838 – 2002）、《地下水质量标准》（GB/T 14848 – 93）、《海水水质标准》（GB 3097 – 1997）、《声环境质量标准》（GB 3096 – 2008）、《土壤环境质量标准》（GB 15618 – 1995）等。

2. 污染物排放标准（控制标准）

污染物排放（控制）标准是指为了实现国家的环境目标和环境质量标准，对污染源排放到环境中的污染物的浓度或者数量所作的限制性规定。编制污染物排放标准的主要依据是环境质量标准，并按照不同类别的功能区规定与之相应的排放限值，适用于所有经划定的不同环境质量功能区内的污染源。

污染物排放标准分为污染物排放浓度标准和污染物排放总量标准。其中，污染物排放浓度标准（浓度控制标准）是以经济上的可行性为根据而为污染源规定的排放标准，一般以某种污染物在载体中的百分比表示。污染物排放总量标准（总量控制标准）是以环境容量为根据而为污染源规定的排放污染物的数量限额。一般以一定时间范围内排放污染物的总量表示。按照污染物的形态，污染物排放标准还可以分为气态、液态、固态以及物理性污染物排放标准。

污染物排放标准是认定排污行为是否违法，要否让排污者承担相应法律义务或者责任的根据。污染物排放标准是针对污染物排放所规定的最大限值。制定污染物

---

① 参见汪劲：《环境法学》（第 3 版），北京大学出版社 2014 年版，第 124 页。

② 金瑞林主编：《环境法学》（第 4 版），北京大学出版社 2016 年版，第 80 页。

排放(控制)标准的直接目的是控制污染物的排放量,以达到环境质量的要求。

我国第一个综合性的国家排放标准是1973年颁布的《工业“三废”排放试行标准》。该标准对各类工业排放的废气、废液、废渣三大类污染物分别规定了容许浓度和数量。该标准对于污染控制起到一定作用,但是有的指标规定过于严格。在20世纪80~90年代,全面开展了综合性和行业排放标准的制定工作,其中综合性排放标准有《大气污染物综合排放标准》《污水综合排放标准》等,同时陆续制定了各种工业生产和产品的污染物排放标准。

进入21世纪,国家大力推进行业型污染物排放标准的制定,形成了“以行业标准为主、综合性标准为辅”的排放标准体系。具体来说,根据国家环境质量标准和国家经济、技术条件,制定国家污染物排放标准。省级政府对国家污染物排放标准中未作规定的项目,可以制定地方污染物排放标准;对国家污染物排放标准中已作规定的项目,可以制定严于国家污染物排放标准的地方污染物排放标准。地方污染物排放标准应当报国务院生态环境主管部门备案。

3. 环境基础标准

环境基础标准是指在环境保护工作中,需要遵守的具有指导性意义的统一技术术语符号、代号(代码)、图形、指南、导则及信息编码等。环境基础标准是制定各类环境标准、进行环境管理的工作规范,或者说,环境基础标准是制定其他环境标准的依据之一,也是环境资源监测数据是否合法有效的根据。

4. 环境监测方法标准

环境监测方法标准是指为监测环境质量和污染物排放,规范采样、分析测试、数据处理等技术而制定的技术性规定。环境监测方法标准是确定环境资源纠纷中各方出示的证据和环境监测数据是否合法有效的根据。例如,《城市区域环境噪声适用区划技术规范》(GB/T 15190 - 94)(已废止)、《摩托车和轻便摩托车加速行驶噪声限值及测量方法》(GB/T 16169 - 2005)。

环境监测方法标准是制定、执行环境质量标准、污染物排放标准的主要技术依据,其目的是使各种环境监测和统计数据准确、可靠并具有可比性。《环境保护法》第17条规定,国家建立、健全环境监测制度。国务院环境保护主管部门制定监测规范,会同有关部门组织监测网络,统一规划国家环境质量监测站(点)的设置,建立监测数据共享机制,加强对环境监测的管理。

5. 环境标准样品标准

环境标准样品标准,是指为保证环境监测数据的准确、可靠,对用于量值传递或者质量控制的材料、实物的样品而制定的技术规定。环境标准样品标准是一种实物标准,是判定环境监测仪器和检验环境保护设备性能的法定依据。

(六)环境标准的制定

《环境标准管理办法》对环境标准的制定作出了具体规定。

1. 环境标准的制定和备案审查的主体

第一,国家环境保护总局负责全国环境标准管理工作,负责制定国家环境标准和国家环境保护总局标准,负责地方环境标准的备案审查,指导地方环境标准管理工作。第二,县级以上地方政府环境保护行政主管部门负责本行政区域内的环境标准管理工作,负责组织实施国家环境标准、国家环境保护总局标准和地方环境标准(第6条)。地方环境标准必须自发布之日起2个月内报国家环境保护总局备案。备案的材料应包括标准发布文件、标准文本及编制说明(第14条)。

2. 制定环境标准的范围

制定环境标准的范围主要包括:第一,为保护自然环境、人体健康和社会物质财富,限制环境中的有害物质和因素,制定环境质量标准;第二,为实现环境质量标准,结合技术经济条件和环境特点,限制排入环境中的污染物或对环境造成危害的其他因素,制定污染物排放标准(或控制标准);第三,为监测环境质量和污染物排放,规范采样、分析测试、数据处理等技术,制定国家环境监测方法标准;第四,为保证环境监测数据的准确、可靠,对用于量值传递或质量控制的材料、实物样品,制定国家环境标准样品;第五,对环境保护工作中,需要统一的技术术语、符号、代号(代码)、图形、指南、导则及信息编码等,制定国家环境基础标准(第7条)。

3. 制定环境标准的原则

制定环境标准的原则主要包括:第一,以国家环境保护方针、政策、法律、法规及有关规章为依据,以保护人体健康和改善环境质量为目标,促进环境效益、经济效益、社会效益的统一;第二,环境标准应与国家的技术水平、社会经济承受能力相适应;第三,各类环境标准之间应协调配套;第四,标准应便于实施与监督;第五,借鉴适合我国国情的国际标准和其他国家的标准(第10条)。

此外,《国家环境保护标准制修订工作管理办法》(2006年通过,2017年修订)(以下内容已于2017年修订时删除)规定,环境标准制修订工作遵循下列基本原则:第一,以科学发展观为指导,以实现经济、社会的可持续发展为目标,以国家环境保护相关法律、法规、规章、政策和规划为依据,通过制定和实施标准,促进环境效益、经济效益和社会效益的统一;第二,有利于保护生活环境、生态环境和人体健康;第三,有利于形成完整、协调的环境保护标准体系;第四,有利于相关法律、法规和规范性文件的实施;第五,与经济、技术发展水平和相关方的承受能力相适应,具有科学性和可实施性,促进环境质量改善;第六,以科学研究成果和实践经验为依据,内容科学、合理、可行;第七,根据本国实际情况,可参照采用国外相关标准、技术法规;第八,制定过程和技术内容应公开、公平、公正。

4.制定环境标准的程序

(1)环境标准的一般制定程序。根据我国《环境标准管理办法》的规定,制定环境标准应遵循下列基本程序:第一,编制标准制(修)订项目计划;第二,组织拟订标准草案;第三,对标准草案征求意见;第四,组织审议标准草案;第五,审查批准标准草案;第六,按照各类环境标准规定的程序编号、发布(第11条)。违反国家法律和法规规定,越权制定的国家环境质量标准和污染物排放标准无效(第24条)。

前述《国家环境保护标准制修订工作管理办法》第5条进一步规定,环境保护标准制修订按照下列基本程序进行:①编制项目计划的初步方案。②确定项目承担单位和项目经费,形成项目计划。③下达项目计划任务。④项目承担单位成立编制组,编制开题论证报告。⑤项目开题论证,确定技术路线和工作方案。⑥编制标准征求意见稿及编制说明。⑦对标准征求意见稿及编制说明进行技术审查。⑧公布标准征求意见稿,向有关单位及社会公众征求意见。⑨汇总处理意见,编制标准送审稿及编制说明。⑩对标准送审稿及编制说明进行技术审查。⑪编制标准报批稿及编制说明。⑫对标准进行行政审查;环境质量标准和污染物排放(控制)标准的行政审查包括司务会、部长专题会和部常务会审查;其他标准行政审查主要为司务会审查,若为重大标准应经部长专题会审查。⑬标准批准(编号)、发布。⑭标准正式文本出版。⑮项目文件材料归档。⑯标准编制人员工作证书发放。⑰标准的宣传、培训。

(2)国家环境质量标准和国家污染物排放标准的制定程序。对于国家环境质量标准和国家污染物排放标准,由国家生态环境部提出编制计划,经国家市场监督管理总局下达计划后由生态环境部制定,并由生态环境部、国家市场监督管理总局联合发布。此外,环境基础标准、环境标准样品标准和环境监测分析方法标准等三类国家标准由生态环境部提出计划、组织制定,并由国家市场监督管理总局下达计划审批后联合发布。

(3)地方环境标准的制定程序。对于地方环境标准,根据《国家环境保护标准制修订工作管理办法》的规定,制定地方环境质量标准的程序主要包括:标准制定项目立项、下达计划、成立标准编制组和开题论证、编制征求意见稿和征求意见、编制送审稿和技术审查、编制报批稿和报批、标准的行政审查、批准发布、出版等。上述管理办法的13个附件对环境标准制修订工作中重要的表格和文件的格式作出了统一规定。

关于地方环境标准的审查、批准、备案程序,《大气污染防治法》第6条、第7条,

《水污染防治法》第13条等，均规定省级政府制定的地方环境质量标准和污染物排放标准必须向国务院环境保护行政主管部门备案。根据《标准化法》第5条、《标准化法实施条例》(1990年)第16条、《地方标准管理办法》(1990年)第7条和第8条的规定，地方环境保护标准由法律、法规规定的部门制定和审批之后，报省级标准化行政主管部门统一编号、发布。地方环境标准发布之后，省级标准化行政主管部门在30日内，应分别向国务院标准化行政主管部门和有关行政主管部门备案。受理备案的部门，当发现备案的地方标准有违反法律、法规和强制性标准规定的，由国务院标准化行政主管部门会同国务院有关行政主管部门责成申报备案的部门限期改正或停止实施。

5. 环境标准的修订与废除

国家环境标准和国家环境保护总局标准实施后，国家环境保护总局应根据环境管理的需要和国家经济技术的发展适时进行审查，发现不符合实际需要的，应予以修订或者废止。省级政府环境保护行政主管部门应根据当地环境与经济技术状况以及国家环境标准、国家环境保护总局标准制(修)订情况，及时向省级政府提出修订或者废止地方环境标准的建议(《环境标准管理办法》第15条)。

6. 环境标准的制定

在我国，除环境质量标准和污染物排放(控制)标准外，环境监测方法标准、环境标准样品标准和环境基础标准只有国家标准，没有地方标准。①

(1)环境质量标准的制定。制定环境质量标准涉及的核心问题："为了使人群健康、社会财产和生态系统不受损害，环境质量应当维持在一个什么水平上？为此，首先必须以科学实验和调查取得的科学数据即'环境基准'作为确定环境质量标准的客观依据。"

制定环境质量标准应当以环境基准为主要科学依据，同时，考察国家在经济和科学技术上的可能性，即经济上合理、技术上可行，在一定时期内可以实现。环境基准是指在一定环境中，污染物对于人体或者生物没有任何不良影响的最大剂量(无作用剂量)，或者是对人体或者生物产生不良影响的最小剂量(阈剂量)。环境基准表明某一污染物的剂量和它所引起的效应之间的关系，即在一定条件和时间内污染物的含量达到一定数值时，受污染的对象所引起的客观反应。它是制定环境质量标准的客观科学依据，直接决定了作为环境标准体系核心的环境质量标准的科学性和合

① 这主要是因为，有关环境监测方法、技术规范和相关数据需要在全国范围内保持统一，所以上述三类环境标准只有国家标准没有地方标准。

理性。

(2)污染物排放(控制)标准的制定。污染物排放(控制)标准是为实现环境质量标准,结合技术经济条件和环境特点,限制排入环境中的污染物或对环境造成危害的其他因素所作的控制规定,如《污水综合排放标准》《恶臭污染物排放标准》等。制定污染物排放(控制)标准主要以实现环境质量标准为目标,按照不同类别的功能区分别规定与之相应的排放限值,适用于所有经划定的不同环境质量功能区的污染源。同时,也要根据我国的工艺设备和技术水平,在经济合理的情况下,达到技术上的先进性。

以技术和经济可行性为根据的污染物排放(控制)标准,通常以浓度标准来表示,一般称为“浓度标准”。污染物排放(控制)标准是针对污染物排放所规定的最大限制,即“污染允许限度”。① 以环境特点即环境容量决定的污染物排放(控制)标准则通常以“总量限额”来表示或者将总量限额转化为浓度来表示,一般称为“总量控制”。在通常情况下,实行总量控制才能达到环境质量标准的要求。

《环境保护法》规定,国务院环境保护主管部门根据国家环境质量标准和国家经济、技术条件,制定国家污染物排放标准。省级政府对国家污染物排放标准中未作规定的项目,可以制定地方污染物排放标准;对国家污染物排放标准中已作规定的项目,可以制定严于国家污染物排放标准的地方污染物排放标准。地方污染物排放标准应当报国务院环境保护主管部门备案(第16条)。地方污染物排放(控制)标准既可以是适用于特定行业污染源或者特定产品污染源的行业型污染物排放标准,也可以是适用于所有行业污染物排放标准范围外的其他各行业污染源的综合型污染物排放标准。向国务院环保部门备案后,地方污染物排放(控制)标准在本行政区域内是强制性标准。

7. 国家环境标准和地方环境标准的制定

(1)国家环境标准的制定。国务院环境保护主管部门负责制定国家环境标准,负责地方环境标准的备案审查。《环境保护法》规定,国务院环保主管部门制定国家环境质量标准。省级政府对国家环境质量标准中未作规定的项目,可以制定地方环境质量标准;对国家环境质量标准中已作规定的项目,可以制定严于国家环境质量标准的地方环境质量标准。地方环境质量标准应当报国务院环境保护主管部门备案。国家鼓励开展环境基准研究(第15条)。

(2)地方环境标准的制定。关于地方标准的制定,《标准化法》第13条第2款规

---

① 参见汪劲:《环境法学》(第3版),北京大学出版社2014年版,第126页。

定，地方标准由省级政府标准化行政主管部门制定；设区的市级政府标准化行政主管部门根据本行政区域的特殊需要，经所在地省级政府标准化行政主管部门批准，可以制定本行政区域的地方标准。地方标准由省级政府标准化行政主管部门报国务院标准化行政主管部门备案，由国务院标准化行政主管部门通报国务院有关行政主管部门。

（七）环境标准的实施和监督

从环境标准适用的空间范围看，国家环境标准和环境保护行业标准在全国范围内施行，国家环境标准发布后，相应的环境保护行业标准自行废止；地方环境标准在颁布该标准的省（自治区、直辖市）辖区范围内执行。我国《环境标准管理办法》第16～25条规定了环境标准实施的具体措施与监督。

1. 环境质量标准的实施

第一，县级以上地方政府环境保护行政主管部门在实施环境质量标准时，应结合所辖区域环境要素的使用目的和保护目的划分环境功能区，对各类环境功能区按照环境质量标准的要求进行相应标准级别的管理。第二，县级以上地方政府环境保护行政主管部门在实施环境质量标准时，应按国家规定，选定环境质量标准的监测点位或断面。经批准确定的监测点位、断面不得任意变更。第三，各级环境监测站和有关环境监测机构应按照环境质量标准和与之相关的其他环境标准规定的采样方法、频率和分析方法进行环境质量监测。第四，承担环境影响评价工作的单位应按照环境质量标准进行环境质量评价。第五，跨省河流、湖泊以及由大气传输引起的环境质量标准执行方面的争议，由有关省级政府环境保护行政主管部门协调解决，协调无效时，报国家环境保护总局协调解决（《环境标准管理办法》第16条）。

2. 污染物排放标准的实施

第一，县级以上政府环境保护行政主管部门在审批建设项目环境影响报告书（表）时，应根据下列因素或情形确定该建设项目应执行的污染物排放标准。其一，建设项目所属的行业类别、所处环境功能区、排放污染物种类、污染物排放去向和建设项目环境影响报告书（表）批准的时间；其二，建设项目向已有地方污染物排放标准的区域排放污染物时，应执行地方污染物排放标准，对于地方污染物排放标准中没有规定的指标，执行国家污染物排放标准中相应的指标；其三，实行总量控制区域内的建设项目，在确定排污单位应执行的污染物排放标准的同时，还应确定排污单位应执行的污染物排放总量控制指标；其四，建设从国外引进的项目，其排放的污染物在国家和地方污染物排放标准中无相应污染物排放指标时，该建设项目引进单位应提交项目输出国或发达国家现行的该污染物排放标准及有关技术资料，由市（地）政府环境保护行政主管部门结合当地环境条件和经济技术状况,提出该项目应执行的排污指标,经省级政府环境保护行政主管部门批准后实行,并报国家环境保护总局备案。第二,建设项目的设计、施工、验收及投产后,均应执行经环境保护行政主管部门在批准的建设项目环境影响报告书(表)中所确定的污染物排放标准。第三,企事业单位和个体工商业者排放污染物,应按所属的行业类型、所处环境功能区、排放污染物种类、污染物排放去向执行相应的国家和地方污染物排放标准,环境保护行政主管部门应加强监督检查(《环境标准管理办法》第17条)。

3. 国家环境检测方法标准的实施

第一,被环境质量标准和污染物排放标准等强制性标准引用的方法标准具有强制性,必须执行。第二,在进行环境监测时,应按照环境质量标准和污染物排放标准的规定,确定采样位置和采样频率,并按照国家环境监测方法标准的规定测试与计算。第三,对于地方环境质量标准和污染物排放标准中规定的项目,如果没有相应的国家环境监测方法标准时,可由省级政府环境保护行政主管部门组织制定地方统一分析方法,与地方环境质量标准或污染物排放标准配套执行。相应的国家环境监测方法标准发布后,地方统一分析方法停止执行。第四,因采用不同的国家环境监测方法标准所得监测数据发生争议时,由上级环境保护行政主管部门裁定,或者指定采用一种国家环境监测方法标准进行复测(《环境标准管理办法》第18条)。

4. 国家环境标准样品的实施

《环境标准管理办法》第19条规定,在下列环境监测活动中应使用国家环境标准样品:第一,对各级环境监测分析实验室及分析人员进行质量控制考核;第二,校准、检验分析仪器;第三,配制标准溶液;第四,分析方法验证以及其他环境监测工作。

5. 国家环境基础标准或国家环境保护总局标准的实施

在以下活动中应执行国家环境基础标准或国家环境保护总局标准:第一,使用环境保护专业用语和名词术语时,执行环境名词术语标准;第二,排污口和污染物处理、处置场所设置图形标志时,执行国家环境保护图形标志标准;第三,环境保护档案、信息进行分类和编码时,采用环境档案、信息分类与编码标准;第四,制定各类环境标准时,执行环境标准编写技术原则及技术规范;第五,划分各类环境功能区时,执行环境功能区划分技术规范;第六,进行生态和环境质量影响评价时,执行有关环境影响评价技术导则及规范;第七,进行自然保护区建设和管理时,执行自然保护区管理的技术规范和标准;第八,对环境保护专用仪器设备进行认定时,采用有关仪器设备国家环境保护总局标准;第九,其他需要执行国家环境基础标准或国家环境保护总局标准的环境保护活动(《环境标准管理办法》第20条)。

6. 强制性环境标准实施的监督

根据《环境标准管理办法》,应遵守以下规定:第一,县级以上政府环境保护行政主管部门在向同级政府和上级环境保护行政主管部门汇报环境保护工作时,应将环境标准执行情况作为一项重要内容(第 22 条)。第二,国家环境保护总局负责对地方环境保护行政主管部门监督实施污染物排放标准的情况进行检查(第 23 条)。第三,对不执行强制性环境标准的,依据法律和法规有关规定予以处罚(第 25 条)。

(八)ISO14000 环境管理标准体系

ISO14000 是国际标准化组织为了满足各种类型的组织建立环境管理体系的需要而制定的国际统一的环境管理标准,其宗旨是规范企业和社会团体等所有类型组织的环境行为,从而达到减少环境污染、节约资源,以及消除贸易壁垒、促进世界贸易发展的目的。

ISO14000 系列标准是一体化的国际标准,包括环境管理体系、环境审核、环境绩效评价、环境标志、产品生命周期评估等。目的是敦促世界各国重视环境保护和管理,为改善环境管理提供方法和手段,规范全球企业及各种组织的活动、产品和服务的环境行为,节省资源,减少环境污染,改善环境质量,保证经济、社会和环境的可持续发展。

我国于 1997 年 5 月成立了中国环境管理体系认证指导委员会,负责指导并统一管理 ISO14000 环境管理系列标准在我国的实施。该指导委员会下设中国环境管理体系认证机构认可委员会和中国认证人员国家注册委员会环境管理委员会,分别负责实施对环境管理体系认证机构的认可和对环境管理体系认证人员的注册工作。

(九)国土资源标准

对于国土资源的有关问题,国土资源部《国土资源标准化管理办法》(现为自然资源部,2009 年)作出了明确规定。

1. 国土资源标准的范围

从广义上说,国土资源标准是指土地资源、矿产资源、海洋资源、水利资源和能源等国土资源管理的技术标准、规程、规范。但是,由于体制问题,《国土资源标准化管理办法》中的"国土资源标准"仅仅指土地资源、矿产资源、地质、海洋、测绘等领域的技术标准、规程和规范。土地资源、矿产资源、海洋自然资源、地质等领域的标准化工作适用该办法。海洋、测绘技术标准由国家海洋局与国家测绘局分别制定(第 3 条第 1 款)。水资源标准、森林资源标准、能源标准等其他国土资源标准分别由其他规章规程确定。

2. 国土资源标准化工作的主要任务

国土资源标准化是国土资源调查、规划、管理、保护和合理利用的重要科学技术基础,是国土资源管理工作的重要组成部分。国土资源标准化工作的主要任务:贯彻国家有关标准化法律法规,组织制定国土资源标准化工作的规划、计划,建立和完善国土资源技术标准体系,组织制定、修订、宣传、贯彻和监督实施国土资源标准。国家资源标准化工作应纳入相关规划和计划(第2条)。

3. 国土资源标准的体系

具体来说,第一,从适用范围看,国土资源标准主要有国家标准、行业标准、地方标准、企业标准。国土资源部组织拟订国土资源国家标准;组织制定审批发布国土资源行业标准;对国土资源领域的地方标准实行备案管理(第3条第2款)。第二,从性质上看,主要有强制性标准和推荐性标准。国家标准与行业标准分为强制性标准和推荐性标准。

4. 国土资源标准化工作的原则

主要有:第一,归口管理、分工负责、共同推进;第二,支撑国土资源管理和依法行政;第三,促进科技进步和成果转化;第四,采用国际标准及国外先进标准,并逐步与国际标准接轨;第五,规范、公开、透明,社会公众参与(第4条)。

5. 国家标准化工作的组织机构与职责分工

(1)国土资源部科技主管司局的职责。国土资源部科技主管司局归口管理国土资源标准化工作,其主要职责为:第一,根据国家标准化工作的法律、法规和方针、政策,起草具体实施办法;组织建立完善国土资源标准体系;第二,组织制定、实施国土资源标准化工作发展规划与年度计划;对国土资源行业标准实行统一计划、统一审查、统一批准、统一编号和发布,负责行业标准的备案工作;第三,统一组织协调国土资源标准的宣传、贯彻、培训和监督检查工作;第四,指导各省(自治区、直辖市)国土资源行政主管部门的标准化工作(第5条)。

(2)国土资源部各业务主管司局的职责。第一,组织拟订相关国家标准和行业标准;第二,组织开展相关国土资源标准的宣传、贯彻、培训及监督检查工作(第6条)。

(3)全国国土资源标准化技术委员会及其职责。第一,设立全国国土资源标准化技术委员会(以下简称技术委员会),专门从事国土资源标准化的技术工作,其成员由国土资源领域内从事生产、科研、教学和管理等工作的专家组成。技术委员会的主要职责是对国土资源标准制、修订规划及年度计划工作提供咨询,开展国土资源标准的制、修订技术审查和技术复审等工作(第7条第1款)。第二,技术委员会秘书处挂靠在国土资源经济研究院,负责承担技术委员会的日常工作。国土资源经济研究院作为国土资源标准化技术归口单位,主要承担重要标准的制、修订及标准草案的标准化审查,开展国土资源标准化基础研究,协助开展技术标准的宣传贯彻、培训和复审及信息咨询等工作(第7条第2款)。第三,技术委员会按专业领域划分并设立若干专业标准化分技术委员会(以下简称分技术委员会),分别承担本专业领域内的技术委员会工作。分技术委员会秘书处挂靠在有关直属单位。有关直属单位作为专业技术归口单位为秘书处提供必要的工作条件(第8条第1款)。第四,专业技术归口单位的主要职责是:承担分技术委员会秘书处的日常工作;承担本专业标准的制、修订及标准草案的技术指导和审查工作;为技术委员会提供专业技术支撑(第8条第2款)。

6. 国家标准化工作的标准范围和类别

对国土资源领域下列需要统一的技术要求,应制定标准:第一,国土资源术语、分类、代码、符号、图式、图例及制图方法。第二,国土资源信息化技术要求。第三,土地资源调查、评价、规划、监测、整治、保护与节约集约利用技术要求,土地权属管理和土地市场管理相关技术要求。第四,区域地质调查与海洋区域地质调查技术要求,包括主要目标、对象内容、技术工作程序、技术工艺、方法及装备、成果质量管理要求等。第五,矿产资源的调查、勘查、评价、规划、开发与综合利用技术要求,其中包括标准化设计、技术工艺、方法、装备及技术指标要求;矿业权管理(其中,包括矿山设计、开发利用方案、选矿厂设计、技术工艺、方法及开采回采率、选矿回收率、共伴生矿产资源回收率等技术指标要求)与矿产资源储量管理及矿山储量动态监督管理技术要求。第六,水文地质、工程地质、环境地质技术要求。第七,地质灾害调查、地质灾害防治工程勘查、设计、施工及监理等技术要求;地质环境的调查、评价、规划、监测、保护与合理利用技术要求。第八,地质矿产勘查技术方法和地质矿产实验测试技术方法及标准物质。第九,地质资料管理技术要求。第十,国土资源管理工作需要制定的其他技术要求(第9条)。

7. 国土资源标准的具体类型

(1)国土资源强制性标准和推荐性标准的适用范围。国土资源国家标准、行业标准分为强制性标准和推荐性标准。强制性标准包括全文强制或部分条文强制。其中,下列国土资源领域的技术要求应制定强制性标准:第一,国土资源法律法规要求的标准;第二,为国土资源行政审批、监督执法作依据的技术标准;第三,土地资源节约集约利用、矿产资源综合利用技术标准;第四,地质环境保护技术标准,地质灾害防治技术标准;第五,地下水资源管护技术要求;第六,土地整治工程环境、质量和安全方面的技术要求;第七,国土资源调查涉及环境、质量和安全方面的技术要求;第八,其他需要强制执行的技术要求。国土资源领域其他技术要求应制定推荐性标准(第10条)。

(2)国土资源国家标准、行业标准、地方标准和企业标准的适用范围。第一,国土资源领域内,需要在全国范围内统一的技术要求,应当制定国家标准;需要在国土资源相关行业范围内统一的技术要求,应制定行业标准;尚无国家标准和行业标准,而又需要在省(自治区、直辖市)范围内统一的技术要求,应依据相关法规制定地方标准。地方标准在相应国家标准或行业标准实施后,自行废止。第二,企业生产在没有相应国家标准、行业标准和地方标准的情况下,应当制定相应的企业标准,企业标准由企业组织制定,并按有关规定备案。对已有国家标准、行业标准或者地方标准的,鼓励企业制定执行国家标准、行业标准或者地方标准要求的企业标准,在企业内部适用(第11条)。

8. 国土资源国家标准、行业标准的制定程序

制定标准应该组织开展标准预研究,试行标准预研究管理制度,实行标准计划管理,列入标准制定、修订计划的项目一般应在2年内完成。国土资源部业务主管司局负责组织拟订相关领域技术标准。承担标准制定、修订任务的单位应广泛听取和吸纳有关生产、科研、教学、管理部门等单位和专家的意见,形成标准征求意见稿,报分技术委员会。

(1)国土资源标准预研究。第一,实行标准预研究管理制度。国土资源部组织实施的专项、重大项目应设立相关重要技术标准预研究项目,在立项时向部科技主管司局备案(第12条)。第二,预研究项目成果在验收后3个月内,应将项目成果和后续技术标准研究制定的方案报部科技主管司局备案,作为国土资源标准制修订年度计划编制的重要依据(第13条)。

(2)国土资源标准规划与计划。第一,国土资源部科技主管司局组织开展国土资源标准化的战略研究,并编制国土资源标准化规划。国土资源标准化规划应有明确的目标、任务、总体部署和具体措施(第14条)。第二,实行标准计划管理。制定和修订国土资源国家标准、行业标准,必须纳入国家标准和国土资源行业标准制、修订计划(第15条)。第三,国土资源部有关业务司局、有关单位应结合国土资源工作的实际需要,向部科技主管司局提出制、修订国家、行业标准的项目建议(第16条)。第四,技术委员会对项目建议进行汇总并组织部相关业务主管司局及有关专家共同研究,提出标准制、修订年度计划建议,国土资源部科技主管司局组织技术委员会审查(第17条)。第五,属于国家标准的计划项目,报国务院标准化行政主管部门审批

立项;属行业标准的计划项目,在国土资源部网站公示 10 个工作日并对反馈意见处理后,报国土资源部批准,发布行业标准制、修订年度计划(第 18 条)。第六,经批准的国土资源标准制、修订年度计划项目一般不作调整。特殊情况需要调整的,经技术委员会审查后,国家标准计划项目报国务院标准化行政主管部门批准;行业标准计划项目报国土资源部批准(第 19 条)。第七,国土资源标准化工作经费主要源于国家及各省(自治区、直辖市)国土资源专项工作经费及其他渠道筹集的经费。国土资源部安排基础性、公益性及行政管理类标准的制、修订经费。国土资源部组织实施的专项、重大项目按任务内容落实标准计划项目经费,经费的使用按有关规定执行(第 20 条)。

(3)国土资源标准制定与修订。第一,列入标准制、修订计划的项目一般应在两年内完成。若由于特殊情况无法按时完成的,起草单位可向国土资源部科技主管司局申请延期一年。延期一年仍未完成的项目,视为自动撤销。对不按时完成任务,又不及时提出延期申请的单位,两年内不再受理该单位标准制修订计划项目申报工作(第 21 条)。第二,国土资源部业务主管司局负责组织拟订相关领域技术标准。承担标准制、修订任务的单位应广泛听取和吸纳有关的生产、科研、教学、管理部门等单位和专家的意见,形成标准征求意见稿,报分技术委员会(第 22 条)。第三,分技术委员会组织专家对标准征求意见稿及有关文档进行审查后报部业务主管司局。国土资源部业务主管司局组织征求意见,提出标准送审稿及有关文档报技术委员会。如需征求国务院有关部门意见,由部科技主管司局组织(第 23 条)。第四,国土资源部科技主管司局组织技术委员会对标准送审稿进行会议审查或函审,提出《标准审查会议纪要》或《标准函审意见》。属强制性标准须经公示,公示期为 10 个工作日。采用会议审查时,组织者应在会议前 1 个月将标准送审稿及有关附件提交给参加标准审查的部门、单位和人员。会议审查时,必须有不少于出席会议代表人数的 3/4 同意为通过;标准起草人不能作为审查人员参加表决,其所在单位的代表不能超过参加表决人数的 1/4。采用函审时,组织者应当在函审表决前两个月将函审通知及上述文件提交给参加函审的部门、单位和人员。采用函审时,必须有 3/4 的回函同意为通过。会议代表出席率或函审回函率不足 2/3 时,应重新组织审查(第 24 条)。第五,承担标准制、修订的单位按照《标准审查会议纪要》或《标准函审意见》的要求,对标准送审稿认真修订,完成标准报批稿及其附件,报送国土资源部科技主管司局(第 25 条)。

(4)国土资源标准审批与发布。第一,标准报批时,文档必须齐全,应有“标准报批稿”、“标准编制说明”、“标准审查会议纪要”或“函审结论”及其“函审单”、“意见汇总处理表”和其他有关附件。对报批稿有重大修订时,应进行重新审查。采用国际标准或国外先进标准时,应附有该标准的原文和译文(第26条)。第二,国土资源部科技主管司局对标准报批稿及其附件进行审查后,属国家标准的,报国务院标准化行政主管部门审批、发布;属行业标准的,由国土资源部批准、编号、发布,并在国土资源部网站上发布公告,对强制性标准的主要内容进行公示。强制性土地管理行业标准代号为TD;推荐性土地管理行业标准代号为TD/T;强制性地质矿产行业标准代号为DZ;推荐性地质矿产行业标准代号为DZ/T(第27条)。第三,国土资源地方标准的发布依照国务院标准化行政管理部门颁布的《地方标准管理办法》执行。省级国土资源行政主管部门制定地方国土资源标准化管理规定,应经国土资源部批准。国土资源地方标准发布后30日内,由省(自治区、直辖市)国土资源行政主管部门向国土资源部备案。备案材料包括地方标准批文、地方标准文本、编制说明及相关材料各一份(第28条)。第四,国土资源部科技主管司局负责组织管理行业标准的出版发行工作,技术归口单位承办日常工作,出版经费纳入国土资源标准编制经费(第29条)。第五,国土资源国家标准、行业标准由国土资源部解释。国土资源标准的著作权由批准发布机构享有。制定标准过程中形成的有关资料,应按照有关规定进行归档(第30条)。

9. 国土资源标准实施与监督检查

第一,标准发布后,国土资源部业务主管司局应及时组织开展标准宣传、贯彻、培训、指导工作。上述工作应列入各级国土资源行政主管部门和技术机构的工作计划(第31条)。第二,标准发布后,属于强制性的国家标准和行业标准,必须严格执行;行政法规要求强制执行的推荐性标准,自动变更为强制性标准;鼓励采用推荐性的国家标准和行业标准(第32条)。第三,从事国土资源工作的组织和机构应积极贯彻、实施标准。实施标准中出现的技术问题,应当及时向国土资源部科技主管司局、有关业务主管司局或技术归口单位报告(第33条)。第四,国土资源部业务主管司局组织对有关标准的实施进行监督检查。根据监督检查情况,编制监督检查报告及标准实施效果评估报告,国土资源部科技主管司局定期发布。检查报告及评估报告作为标准复审的重要依据。任何单位及个人均有权向国土资源部投诉、举报违反国土资源强制性标准的行为(第34条)。

10. 国土资源标准复审

第一,国土资源标准实施后,应当适时地进行复审,以确认现行标准继续有效或者予以修订、废止。复审周期一般不超过5年(第35条)。第二,部科技主管司局会同有关业务主管司局组织或委托技术委员会组织有关专家对标准进行复审(第36

条）。第三，标准的复审可分别采取会议审查或函审的形式。需要有参加过该标准审查工作的单位或人员参加。标准复审主要包括以下内容：是否符合国家现行的法律、行政法规和标准化工作的有关要求；标准的实施效果，以及标准内容和技术指标是否反映当前的技术水平；是否符合实际需要，是否对规范国土资源工作、提高经济效益和社会效益有推动作用；是否与现行相关标准协调配套；是否符合采用国际标准或国外先进标准的原则（第 37 条）。第四，复审结果按以下情况分别处理。首先，继续有效的标准，不改顺序号和年号。当标准重版时，在标准封面的标准编号栏写明“××年确认有效”字样。其次，需作修订的标准，作为修订项目列入计划。标准修订程序与标准制定程序相同。修订后的标准顺序号不变，将年号改为重新发布时的年号。最后，已无必要存在的标准，予以废止（第 38 条）。第五，技术委员会应在复审结束后写出复审报告，内容包括复审简况、处理意见、复审结论等，报国土资源部批准，并按规定归档（第 39 条）。第六，国家标准的复审结论经国土资源部审查同意后，报国家标准化管理委员会。行业标准的复审结论由国土资源部审查、公示、批准、发布，报国家标准化管理委员会备案（第 40 条）。

三、环境信息公开制度

（一）环境信息与环境信息公开制度的概念与意义

环境信息包括政府环境信息和企业环境信息。① 其中，政府环境信息是指环保部门在履行环境保护职责中制作或者获取的，以一定形式记录、保存的信息。企业环境信息是指企业以一定形式记录、保存的，与企业经营活动产生的环境影响和企业环境行为有关的信息。环境信息公开是指由特定主体依法发布相关环境信息的行为。特定主体包括政府和企业。环境信息公开制度是指有关环境信息公开的主体、范围、公开方式和程序、监督与责任等法律规定的总称。

公民环境信息知情权是公民和社会组织收集、知晓和了解与环境问题和环境政策有关信息的权利。环境信息公开制度是保障公众知情权、维护公众参与环境保护的必然要求，是保障政府实现环境监督管理权的需要，也是公众实现环境监督权和保护社会公共利益的需要。通过建立健全环境信息公开制度，在环境法中规定公民和社会团体的环境知情权，国家环境管理部门实行环境政务公开、环境信息公开，逐步实现在获得和传播环境信息方面的民主化。对于促进环境民主和公众参与环境管理，具有重要作用。

---

① 我国《政府信息公开条例》（2007 年）中的“政府信息”，是指行政机关在履行职责过程中制作或者获取的，以一定形式记录、保存的信息。

(二)我国环境信息公开制度的沿革

1982年《宪法》第2条规定,我国的一切权力属于人民。人民依照法律规定通过各种途径和形式,管理国家事务、管理经济和文化事业,管理社会事务。1989年12月,修订后的《环境保护法》第6条规定,一切单位和个人都有保护环境的义务,并有权对污染和破坏环境的单位和个人进行检举和控告。第11条第2款规定,政府有定期发布环境状况公报的义务。《水污染防治法》(1996年修正)第13条第4款规定,环境影响报告书中应当有该建设单位所在地单位和居民的意见。

2001年,国家环保总局发布《环境影响评价办法(试行)》,对政府信息公开的范围、公开的方式和程序,以及企业环境信息公开等作出具体规定。《环境影响评价法》(2002年)第11条规定,专项规划的编制机关对可能造成不良环境影响并直接涉及公众环境权益的规划,应当在该规划草案报送审批前,举行论证会、听证会,或者采取其他形式,征求有关单位、专家和公众对环境影响报告书草案的意见。2003年1月,国土资源部编制了《国土资源信息化标准化指南》。2003年8月,水利部发布了《水利部信息化建设管理暂行办法》。国务院《关于落实科学发展观加强环境保护的决定》(2005年)规定实行环境质量公报制度,定期公布有关环境保护指标,发布城市空气质量生态状况等环境信息,及时发布污染事故信息,为公众参与创造条件。2007年4月,国家环保总局发布了《环境信息公开办法(试行)》。

(三)我国环境信息公开制度的主要内容

1. 环境信息公开的管理体制

《环境保护法》(2014年修订)第54条规定,国务院生态环境主管部门统一发布国家环境质量、重点污染源监测信息及其他重大环境信息。省级以上政府生态环境主管部门定期发布环境状况公报。县级以上政府生态环境主管部门和其他负有生态环境监督管理职责的部门,应当依法公开环境质量、环境监测、突发环境事件以及环境行政许可、行政处罚、排污费的征收和使用情况等信息。县级以上地方政府生态环境主管部门和其他负有环境保护监督管理职责的部门,应当将企业事业单位和其他生产经营者的环境违法信息记入社会诚信档案,及时向社会公布违法者名单。

《企业事业单位环境信息公开办法》(2014年)规定如下。第一,环境保护部负责指导、监督全国企业事业单位环境信息公开工作。县级以上环境保护主管部门负责指导、监督本行政区域内的企业事业单位环境信息公开工作(第2条)。第二,企业事业单位应当按照强制公开和自愿公开相结合的原则,及时、如实地公开其环境信息(第3条)。第三,环境保护主管部门应当建立健全指导、监督企业事业单位环境信息公开工作制度。企业事业单位应当建立健全本单位环境信息公开制度,指定机构负责本单位环境信息公开日常工作(第 4 条)。

2. 环境信息公开系统的建设

环境信息系统是由从事环境资源信息处理工作的工作人员、设备以及环境资源原始信息等组成的系统。目前,我国正在进行覆盖国家、省、地、市四级环境资源管理部门及其直属单位的全国性的环境资源信息网络系统建设,具体包括环境资源基础数据库建设、环境资源调查评价信息化技术建设、环境行政管理信息化建设、环境信息服务网站等。

环境资源统计,是指环境资源信息的收集、整理、计算、分析、处理和数据的传输等。我国环境信息的收集方式主要有下列种类:第一,环境资源开发利用者和排污单位的申报登记;第二,企业环境资源信息的发布和报告;第三,环境资源监测机构的监测调查;第四,环境资源管理机构的现场检查;第五,环境资源统计专项调查等。①

3. 环境信息公开的主体

环境信息公开的主体包括政府环境信息公开的主体和企业环境信息公开的主体。

(1)政府环境信息公开的主体。根据《环境保护法》的规定,政府环境信息公开的主体包括国务院生态环境主管部门、省级以上政府生态环境主管部门以及县级以上政府生态环境主管部门和其他负有环境保护监督管理职责的部门(第 54 条)。

(2)企业环境信息公开的主体。根据《环境保护法》的规定,重点排污单位应当如实向社会公开其主要污染物的名称、排放方式、排放浓度和总量、超标排放情况,以及防治污染设施的建设和运行情况,接受社会监督(第 55 条)。

根据《企业事业单位环境信息公开办法》(2014 年)的规定,具备下列条件之一的企业事业单位,应当列入重点排污单位名录:(1)被设区的市级以上人民政府环境保护主管部门确定为重点监控企业的;(2)具有试验、分析、检测等功能的化学、医药、生物类省级重点以上实验室、二级以上医院、污染物集中处置单位等污染物排放行为引起社会广泛关注的或者可能对环境敏感区造成较大影响的;(3)3 年内发生较大以上突发环境事件或者因环境污染问题造成重大社会影响的;(4)其他有必要列入的情形(第 8 条)。

4. 环境信息公开的内容

公民、法人和其他组织依法享有获取环境信息,参与和监督环境保护的权利。根

① 参见蔡守秋主编:《环境资源法》(第 3 版),高等教育出版社 2017 年版,第 157 页。

据《环境保护法》、《政府信息公开条例》(2019 年)和《企业事业单位环境信息公开办法》(2014 年)等的规定,环境信息公开制度的主要内容如下。

(1)政府环境信息公开的内容。各级政府生态环境主管部门和其他负有环境保护监督管理职责的部门,应当依法公开环境信息、完善公众参与程序,为公民、法人和其他组织参与和监督环境保护提供便利。

第一,环保部门应当将主动公开的政府环境信息,通过政府网站、公报、新闻发布会以及报刊、广播、电视等便于公众知晓的方式公开。例如,《企业事业单位环境信息公开办法》(2014 年)规定,环境保护主管部门应当建立健全指导、监督企业事业单位环境信息公开工作制度(第 4 条)。设区的市级人民政府环境保护主管部门应当于每年 3 月底前确定本行政区域内重点排污单位名录,并通过政府网站、报刊、广播、电视等便于公众知晓的方式公布(第 7 条)。

第二,环保部门应当编制、公布政府环境信息公开指南和政府环境信息公开目录,并及时更新。政府环境信息公开指南应当包括信息的分类、编排体系、获取方式,政府环境信息公开工作机构的名称、办公地址、办公时间、联系电话、传真号码、电子邮箱等内容。政府环境信息公开目录应当包括索引、信息名称、信息内容的概述、生成日期、公开时间等内容。

环保部门应当建立、健全环境信息公开制度。环保部门负责政府环境信息公开工作的组织机构的职责,主要有:第一,组织制定本部门政府环境信息公开的规章制度、工作规则;第二,组织协调本部门各业务机构的政府环境信息公开工作;第三,组织维护和更新本部门公开的政府环境信息;第四,监督考核本部门各业务机构政府环境信息公开工作;第五,组织编制本部门政府环境信息公开指南、政府环境信息公开目录和政府环境信息公开工作年度报告;第六,监督指导下级环保部门政府环境信息公开工作;第七,监督本辖区企业环境信息公开工作;第八,负责政府环境信息公开前的保密审查;第九,本部门有关环境信息公开的其他职责。

环保部门应当在职责权限范围内向社会主动公开以下政府环境信息:第一,环境保护法律、法规、规章、标准和其他规范性文件;第二,环境保护规划;第三,环境质量状况;第四,环境统计和环境调查信息;第五,突发环境事件的应急预案、预报、发生和处置等情况;第六,主要污染物排放总量指标分配及落实情况,排污许可证发放情况,城市环境综合整治定量考核结果;第七,大、中城市固体废物的种类、产生量、处置状况等信息;第八,建设项目环境影响评价文件受理情况,受理的环境影响评价文件的审批结果和建设项目竣工环境保护验收结果,其他环境保护行政许可的项目、依据、条件、程序和结果;第九,排污费征收的项目、依据、标准和程序,排污者应当缴纳的排污费数额、实际征收数额以及减免缓情况;第十,环保行政事业性收费的项目、依据、标准和程序;第十一,经调查核实的公众对环境问题或者对企业污染环境的信访、投诉案件及其处理结果;第十二,环境行政处罚、行政复议、行政诉讼和实施行政强制措施的情况;第十三,污染物排放超过国家或者地方排放标准,或者污染物排放总量超过地方政府核定的排放总量控制指标的污染严重的企业名单;第十四,发生重大、特大环境污染事故或者事件的企业名单,拒不执行已生效的环境行政处罚决定的企业名单;第十五,环境保护创建审批结果;第十六,环保部门的机构设置、工作职责及其联系方式等情况;第十七,法律、法规、规章规定应当公开的其他环境信息。环保部门应当根据前款规定的范围编制本部门的政府环境信息公开目录。

(2)企业环境信息公开的内容。企业应当按照自愿公开与强制性公开相结合的原则,及时、准确地公开企业环境信息。根据《环境保护法》的规定,重点排污单位应当如实向社会公开其主要污染物的名称、排放方式、排放浓度和总量、超标排放情况,以及防治污染设施的建设和运行情况,接受社会监督(第55条)。

根据《企业事业单位环境信息公开办法》(2014年)的规定,重点排污单位应当公开下列信息:(1)基础信息,包括单位名称、组织机构代码、法定代表人、生产地址、联系方式,以及生产经营和管理服务的主要内容、产品及规模;(2)排污信息,包括主要污染物及特征污染物的名称、排放方式、排放口数量和分布情况、排放浓度和总量、超标情况,以及执行的污染物排放标准、核定的排放总量;(3)防治污染设施的建设和运行情况;(4)建设项目环境影响评价及其他环境保护行政许可情况;(5)突发环境事件应急预案;(6)其他应当公开的环境信息。此外,列入国家重点监控企业名单的重点排污单位还应当公开其环境自行监测方案(第9条)。

5. 环境信息公开的方式和程序

环境信息公开的方式,是指公开环境信息的主体通过何种方式公开环境信息。

(1)政府环境信息公开的方式和程序。政府环境信息的公开方式主要有两种:主动公开和依申请公开。第一,政府主动公开环境信息。政府主动公开环境信息是指按照有关法律、法规和规章的规定,对于某些环境信息,政府必须按照一定的方式主动向社会公开,不需要任何人的申请。环保部门应当将主动公开的政府环境信息,通过政府网站、公报、新闻发布会以及报刊、广播、电视等便于公众知晓的方式公开。第二,政府依申请公开环境信息。政府依申请公开环境信息是指对于某些环境信息,必须为公众根据自身的需要向生态环境主管部门和其他负有环境保护监督管理职责的部门提出申请,这些部门依据有关法律、法规和规章的规定,按照规定的程序向申请人公开。公民、法人和其他组织可以向环保部门申请获取政府环境信息。

公民、法人和其他组织依据上述规定申请环保部门提供政府环境信息的,原则上应当采用信函、传真、电子邮件等书面形式;采取书面形式确有困难的,申请人可以口头提出,由环保部门政府环境信息公开工作机构代为填写政府环境信息公开申请。政府环境信息公开申请主要包括下列内容:申请人的姓名或者名称、联系方式;申请公开的政府环境信息内容的具体描述;申请公开的政府环境信息的形式要求。

对政府环境信息公开申请,环保部门应当根据具体情况分别作出答复:第一,申请公开的信息属于公开范围的,应当告知申请人获取该政府环境信息的方式和途径;第二,申请公开的信息属于不予公开范围的,应当告知申请人该政府环境信息不予公开并说明理由;第三,依法不属于本部门公开或者该政府环境信息不存在的,应当告知申请人;第四,对于能够确定该政府环境信息的公开机关的,应当告知申请人该行政机关的名称和联系方式;第五,申请内容不明确的,应当告知申请人更改、补充申请。

(2)企业环境信息公开的方式和程序。企业可以利用媒体、互联网等方式,或者通过公布企业年度环境报告的形式向社会公开环境信息。例如,《企业事业单位环境信息公开办法》(2014年)规定,重点排污单位应当通过其网站、企业事业单位环境信息公开平台或者当地报刊等便于公众知晓的方式公开环境信息,同时可以采取以下一种或者几种方式予以公开:①公告或者公开发行的信息专刊;②广播、电视等新闻媒体;③信息公开服务、监督热线电话;④本单位的资料索取点、信息公开栏、信息亭、电子屏幕、电子触摸屏等场所或者设施;⑤其他便于公众及时、准确获得信息的方式(第10条)。

就重点排污单位而言,应当在环境保护主管部门公布重点排污单位名录后90日内公开本办法第9条规定的环境信息;环境信息有新生成或者发生变更情形的,重点排污单位应当自环境信息生成或者变更之日起30日内予以公开。法律、法规另有规定的,从其规定(第11条)。就重点排污单位之外的企业事业单位而言,可以参照本办法第9条、第10条和第11条的规定公开其环境信息(第12条)。

6. 环境信息公开的监督

政府环境信息公开的监督包括政府系统内部的监督和政府系统外部的监督。其中,系统内部的监督是上级行政机关的监督、信息公开部门的监督和监察部门的监督;系统外部的监督,是指权力机关的监督、司法机关的监督和社会监督。[①]

(1)工作考核和社会评议制度。环保部门应当建立健全政府环境信息公开工作考核制度、社会评议制度和责任追究制度,定期对政府环境信息公开工作进行考核、评议。例如,《企业事业单位环境信息公开办法》(2014年)规定,环境保护主管部门有权对重点排污单位环境信息公开活动进行监督检查。被检查者应当如实反映情况,提供必要的资料(第14条)。

(2)政府环境信息公开工作年度报告制度。环保部门应当在定期公布本部门的政府环境信息公开工作年度报告。政府环境信息公开工作年度报告主要包括下列内容:第一,环保部门主动公开政府环境信息的情况;第二,环保部门依申请公开政府环境信息和不予公开政府环境信息的情况;第三,因政府环境信息公开申请行政复议、提起行政诉讼的情况;第四,政府环境信息公开工作存在的主要问题及改进情况;第五,其他需要报告的事项。

(3)法律救济和责任追究制度。

第一,公民、法人和其他组织认为环保部门不依法履行政府环境信息公开义务的,可以向上级环保部门举报。收到举报的环保部门应当督促下级环保部门依法履行政府环境信息公开义务。例如,《企业事业单位环境信息公开办法》(2014年)规定,环境保护主管部门应当宣传和引导公众监督企业事业单位环境信息公开工作。公民、法人和其他组织发现重点排污单位未依法公开环境信息的,有权向环境保护主管部门举报。接受举报的环境保护主管部门应当对举报人的相关信息予以保密,保护举报人的合法权益(第15条)。

公民、法人和其他组织认为环保部门在政府环境信息公开工作中的具体行政行为侵犯其合法权益的,可以依法申请行政复议或者提起行政诉讼。

第二,对于环保部门不履行或者不认真履行环境信息公开职责的行为,上一级环保部门应当责令其改正或者对负有直接责任的主管人员和其他直接责任人员依法给予行政处分,例如,①不依法履行政府环境信息公开义务的;②不及时更新政府环境信息内容、政府环境信息公开指南和政府环境信息公开目录的;③在公开政府环境信息过程中违反规定收取费用的;④通过其他组织、个人以有偿服务方式提供政府环境信息的;⑤公开不应当公开的政府环境信息的;等等。

第三,对于重点排污单位不履行或者不认真履行环境信息公开职责的行为,可以进行行政处罚。例如,《企业事业单位环境信息公开办法》(2014年)规定,重点排污

① 参见韩德培主编:《环境保护法教程》(第8版),法律出版社2018年版,第108页。

单位违反本办法规定,有下列行为之一的,由县级以上环境保护主管部门根据《环境保护法》的规定责令公开,处3万元以下罚款,并予以公告:①不公开或者不按照本办法第9条规定的内容公开环境信息的;②不按照本办法第10条规定的方式公开环境信息的;③不按照本办法第11条规定的时限公开环境信息的;④公开内容不真实、弄虚作假的。法律、法规另有规定的,从其规定(第16条)。

四、环境行政执法

(一)环境行政执法概述

1. 环境行政执法的概念和特点

环境行政执法,是指有关行政管理机关执行环境法律规范的活动,可以分为环境保护行政主管部门的执法和环境保护行政相关部门的执法。环境行政执法具有下列特点:第一,环境行政执法具有单方性,即环境行政执法机关可以自行决定或者直接实施执法行为,不需要与环境行政执法相对人进行协商或者征得其同意。第二,环境行政执法主体具有多元性。第三,环境行政执法手段具有多样性。第四,环境行政执法大多具有超前性。除个别环境行政执法是在环境被污染之后进行外,多数环境行政执法行为是在发生危害结果之前进行的。①

2. 环境行政执法的原则

环境行政执法应遵守行政合法性原则、行政合理性原则和行政应急性原则。第一,行政合法性原则。环境行政执法行为的存在、行使必须符合法律规定,不得与法律规定相抵触。第二,行政合理性原则。环境行政执法行为的内容要客观、适度、合乎理性。具体来说,首先,环境行政执法行为应当建立在正当考虑的基础上,不得考虑不相关因素;其次,环境行政执法行为要做到平等适用法律规范,不得对相同事实给予不同对待;最后,环境行政执法行为必须符合社会公德和职业道德。第三,应急性原则。在紧急情况下,根据国家安全、公共安全或者社会秩序等的需要,环境行政执法主体可以采取没有法律依据或者与一般性法律规定相抵触的行为。

3. 环境行政执法的主体和相对人

环境行政执法的主体是环境行政执法机构。其主要有下列几种类型:第一,各级政府。第二,环境行政主管部门。第三,环境保护法律、法规授权对某些方面的污染防治实施监督管理的有关部门,如国家海洋行政主管部门、港务监督、渔政渔港监督等机构。第四,环境保护法律、法规授权对某些方面的资源保护实施监督管理的有关

---

① 参见周珂、谭柏平、欧阳杉主编:《环境法》(第5版),中国人民大学出版社2016年版,第85页。

部门，如县级以上地方政府的土地、矿产、林业、农业、水行政主管部门等。第五，政府其他行政职能部门，如卫生、市政管理、市容环卫、园林、文物保护、核安全等行政主管部门。

4. 环境行政执法的管辖

环境行政执法中的管辖主要分为级别管辖和地域管辖。

（1）环境行政执法中的级别管辖，是指环境监督管理机构之间在纵向上分配第一次处理环境执法案件的权限。划分级别管辖的依据是案件的性质和具体情况。原则上，环境行为人的行政级别、影响，环境行为的性质、涉及面和影响越大，以及执法手段的重要性和次数，与管辖级别成正比例关系。具体来说，第一，县级政府环境保护行政主管部门，原则上管辖第一次环境保护行政执法案件；第二，市级政府环境保护行政主管部门、省级政府环境保护行政主管部门，管辖本辖区内重大、复杂的第一次环境保护行政执法案件；第三，国务院环境保护行政主管部门，管辖全国范围内重大、复杂的第一次环境保护行政执法案件。

（2）环境行政执法中的地域管辖。第一，环境行政相对人所在地的环境监督管理机构原则上具有管辖权。第二，由环境行为发生地的环境监督管理机构管辖。根据《环境行政处罚办法》第 17 条第 2 款的规定，造成跨行政区域污染的行政处罚案件，由污染行为发生地环境保护主管部门管辖。

5. 环境行政执法行为的概念和基本要求

环境行政执法行为，是指环境行政执法机构在其职权范围内或者在授权范围内依法对环境行政执法相对人实施的具有法律效力的行为。环境行政执法行为的基本要求为：第一，执法主体方面，环境行政执法行为由特定行政执法机构实施；第二，执法内容方面，环境行政执法行为的执法行为不得超越其职权范围或者授权范围，不得违反法定程序；第三，执法对象方面，环境行政执法行为只能针对相对人实施；第四，执法效力方面，环境行政执法行为一经实施就产生法律效力。

6. 环境行政执法的方式

环境行政执法方式是环境行政执法机构贯彻执行环境法律法规，针对环境行政执法相对人所采取的各种方法、手段和措施等。环境行政执法方式主要包括环境行政处理、环境行政处罚、环境行政许可、环境行政强制执行和环境行政监督检查等。

2019 年 5 月 7 日，生态环境部根据国务院办公厅《关于全面推行行政执法公示制度执法全过程记录制度重大执法决定法制审核制度的指导意见》（国办发〔2018〕118 号），结合生态环境行政执法实际，发布了《关于在生态环境系统推进行政执法公示制度执法全过程记录制度重大执法决定法制审核制度的实施意见》。提出要规范各级生态环境部门行政检查、行政处罚、行政强制、行政许可等行为,加强对推行行政执法公示制度、执法全过程记录制度、重大执法决定法制审核制度的指导,促进生态环境保护综合执法队伍严格规范公正文明执法,以切实保障人民群众合法环境权益。

(二)环境行政处理

1. 环境行政处理的概念

环境行政处理是环境行政执法机关依法对特定的环境行政管理相对人所作出的具体的、单方面的、能直接发生行政法律关系的决定。环境行政执法活动中所进行的具体行政行为,大多以环境行政处理决定的方式进行。

2. 环境行政处理的类型

根据不同的标准,可以对环境行政处理进行不同的分类。例如,根据环境行政处理是关于权利还是义务,可以将其分为权利性的环境行政处理和义务性的环境行政处理;根据环境行政处理决定所包含的执法内容的差异,可以分为排污收费决定、限期治理决定、批准环境影响报告书的决定、批准环保设施竣工验收报告决定、批准环保设施闲置的决定等。

(三)环境行政处罚

环境行政处罚是指公民、法人或者其他组织违反环境行政管理秩序的行为,由环境行政执法机关按照法律、法规或者规章规定对行为人给予的行政制裁。环境行政处罚是环境行政执法中最常用的一种执法方式。

1. 环境行政处罚的种类

根据《行政处罚法》(2017 年修正)第 8 条和《环境保护法》的规定,行政处罚的种类主要有:第一,警告;第二,罚款;第三,没收违法所得、没收非法财物;第四,责令停产停业;第五,暂扣或者吊销许可证、暂扣或者吊销执照;第六,行政拘留;第七,法律、行政法规规定的其他行政处罚。通常将上述行政处罚种类分为申诫罚、财产罚、能力罚和人身罚。在环境执法领域,能力罚是使用最多的处罚方式,财产罚主要体现为罚款、没收、责令支付费用或者赔偿等;但是,申诫罚只有警告,人身罚只有行政拘留。

《环境保护法》第 63 条规定,企业事业单位和其他生产经营者有下列行为之一,尚不构成犯罪的,除依照有关法律法规规定予以处罚外,由县级以上政府环境保护主管部门或者其他有关部门将案件移送公安机关,对其直接负责的主管人员和其他直接责任人员,处 10 日以上 15 日以下拘留;情节较轻的,处 5 日以上 10 日以下拘留:

第一，建设项目未依法进行环境影响评价，被责令停止建设，拒不执行的；第二，违反法律规定，未取得排污许可证排放污染物，被责令停止排污，拒不执行的；第三，通过暗管、渗井、渗坑、灌注或者篡改、伪造监测数据，或者不正常运行防治污染设施等逃避监管的方式违法排放污染物的；第四，生产、使用国家明令禁止生产、使用的农药，被责令改正，拒不改正的。

《环境保护法》第 59 条规定，第一，企业事业单位和其他生产经营者违法排放污染物，受到罚款处罚，被责令改正，拒不改正的，依法作出处罚决定的行政机关可以自责令改正之日的次日起，按照原处罚数额按日连续处罚；第二，罚款处罚依照有关法律法规按照防治污染设施的运行成本、违法行为造成的直接损失或者违法所得等因素确定的规定执行；第三，地方性法规可以根据环境保护的需要，增加按日连续处罚的违法行为的种类。

2. 环境行政处罚的程序

行使环境行政处罚权必须遵循《行政处罚法》《环境行政处罚办法》以及其他法律法规规定的处罚程序，包括简易程序、一般程序、听证程序和执行程序等。此处不赘。

3. 环境行政处罚中的自由裁量权问题

从环境法律法规的规定以及环境行政处罚的实践看，环境行政机关的裁量权较大，具体表现为：第一，有些条文规定了两种以上的处罚形式；第二，有些条文规定处罚形式“可以并处”，但并未明确规定何种情况下“可以并处”；第三，有些条文没有对环境行政处罚的情节作出明文规定；第四，环境行政处罚最多的处罚形式是罚款，但罚款的幅度跨度非常大，有些上限与下限，甚至相差数十倍。

2019 年 5 月 21 日，生态环境部印发《关于进一步规范适用环境行政处罚自由裁量权的指导意见》（环执法〔2019〕42 号），以指导地方生态环境部门开展环境行政处罚自由裁量规则和基准的制定、适用和监督工作，进一步规范环境行政处罚裁量权的行使，提高依法行政的能力和水平，提升执法的公正性和精准性。

上述指导意见分为正文和附件两部分，包括六个方面内容：一是明确适用行政处罚自由裁量权的基本原则和配套制度；二是明确制定裁量规则和基准的原则、主体和基本方法；三是规定制定裁量规则和基准的程序，包括起草和发布、宣传和实施、更新和修订程序；四是规定裁量规则和基准的适用要求，包括调查取证、案件审查、告知和听证、处罚决定等五个阶段的适用要求，以及从重、从轻或者减轻、免予处罚等裁量的特殊情形；五是要求加强裁量权运行的监督和考评，从信息公开、备案管理及适用监督三个方面提出监督、考评工作要求；六是附件，提供了部分常用环境违法行为的自由裁量基准及计算方法供地方参考。

(四)环境行政许可

1.环境行政许可的概念和类别

环境行政许可是指享有环境行政许可权的行政主体,根据环境行政管理相对人的申请,依法赋予符合法定条件的相对人从事某种为环境法律法规一般禁止事项的权利和资格的一种行政执法行为。

环境行政许可主要包括下列几类:污染防治类许可、自然资源保护类许可、特殊区域环境保护类许可、动物福利类许可、城乡景观美化类许可、物质循环管理类许可、能源类许可、为环境保护提供社会化服务的专业机构与专业人员资格等资质类许可,等等。

2.环境行政许可的理解和注意事项

关于环境行政许可,需要注意下列几点:第一,环境行政许可由有权许可的环境行政执法机关作出。环境行政管理相对人的申请,是实施环境行政许可的前提。第二,环境法律的一般禁止是存在环境行政许可的前提。没有法律的一般性禁止规定,就没有存在环境行政许可的余地。第三,环境行政许可是在多数相对人没有资格和权利从事某种特定活动的前提下,允许一部分相对人从事特定的活动。相对人无法将这种资格转让给第三人。

3.环境行政许可的完善

由于环境保护立法的分散性和环境保护内容的广泛性,环境行政许可的项目设定存在设置不科学、设置不明确以及许可事项之间缺乏系统性、协调性和时效性等问题,这需要在立法实践中逐步完善。①

(五)环境行政强制

环境行政强制包括环境行政强制措施和环境行政强制执行。

1.环境行政强制措施

环境行政强制措施是指行政机关在行政管理过程中,为制止违法行为、防止证据损毁、避免危害发生、控制危险扩大等情形,依法对公民的人身自由实施暂时性限制,或者对公民、法人或者其他组织的财物实施暂时性控制的行为。

(1)环境行政强制措施的种类。根据《行政强制法》(2011年)第9条的规定,环境行政强制措施的种类有:第一,限制公民人身自由;第二,查封场所、设施或者财物;

---

① 参见吕忠梅主编:《环境法原理》(第2版),复旦大学出版社2017年版,第179页。

第三,扣押财物;第四,冻结存款、汇款;第五,其他行政强制措施。

(2)环境行政强制措施的变迁。在《环境保护法》(2014 年修订)修订前,仅赋予环保行政机关施行应急强制措施,即环保部门涉及的主要是《行政强制法》第 9 条第 5 项规定的“其他行政强制措施”。根据《行政强制法》第 3 条第 2 款的规定,对于发生或者即将发生自然灾害、事故灾难、公共卫生事件或者社会安全事件等突发事件,行政机关采取应急措施或者临时措施,依照有关法律、行政法规的规定执行。例如,《水污染防治法》第 69 条第 2 款规定,饮用水水源受到污染可能威胁供水安全的,环境保护主管部门应当责令有关企业事业单位和其他生产经营者采取停止排放水污染物等措施,并通报饮用水供水单位和供水、卫生、水行政等部门;跨行政区域的,还应当通报相关地方政府。

2. 环境行政强制执行

环境行政强制执行是指行政机关或者行政机关申请法院,对不履行行政决定的公民、法人或者其他组织,依法强制履行义务的行为。环境行政强制执行可以分为环境行政机关自行强制执行和环境行政机关申请法院强制执行。目前,我国采取以申请法院强制执行为主,以行政机关自力执行为辅的模式。

(1)环境行政强制执行的方式。根据《行政强制法》第 12 条的规定,环境行政强制执行的方式有:第一,加处罚款或者滞纳金;第二,划拨存款、汇款;第三,拍卖或者依法处理查封、扣押的场所、设施或者财物;第四,排除妨碍、恢复原状;第五,代履行;第六,其他强制执行方式。

第一,执行罚(强制金)。执行罚(强制金)是指环境行政强制执行机构对拒不履行不作为义务或者不可为他人代履行的作为义务的义务主体,科处新的金钱给付义务,以迫使其履行的强制执行手段。执行罚的典型方式是罚款和滞纳金。例如,《水法》第 69 条规定,对于未经批准擅自取水的,或者未依照批准的取水许可规定条件取水的,由县级以上政府水行政主管部门或者流域管理机构依据职权,责令停止违法行为,限期采取补救措施,处 2 万元以上 10 万元以下的罚款;情节严重的,吊销其取水许可证。

第二,查封、扣押污染物排放的设施、设备。《环境保护法》(2014 年修订)第 25 条规定,企业事业单位和其他生产经营者违反法律法规规定排放污染物,造成或者可能造成严重污染的,县级以上政府环境保护主管部门和其他负有环境保护监督管理职责的部门,可以查封、扣押造成污染物排放的设施、设备。

第三,代执行(代履行)。代执行(代履行)是指环境行政强制机关或者第三人代替环境行政相对人履行法律法规直接规定或者环境行政行为确立的作为义务。代执行的主体是行政强制机关。行政强制机关指定的第三人可以成为代执行的实施主体。代执行的对象是环境行政行为所确立的可以为他人代履行的作为义务。代执行一般分为告诫、代执行和征收费用三个阶段。例如,《草原法》第 71 条规定,在临时占用的草原上修建永久性建筑物、构筑物的,由县级以上地方政府草原行政主管部门依据职权责令限期拆除;逾期不拆除的,依法强制拆除,所需费用由违法者承担。临时占用草原,占用期届满,用地单位不予恢复草原植被的,由县级以上地方政府草原行政主管部门依据职权责令限期恢复;逾期不恢复的,由县级以上地方政府草原行政主管部门代为恢复,所需费用由违法者承担。《水污染防治法》第 84 条和第 85 条等,也对代履行(执行罚)作出了专门规定。

(2)环境行政强制执行的条件。根据《行政强制法》的规定,环境行政机关强制执行或者申请强制执行,应当满足下列条件:第一,环境行政相对人依照环境法律法规应当承担某项义务;第二,环境行政相对人在法定期限内没有履行该义务;第三,环境行政机关依法具有采取强制措施的权力;第四,环境行政机关强制执行必须符合法定程序。

《行政强制法》第 53 条规定,当事人在法定期限内不申请行政复议或者提起行政诉讼,又不履行行政决定的,没有行政强制执行权的行政机关可以自期限届满之日起 3 个月内,依照本章规定申请法院强制执行。

(六)环境行政监督检查

1. 环境行政监督检查的概念

环境行政监督检查实质是环境执法机关为实现环境管理的职能,对环境行政管理相对人是否遵守环境保护法律法规,是否执行环境行政处理决定或者环境行政处罚决定所进行的监督检查。

2. 环境行政监督检查的类型

根据不同的标准,可以对环境行政监督检查进行不同的分类:第一,根据监督检查内容的不同,可以分为一般监督检查和特定监督检查;第二,根据监督检查时间不同,可以分为事前监督检查、事中监督检查和事后监督检查;第三,根据监督检查方法的不同,可以分为实地环境监督检查和全面环境监督检查。

五、对环境与资源损害的民事赔偿请求权

(一)对生态破坏及其损失的认识

各级环境保护行政机关是代表国家对侵权者行使民事赔偿请求权的适格主体。对此,我国《宪法》第 9 条第 2 款规定:“国家保障自然资源的合理利用,保护珍贵的

动物和植物。禁止任何组织或者个人用任何手段侵占或者破坏自然资源。"第 12 条第 1 款规定:"社会主义的公共财产神圣不可侵犯。"第 12 条第 2 款规定:"……禁止任何组织或者个人用任何手段侵占或者破坏国家的和集体的财产。"

(二)环境侵权损害民事赔偿请求权的行使

在环境污染和生态破坏导致国家遭受重大损失时,各级环境保护行政机关有权代表国家行使民事赔偿请求权。例如,《海洋环境保护法》第 89 条第 2 款规定,对破坏海洋生态、海洋水产资源、海洋保护区,给国家造成重大损失的,由依照本法规定行使海洋环境监督管理权的部门代表国家对责任者提出损害赔偿要求。最高人民法院《关于为加快经济发展方式转变提供司法保障和服务的若干意见》规定,依法受理环境保护行政部门代表国家提起的环境污染损害赔偿纠纷案件。《民事诉讼法》(2017年修正)第 55 条规定,对污染环境、侵害众多消费者合法权益等损害社会公共利益的行为,法律规定的机关和有关组织可以向人民法院提起诉讼。

第四节　环境行政责任的一般理论

一、环境行政责任的概念

环境法律责任是指环境法律关系的主体依据环境法与其他法律规定,对所造成的生态环境以及他人的人身、财产权益损害,所承担的否定性法律后果。环境法律责任以保障和实现公民的环境权益为宗旨,是一种综合性的法律责任,可以分为环境行政责任、环境刑事责任和环境民事责任。其中,环境行政责任(环境行政法律责任)是指环境行政法律关系的主体违反环境行政法律法规,或者不履行环境法律法规规定的义务,所应当承担的否定性法律后果。环境行政责任属于行政责任。

与环境民事责任和环境刑事责任相比,环境行政责任具有下列几个特点。第一,环境行政责任的主体是环境行政法律关系的主体,既包括环境行政主体,也包括环境行政相对方。从责任追究主体看,既包括政府及其环境保护监督管理机关,也包括法院等。第二,从追究程序看,具有多元化。既有行政程序,也有司法程序,包括监察程序。第三,从法律责任的严重程度看,通常要比民事责任重,但要比刑事责任轻。第四,从承担责任的方式看,具有多元性。

二、环境行政责任的分类

根据不同标准,可以对环境行政责任作出不同的分类,见表 4 – 3。

表 4－3　环境行政责任的分类

<table>
<tr><th>序号</th><th>分类标准</th><th colspan="2">具体类型</th></tr>
<tr><td rowspan="4">1</td><td rowspan="4">承担责任主体</td><td rowspan="3">行政主体的环境行政责任</td><td>行政机关等行政主体的环境行政责任</td></tr>
<tr><td>行政公务人员的环境行政责任</td></tr>
<tr><td>行政监督机关的环境行政责任</td></tr>
<tr><td colspan="2">行政相对人的环境行政责任</td></tr>
<tr><td rowspan="2">2</td><td rowspan="2">责任关系</td><td colspan="2">环境内部行政责任</td></tr>
<tr><td colspan="2">环境外部行政责任</td></tr>
<tr><td rowspan="2">3</td><td rowspan="2">责任功能和目的</td><td colspan="2">惩罚性的环境行政责任</td></tr>
<tr><td colspan="2">补救性的环境行政责任</td></tr>
<tr><td rowspan="2">4</td><td rowspan="2">责任内容</td><td colspan="2">财产性的环境行政责任</td></tr>
<tr><td colspan="2">非财产性的环境行政责任</td></tr>
</table>

(一)行政主体的环境行政责任和行政相对人的环境行政责任

根据承担责任主体的不同,可以分为行政主体的环境行政责任和行政相对人的环境行政责任。行政主体的环境行政责任又可以分为行政机关等行政主体的环境行政责任、行政公务人员的环境行政责任和行政监督机关的环境行政责任。

(二)环境内部行政责任和环境外部行政责任

根据责任关系的不同,可以分为环境内部行政责任和环境外部行政责任。其中,环境内部行政责任是基于内部行政法律关系而产生的行政责任,如行政主体工作人员对行政主体的责任、受委托的组织和个人对委托机关的责任等;环境外部行政责任是基于外部行政法律关系产生的行政责任,包括行政主体及其工作人员对行政相对人承担的责任和行政相对人的行政责任。

(三)惩罚性的环境行政责任与补救性的环境行政责任

根据责任功能和目的的不同,可以分为惩罚性的环境行政责任与补救性的环境行政责任。其中,惩罚性的环境行政责任是指对于环境行政违法行为,由有关机关依据法律程序科处的惩罚性法律后果,主要包括通报批评、行政处分和行政处罚。补救性的环境行政责任是指对于环境违法行为,由行为人依法履行法律义务,或者补救因违法行为所造成的危害后果,主要包括承认错误、赔礼道歉、恢复名誉、消除危害、履行职务、撤销违法、恢复原状、行政赔偿、支付治理费用、停业治理等。

（四）财产性的环境行政责任与非财产性的环境行政责任

根据责任内容的不同，可以分为财产性的环境行政责任与非财产性的环境行政责任。其中，财产性的环境行政责任是以行政给付作为责任承担内容的环境行政责任，如罚款、没收违法所得、没收非法财物、行政赔偿等。非财产性的环境行政责任是以限制人身权利、责令作出某种行为等作为责任承担内容的环境行政责任，如通报批评、赔礼道歉、恢复名誉、消除影响、停止违法行为、纠正不当行为、警告、责令停产停业等。

三、环境行政责任立法概况

（一）宪法关于环境行政责任的规定

《宪法》第 9 条第 2 款规定："国家保障自然资源的合理利用，保护珍贵的动物和植物。禁止任何组织或者个人用任何手段侵占或者破坏自然资源。"第 10 条第 5 款规定："一切使用土地的组织和个人必须合理地利用土地。"第 26 条第 1 款规定："国家保护和改善生活环境和生态环境，防治污染和其他公害。"

（二）法律法规关于环境行政责任的规定

现行法律法规关于环境行政责任的规定，主要有下列法律渊源：第一，环境综合性法律的规定。例如，《环境保护法》第 6 章"法律责任"关于环境行政责任的规定。其中，第 59 条、第 60 条、第 61 条、第 62 条、第 63 条、第 65 条规定了行政相对人的环境行政责任，第 67 条、第 68 条规定了行政主体的环境行政责任。第二，环境资源单行法律关于环境行政责任的规定。例如，在 2009 年 12 月 30 日修订通过的《环境行政处罚办法》（自 2010 年 3 月 1 日起施行），1999 年 8 月 6 日原国家环保总局发布的《环境保护行政处罚办法》同时废止。第三，非专门性相关法律关于环境行政责任的规定。环境行政责任属于行政责任，因此，《行政处罚法》的有关规定适用于环境行政处罚。第四，其他法律法规和规范性文件关于环境行政责任的规定。

四、环境行政责任的构成要件

（一）环境行政责任的主体

环境行政责任的主体可以分为责任承担主体和责任追究主体。《环境保护法》对环境行政责任的主体作出了具体规定。

1. 环境行政责任的责任承担主体

环境行政责任的承担主体，除行政主体及其工作人员外，还有行政相对人。行政主体承担环境行政责任，必须满足下列两个条件：第一，具有法定责任能力；第二，具有法定的环境资源行政职权和行政职责。

可以承担环境行政责任的主体包括:各级政府、环境保护行政主管部门、其他负有环境保护监督管理职责的部门及其工作人员(第67~68条)、环境影响评价机构、环境监测机构以及从事环境监测设备和防治污染设施维护、运营的机构(第65条),以及企事业单位和其他生产经营者等行政相对人(第59~63条)。

2. 环境行政责任的责任追究主体

环境行政责任的责任追究主体,是指具有一定的环境行政管理职权,有权追究责任者的环境行政责任的机关,包括环境行政主管部门和"其他依照法律法规行使环境监督管理权的部门"。

"其他部门"主要是"负有环境保护监督管理职责的部门"(第61条)和"公安机关"(第63条)。"负有环境保护监督管理职责的部门"不限于环境保护部门,还包括其他有环境影响评价文件审批权的部门,如海洋环境保护部门;也不限于审批环境影响评价文件的部门,有可能是审批环境影响评价文件部门的上级部门,或者是受原审批环境影响评价文件部门委托的部门。

此外,上级政府及其生态环境主管部门、任免机关或者监察机关是对行政主体和行政人的行政法律责任的追究机关(第67条)。

(二)环境违法行为

对于环境违法行为,《环境保护法》作出了具体规定。

1. 环境行政不作为

环境行政不作为是指地方各级政府、县级以上政府生态环境主管部门和其他负有环境保护监督管理职责的部门,应当履行法定职责而不履行职责的行为。环境行政不作为主要体现为下列几种情形:第一,依法应当作出责令停业、关闭的决定而未作出的;第二,对超标排放污染物、采用逃避监管的方式排放污染物、造成环境事故以及不落实生态保护措施造成生态破坏等行为,发现或者接到举报未及时查处的;第三,应当依法公开环境信息而未公开的;第四,应当依法公开环境信息而未公开的;第五,法律法规规定的其他违法行为。

2. 环境行政违法行为

环境行政违法行为是指地方各级政府、县级以上政府生态环境主管部门和其他负有环境保护监督管理职责的部门滥用职权、玩忽职守、徇私舞弊的行为。《环境保护法》第60条、第61条、第62条、第63条、第65条、第67条和第68条对环境行政违法行为作出明确规定。对于违法排污者,对环境影响评价机构、环境监测机构以及从事环境监测设备和防治污染设施维护、运营的机构的弄虚作假行为,对上级政府、环保主管部门对下级政府和下级环保主管部门的监管责任以及直接责任人员,在追究行政责任时，均要求行为具有违法性。

例如，地方各级政府、县级以上政府生态环境主管部门和其他负有环境保护监督管理职责的部门有下列行为之一的，对直接负责的主管人员和其他直接责任人员给予记过、记大过或者降级处分；造成严重后果的，给予撤职或者开除处分，其主要负责人应当引咎辞职。

（三）危害后果和因果关系

1. 危害后果的要否具有危害后果

在一般情况下，即便环境违法行为没有造成危害后果，根据环境法律法规的规定，也可以依法追究其法律责任。在有些场合，法律规定只有“危害后果”严重的场合，才能追究其违法行为的法律责任。

2. 因果关系的判断

如果处罚环境违法行为以造成危害后果为前提，则还需要证明危害后果与违法行为之间具备因果关系，以进行客观归责。在环境行政执法、环境司法实践中，在“多因一果”“多因多果”的场合，判断有无因果关系存在一定的困难。这就需要结合环境污染的特点，深入研究，建立判断因果关系的规则。

需要注意的是，在环境行政责任领域，行政机关承担的证明责任大于环境民事诉讼中原告的举证责任，这是因为，行政机关本身处于较有利的地位，举证能力远高于环境污染的受害者。

（四）故意或者过失

1. 主观故意或者过失

行为人承担环境行政责任，必须在主观上具有故意或者过失。第一，故意是指行为人明知自己的行为会造成破坏或者污染环境的危害后果，并希望或者放任发生危害结果的心理状态。故意可以分为直接故意和间接故意。第二，过失是指行为人应当预见自己的行为可能发生破坏环境或者污染环境的危害后果，因为疏忽大意而没有预见，或者已经预见而轻信能够避免，以致发生这种危害结果的心理状态。过失可以分为疏忽大意的过失（没有认识的过失）和过于自信的过失（有认识的过失）。如果属于不可抗力或者意外事件，涉案企事业单位和人员在发生事故后积极采取措施以减轻危害的，缺乏故意或者过失，不承担行政责任。

2. 过失的判断

在污染环境或者破坏环境案件中，如何判断行为人主观上是否具有过失，存在许多困难。通常考虑行为人是否具有注意义务以及注意义务的内容，在此基础上判断是否有过失，以及过失的程度（重大过失或者轻微过失）。注意义务可以分为一般注意义务和特殊注意义务。对于某些专业性和技术性较强,而且容易发生危险的特殊行业,适用特殊注意义务的标准。

(五)环境行政处罚的时效

环境保护领域中的行政处罚的时效,是指环境保护监督管理部门对承担行政责任者科处行政处罚的有效期限。超过该期限的,不得科处行政处罚。例如,《行政处罚法》第29条规定,违法行为在2年内未被发现的,不再给予行政处罚。法律另有规定的除外。追诉时限从违法行为发生之日起计算;违法行为有连续或者继续状态的,从行为终了之日起计算。

五、环境行政处罚的具体内容

根据行政法有关法治行政的基本原理,不仅要求权利义务的法定化,而且要求行政处罚内容的法定化。因此,不仅行政责任的方式必须为法律规范所确认,而且行政责任的内容也必须为法律规范所确认。

下列两种情形值得注意。第一,有的法律条文仅设定了限制性的法律义务,但是没有规定相应的法律后果,环境行政主体不能对违反该规定的行为人科处行政处罚。例如,《水污染防治法》第35条规定,向水体排放含热废水,应当采取措施,保证水体的水温符合水环境质量标准。第二,有的法律条文仅规定了禁止性的法律义务,也没有规定相应的法律后果,同样不能对违反该规定的行为人科处行政处罚。例如,《固体废物污染环境防治法》(2020年修订)第20条第2款规定,禁止任何单位或者个人向江河、湖泊、运河、渠道、水库及其最高水位线以下的滩地和岸坡以及法律法规规定的其他地点倾倒、堆放固体废物。

六、环境行政相对人的责任

(一)对环境违法行为的行政处罚

根据《环境保护法》第59~62条的规定,行政相对人应当对下列四种环境违法行为依法承担责任。

第一,企业、事业单位和其他生产经营者违法排放污染物,受到罚款处罚,被责令改正,拒不改正的,依法作出处罚决定的行政机关可以自责令改正之日的次日起,按照原处罚数额按日连续处罚(第59条第1款)。

第二,企业、事业单位和其他生产经营者超过污染物排放标准或者超过重点污染物排放总量控制指标排放污染物的,县级以上政府环境保护主管部门可以责令其采取限制生产、停产整治等措施;情节严重的,报经有批准权的政府批准,责令停业、关闭(第60条)。

第三，建设单位未依法提交建设项目环境影响评价文件或者环境影响评价文件未经批准，擅自开工建设的，由负有环境保护监督管理职责的部门责令停止建设，处以罚款，并可以责令恢复原状（第61条）。

第四，重点排污单位违反本法规定，不公开或者不如实公开环境信息的，由县级以上地方政府环境保护主管部门责令公开，处以罚款，并予以公告（第62条）。

（二）对环境违法行为的治安处罚

企业事业单位和其他生产经营者有下列行为之一，尚不构成犯罪的，除依照有关法律法规规定予以处罚外，由县级以上政府环境保护主管部门或者其他有关部门将案件移送公安机关，对其直接负责的主管人员和其他直接责任人员，处10日以上15日以下拘留；情节较轻的，处5日以上10日以下拘留：第一，建设项目未依法进行环境影响评价，被责令停止建设，拒不执行的；第二，违反法律规定，未取得排污许可证排放污染物，被责令停止排污，拒不执行的；第三，通过暗管、渗井、渗坑、灌注或者篡改、伪造监测数据，或者不正常运行防治污染设施等逃避监管的方式违法排放污染物的；第四，生产、使用国家明令禁止生产、使用的农药，被责令改正，拒不改正的（第63条）。

第五节　环境行政处分和纪律处分

我国环境法规定的环境行政责任的形式，主要包括三类：环境行政处分、环境行政处罚和环境行政赔偿。

一、环境行政处分

（一）环境行政处分的概念

环境行政处分是指政府主管机关、企业事业单位，按照行政隶属关系，依据环境法律法规和企事业单位内部规章的规定，对其下属的环境监管人员、环境行政相对人的违法行为、失职渎职但尚未构成犯罪的行为，实施的一种行政法律制裁。

（二）环境行政处分的对象和类型

1. 环境行政处分的对象

根据《环境保护法》和各种自然资源保护、污染防治单行法律法规的规定，环境行政处分的对象通常有三种：第一，单位实施了破坏或者污染环境的行为，情节较为严重而且又不够刑事惩罚的有关责任人员；第二，有环境保护违法违纪行为的国家行政机关中的直接负责的主管人员和其他责任人员;第三,环境保护监督管理部门的工作人员在执法过程中滥用职权、玩忽职守、徇私舞弊但又不够刑事惩罚的违法行为。

2. 环境行政处分的类型

根据《环境保护法》、《公务员法》第62条和《环境保护违法违纪行为处分暂行规定》等的规定,环境法中的行政处分主要包括警告、记过、记大过、降级、降职、撤职和开除七种。

除上述行政处分形式外,根据《环境保护法》第68条的规定,地方各级政府、县级以上政府环境保护主管部门和其他负有环境保护监督管理职责的部门有下列行为之一的,对直接负责的主管人员和其他直接责任人员给予记过、记大过或者降级处分;造成严重后果的,给予撤职或者开除处分,其主要负责人应当引咎辞职:第一,不符合行政许可条件准予行政许可的;第二,对环境违法行为进行包庇的;第三,依法应当作出责令停业、关闭的决定而未作出的;第四,对超标排放污染物、采用逃避监管的方式排放污染物、造成环境事故以及不落实生态保护措施造成生态破坏等行为,发现或者接到举报未及时查处的;第五,违反本法规定,查封、扣押企业事业单位和其他生产经营者的设施、设备的;第六,篡改、伪造或者指使篡改、伪造监测数据的;第七,应当依法公开环境信息而未公开的;第八,将征收的排污费截留、挤占或者挪作他用的;第九,法律法规规定的其他违法行为。"引咎辞职"的严厉性仅次于"开除"。

此外,在实践中还存在"留用察看"的处分形式。留用察看是指行政机关对受处分人决定予以开除,但仍然留在原单位担任一定的工作,经过一段时间再根据其表现(悔改表现)决定对其是否实施开除处分。

(三)适用环境行政处分的程序

行政处分的程序可以分为立案、调查、申辩、报批、决定和备案六个阶段。

1. 立案

行政机关或者上级行政主管部门(包括企事业单位的领导机构及其主管部门,以下同)发现所属人员有违法违纪行为依法需要给予行政处分的,按照管理权限或者管理范围作出立案的决定。

2. 调查

行政机关或者上级主管部门有关人员(通常是纪检监察部门或者单位的人事管理部门的工作人员),本着实事求是、严肃认真的态度,对违法、违纪行为进行调查,查明违法或者违纪的时间、地点、行为、违法或者违纪造成的危害后果,违法或者违纪的主客观原因、违法或者违纪者的主观心理态度等基本事实。

3. 申辩

调查的结论应当公开告知将受到处分者，在作出处分前，应当召开会议，通知当事人参加，告知其可以提出申辩和有关证据材料。申辩可以由其本人口头进行，也可以书面进行或者由他人代为进行。

4. 报批

行政机关在充分听取当事人的申辩和审查有关调查资料、证据（包括当事人提出的证据）后，经过单位领导集体讨论，作出给予行政处分（包括处分形式）决定的意见书。在处分决定意见书上，应当由受处分人签字或者签署保留意见，然后将处分决定意见书报送上级主管部门或者本部的审批机关审批。在讨论过程中，如果发现某些证据需要进一步查证的，应当在查证属实后再作决定；如果认为情节轻微不符合行政处分条件的，应当作出不给予行政处分的决定，并告知其本人。

5. 决定

上级主管部门或者本部门的审批机关对处分决定意见进行审查，如果认为违法、违纪事实清楚、证据充分、处分恰当的，可以批准处分决定意见书，并通知受处分人，同时告知其享有的申诉权。

6. 备案

依法需要备案的，应当报有关机关备案。如果受处分人不服，根据监察部《监察机关处理不服行政处分申诉的办法》（1991 年）的规定，在收到处分决定后 15 日内提出复审申请；受处分人不服从复审决定的，还可以向作出复审决定的上一级监察机关申请复核。

（四）环境行政处分与环境行政处罚的区别

环境行政处分与环境行政处罚都属于对环境违法行为者的行政制裁，但是，二者在实施行政制裁的目的和作用、制裁主体、制裁对象、制裁依据、制裁形式、制裁程序等方面存在差异。

1. 制裁的目的和作用不同

环境行政处分主要针对不称职者，教育其今后自觉、公正地履行环境保护职责，重点是思想教育。环境行政处罚中的罚款、没收等主要是通过经济层面的惩罚来促使其履行环境保护义务，责令重新安装使用、责令停业或者关闭等则是使其不能继续破坏环境或者污染环境。

2. 制裁的主体不同

环境行政处分由受处分人的所在单位或者上级主管机关作出；环境行政处罚由有管辖权和行政处罚权的环境保护监督管理部门作出。前者存在行政上的隶属关系,后者一般不存在这种关系。

3. 制裁的对象不同

环境行政处分科处的对象是对违反环境保护法的滥用职权或者失职渎职的国家行政机关的直接责任人员和环境保护监督管理部门的工作人员;环境行政处罚科处的对象是破坏或者污染环境的违法单位或者非履行环境保护公务的人员。环境行政处分属于身份责任,是对正在履行环境保护或者监督管理的公职人员实施的;对于公职人员在前述职务行为之外的破坏环境或者污染环境的行为,应当科处行政处罚而不是行政处分。

4. 制裁的情节不同

对破坏环境或者污染环境的单位科处环境行政处分,通常是因为该单位违法"情节较为严重"但尚不足以追究刑事责任;如果该单位违法"情节一般"则只科处环境行政处罚。如果对于环境保护领域违法违纪的国家行政机关的直接责任人员和环境保护监督管理机构的违法人员科处环境行政处分,必须具备《行政处罚法》或者《环境保护违法违纪行为处分暂行规定》规定的环境违法行为和情节。

5. 制裁的形式不同。环境行政处分包括警告、记过、记大过、降级、降职、撤职、开除等,但是不包括罚款;环境行政处罚则包括罚款、责令重新安装使用、责令停业、责令关闭、没收等形式,其中大多数只能对单位适用。

6. 制裁的程序不同

适用环境行政处分,依据《公务员法》《行政机关公务员处分条例》等规定的程序进行;适用环境行政处分,则依据《行政处罚法》《环境行政处罚办法》等规定的程序进行。

7. 法律救济措施不同

对于不服从环境行政处分者,可依照《监察机关处理不服行政处分申诉的办法》提出复议申请,也可以向所在单位或者上级主管机关申诉,但不得依照《行政复议法》向行政机关申请行政复议或者依照《行政诉讼法》向法院提起行政诉讼。对于不服环境行政处罚决定者,可以在法定时间内向本级政府或者上一级环境保护监督管理部门申请行政复议,也可以直接向法院提起环境行政诉讼。

二、环境纪律处分

2006年2月20日,监察部和国家环保总局联合发布《环境保护违法违纪行为处分暂行规定》,对环境保护违法违纪行为的处分作出具体规定。

(一)环境纪律处分的定义

环境保护领域的纪律处分是指国家行政机关或者监察机关,对企业中国家行政机关任命的、有环境保护违纪行为的直接负责的主管人员和其他直接责任人员科处的行政惩罚措施。第一,对于有环境保护违法违纪行为的国家行政机关,对其直接负责的主管人员和其他直接责任人员,以及对有环境保护违法违纪行为的国家行政机关工作人员(以下统称直接责任人员),由任免机关或者监察机关按照管理权限,依法给予行政处分。第二,对于企业有环境保护违法违纪行为的,对其直接负责的主管人员和其他直接责任人员中由国家行政机关任命的人员,由任免机关或者监察机关按照管理权限,依法给予纪律处分(第 3 条)。

(二)环境纪律处分的对象

企业直接负责的主管人员和其他直接责任人员中由国家行政机关任命的人员,有下列行为之一的,对其给予降级处分;情节较重的,给予撤职或者留用察看处分;情节严重的,给予开除处分:第一,未依法履行环境影响评价文件审批程序,擅自开工建设,或者经责令停止建设、限期补办环境影响评价审批手续而逾期不办的;第二,与建设项目配套建设的环境保护设施未与主体工程同时设计、同时施工、同时投产使用的;第三,擅自拆除、闲置或者不正常使用环境污染治理设施,或者不正常排污的;第四,违反环境保护法律、法规,造成环境污染事故,情节较重的;第五,不按照国家有关规定制定突发事件应急预案,或者在突发事件发生时,不及时采取有效控制措施导致严重后果的;第六,被依法责令停业、关闭后仍继续生产的;第七,阻止、妨碍环境执法人员依法执行公务的;第八,有其他违反环境保护法律、法规进行建设、生产或者经营行为的(第 11 条)。

(三)环境纪律处分与环境行政处分的区别

虽然环境领域中的纪律处分与行政处分都属于行政制裁手段,但二者在适用对象、制裁形式、适用的规范依据等方面存在很大差异。

第一,适用对象不同。环境行政处分的对象是国家行政机关中具有环境保护违法行为的直接责任人员,环境纪律处分的适用对象是企业中由国家行政机关任命的实施违反环境保护违纪行为的直接负责的主管人员。

第二,制裁形式不同。与环境行政处分相比,环境纪律处分除了行政处分适用的处分形式外,还适用“留用察看”这一特殊处分形式。

第三,适用的规范依据不同。环境行政处分的依据是环境保护法律法规,环境纪律处分的依据是企事业单位内部的行政纪律规定、组织章程和前述《环境保护违法违纪处分暂行规定》。

第六节 环境行政处罚

一、环境行政处罚的概念

环境行政处罚是指对违反环境法律法规但尚未构成犯罪的单位和个人,由法定的行使环境行政管理职权的机关实施的一种行政法律制裁。

环境行政处罚具有下列几个特点。第一,实施环境行政处罚的主体是环境保护监督管理机关或者法律、法规授权、委托的组织。根据《行政处罚法》的规定,环境保护监督管理机关可以依据法律、法规或者规章的规定,授权给具有管理公共事务职能的组织,或者委托给符合法定条件的组织实施行政处罚权。第二,被处罚人是实施了破坏或者污染环境行为,违反环境法律法规的一切单位和个人,但不包括正在履行环境保护公职的国家机关和企事业单位的工作人员。第三,环境行政处罚是一种环境行政责任。第四,实施环境行政处罚,必须遵循法定程序。第五,环境行政处罚具有时效性。根据《行政处罚法》第 29 条的规定,违法行为在 2 年内未被发现的,不再给予行政处罚。法律另有规定的除外。前述期限从违法行为发生之日起计算;如果违法行为有连续或者继续状态的,从行为终了之日起计算。

二、环境行政处罚的基本原则

根据《行政处罚法》和《环境行政处罚办法》等的规定,可以将环境行政处罚的基本原则概括为依法实施行政处罚原则、环境行政处罚的轻重与行政责任大小相当原则、一事不再罚原则、公开公正原则、处罚与教育相结合原则等。

(一)行政处罚法治原则

《行政处罚法》第 3 条规定,公民、法人或者其他组织违反行政管理程序的行为,应当给予行政处罚的,依照本法由法律、法规或者规章规定,并由行政机关依照本法规定的程序实施。没有法定依据或者不遵守法定程序的,行政处罚无效。该原则主要包括下列几个方面的内容。

1. 环境行政处罚的依据是法定的

首先,设定行政处罚的规范性文件是法定的。除法律、行政法规、地方性法规和行政规章外,其他规范性和非规范性法律文件都不能设定行政处罚。

其次,设定具体行政处罚种类的规范性文件是法定的。法律可以设定各种行政处罚,限制人身自由的行政处罚只能由法律设定;行政法规可以设定除限制人身自由外的其他各种行政处罚;地方性法规可以设定除限制人身自由、吊销企业营业执照以外的行政处罚。

2. 环境行政处罚主体是法定的

首先,实施环境行政处罚的主体必须是有权主体,即具有行政处罚权的行政机关和法律法规授权的组织,其他任何组织或者个人没有行政处罚权。行政机关委托非行政机关的组织实施行政处罚,要满足限制性条件。

其次,实施环境行政处罚的主体只能在其职权范围内实施行政处罚。例如,根据有关法律法规的规定,对于违法向海洋倾倒废弃物的行为,由国家海洋行政主管部门而不是环境保护部门实施行政处罚。

3. 环境行政处罚的种类和幅度的法定

环境行政处罚主体必须严格依据环境与资源法律法规规定的行政处罚的种类和幅度进行处罚。例如,《渔业法》第 44 条第 1 款规定,非法生产、进口、出口水产苗种的,没收苗种和违法所得,并处 5 万元以下的罚款。

4. 环境行政处罚的程序是法定的

处罚法定原则不仅要求实体内容合法,而且要求程序合法。关于行政处罚的程序,《行政处罚法》规定了简易程序和一般程序。

(二)环境行政处罚的轻重与行政责任相适应原则

环境行政处罚主体对违法行为人适用行政处罚,所科处的行政处罚的种类和幅度要与违法行为的性质、情节、社会危害性大小以及行为人的过错程度相适应,避免畸轻畸重的不合理、不公正处罚。

(三)一事不再罚原则

一事不再罚原则是指对于行政处罚相对方的某一违法行为,不得给予两次以上的同类处罚。《行政处罚法》第 24 条规定,对当事人的同一个违法行为,不得给予两次以上罚款的行政处罚。亦即,对同一个违法行为,除非处罚的事实依据和法律依据不同,否则不得科处两次以上行政处罚。

(四)公开公正原则

公开公正原则包括下列内容。

首先,作为环境行政处罚依据的法律法规,必须对社会公开。

其次,必须告知相对人的权利,并保障相对人得以行使合法权利。例如,在作出环境行政处罚前,应当告知当事人享有陈述、申辩、要求听证、申请回避、复议或者提起行政诉讼的权利。在作出暂扣或者吊销许可证、较大数额的罚款和没收等处罚决定前,应当告知当事人有要求举行听证的权利。

最后,查处分离原则。根据《环境行政处罚办法》第 5 条的规定,实施环境行政处罚,实行调查取证与决定处罚分开、决定罚款与收缴罚款分离的规定。

(五)其他原则

除了上述原则,《环境行政处罚办法》还规定了罚教结合原则、维护合法权益原则等。第一,罚教结合原则。实施环境行政处罚,坚持教育与处罚相结合,服务与管理相结合,引导和教育公民、法人或者其他组织自觉守法(第 3 条)。第二,维护合法权益原则。实施环境行政处罚,应当依法维护公民、法人及其他组织的合法权益,保守相对人的有关技术秘密和商业秘密(第 4 条)。

三、环境行政处罚权的委托与授权

(一)环境行政处罚权的委托

环境行政处罚权的委托,是指环境保护行政主管部门可以在法定职权范围内委托环境监察机构实施行政处罚。受委托的环境监察机构在委托的范围内,以委托其实施行政处罚的环境保护行政主管部门的名义行使行政处罚权。例如,《环境行政处罚办法》第 15 条规定,环境保护主管部门可以在其法定职权范围内委托环境监察机构实施行政处罚。受委托的环境监察机构在委托范围内,以委托其处罚的环境保护主管部门名义实施行政处罚。委托处罚的环境保护主管部门,负责监督受委托的环境监察机构实施行政处罚的行为,并对该行为的后果承担法律责任。《环境保护法》第 24 条规定,县级以上政府环境保护主管部门及其委托的环境监察机构和其他负有环境保护监督管理职责的部门,有权对排放污染物的企业事业单位和其他生产经营者进行现场检查。

将环境行政处罚权委托给其他国家机关的作用,主要有:第一,环境保护行政主管部门的人力、物力、财力等资源是有限的,将处罚权委托给其他机构,可以提高行政效率,进行有效的监督管理;第二,将部分环境行政处罚权委托给环境监察机构,可以防止行政机构膨胀和人浮于事。

(二)环境行政处罚权的授权

环境行政处罚权的授权,是指法律、法规将某些环境案件的行政处罚权授予具有管理公共职能的组织实施。经过授权,该组织获得了对某些案件的行政处罚主体资格,可以自己的名义在授权的范围内实施行政处罚,并对其法律后果负责。

授权环境行政处罚权与委托环境行政处罚权主要存在下列不同之处。

第一,行使行政处罚权的根据不同。授权环境行政处罚权的根据是国务院或者经国务院授权的省级政府的决定；委托的行政处罚权的根据则源于法律、法规或者规章的规定。

第二，法律地位不同。被授权实施行政处罚的行政机关享有行政处罚主体的资格，可以自己名义依法实施行政处罚；被委托实施行政处罚的组织则不享有行政处罚主体资格，必须以委托机关的名义依法实施行政处罚。

第三，法律后果不同。被授权实施行政处罚的行政机关以自己的名义承担法律责任，行政相对人不服行政处罚决定，申请行政复议或者提起行政诉讼时，该行政机关就是被申请人或者被告，并且是出庭应诉者；被委托实施行政处罚的组织不具有行政处罚主体的法律地位，受委托实施行政处罚的法律后果应当由委托机关即环境保护行政主管部门承担，在行政相对人针对被委托机关以委托机关名义作出的行政处罚决定申请复议或者提起行政诉讼时，委托机关是行政复议的被申请者或者行政诉讼的被告。

四、环境行政处罚的种类与形式

（一）环境行政处罚的种类

1. 四分法：申诫罚、财产罚、能力罚和人身罚

根据行政处罚的性质，可以分为申诫罚、财产罚、能力罚和人身罚四种。第一，申诫罚是指对违法行为人的名誉、声誉施加一定的影响，使其产生一定的压力，以示惩戒，不至于重犯。第二，财产罚是指以财产为内容的处罚，如罚款、没收违法所得、没收非法财物、责令支付费用等。第三，能力罚（行为罚）是指对违法行为人的权利能力、行为能力等给予限制、中止，甚至取消的处罚，如吊销营业执照、吊销许可证、责令停业关闭、限期治理、责令重新安装、责令停止破坏行为、责令消除污染、责令恢复被破坏的生态环境和自然资源等。第四，人身罚是指限制或者剥夺违法者的人身自由的行政制裁手段，主要包括行政拘留等。

2. 六分法

根据《行政处罚法》第8条和《环境保护法》的规定，行政处罚的种类主要有：第一，警告；第二，罚款；第三，没收违法所得、没收非法财物；第四，责令停产停业；第五，暂扣或者吊销许可证、暂扣或者吊销执照；第六，行政拘留；第七，法律、行政法规规定的其他行政处罚。

例如，《环境行政处罚办法》规定，环境行政处罚的种类有：第一，警告；第二，罚款；第三，责令停产整顿；第四，责令停产、停业、关闭；第五，暂扣、吊销许可证或者其他具有许可性质的证件；第六，没收违法所得、没收非法财物；第七，行政拘留；第八，法律、行政法规设定的其他行政处罚种类（第10条）。责令改正或者限期改正违法

行为的行政命令的具体形式有:第一,责令停止建设;第二,责令停止试生产;第三,责令停止生产或者使用;第四,责令限期建设配套设施;第五,责令重新安装使用;第六,责令限期拆除;第七,责令停止违法行为;第八,责令限期治理;第九,法律、法规或者规章设定的责令改正或者限期改正违法行为的行政命令的其他具体形式(第12条第1款)。

再如,《环境保护法》规定,第一,企业事业单位和其他生产经营者超过污染物排放标准或者超过重点污染物排放总量控制指标排放污染物的,县级以上政府环境保护主管部门可以责令其采取限制生产、停产整治等措施;情节严重的,报经有批准权的政府批准,责令停业、关闭(第60条)。第二,建设单位未依法提交建设项目环境影响评价文件或者环境影响评价文件未经批准,擅自开工建设的,由负有环境保护监督管理职责的部门责令停止建设,处以罚款,并可以责令恢复原状(第61条)。第三,违反本法规定,重点排污单位不公开或者不如实公开环境信息的,由县级以上地方政府环境保护主管部门责令公开,处以罚款,并予以公告(第62条)。

(二)对污染环境者实施的行政处罚形式

1. 警告

警告是指环境保护监督管理机关依法对行政违法者的谴责和警示。例如,《大气污染防治法》(2018年修订)第98条规定,违反本法规定,以拒绝进入现场等方式拒不接受生态环境主管部门及其环境执法机构或者其他负有大气环境保护监督管理职责的部门的监督检查,或者在接受监督检查时弄虚作假的,由县级以上人民政府生态环境主管部门或者其他负有大气环境保护监督管理职责的部门责令改正,处2万元以上20万元以下的罚款;构成违反治安管理行为的,由公安机关依法予以处罚。

2. 罚款

罚款是指环境保护监督管理机关依法强令违法者向国家缴纳一定数额的金钱。例如,《水污染防治法》(2017年修订)第73条规定,违反本法规定,不正常使用水污染物处理设施,或者未经生态环境主管部门批准拆除、闲置水污染处理设施的,由县级以上政府生态环境主管部门责令限期改正,处应缴纳排污费数额1倍以上3倍以下的罚款。

罚款一律上缴国库,任何单位和个人不得截留。作出罚款决定的行政机关应当与收缴罚款的机构分离(《罚款决定与罚款收缴分离实施办法》)。执法人员依照简易程序当场收缴罚款的,必须向当事人出具省级财政部门统一制发的罚款收据,并且在2日内将罚款如数交付行政机关,行政机关也应当在受到罚款后2日内缴付指定的银行(《行政处罚法》第50条)。罚款只适用于单位和不履行环境保护公职的个人。当事人逾期不缴纳罚款的,作出处罚决定的行政机关可以对当事人每日按罚款数额的3%加处罚款。缴纳罚款的单位并不免除缴纳赔偿金等法律所规定的其他义务。

这里重点讨论“按日连续处罚”(“按日计罚”)制度。

(1)按日连续处罚的概念。按日连续处罚是指排污者违法排污受到罚款处罚,并被责令改正而拒不改正时,环境保护行政主管部门可以自责令改正之日的次日起按照原处罚的罚款数额按日连续处罚。按日连续处罚从性质上看不属于行政处罚,而是执行罚。所谓执行罚,是指义务人逾期不履行行政法律义务,由行政机关迫使义务人缴纳强制金以促使其履行义务的间接行政强制。相对而言,直接行政强制则是指直接划拨义务人的存款、汇款,拍卖或者依法处理查封、扣押的场所、设施或者财物,等等。

(2)按日连续处罚的适用范围。《环境保护法》(2014 年修订)第 59 条第 1 款规定,企业事业单位和其他生产经营者违法排放污染物,受到罚款处罚,被责令改正,拒不改正的,依法作出处罚决定的行政机关可以自责令改正之日的次日起,按照原处罚数额按日连续处罚。

根据《环境保护主管部门实施按日连续处罚办法》(2014 年)的规定,排污者有下列行为之一,受到罚款处罚,被责令改正,拒不改正的,依法作出罚款处罚决定的环境保护主管部门可以实施按日连续处罚:①超过国家或者地方规定的污染物排放标准,或者超过重点污染物排放总量控制指标排放污染物的;②通过暗管、渗井、渗坑、灌注或者篡改、伪造监测数据,或者不正常运行防治污染设施等逃避监管的方式排放污染物的;③排放法律、法规规定禁止排放的污染物的;④违法倾倒危险废物的;⑤其他违法排放污染物行为(第 5 条)。地方性法规可以根据环境保护的实际需要,增加按日连续处罚的违法行为的种类(第 6 条)。

(3)按日连续处罚的实施程序。《环境保护主管部门实施按日连续处罚办法》(2015 年)第 3 章规定了环境保护行政主管部门实施按日连续处罚的程序:

第一,行政处罚决定与按日连续处罚决定的衔接。环境保护主管部门检查发现排污者违法排放污染物的,应当进行调查取证,并依法作出行政处罚决定。按日连续处罚决定应当在前述行政处罚决定之后作出(第 7 条)。

第二,责令改正违法行为决定书的下达。环境保护主管部门可以当场认定违法排放污染物的,应当在现场调查时向排污者送达责令改正违法行为决定书,责令立即停止违法排放污染物行为。需要通过环境监测认定违法排放污染物的,环境监测机构应当按照监测技术规范要求进行监测。环境保护主管部门应当在取得环境监测报告后3个工作日内向排污者送达责令改正违法行为决定书,责令立即停止违法排放污染物行为(第8条)。

第三,责令改正违法行为决定书的内容。责令改正违法行为决定书应当载明下列事项:①排污者的基本情况,包括名称或者姓名、营业执照号码或者居民身份证号码、组织机构代码、地址以及法定代表人或者主要负责人姓名等;②环境违法事实和证据;③违反法律、法规或者规章的具体条款和处理依据;④责令立即改正的具体内容;⑤拒不改正可能承担按日连续处罚的法律后果;⑥申请行政复议或者提起行政诉讼的途径和期限;⑦环境保护主管部门的名称、印章和决定日期(第9条)。

第四,对排污者违法排污行为改正情况的复查。环境保护主管部门应当在送达责令改正违法行为决定书之日起30日内,以暗查方式组织对排污者违法排放污染物行为的改正情况实施复查(第10条)。排污者在环境保护主管部门实施复查前,可以向作出责令改正违法行为决定书的环境保护主管部门报告改正情况,并附具相关证明材料(第11条)。

第五,对排污者拒不改正行为的认定和处罚。排污者具有下列情形之一的,认定为拒不改正:①责令改正违法行为决定书送达后,环境保护主管部门复查发现仍在继续违法排放污染物的;②拒绝、阻挠环境保护主管部门实施复查的(第13条)。

复查时排污者被认定为拒不改正违法排放污染物行为的,环境保护主管部门应当按照本办法第8条的规定再次作出责令改正违法行为决定书并送达排污者,责令立即停止违法排放污染物行为,并应当依照本办法第10条、第12条的规定对排污者再次进行复查(第14条)。

环境保护主管部门复查时发现排污者拒不改正违法排放污染物行为的,可以对其实施按日连续处罚。环境保护主管部门复查时发现排污者已经改正违法排放污染物行为或者已经停产、停业、关闭的,不启动按日连续处罚(第12条)。

第六,实施按日连续处罚的程序和处罚决定书。环境保护主管部门实施按日连续处罚应当符合法律规定的行政处罚程序(第15条)。

环境保护主管部门决定实施按日连续处罚的,应当依法作出处罚决定书。处罚决定书应当载明下列事项:①排污者的基本情况,包括名称或者姓名、营业执照号码或者居民身份证号码、组织机构代码、地址以及法定代表人或者主要负责人姓名等;②初次检查发现的环境违法行为及该行为的原处罚决定、拒不改正的违法事实和证据;③按日连续处罚的起止时间和依据;④按照按日连续处罚规则决定的罚款数额;⑤按日连续处罚的履行方式和期限;⑥申请行政复议或者提起行政诉讼的途径和期限;⑦环境保护主管部门名称、印章和决定日期(第16条)。

(4)按日连续处罚的计罚方式。《环境保护主管部门实施按日连续处罚办法》(2015 年)规定:

第一,按日连续处罚的计罚日数。按日连续处罚的计罚日数为责令改正违法行为决定书送达排污者之日的次日起,至环境保护主管部门复查发现违法排放污染物行为之日止。再次复查仍拒不改正的,计罚日数累计执行(第 17 条)。

第二,按日连续处罚的计罚周期和处罚次数。再次复查时违法排放污染物行为已经改正,环境保护主管部门在之后的检查中又发现排污者有本办法第 5 条规定的情形的,应当重新作出处罚决定,按日连续处罚的计罚周期重新起算。按日连续处罚次数不受限制(第 18 条)。

第三,按日连续处罚的每日罚款数额。按日连续处罚每日的罚款数额,为原处罚决定书确定的罚款数额。按照按日连续处罚规则决定的罚款数额,为原处罚决定书确定的罚款数额乘以计罚日数(第 19 条)。

第四,按日连续处罚与其他措施的关系。环境保护主管部门针对违法排放污染物行为实施按日连续处罚的,可以同时适用责令排污者限制生产、停产整治或者查封、扣押等措施;因采取上述措施使排污者停止违法排污行为的,不再实施按日连续处罚(第 20 条)。

此外,为了强化环境监督管理部门的执法能力,《环境保护法》第 25 条规定,企业事业单位和其他生产经营者违反法律法规规定排放污染物,造成或者可能造成严重污染的,县级以上政府生态环境主管部门和其他负有环境保护监督管理职责的部门,可以查封、扣押造成污染物排放的设施、设备。

为了强化环境监督管理部门的执法能力,《环境保护法》第 25 条规定,企业事业单位和前天生产经营者违反法律法规规定排放污染物,造成或者可能造成严重污染的,县级以上政府生态环境主管部门和其他负有环境保护监督管理职责的部门,可以查封、扣押造成污染物排放的设施、设备。

(5)罚款数额的确定。至少要考虑下列几个方面:第一,违法行为的严重程度;第二,行为人通过违法行为获得的不当利益,任何人均不应当从违法行为中获利,违法者至少要支付全部违法所得;第三,违法者是故意还是过失,以及过错的程度;第四,违法者之前是否有前科;第五,违法者如何看待、处理本次违法行为,是否积极配合行政处罚机关的工作;第六,违法者的支付能力;第七,违法者是否采取措施,以避免未来不再发生类似的违法行为;等等。

有关环境法律法规也考虑了上述因素。例如,《环境保护法》第 59 条第 2 款规定,可以按照防止污染设施的运行成本、违法行为造成的直接损失或者违法所得等因素确定。

(6)罚款的执行和减免。《行政处罚法》(2017 年修订)规定,第一,作出罚款决定的行政机关应当与收缴罚款的机构分离。除依照本法第 47 条、第 48 条的规定当场收缴的罚款外,作出行政处罚决定的行政机关及其执法人员不得自行收缴罚款。当事人应当自收到行政处罚决定书之日起 15 日内,到指定的银行缴纳罚款。银行应当收受罚款,并将罚款直接上缴国库(第 46 条)。第二,依照本法第 33 条的规定当场作出行政处罚决定,依法给予 20 元以下的罚款的,或者不当场收缴事后难以执行的,执法人员可以当场收缴罚款(第 47 条)。第三,在边远、水上、交通不便地区,行政机关及其执法人员依照本法第 33 条、第 38 条的规定作出罚款决定后,当事人向指定的银行缴纳罚款确有困难,经当事人提出,行政机关及其执法人员可以当场收缴罚款(第 48 条)。第四,行政机关及其执法人员当场收缴罚款的,必须向当事人出具省级财政部门统一制发的罚款收据,否则,当事人有权拒绝缴纳罚款(第 49 条)。第五,执法人员当场收缴的罚款,应当自收缴罚款之日起 2 日内,交至行政机关;在水上当场收缴的罚款,应当自抵岸之日起 2 日内交至行政机关;行政机关应当在 2 日内将罚款缴付指定的银行(第 50 条)。第六,当事人确有经济困难,需要延期或者分期缴纳罚款的,经当事人申请和行政机关批准,可以暂缓或者分期缴纳(第 52 条)。

《环境行政处罚办法》(2010 年修订)第 64 条规定,确有经济困难,需要延期或者分期缴纳罚款的,当事人应当在行政处罚决定书确定的缴纳期限届满前,向作出行政处罚决定的环境保护主管部门提出延期或者分期缴纳的书面申请。批准当事人延期或者分期缴纳罚款的,应当制作同意延期(分期)缴纳罚款通知书,并送达当事人和收缴罚款的机构。延期或者分期缴纳的最后一期缴纳时间不得晚于申请法院强制执行的最后期限。

3. 责令限制生产、停产整顿

《环境保护法》第 60 条规定,企事业单位和其他生产经营者超过污染物排放标准或者超过重点污染物排放总量控制指标排放污染物的,县级以上环境保护主管部门可以责令其采取限制生产、停产整顿等措施;情节严重的,报经有批准权的政府批准,责令停业、关闭。

《环境保护主管部门实施限制生产、停产整治办法》(2014 年)明确规定了五种适用限制生产、停产和四种适用关闭的具体情形,并严格规定了调查取证、审批、决定、实施整改、改除、后督察等实施程序。

(1)限制生产、停产整顿的含义。限制生产、停产整顿是指县级以上生态环境主管部门对超过污染物排放标准或者超过重点污染物排放总量控制指标排放污染物的排污者，责令其采取减少产量、降低生产负荷或者停产，以达到污染物排放标准或者重点污染物排放总量控制指标的措施。其中，责令采取减少产量、降低生产负荷的措施称为限制生产措施。

(2)限制生产的适用情形。排污者超过国家或者地方规定的污染物排放标准或者超过重点污染物排放总量控制指标排放污染物的，生态环境主管部门可以责令其采取限制生产的措施。

(3)停产整顿的适用情形。排污者有下列情形之一的，生态环境主管部门可以责令其采取停产整顿的措施。主要如下：第一，通过暗管、渗井、渗坑、灌注或者篡改、伪造监测数据，或者不正常运行防治污染设施等逃避监管的方式排放污染物超过国家或者地方规定的排放标准的；第二，非法排放含重金属、持久性有机污染物等严重污染环境、损害人体健康的污染物超过国家或者地方污染物排放标准 3 倍以上的；第三，被责令限制生产后仍然超过国家或者地方规定的污染物排放标准或者超过重点污染物排放总量控制指标排放污染物的；第四，法律、法规规定的其他情形。

(4)限制生产、停产整顿的实施程序。生态环境主管部门在作出限制生产、停产整顿决定之前，应当做好调查取证工作，该决定的书面文件必须经过部门负责人的批准。属于重大或者影响较大的，还应当经过生态环境主管部门集体审议决定；如果是停产整顿，在决定之前还应当告知排污者有关排污事实、理由、依据及其依法享有的陈述、申辩或者要求听证的权利。

生态环境主管部门作出限制生产、停产整治决定时，应当依照《环境保护限制生产、停产整治暂行办法》(2014 年)第 11 条、第 12 条、第 14 条和第 16 条的规定，制作《责令限制生产决定书》或者《责令停产整治决定书》。① 生态环境主管部门应当自作出限制生产、停产整治决定之日起 7 个工作日内送达排污者。排污者完成整改任务的，应当在 15 个工作日内向作出限制生产、停产整治决定的生态环境主管部门报告整改任务完成情况，提交监测报告、整改方案落实情况、整改期间生产用电量、用水量、主要产品产量与整改前的对比情况等材料，同时说明以上材料向社会公开的情况。自排污者报告之日起限制生产、停产整治决定解除。排污者被责令限制生产、停

---

① 《环境保护限制生产、停产整治暂行办法》第 13 条规定，《责令限制生产决定书》和《责令停产整治决定书》应当载明下列事项：(1)排污者的基本情况，包括姓名或名称、营业执照号码、组织机构代码、地址以及法定代表人或者主要负责人姓名等；(2)违法事实及证据和作出限制生产、停产整治决定的法律依据；(3)责令限制生产、停产整治的种类和改正方式、期限；(4)排污者应履行的相关义务及申请行政复议或者提起行政诉讼的途径和期限；(5)生态环境主管部门的名称、印章和决定日期。

产整治后,生态环境主管部门应当按照相关规定对排污者限制生产、停产整治措施的履行情况实施后督察,并依法进行处理或者处罚。排污者解除限制生产、停产整治后,生态环境主管部门应当在30日内对排污者进行跟踪检查。

4. 责令重新安装使用

责令重新安装使用是指环境保护监督管理部门对未经同意而擅自拆除或者闲置防治污染设施,而且污染物的排放超过规定排放标准的单位,强令其重新安装使用。其中,对擅自闲置者,强令其重新使用。

这一处罚方式具有下列特点:第一,适用条件因各单行环境法律法规的规定而有所不同。例如,根据《水污染防治法》和《环境噪声污染防治法》的规定,对于擅自拆除或者闲置污染物防治设施,所排放的污染物因而超过规定标准的,才认定为违法,并可给予行政处罚。但是,《大气污染防治法》《海洋环境保护法》《固体废物污染环境防治法》等均未将超过规定标准作为认定擅自拆除或者闲置污染物防治(处理)设施行为违法的必要条件,并规定了较重的行政处罚,体现了国家对控制环境污染采取更为严厉的法律措施的立法精神。第二,与其他行政处罚形式一并适用。从各项环境污染防治单行法律法规看,对擅自拆除或者闲置污染物防治(处理)设施者的行政处罚,除责令重新安装使用外,还责令其停止违法行为、限期改正,并处以罚款。否则,如果不同时对违法者给予"并处其他行政处罚",过于轻缓,难以起到遏制违法行为的作用。

5. 责令停止生产或者使用

责令停止生产是指环境保护行政主管部门对建设项目防止污染设施没有建成,或者虽然已经建成但未经验收或者验收不合格而投入生产或者使用的单位,强令其停止生产或者使用。其中,对生产部门的建设项目责令其停止生产,对非生产部门的建设项目则令其停止使用。这种处罚形式主要是为了确保"三同时"制度的落实,防止发生新的环境污染危害。

这一处罚方式具有下列特点。第一,"责令停止生产或者使用"只能由特定的主体实施。由审批该建设项目环境影响报告书(包括报告表和登记表)的环境行政主管部门科处,而不是由其他环境保护监督管理部门实施。这是因为,原审批机关对建设项目较为熟悉,可以尽快作出行政处罚决定,以及及时制止新的环境污染。第二,必须针对特定对象科处"责令停止生产或者使用"。具体来说,只能对污染防治设施没有建成,或者虽然已经建成但是未经验收,或者验收不合格便投入生产或者使用的建设项目所在单位科处"责令停止生产或者使用"。第三,科处"责令停止生产或者使用"不以造成环境污染危害后果为必要条件。制药建设项目符合前述规定情形,就可以科处“责令停止生产或者使用”。第四,责令停止生产或者使用属于临时性的行政处罚形式。只要建设项目建成防治污染设施并经验收达到国家规定要求,就可以投入生产或者使用。

6. 责令停产、停业、关闭

责令停产、停业、关闭是指作出限期治理决定的政府,对逾期未完成治理任务的单位强令其停产、停业或者关闭。其中,对生产单位适用“强令其停产停业”,对非生产单位适用“强令其关闭”。

(1)责令停产、停业、关闭的特点。第一,与其他行政处罚形式相比,“责令停产、停业、关闭”意味着受处罚者将不能继续从事原来的生产、经营活动,因而是最严厉的行政处罚形式。第二,只能由特定的主体科处“责令停产、停业、关闭”。具体来说,由作出限期治理决定的政府科处;责令中央直接管辖的企业、事业单位停产、停业、关闭的,还需要报经国务院批准。第三,只能对特定对象适用“责令停产、停业、关闭”。具体来说,只能对政府限期治理而逾期未完成治理任务的单位科处“责令停产、停业、关闭”。其他未经限期治理的单位,即便造成严重污染,也不能适用这种处罚形式。

(2)责令停产、停业、关闭与责令停产整顿的区别。第一,科处的机关不同。作出责令停产、停业、关闭决定的行政机关是该单位已作过限期治理的各级政府,有的还由国务院决定;作出责令停止生产或者使用的行政机关,则是原批准该建设项目环境影响报告(包括报告表、登记表)的环境保护行政主管部门。第二,科处的对象不同。责令停产、停业、关闭的是经限期治理逾期未完成治理任务或者在大气污染防治中违反淘汰制度的单位;后者则是防止污染设施还没有建成,未验收或者经验收不合格的建设项目。第三,科处的内容与力度不同。前者不得再从事严重污染环境的原生产、经营活动,其所科处的处罚是长期的、永久性的;后者只要建成防止污染设施,经验收合格后便可以再投入生产或者使用,其所受的处罚是短期的、暂时性的。

7. 责令停产整顿

《水污染防治法》(2008 年修订版)第 75 条第 1 款规定:“在饮用水水源保护区内设置排污口的,由县级以上地方人民政府责令限期拆除,处 10 万元以上 50 万元以下的罚款;逾期不拆除的,强制拆除,所需费用由违法者承担,处 50 万元以上 100 万元以下的罚款,并可以责令停产整顿。”第 2 款规定:“除前款规定外,违反法律、行政法规和国务院环境保护主管部门的规定设置排污口或者私设暗管的,由县级以上地方人民政府环境保护主管部门责令限期拆除,处 2 万元以上 10 万元以下的罚款;逾期不拆除的,强制拆除,所需费用由违法者承担,处10万元以上50万元以下的罚款;私设暗管或者有其他严重情节的,县级以上地方人民政府环境保护主管部门可以提请县级以上地方人民政府责令停产整顿。”

现行《环境保护法》肯定了“责令停产停业”这种行政处罚形式,但适用对象的范围适度扩大,可以适用于一般超标排污或者超过重点污染物排放总量控制指标排放污染物。其目的是遏制环境污染,如果继续排污则可以采取更严厉的行政处罚形式(责令停业、关闭)。

8. 暂扣、吊销许可证或者其他有许可性质的证件

暂扣、吊销许可证件主要适用于从事危险化学品、放射性物质的生产、流通、使用和贮存等领域中的违法者,由生态环境主管部门或者其他有关部门通过暂扣或者吊销许可证,使其不能再从事原生产等违法活动,以减少或者避免对环境的污染。

9. 限期治理

限期治理制度是指对污染严重的项目、行业、区域和位于特别保护区超标排污的污染源,由有关国家机关依法限定其在一定期限内,完成治理任务,达到治理目标的规定的总称。根据《大气污染防治法》的规定,限期治理属于一种行政处罚形式。

作为处罚形式的“限期治理”与作为基本制度的“限期治理”,在性质、适用主体、适用对象、适用程序、救济措施等方面存在很大不同。第一,性质不同。作为一项基本法律制度的限期治理,实际上是国家对污染环境者的管理手段,不具有法律的惩罚性;但是,作为行政处罚形式的限期治理,则具有行政处罚的性质。第二,适用主体不同。前者由各级政府作出决定,后者由环境保护行政主管部门适用。第三,适用对象不同。前者是对在需要特殊保护的地区可能造成环境污染和在其他地区已经造成严重污染的单位实施;后者是对超过规定标准向大气排放污染物的单位科处。第四,适用程序不同。前者由各级政府依照行政管理程序作出,后者由环境保护行政主管部门根据行政处罚程序作出。第五,法律救济方式不同。不服限期治理决定的单位,可以在法定期限内依照程序申请政府行政复议或者向法院起诉;对于不服限期治理处罚的单位,则可以在法定期限内依照程序向作出该项行政处罚的环境保护行政主管部门申请行政复议,或者向法院起诉。

10. 行政拘留

行政拘留是指根据《治安管理处罚法》(2005年通过,2012年修订),由公安机关对违反治安管理而污染环境或者破坏生活环境、生态环境的人,在一定时间内限制、剥夺其人身自由的处罚方法。例如,《治安管理处罚法》第30条规定,违反国家规定,制造、买卖、储存、运输、邮寄、携带、使用、提供、处置爆炸性、毒害性、放射性、腐蚀

性物质或者传染病病原体等危险物质的，处10日以上15日以下拘留；情节较轻的，处5日以上10日以下拘留。此外，该法第33条、第53条、第60条，还规定了与环境保护有关的治安管理处罚措施。

《环境保护法》第63条规定了行政拘留这一行政处罚措施。第一，行政拘留适用于严重污染环境但尚未构成犯罪的行为，而非一般的环境污染行为。第二，对于严重污染环境已经受过行政处罚但又不停止违法行为的排污单位责任人员，需要通过短期剥夺其人身自由来使其停止违法行为。第三，行政拘留属于"并罚"的行政处罚形式，既要对违法排污单位科处罚款，同时对该单位负责人科处行政拘留，即对"其直接负责的主管人员和其他直接责任人员给予行政拘留"。第四，对需要科处行政拘留的案件，由县级以上政府环境保护主管部门或者其他有关部门向公安机关移送。第五，拘留的期限一般为10日以上15日以下；情节较轻的，处以5日以上10日以下拘留。

（三）对破坏环境资源者实施的行政处罚形式

1. 责令停止破坏行为

责令停止破坏行为是指对违反环境保护法而破坏环境与自然资源者，由自然资源保护监督管理部门强令其停止破坏行为的行政处罚。其目的是制止不法行为对生态环境和自然资源的破坏，以便为恢复其生态功能和自然资源的增殖、合理利用以及永续利用等创造条件。

责令停止破坏行为的形式主要有责令停止违法行为、责令停止开垦、责令退还非法占用的土地、责令限期拆除非法转让或者非法占用的土地上新建的建筑物及其他设施，责令停止破坏水土保持行为、责令停止破坏性开采矿产资源活动、责令停止破坏重点保护野生动物主要生息繁衍场所行为、吊销许可证（如吊销特许猎捕证、狩猎证、驯养繁殖许可证或者允许进出口证明书、吊销捕捞许可证、采矿许可证）等。

执法部门在责令停止破坏行为的同时，必须依法给予其他行政处罚。例如，责令恢复原状、责令限期治理，并视其情节轻重予以罚款；对于造成损失的，还应当依法责令赔偿损失；构成犯罪的，依法移送司法机关追究其刑事责任。

2. 责令恢复被破坏的生态环境和自然资源

责令恢复被破坏的生态环境和自然资源，是指对于违反环境保护法而破坏生态环境和自然环境者，由自然资源保护监督部门依法强令其在一定期限内恢复被破坏的生态功能、资源数量或者使生物繁衍、生殖或者持续发展的一种行政处罚措施。具体包括责令补种、责令恢复植被、责令恢复原状、责令停业治理、责令限期改正等。

3. 没收

没收是指县级以上环境保护监督管理部门,强制违反环境保护法破坏环境和自然资源的单位或者个人,将部分或者全部违法所得的财物收归国库的一种行政处罚形式。违法所得的财物包括但不限于非法猎取的猎捕物、渔获物,倒卖采伐许可证、允许进出口证明或者出售、收购、运输、携带国家或者地方重点野生保护动物及其产品,或者非法转让土地的违法所得,在非法占用、转让的土地上新建的建筑物及其他设施,或者非法所得的木材、矿产资源,或者非法使用的猎捕工具、渔具等。

(1)没收的种类。根据违法者的情节,可以分别采取全部没收或者部分没收。没收的现金或者其他财物应当收归国库,对属于他人的合法财物应当返还本人。对没收的重点野生动物应当妥善处理;对伤病的野生动物应当交兽医部门进行治疗,不得任意处置或者杀害。

(2)没收的对象。没收的对象是违法所得或者使用的财物。与罚款相比,没收的对象只是违法者破坏或者污染环境过程中的非法所得或者非法使用的财物;罚款缴纳的金钱是违法者在违法前所拥有的合法财物。如果违法者将违法所得的物品加以变卖,其所得的金钱仍然属于违法所得,应当予以没收。

《大气污染防治法》《海洋环境保护法》《环境行政处罚办法》等也规定了没收制度。例如,没收转让被淘汰设备者的非法所得,没收制造、销售或者进口超过污染物排放标准机动车、船者的违法所得,没收非法生产、进口、销售含铅汽油和违法所得,没收因开发、利用海洋资源造成珊瑚礁、红树林等遭受破坏的违法所得等。

(3)没收的作用。没收的作用在于剥夺违法者的非法所得,剥夺其已经使用和今后可能继续使用从事破坏或者污染环境的手段。为此,执法部门既查清违法者所获得的财物,防止隐瞒、毁坏或者变卖,也要严格区分违法所得与被处罚者的合法收入,从事正当生产、经营、进口、驯养、繁殖活动获得的收入所使用的工具、物品与非法活动的收入、工具、物品。

五、环境行政处罚的实施机关和自由裁量权

《环境行政处罚办法》对环境行政处罚的实施机关、程序和自由裁量都作出了明确规定。

(一)环境行政处罚的实施机关

环境行政处罚的实施机关可以分为下列三类:第一,具有法定环境行政处罚权的行政机关;第二,经特别决定获得环境行政处罚权的行政机关;第三,由法律法规授权授予环境行政处罚权的组织,以及由具有法定环境行政处罚权的行政机关委托的组织。

1. 环境行政处罚的一般主体

县级以上环境保护主管部门在法定职权范围内实施环境行政处罚。经法律、行政法规、地方性法规授权的环境监察机构在授权范围内实施环境行政处罚，适用本办法关于环境保护主管部门的规定（第14条）。

2. 委托处罚

环境保护主管部门可以在其法定职权范围内委托环境监察机构实施行政处罚。受委托的环境监察机构在委托范围内，以委托其处罚的环境保护主管部门名义实施行政处罚。委托处罚的环境保护主管部门，负责监督受委托的环境监察机构实施行政处罚的行为，并对该行为的后果承担法律责任（第15条）。

3. 外部移送

发现不属于环境保护主管部门管辖的案件，应当按照有关要求和时限移送有管辖权的机关处理。涉嫌违法依法应当由政府实施责令停产整顿、责令停业、关闭的案件，环境保护主管部门应当立案调查，并提出处理建议报本级政府。涉嫌违法依法应当实施行政拘留的案件，移送公安机关。涉嫌违反党纪、政纪的案件，移送纪检、监察部门。涉嫌犯罪的案件，按照《行政执法机关移送涉嫌犯罪案件的规定》等有关规定移送司法机关，不得以行政处罚代替刑事处罚（第16条）。

（二）环境行政处罚自由裁量权

行使行政处罚自由裁量权必须符合立法目的，并综合考虑以下情节：第一，违法行为所造成的环境污染、生态破坏程度及社会影响；第二，当事人的过错程度；第三，违法行为的具体方式或者手段；第四，违法行为危害的具体对象；第五，当事人是初犯还是再犯；第六，当事人改正违法行为的态度和所采取的改正措施及效果。同类违法行为的情节相同或者相似、社会危害程度相当的，行政处罚种类和幅度应当相当（第6条）。

六、环境行政处罚案件的管辖

环境行政处罚案件的管辖，是指环境保护监督管理部门查处环境行政处罚案件的权限和分工。

（一）划分环境行政处罚案件管辖的基本原则

1. 依法行使管辖权原则

必须根据有关环境行政案件管辖的规定行使管辖权，任何单位或者个人不得违反，否则将导致行政处罚决定无效。

2. 均衡负担原则

划分级别管辖的范围时，必须根据各类环境保护监督管理机构的职责权限、人员数量、业务能力、工作量大小、检测仪器设备配置情况等因素,使各级机构之间保持均衡。

3. 便利相对人原则

环境行政处罚案件管辖的划分,要便于行政相对人行使各种权利和履行各种义务,减轻不必要的负担,降低成本。

4. 不得重叠提起行政处罚程序原则

不得以同一事实、理由,由两个或者两个以上环境保护监督管理机构同时提起行政处罚程序,对同一相对人重复进行处罚。

5. 级别原则

对提起行政处罚程序的同一类环境保护监督管理机构的上下级之间的权限进行划分。

(二)环境行政处罚案件管辖的种类

环境行政处罚案件的管辖可以分为地域管辖、级别管辖、指定管辖、交办管辖和移送管辖五种。《行政处罚法》和《环境行政处罚办法》第 2 章“实施主体与管辖”,对环境保护行政处罚案件的管辖问题作出明确规定。例如,《环境行政处罚办法》第 14 条规定,县级以上环境保护主管部门在法定职权范围内实施环境行政处罚。经法律、行政法规、地方性法规授权的环境监察机构在授权范围内实施环境行政处罚,适用本办法关于环境保护主管部门的规定。

1. 地域管辖

行政处罚由违法行为发生地的县级以上地方政府具有行政处罚权的行政机关管辖。法律、行政法规另有规定的除外。此外,《环境行政处罚办法》第 17 条规定,县级以上环境保护主管部门管辖本行政区域的环境行政处罚案件。造成跨行政区域污染的行政处罚案件,由污染行为发生地环境保护主管部门管辖。

2. 级别管辖

级别管辖是指各类环境保护监督管理部门依法对本系统内部上下级管辖权的区分。违反级别管辖的行政处罚无效。

3. 指定管辖

指定管辖是指上级环境保护监督管理部门可将某一行政处罚案件,指定由下级具有行政处罚权的同一系统内部环境保护监督管理部门办理。对管辖发生争议的,报请共同的上一级行政机关指定管辖(第 21 条第 1 款)。

此外,《环境行政处罚办法》规定,对行政处罚案件的管辖权发生争议时,争议双方应报请共同的上一级环境保护主管部门指定管辖(第 19 条)。下级环境保护主管部门认为其管辖的案件重大、疑难或者实施处罚有困难的,可以报请上一级环境保护主管部门指定管辖。上一级环境保护主管部门认为下级环境保护主管部门实施处罚确有困难或者不能独立行使处罚权的,经通知下级环境保护主管部门和当事人,可以对下级环境保护主管部门管辖的案件指定管辖。上级环境保护主管部门可以将其管辖的案件交由有管辖权的下级环境保护主管部门实施行政处罚(第 20 条)。

4. 移送管辖

移送管辖是指已经提起行政处罚程序的环境保护监督管理部门,发现某一具体案件不属于自己管辖范围而将案件移送有管辖权的部门进行处理。移送管辖仅是对某一具体案件管辖的移送,而不是将该行政部门所有管辖权的移送。

(1)外部移送。发现不属于环境保护主管部门管辖的案件,应当按照有关要求和时限移送有管辖权的机关处理。涉嫌违法依法应当由政府实施责令停产整顿、责令停业、关闭的案件,环境保护主管部门应当立案调查,并提出处理建议报本级政府。涉嫌违法依法应当实施行政拘留的案件,移送公安机关。涉嫌违反党纪、政纪的案件,移送纪检、监察部门。涉嫌犯罪的案件,按照《行政执法机关移送涉嫌犯罪案件的规定》等有关规定移送司法机关,不得以行政处罚代替刑事处罚(第 16 条)。

(2)内部移送。不属于本机关管辖的案件,应当移送有管辖权的环境保护主管部门处理。受移送的环境保护主管部门对管辖权有异议的,应当报请共同的上一级环境保护主管部门指定管辖,不得再自行移送(第 21 条)。

5. 跨行政区域管辖

最高人民法院设立巡回法庭,审理跨行政区域重大行政和民商事案件,高级人民法院经最高人民法院批准可以根据审判工作的实际情况,确定若干法院跨行政区域管辖行政案件。

6. 优先管辖

两个以上环境保护主管部门都有管辖权的环境行政处罚案件,由最先发现或者最先接到举报的环境保护主管部门管辖(第 18 条)。

七、环境行政处罚的程序

环境行政处罚权的行使,必须遵循《行政处罚法》《环境行政处罚办法》以及其他法律法规规定的处罚程序,包括简易程序、一般程序、听证程序和执行程序等。

(一)关于环境行政处罚的前提性规定

《行政处罚法》规定如下。第一,公民、法人或者其他组织违反行政管理秩序的行为,依法应当给予行政处罚的,行政机关必须查明事实;违法事实不清的,不得给予行政处罚(第 30 条)。第二,行政机关在作出行政处罚决定之前,应当告知当事人作出行政处罚决定的事实、理由及依据,并告知当事人依法享有的权利(第31条)。第三,当事人有权进行陈述和申辩。行政机关必须充分听取当事人的意见,对当事人提出的事实、理由和证据,应当进行复核;当事人提出的事实、理由或者证据成立的,行政机关应当采纳。行政机关不得因当事人申辩而加重处罚(第32条)。

(二)环境行政处罚的简易程序

1.《行政处罚法》的规定

第一,违法事实确凿并有法定依据,对公民处以50元以下、对法人或者其他组织处以1000元以下罚款或者警告的行政处罚的,可以当场作出行政处罚决定。当事人应当依照本法第46条、第47条、第48条的规定履行行政处罚决定(第33条)。第二,执法人员当场作出行政处罚决定的,应当向当事人出示执法身份证件,填写预定格式、编有号码的行政处罚决定书。行政处罚决定书应当当场交付当事人。前款规定的行政处罚决定书应当载明当事人的违法行为、行政处罚依据、罚款数额、时间、地点以及行政机关名称,并由执法人员签名或者盖章。执法人员当场作出的行政处罚决定,必须报所属行政机关备案(第34条)。第三,当事人对当场作出的行政处罚决定不服的,可以依法申请行政复议或者提起行政诉讼(第35条)。

2.《环境行政处罚办法》的规定

违法事实确凿、情节轻微并有法定依据,对公民处以50元以下、对法人或者其他组织处以1000元以下罚款或者警告的行政处罚,可以适用本章简易程序,当场作出行政处罚决定(第58条)。

当场作出行政处罚决定时,环境执法人员不得少于2人,并应遵守下列简易程序:第一,执法人员应向当事人出示中国环境监察证或者其他行政执法证件;第二,现场查清当事人的违法事实,并依法取证;第三,向当事人说明违法的事实、行政处罚的理由和依据、拟给予的行政处罚,告知陈述、申辩权利;第四,听取当事人的陈述和申辩;第五,填写预定格式、编有号码、盖有环境保护主管部门印章的行政处罚决定书,由执法人员签名或者盖章,并将行政处罚决定书当场交付当事人;第六,告知当事人如对当场作出的行政处罚决定不服,可以依法申请行政复议或者提起行政诉讼。以上过程应当制作笔录。执法人员当场作出的行政处罚决定,应当在决定之日起3个工作日内报所属环境保护主管部门备案(第59条)。

(三)环境行政处罚的一般程序

根据《环境行政处罚办法》的规定,环境行政处罚的一般程序主要包括下列五个环节:第一,立案阶段;第二,调查取证阶段;第三,案件审查阶段;第四,作出处罚决定阶段;第五,执行阶段。

1. 立案阶段

(1)立案的条件。环境保护监督管理部门发现或者接到举报有关环境污染危害的违法行为或者事件的,经初步审查认为符合下列条件的,应当立案登记:第一,有违法行为或者危害后果;第二,依法应当或者可以给予行政处分;第三,属于其管辖范围;第四,未超过时效。在立案之后,成立调查小组,并指定一名负责人。

环境保护主管部门对涉嫌违反环境保护法律、法规和规章的违法行为,应当进行初步审查,并在7个工作日内决定是否立案。经审查,符合下列四项条件的,予以立案:①有涉嫌违反环境保护法律、法规和规章的行为;②依法应当或者可以给予行政处罚;③属于本机关管辖;④违法行为发生之日起到被发现之日止未超过2年,法律另有规定的除外。违法行为处于连续或继续状态的,从行为终了之日起计算(第22条)。

(2)立案的撤销。对于已经立案的案件,根据新情况发现不符合前述立案条件的,应当撤销立案(第23条)。认为不具备立案条件的应作出不予立案的决定,并记录在案或者填入有关表格。对于交办、移送的案件,应当告知有关单位;属于举报的,也应当告知举报人并说明理由。

(3)紧急案件可以先行调查然后立案。对需要立即查处的环境违法行为,可以先行调查取证,并在7个工作日内决定是否立案和补办立案手续(第24条)。

(4)立案审查后的案件移送。经立案审查,属于环境保护主管部门管辖,但不属于本机关管辖范围内的,应当移送有管辖权的环境保护主管部门;属于其他有关部门管辖范围的,应当移送其他有关部门(第25条)。例如,对涉嫌违反依法应由政府实施责令停产整顿、责令停业、关闭的案件,环境保护部门应当立案调查,并提出处理建议,报本级政府;涉嫌违法应当依法由公安机关实施行政拘留的案件,或者涉嫌违法应当由公安机关实施其他行政处罚的案件,应当移送公安机关;涉嫌构成环境犯罪的,应当移送司法机关处理。

(5)立案登记的具体内容。应当写明立案的时间、材料来源、违法行为或者事件发生的时间、地点,违法者的姓名、单位名称、地址、案情简介、承办人的意见等。

(6)成立调查小组。应当在作出立案决定之后成立查处该案的调查小组,人数根据案件复杂程度确定。调查组由一名成员担任负责人,以便开展工作。

2. 调查取证阶段

环境保护行政主管部门对于登记立案的环境违法行为,应当指定专人负责,及时组织调查取证(第26条)。调查是指调查小组开展收集证据、询问证人、进行现场勘验、专业鉴定、听取相对人及证人陈述等活动的总称。调查取证是指环境保护监督管理部门对行政处罚案件开展收集证据和对证据进行审查核实活动的总称。需要委托其他环境保护主管部门协助调查取证的,应当出具书面委托调查函。受委托的环境保护主管部门应当予以协助。无法协助的,应当及时将无法协助的情况和原因函告委托机关(第27条)。

(1)调查取证应当出示证件。《行政处罚法》第37条第1款规定,行政机关在调查或者进行检查时,执法人员不得少于2人,并应当向当事人或者有关人员出示证件。《环境行政处罚办法》第28条规定,调查取证时,调查人员不得少于2人,并应当出示中国环境监察证或者其他行政执法证件。

(2)调查人员的职权、责任和被调查人员的义务。《行政处罚法》第37条规定,当事人或者有关人员应当如实回答询问,并协助调查或者检查,不得阻挠。询问或者检查应当制作笔录。

《环境行政处罚办法》的规定更明确具体。第一,环境保护主管部门对登记立案的环境违法行为,应当指定专人负责,及时组织调查取证(第26条)。第二,需要委托其他环境保护主管部门协助调查取证的,应当出具书面委托调查函。受委托的环境保护主管部门应当予以协助。无法协助的,应当及时将无法协助的情况和原因函告委托机关(第27条)。第三,调查人员有权采取下列措施:首先,进入有关场所进行检查、勘察、取样、录音、拍照、录像;其次,询问当事人及有关人员,要求其说明相关事项和提供有关材料;最后,查阅、复制生产记录、排污记录和其他有关材料。环境保护主管部门组织的环境监测等技术人员随同调查人员进行调查时,有权采取上述措施和进行监测、试验(第29条)。

调查人员负有下列责任:第一,对当事人的基本情况、违法事实、危害后果、违法情节等情况进行全面、客观、及时、公正的调查;第二,依法收集与案件有关的证据,不得以暴力、威胁、引诱、欺骗以及其他违法手段获取证据;第三,询问当事人、证人或者其他有关人员,应当告知其依法享有的权利;第四,对当事人、证人或者其他有关人员的陈述如实记录(第30条)。当事人及有关人员应当配合调查、检查或者现场勘验,如实回答询问,不得拒绝、阻碍、隐瞒或者提供虚假情况(第31条)。

(3)证据的类别,证据的收集、审查与运用。环境行政处罚证据主要有书证、物证、证人证言、视听资料和计算机数据、当事人陈述、监测报告和其他鉴定结论、现场检查(勘察)笔录等形式。证据应当符合法律、法规、规章和最高人民法院有关行政执法和行政诉讼证据的规定,并经查证属实才能作为认定事实的依据(第32条)。

第一,证据的收集是指将存在于实际生活中的与案件有关的材料与信息加以提取、保存。《行政处罚法》规定,除可以当场作出的行政处罚外,行政机关发现公民、法人或者其他组织有依法应当给予行政处罚的行为的，必须全面、客观、公正地调查，收集有关证据；必要时，依照法律、法规的规定，可以进行检查（第36条）。行政机关在收集证据时，可以采取抽样取证的方法；在证据可能灭失或者以后难以取得的情况下，经行政机关负责人批准，可以先行登记保存，并应当在7日内及时作出处理决定，在此期间，当事人或者有关人员不得销毁或者转移证据。执法人员与当事人有直接利害关系的，应当回避（第37条第2款、第3款）。《环境行政处罚办法》规定，在证据可能灭失或者以后难以取得的情况下，经本机关负责人批准，调查人员可以采取先行登记保存措施。情况紧急的，调查人员可以先采取登记保存措施，再报请机关负责人批准。先行登记保存有关证据，应当当场清点，开具清单，由当事人和调查人员签名或者盖章。先行登记保存期间，不得损毁、销毁或者转移证据（第38条）。

第二，证据的运用是指调查人员将收集的证据进行审查、判断，用于证明待证事实。这是一个从个别审查、比较印证到综合分析得出结论的过程。

（4）案件调查、调查终结与案件移送。环境保护主管部门调查取证时，当事人应当到场。下列情形不影响调查取证的进行：第一，当事人拒不到场的；第二，无法找到当事人的；第三，当事人拒绝签名、盖章或者以其他方式确认的；第四，暗查或者其他方式调查的；第五，当事人未到场的其他情形（第43条）。

有下列情形之一的，可以终结调查：第一，违法事实清楚、法律手续完备、证据充分的；第二，违法事实不成立的；第三，作为当事人的自然人死亡的；第四，作为当事人的法人或者其他组织终止，无法人或者其他组织承受其权利义务，又无其他关系人可以追查的；第五，发现不属于本机关管辖的；第六，其他依法应当终结调查的情形（第44条）。

终结调查的，案件调查机构应当提出已查明违法行为的事实和证据、初步处理意见，按照查处分离的原则送本机关处罚案件审查部门审查（第45条）。

3. 案件审查阶段

根据《行政处罚法》第38条的规定，调查终结，行政机关负责人应当对调查结果进行审查，根据不同情况，分别作出如下决定：第一，确有应受行政处罚的违法行为的，根据情节轻重及具体情况，作出行政处罚决定；第二，违法行为轻微，依法可以不予行政处罚的，不予行政处罚；第三，违法事实不能成立的，不得给予行政处罚；第四，违法行为已构成犯罪的，移送司法机关。对情节复杂或者重大违法行为给予较重的行政处罚，行政机关的负责人应当集体讨论决定。在行政机关负责人作出决定之前，应当由从事行政处罚决定审核的人员进行审核。行政机关中初次从事行政处罚决定审核的人员，应当通过国家统一法律职业资格考试取得法律职业资格。

根据《环境行政处罚办法》的规定,案件审查的主要内容包括:第一,本机关是否有管辖权;第二,违法事实是否清楚;第三,证据是否确凿;第四,调查取证是否符合法定程序;第五,是否超过行政处罚追诉时效;第六,适用依据和初步处理意见是否合法、适当(第46条)。违法事实不清、证据不充分或者调查程序违法的,应当退回补充调查取证或者重新调查取证(第47条)。

4. 申辩和听证阶段

申辩和听证是指环境保护行政主管部门在作出处罚决定之前,必须充分听取相对人的陈述和申辩,对于符合法定条件的,还应当组织听证,以核定事实,为作出公正的处罚决定打下基础。

(1)相对人的陈述和申辩。第一,根据《行政处罚法》第32条的规定,陈述和申辩是相对人的权利。此即相对人依法享有陈述事实、理由和申辩,证明自己有无违法行为和危害后果的权利。第二,根据《环境行政处罚办法》的规定,在作出行政处罚决定前,应当告知当事人有关事实、理由、依据和当事人依法享有的陈述、申辩权利(第48条第1款)。环境保护主管部门应当对当事人提出的事实、理由和证据进行复核。当事人提出的事实、理由或者证据成立的,应当予以采纳。不得因当事人的申辩而加重处罚(第49条)。

(2)听证程序。听证程序是指环境保护行政主管部门在对重大案件作出行政处罚决定前,由该行政机关的非本案调查人员主持,当事人参加对案件进行指控和申辩,以获取证据的过程。与申辩不同的是,对于重大行政处罚案件,当事人要求听证的,行政机关必须组织听证。

第一,听证程序的适用范围。根据《行政处罚法》第42条第1款的规定,行政机关作出责令停产停业、吊销许可证或者执照、较大数额罚款等行政处罚决定之前,应当告知当事人有要求举行听证的权利;当事人要求听证的,行政机关应当组织听证。《环境行政处罚办法》第48条规定,在作出行政处罚决定前,应当告知当事人有关事实、理由、依据和当事人依法享有的陈述、申辩权利。在作出暂扣或吊销许可证、较大数额的罚款和没收等重大行政处罚决定之前,应当告知当事人有要求举行听证的权利。当事人不承担行政机关组织听证的费用。

第二,听证的具体程序。根据《行政处罚法》第42条的规定,听证依照以下程序组织:①当事人要求听证的,应当在行政机关告知后3日内提出。②行政机关应当在听证的7日前,通知当事人举行听证的时间、地点。③除涉及国家秘密、商业秘密或者个人隐私外,听证公开举行。④听证由行政机关指定的非本案调查人员主持;当事人认为主持人与本案有直接利害关系的,有权申请回避。⑤当事人可以亲自参加听证,也可以委托一至二人代理。⑥举行听证时,调查人员提出当事人违法的事实、证据和行政处罚建议;当事人进行申辩和质证。⑦听证应当制作笔录;笔录应当交当事人审核无误后签字或者盖章。当事人对限制人身自由的行政处罚有异议的,依照治安管理处罚法有关规定执行。

根据《环境行政处罚办法》第 50 条的规定,行政处罚听证按有关规定执行。辩论结束后,当事人有权作最后陈述。听证应当制作笔录,最后交给当事人或者其代理人核实并签字、盖章。主持人也应当同时签名、盖章。

5. 作出处罚决定,制作处罚决定书

处罚决定是指环境保护行政主管部门的负责人对调查结果(包括对举行听证获得的证据)进行审查核实,并根据不同情况作出决定;对重大行政处罚案件,还应当由行政机关的负责人集体讨论决定。

(1)行政处罚决定的形式。根据《环境行政处罚办法》第 51 条等的规定,本机关负责人经过审查,分别作出如下处理:第一,违法事实成立,依法应当给予行政处罚的,根据其情节轻重及具体情况,作出行政处罚决定;第二,违法行为轻微,依法可以不予行政处罚的,不予行政处罚;第三,违法事实不能成立的,作出不予行政处罚的决定;第四,法律、法规或者规章规定行政处罚必须上报上级环境行政主管部门批准的,应当以书面形式上报,经批准后方可作出行政处罚决定;第五,法律、法规或者规章规定由政府实施处罚的,[1]应当在提出处罚意见后,连同全部案件材料报送政府决定;第六,违法行为构成犯罪的,将案件即送司法机关追究其刑事责任。

(2)制作行政处罚决定书。环境保护行政主管部门依法作出行政处罚决定后,由其法制工作机构负责制作行政处罚决定书。《行政处罚法》第 39 条规定,行政处罚决定书应当载明下列事项:第一,当事人的姓名或者名称、地址;第二,违反法律、法规或者规章的事实和证据;第三,行政处罚的种类和依据;第四,行政处罚的履行方式和期限;第五,不服行政处罚决定,申请行政复议或者提起行政诉讼的途径和期限;第六,作出行政处罚决定的行政机关名称和作出决定的日期。行政处罚决定书必须盖有作出行政处罚决定的行政机关的印章。

根据《环境行政处罚办法》第 54 条的规定,决定给予行政处罚的,应当制作行政处罚决定书。对同一当事人的两个或者两个以上环境违法行为,可以分别制作行政处罚决定书,也可以列入同一行政处罚决定书(第 53 条)。行政处罚决定书应当载

① 《环境保护法》第 60 条规定,责令限制生产、停产整顿等,由县级以上环境保护行政主管部门决定;责令停业、关闭,须经有批准权的政府决定。

明以下内容:第一,当事人的基本情况,包括当事人姓名或者名称、组织机构代码、营业执照号码、地址等;第二,违反法律、法规或者规章的事实和证据;第三,行政处罚的种类、依据和理由;第四,行政处罚的履行方式和期限;第五,不服行政处罚决定,申请行政复议或者提起行政诉讼的途径和期限;第六,作出行政处罚决定的环境保护主管部门名称和作出决定的日期,并且加盖作出行政处罚决定环境保护主管部门的印章(第54条)。此外,罚款的行政处罚决定书还应当载明具体的数额、缴纳罚款的方法和期限,逾期不缴纳的法律后果等。①

(3)行政处罚案件的处理期限。根据《环境行政处罚办法》第55条的规定,环境保护行政处罚案件应当自立案之日起的3个月内作出处理决定。案件办理过程中听证、公告、监测、鉴定、送达等时间不计入期限。

(4)处罚决定书的交付和送达。根据《行政处罚法》的规定,行政处罚决定书应当在宣告后当场交付当事人;当事人不在场的,行政机关应当在7日内依照民事诉讼法的有关规定,将行政处罚决定书送达当事人(第40条)。

根据《环境行政处罚办法》,处罚决定书的送达须注意:第一,行政处罚决定书应当送达当事人,并根据需要抄送与案件有关的单位和个人(第56条)。第二,行政机关及其执法人员在作出行政处罚决定之前,不依照本法第31条、第32条的规定向当事人告知给予行政处罚的事实、理由和依据,或者拒绝听取当事人的陈述、申辩,行政处罚决定不能成立;当事人放弃陈述或者申辩权利的除外(第41条)。第三,送达行政处罚文书可以采取直接送达、留置送达、委托送达、邮寄送达、转交送达、公告送达、公证送达或者其他方式。送达行政处罚文书应当使用送达回证并存档(第57条)。

(四)环境行政处罚的执行

1. 当事人应当自觉履行处罚决定

根据《行政处罚法》第44条的规定,环境行政处罚决定依法作出后,当事人应当在行政处罚决定的期限内,予以履行。根据《环境行政处罚办法》第60条的规定,当事人应当在环境行政处罚决定书确定的期限内,履行处罚决定。申请行政复议或者提起行政诉讼的,不停止行政处罚决定的执行。

2. 当事人的行政复议申请权和行政诉讼起诉权

当事人有通过申请行政复议或者提起行政诉讼获得救济的权利。

3. 申请复议或者提起诉讼期间,不停止执行行政处罚决定

根据《行政处罚法》第56条的规定,当事人对环境行政处罚决定不服申请行政

---

① 《行政处罚法》第51条第1项规定:“到期不缴纳罚款的,每日按罚款数额的百分之三加处罚款。”

复议或者提起行政诉讼的，环境行政处罚不停止执行，法律另有规定的除外。“法律另有规定的除外”是指具备了《行政复议法》第 21 条或者《行政诉讼法》第 44 条规定的情形之一的，才停止执行行政处罚决定。

4. 环境保护行政主管部门的执行措施

根据《行政处罚法》第 51 条的规定，当事人逾期不履行环境行政处罚决定的，作出环境行政处罚决定的行政机关可以采取下列措施：第一，到期不缴纳罚款的，每日按罚款数额的 3% 加处罚款；第二，根据法律规定，将查封、扣押的财物拍卖或者将冻结的存款划拨抵缴罚款；第三，申请法院强制执行。

根据《环境行政处罚办法》的规定，当事人逾期不申请行政复议、不提起行政诉讼、又不履行处罚决定的，由作出处罚决定的环境保护主管部门申请法院强制执行（第 61 条）。申请法院强制执行应当符合最高人民法院《关于执行〈中华人民共和国行政诉讼法〉若干问题的解释》的规定，并在下列期限内提起：第一，环境行政处罚决定书送达后当事人未申请行政复议且未提起环境行政诉讼的，在处罚决定书送达之日起 60 日后起算的 180 日内；第二，复议决定书送达后当事人未提起环境行政诉讼的，在复议决定书送达之日起 15 日后起算的 180 日内；第三，第一审行政判决后当事人未提出上诉的，在判决书送达之日起 15 日后起算的 180 日内；第四，第一审行政裁定后当事人未提出上诉的，在裁定书送达之日起 10 日后起算的 180 日内；第五，第二审行政判决书送达之日起 180 日内（第 62 条）。

八、环境行政处罚的减免

（一）环境资源行政处罚的免除

行政处罚的免除，除不可抗力、正当防卫和紧急避险外，还包括下列情形：第一，违法行为在 2 年内没有被发现，不再给予行政处罚；但法律另有规定的除外。上述 2 年期限，从违法行为发生之日起计算；违法行为有连续或者继续状态的，从行为终了之日起计算。第二，违法行为轻微并及时纠正，没有造成危害后果的，不予行政处罚。

（二）环境资源行政处罚的从轻或者减轻处罚

根据《行政处罚法》的规定，不满 14 周岁的人实施环境违法行为的，不予行政处罚，责令监护人加以管教；已满 14 周岁不满 18 周岁的人实施环境违法行为的，从轻或者减轻行政处罚（第 25 条）。

当事人有下列情形之一的，应当依法从轻或者减轻行政处罚：第一，主动消除或者减轻环境违法行为危害后果的；第二，受他人胁迫实施环境违法行为的；第三，配合行政机关查处环境违法行为有立功表现的；第四，其他依法从轻或者减轻行政处罚的。环境违法行为轻微并及时纠正,没有造成危害后果的,不予行政处罚(第27条)。

第七节 环境行政复议

一、环境行政复议的概念

对于公民、法人或者其他组织认为环境行政行为侵犯其合法权益的,可以向行政机关提起行政复议或者向法院提起行政诉讼。其中,环境行政复议,是指行政相对人认为具体环境行政行为侵犯其合法权益,向行政复议机关提出复查该具体环境行政行为的申请,行政复议机关对被申请的具体环境行政行为进行合法性和合理性审查,并作出行政复议决定的活动。

二、环境行政复议的范围

根据《行政复议法》(2017年修订)的规定,环境行政复议的范围包括两类:第一类是可以申请复议的环境资源行政具体行政行为;第二类是可以附带提起审查的环境资源抽象行政行为。

(一)可以申请行政复议的环境资源具体行政行为

公民、法人或者其他组织可以对下列具体环境行政行为申请行政复议:对行政机关作出的关于确认土地、矿藏、水流、森林、山岭、草原、荒地、滩涂、海域等自然资源的所有权或者使用权的决定不服的(第6条)。

(二)可以附带提起审查的环境资源抽象行政行为

公民、法人或者其他组织认为行政机关的具体行政行为所依据的下列规定不合法,在对具体行政行为申请行政复议时,可以一并向行政复议机关提出对该规定的审查申请:第一,国务院部门的规定;第二,县级以上地方各级政府及其工作部门的规定;第三,乡、镇政府的规定。这里的"规定"不包括国务院部、委员会规章和地方政府规章。对规章的审查,依照法律、行政法规办理(第7条)。

(三)不可以申请行政复议的环境资源事项

不得申请行政复议的情况,主要包括三类。第一,在对具体行政行为申请复议时,可以申请对作为依据的行政立法进行审查,但不包括国务院部门、委员会和地方政府制定的规章在内。第二,不能单独、直接以规范性文件的制定为对象申请行政复议。第三,对环保部门依法对环境民事纠纷作出的调解或者其他处理不服的,不得申请行政复议。

三、环境行政复议申请期限和作出复议决定的期限

《行政复议法》对环境行政复议的申请期限和作出复议决定的期限作出了明文规定。

（一）环境行政复议的申请期限

公民、法人或者其他组织认为具体行政行为侵犯其合法权益的，可以自知道该具体行政行为之日起 60 日内提出行政复议申请；但是法律规定的申请期限超过 60 日的除外。因不可抗力或者其他正当理由耽误法定申请期限的，申请期限自障碍消除之日起继续计算（第 9 条）。

（二）作出复议决定的期限

行政复议机关应当自受理申请之日起 60 日内作出行政复议决定；但是法律规定的行政复议期限少于 60 日的除外。情况复杂，不能在规定期限内作出行政复议决定的，经行政复议机关的负责人批准，可以适当延长，并告知申请人和被申请人；但是延长期限最多不超过 30 日（第 31 条第 1 款）。

第八节　专门环境行政责任

一、环境保护行政问责制度

（一）环境保护行政问责的概念

行政问责制，是指特定的问责主体针对各级政府及其工作人员承担的职责和义务的履行情况实施的，并要求承担否定性结果的一种制度。环境保护行政问责是指在环境保护领域，对环境保护享有职权承担职责的各级政府、各级政府所属机构及其公务员的一切行为和后果都必须达到能够追究责任的程度。

（二）环境保护行政问责制度的立法沿革

2006 年 2 月 20 日，我国公布实施的《环境保护违法违纪行为处分暂行规定》规定了环境保护问责制度的具体内容。近年来，随着重大突发环境事件的频繁发生，在全面推进生态文明建设的政策背景下，我国越来越重视地方各级政府承担的环境保护责任，推动环境保护与目标责任制，对各级政府及其环境保护主管机关、其他负有环境保护监督管理职责的部门及其直接负责的主管人员和其他直接责任人员，实行行政问责。例如，《国家环境保护“十二五”规划》（2011 年）明文规定：“建立化学品

环境污染责任终身追究制和全过程行政问责制。"《环境保护法》第6章详细规定了环境保护法律问责制度,规定了地方各级政府、县级以上政府环保主管部门、其他负有环境保护监督管理职责的部门及其直接负责的主管人员和其他直接责任人员的行政法律责任。

二、环境保护"党政同责"制度

(一)环境保护"党政同责"制度的提出

为了改变环保部门治理环境缺乏执行力和权威性等问题,《环境保护法》建立了"多元共治"的体制机制,实现发展与环境的综合决策、协同治理。在2015年8月,中共中央办公厅、国务院办公厅印发《党政领导干部生态环境损害责任追究办法(试行)》,明确"党政同责"的基本原则。只要发生环境污染和生态破坏事件,不仅政府主要领导成员要承担责任,党委和相关部门的领导也有可能被追究相应的责任。

根据前述《党政领导干部生态环境损害责任追究办法(试行)》的规定,地方各级党委和政府对本地区生态环境和资源保护负总责,党委和政府主要领导成员承担主要责任,其他有关领导成员在职责范围内承担相应责任。同时,实行生态环境损害责任终身追究制。对于违背科学发展要求,造成生态环境和资源严重破坏的,无论责任人是否已经调离、提拔或者退休,都必须严格追责。该办法具体规定了应当追究相关地方党委和政府主要领导成员责任的情形、应当追究相关地方党委和政府有关领导成员责任的情形,以及党政领导干部利用职务影响应当追责的情形。

(二)环境保护"党政同责"的展开

1. 环境保护"党政同责"的法理依据

党政同责的法治化重点在于明确规定党委的责任。其主要原因在于,按照法律规定,如果某地发生了环境污染和环境破坏事件,可以依法追究当地政府主要负责人及主管人员的责任,但是,无法依法追究当地党委的环保责任。为此,党的十八届四中全会决定,将"党内法规"纳入国家法治体系。《党政领导干部生态环境损害责任追究办法(试行)》首次以党内法规的形式明确了"党政同责"。

与上述办法同时出台的,还有《环境保护督查方案(试行)》、《生态环境监测网络建设方案》和《开展领导干部自然资源资产离任审计试点方案》三个文件。上述四个文件具有内在的逻辑联系,对于建立生态环境终身追责制度具有重要意义。

在实践中,除中共中央发布的党内法规外,也有的地方采取党政联合出台规范性文件的形式,明确从党委和政府两个方面共同落实"党政同责""一岗双责""齐抓共管"的要求,其效力在国家层面属于行政规章,在党内属于党内法规。

2. 环境保护“党政同责”的具体理解

关于“党政同责”,可以从两个方面进行理解:第一,“同有职责”是指党委和政府部门,在生态环境管理或者监督方面都有职责,党委书记、政府首长都应当依法、依规承担责任;第二,在违反职责时,“同样承担责任”,主要是因为,党委和政府的职责有所不同,其行为引起的政治、纪律、法律后果也不完全相同。因此,党委书记和政府首长的责任也有所不同。

从职责范围看,第一,党委的领导主要是政治领导、思想领导和组织领导,党委也主要通过这三种领导方式落实“党政同责”的责任,或者说党委主要承担领导责任。第二,政府根据法律的授权,负有保护和改善辖区生态环境质量的职责,对于污染环境和破坏环境的行为负有监管职责,还有加大生态环境保护投入、实现可持续发展的职责,因此,政府主要通过依法履行职责落实“党政同责”的责任。

当然,“如果出现了地方的环境事故,不能简单地说谁的责任更重,而是要看决策形成过程以及执行情况而定。如果是党委决策错误,党委应该承担主要责任;如果党委决策正确,行政执行有过错或者重大失误,则应该由行政承担主要责任”。①

3. 环境保护“党政同责”的责任形式

关于党政领导干部生态环境损害责任追究形式,主要有:第一,诫勉、责令公开道歉;第二,组织处理,包括调离岗位、责令辞职、免职、降职等;第三,党纪政纪处分。其中,组织处理和党纪政纪处分既可以单独使用,也可以同时使用。追责对象涉嫌犯罪的,应当及时移送司法机关处理。负责作出责任追究决定的机关和部门,原则上应当将责任追究决定向社会公开。

三、生态环境损害赔偿责任

(一)生态环境损害赔偿责任的提出

目前环境法中并未明文规定生态损害赔偿责任,但是,最高人民法院《关于审理环境民事公益诉讼案件适用法律若干问题的解释》和最高人民法院《关于审理环境侵权责任纠纷案件适用法律若干问题的解释》都对此有所涉及。在 2015 年 12 月,中共中央办公厅、国务院办公厅印发了《生态环境损害赔偿制度改革试点方案》。根据该方案,从 2015 年到 2017 年,选择部分省份开展生态环境损害赔偿制度改革试点。

在 2017 年 8 月 29 日,中央全面深化改革领导小组第三十八次会议审议通过《生态环境损害赔偿制度改革方案》(以下简称《改革方案》)。2015 年印发的同类试点

---

① 吕忠梅主编:《环境法学概要》,法律出版社 2016 年版,第 229 页。

方案自2018年1月1日起废止。《改革方案》提出,通过在全国范围内试行生态环境损害赔偿制度,进一步明确生态环境损害赔偿范围、责任主体、索赔主体、损害赔偿解决途径等,形成相应的鉴定评估管理和技术体系、资金保障和运行机制,逐步建立生态环境损害的修复和赔偿制度,加快推进生态文明建设。自2018年1月1日起,在全国试行生态环境损害赔偿制度,力争到2020年在全国范围内初步构建责任明确、途径畅通、技术规范、保障有力、赔偿到位、修复有效的生态环境损害赔偿制度。

为正确审理生态环境损害赔偿案件,严格保护生态环境,依法追究损害生态环境责任者的赔偿责任,最高人民法院于2019年6月4日发布了《关于审理生态环境损害赔偿案件的若干规定(试行)》(以下简称《生态环境损害赔偿案件规定》)。该规定明确了生态环境损害赔偿诉讼案件的受理条件,规定了生态环境损害赔偿协议的司法确认规则,为生态环境损害赔偿制度的全面试行提供了有力司法保障和实践支持。

(二)生态环境损害赔偿责任的内涵

1.生态环境损害赔偿的概念

《改革方案》明确指出,生态环境损害是指因污染环境、破坏生态造成大气、地表水、地下水、土壤、森林等环境要素和植物、动物、微生物等生物要素的不利改变,以及上述要素构成的生态系统功能退化。

2.生态环境损害赔偿责任的追究主体

《改革方案》指出,对于具有下列情形之一的,按本方案要求依法追究生态环境损害赔偿责任:第一,发生较大及以上突发环境事件的;第二,在国家和省级主体功能区规划中划定的重点生态功能区、禁止开发区发生环境污染、生态破坏事件的;第三,发生其他严重影响生态环境后果的。各地区应根据实际情况,综合考虑造成的环境污染、生态破坏程度以及社会影响等因素,明确具体情形。但是,涉及人身伤害、个人和集体财产损失要求赔偿的,适用侵权责任法等法律规定;涉及海洋生态环境损害赔偿的,适用海洋环境保护法等法律及相关规定。

《生态环境损害赔偿案件规定》规定,具有下列情形之一,省级、市地级政府及其指定的相关部门、机构,或者受国务院委托行使全民所有自然资源资产所有权的部门,因与造成生态环境损害的自然人、法人或者其他组织经磋商未达成一致或者无法进行磋商的,可以作为原告提起生态环境损害赔偿诉讼:(1)发生较大、重大、特别重大突发环境事件的;(2)在国家和省级主体功能区规划中划定的重点生态功能区、禁止开发区发生环境污染、生态破坏事件的;(3)发生其他严重影响生态环境后果的(第1条第1款)。

但是,下列情形不适用本规定:(1)因污染环境、破坏生态造成人身损害、个人和集体财产损失要求赔偿的,适用侵权责任法等法律规定;(2)因海洋生态环境损害要求赔偿的,适用海洋环境保护法等法律及相关规定(第2条)。

(三)生态环境损害赔偿诉讼的管辖、起诉和审理

《生态环境损害赔偿案件规定》对生态环境损害赔偿诉讼的管辖、起诉和审理作出了具体规定。

1. 管辖

关于生态环境赔偿诉讼的管辖:第一,第一审生态环境损害赔偿诉讼案件由生态环境损害行为实施地、损害结果发生地或者被告住所地的中级以上法院管辖。第二,经最高人民法院批准,高级人民法院可以在辖区内确定部分中级人民法院集中管辖第一审生态环境损害赔偿诉讼案件。第三,中级人民法院认为确有必要的,可以在报请高级人民法院批准后,裁定将本院管辖的第一审生态环境损害赔偿诉讼案件交由具备审理条件的基层法院审理。第四,生态环境损害赔偿诉讼案件由法院环境资源审判庭或者指定的专门法庭审理(第3条)。

2. 起诉和举证责任

原告提起生态环境损害赔偿诉讼,符合民事诉讼法和本规定并提交下列材料的,法院应当登记立案:第一,证明具备提起生态环境损害赔偿诉讼原告资格的材料;第二,符合本规定第1条规定情形之一的证明材料;第三,与被告进行磋商但未达成一致或者因客观原因无法与被告进行磋商的说明;第四,符合法律规定的起诉状,并按照被告人数提出副本(第5条)。

原告主张被告承担生态环境损害赔偿责任的,应当就以下事实承担举证责任:第一,被告实施了污染环境、破坏生态的行为或者具有其他应当依法承担责任的情形;第二,生态环境受到损害,以及所需修复费用、损害赔偿等具体数额;第三,被告污染环境、破坏生态的行为与生态环境损害之间具有关联性(第6条)。

被告反驳原告主张的,应当提供证据加以证明。被告主张具有法律规定的不承担责任或者减轻责任情形的,应当承担举证责任(第7条)。

已为发生法律效力的刑事裁判所确认的事实,当事人在生态环境损害赔偿诉讼案件中无须举证证明,但有相反证据足以推翻的除外。对刑事裁判未予确认的事实,当事人提供的证据达到民事诉讼证明标准的,法院应当予以认定(第8条)。

3. 审判组织形式

法院审理第一审生态环境损害赔偿诉讼案件,应当由法官和人民陪审员组成合议庭进行(第4条)。

(四)生态环境损害赔偿的范围

1. 赔偿范围

生态环境损害赔偿范围包括清除污染费用、生态环境修复费用、生态环境修复期间服务功能的损失、生态环境功能永久性损害造成的损失以及生态环境损害赔偿调查、鉴定评估等合理费用。各地区可根据生态环境损害赔偿工作进展情况和需要,提出细化赔偿范围的建议。鼓励各地区开展环境健康损害赔偿探索性研究与实践。

根据《生态环境损害赔偿案件规定》的规定,原告(被害人)就下列费用提出的诉讼请求可以得到法院的支持。第一,被告违反法律法规污染环境、破坏生态的,法院应当根据原告的诉讼请求以及具体案情,合理判决被告承担修复生态环境、赔偿损失、停止侵害、排除妨碍、消除危险、赔礼道歉等民事责任(第 11 条)。第二,受损生态环境能够修复的,法院应当依法判决被告承担修复责任,并同时确定被告不履行修复义务时应承担的生态环境修复费用。生态环境修复费用包括制定、实施修复方案的费用,修复期间的监测、监管费用,以及修复完成后的验收费用、修复效果后评估费用等。原告请求被告赔偿生态环境受到损害至修复完成期间服务功能损失的,法院根据具体案情予以判决(第 12 条)。第三,受损生态环境无法修复或者无法完全修复,原告请求被告赔偿生态环境功能永久性损害造成的损失的,法院根据具体案情予以判决(第 13 条)。

此外,原告请求被告承担下列费用的,法院根据具体案情予以判决:第一,实施应急方案以及为防止生态环境损害的发生和扩大采取合理预防、处置措施发生的应急处置费用;第二,为生态环境损害赔偿磋商和诉讼支出的调查、检验、鉴定、评估等费用;第三,合理的律师费以及其他为诉讼支出的合理费用(第 14 条)。

2. 赔偿义务人

违反法律法规,造成生态环境损害的单位或个人,应当承担生态环境损害赔偿责任,做到应赔尽赔。现行民事法律和环境保护法律有相关免除或减轻生态环境损害赔偿责任规定的,按相应规定执行。各地区可根据需要扩大生态环境损害赔偿义务人的范围,提出相关立法建议。

3. 赔偿权利人

国务院授权省级、市地级政府(包括直辖市所辖的区县级政府,下同)作为本行政区域内生态环境损害赔偿权利人。省域内跨市地的生态环境损害,由省级政府管辖;其他工作范围划分由省级政府根据本地区实际情况确定。省级、市地级政府可指定相关部门或机构负责生态环境损害赔偿具体工作。省级、市地级政府及其指定的部门或机构均有权提起诉讼。跨省域的生态环境损害,由生态环境损害地的相关省级政府协商开展生态环境损害赔偿工作。

在健全国家自然资源资产管理体制试点区，受委托的省级政府可指定统一行使全民所有自然资源资产所有者职责的部门负责生态环境损害赔偿具体工作；国务院直接行使全民所有自然资源资产所有权的，由受委托代行该所有权的部门作为赔偿权利人开展生态环境损害赔偿工作。

各省级政府应当制定生态环境损害索赔启动条件、鉴定评估机构选定程序、信息公开等工作规定，明确国土资源、环境保护、住房城乡建设、水利、农业、林业等相关部门开展索赔工作的职责分工。

（五）生态环境损害赔偿机制

1. 赔偿磋商机制

经调查发现生态环境损害需要修复或赔偿的，赔偿权利人根据生态环境损害鉴定评估报告，就损害事实和程度、修复启动时间和期限、赔偿的责任承担方式和期限等具体问题与赔偿义务人进行磋商，统筹考虑修复方案技术可行性、成本效益最优化、赔偿义务人赔偿能力、第三方治理可行性等情况，达成赔偿协议。对经磋商达成的赔偿协议，可以依照民事诉讼法向法院申请司法确认。经司法确认的赔偿协议，赔偿义务人不履行或不完全履行的，赔偿权利人及其指定的部门或机构可向法院申请强制执行。磋商未达成一致的，赔偿权利人及其指定的部门或机构应当及时提起生态环境损害赔偿民事诉讼。

2. 诉讼机制

《改革方案》指出，第一，各地法院要按照有关法律规定、依托现有资源，由环境资源审判庭或指定专门法庭审理生态环境损害赔偿民事案件；根据赔偿义务人主观过错、经营状况等因素试行分期赔付，探索多样化责任承担方式。第二，各地法院要研究符合生态环境损害赔偿需要的诉前证据保全、先予执行、执行监督等制度；可根据试行情况，提出有关生态环境损害赔偿诉讼的立法和制定司法解释建议。鼓励法定的机关和符合条件的社会组织依法开展生态环境损害赔偿诉讼。第三，生态环境损害赔偿制度与环境公益诉讼之间衔接等问题，由最高人民法院商有关部门根据实际情况制定指导意见予以明确。

关于生态环境损害赔偿诉讼与民事公益诉讼的关系，《生态环境损害赔偿案件规定》作出了具体规定。

第一，在生态环境损害赔偿诉讼案件审理过程中，同一损害生态环境行为又被提起民事公益诉讼，符合起诉条件的，应当由受理生态环境损害赔偿诉讼案件的法院受理并由同一审判组织审理（第16条）。

第二,法院受理因同一损害生态环境行为提起的生态环境损害赔偿诉讼案件和民事公益诉讼案件,应先中止民事公益诉讼案件的审理,待生态环境损害赔偿诉讼案件审理完毕后,就民事公益诉讼案件未被涵盖的诉讼请求依法作出裁判(第17条)。

第三,生态环境损害赔偿诉讼案件的裁判生效后,有权提起民事公益诉讼的机关或者社会组织就同一损害生态环境行为有证据证明存在前案审理时未发现的损害,并提起民事公益诉讼的,法院应予受理(第18条第1款)。民事公益诉讼案件的裁判生效后,有权提起生态环境损害赔偿诉讼的主体就同一损害生态环境行为有证据证明存在前案审理时未发现的损害,并提起生态环境损害赔偿诉讼的,法院应予受理(第18条第2款)。

(六)生态环境损害赔偿制度的完善

1. 加强生态环境修复与损害赔偿的执行和监督

赔偿权利人及其指定的部门或机构对磋商或诉讼后的生态环境修复效果进行评估,确保生态环境得到及时有效修复。生态环境损害赔偿款项使用情况、生态环境修复效果要向社会公开,接受公众监督。

2. 规范生态环境损害鉴定评估等工作

关于鉴定意见、事件调查报告、检验报告、检测报告、评估报告、监测数据在生态环境损害赔偿诉讼中的运用,《生态环境损害赔偿案件规定》作出了具体规定:第一,负有相关环境资源保护监督管理职责的部门或者其委托的机构在行政执法过程中形成的事件调查报告、检验报告、检测报告、评估报告、监测数据等,经当事人质证并符合证据标准的,可以作为认定案件事实的根据(第9条);第二,当事人在诉前委托具备环境司法鉴定资质的鉴定机构出具的鉴定意见,以及委托国务院环境资源保护监督管理相关主管部门推荐的机构出具的检验报告、检测报告、评估报告、监测数据等,经当事人质证并符合证据标准的,可以作为认定案件事实的根据(第10条)。

因此,要加快推进生态环境损害鉴定评估专业力量建设,推动组建符合条件的专业评估队伍,尽快形成评估能力。研究制定鉴定评估管理制度和工作程序,保障独立开展生态环境损害鉴定评估,并做好与司法程序的衔接。为磋商提供鉴定意见的鉴定评估机构应当符合国家有关要求,为诉讼提供鉴定意见的鉴定评估机构应当遵守司法行政机关等的相关规定规范。

3. 加强生态环境损害赔偿资金管理

经磋商或诉讼确定赔偿义务人的,赔偿义务人应当根据磋商或判决要求,组织开展生态环境损害的修复。赔偿义务人无能力开展修复工作的,可以委托具备修复能力的社会第三方机构进行修复。修复资金由赔偿义务人向委托的社会第三方机构支付。赔偿义务人自行修复或委托修复的，赔偿权利人前期开展生态环境损害调查、鉴定评估、修复效果后评估等费用由赔偿义务人承担。

赔偿义务人造成的生态环境损害无法修复的，其赔偿资金作为政府非税收入，全额上缴同级国库，纳入预算管理。赔偿权利人及其指定的部门或机构根据磋商或判决要求，结合本区域生态环境损害情况开展替代修复。

为规范赔偿金和修复费用等的缴纳、管理和使用，《生态环境损害赔偿案件规定》明确规定，法院判决被告承担的生态环境服务功能损失赔偿资金、生态环境功能永久性损害造成的损失赔偿资金，以及被告不履行生态环境修复义务时所应承担的修复费用，应当依照法律、法规、规章予以缴纳、管理和使用（第 15 条）。

四、生产者责任的延伸

（一）生产者责任延伸的概念

生产者责任的延伸，是指将产品生产者的责任延伸到产品的整个生命周期，特别是产品消费后的回收处理和再生利用阶段，使生产者承担废弃产品的回收、处置等有关的法律义务，促进改善产品全部生命周期内的环境影响状况的一种环境保护制度。生产者责任延伸制度的宗旨是保护环境，节约资源。

（二）生产者责任延伸的内容

生产者承担的延伸责任，主要包括下列内容：第一，经济责任，是指生产者承担产品生命周期内全部或者部分环境成本，包括产品的回收、循环利用或者最终处置的成本；第二，废物管理责任，是指生产者直接参与废弃产品的管理，负责产品回收以及限期淘汰有毒有害危险材料的使用等，要求生产者对产品在使用寿命终结之后对环境产生的负面影响应当承担具体的责任；第三，信息责任，是指生产者要向产品生产过程中其他相关主题提供必要的信息。①

（三）生产者责任延伸的立法体现

1. 国外的立法

这里简要介绍日本的立法情况。日本在 1998 年通过法律要求所有电子电气产品在报废后必须交回到生产者处理，处理费用由生产者和消费者共同承担。1997 年颁布的《容器及包装循环法》、2000 年颁布的《推进循环型社会形成的基本法》以及 2001 年颁布的《电子家用设备循环法》等，也反映了生产者责任的延伸思想。

① 参见吕忠梅主编：《环境法学概要》，法律出版社 2016 年版，第 231 页。

2. 国内的立法

《电器电子产品有害物质限制使用管理办法》(2016 年)第 10 条规定,电器电子产品生产者在生产电器电子产品时,不得违反强制性标准或法律、行政法规和规章规定必须执行的标准,应当按照电器电子产品有害物质限制使用国家标准或行业标准,采用资源利用率高、易回收处理、有利于环境保护的材料、技术和工艺,限制或者淘汰有害物质在产品中的使用。电器电子产品生产者不得将不符合本办法要求的电器电子产品出厂、销售。该办法还规定了相应的法律责任。

《固体废物污染环境防治法》(2020 年修订)规定,第一,固体废物污染环境防治坚持污染担责的原则。产生、收集、贮存、运输、利用、处置固体废物的单位和个人,应当采取措施,防止或者减少固体废物对环境的污染,对所造成的环境污染依法承担责任(第 5 条)。第二,产品和包装物的设计、制造,应当遵守国家有关清洁生产的规定。国务院标准化主管部门应当根据国家经济和技术条件、固体废物污染环境防治状况以及产品的技术要求,组织制定有关标准,防止过度包装造成环境污染。生产经营者应当遵守限制商品过度包装的强制性标准,避免过度包装。

生产、销售、进口依法被列入强制回收目录的产品和包装物的企业,应当按照国家有关规定对该产品和包装物进行回收。电子商务、快递、外卖等行业应当优先采用可重复使用、易回收利用的包装物,优化物品包装,减少包装物的使用,并积极回收利用包装物。

第九节　环境行政诉讼

一、环境行政诉讼的概念

环境行政诉讼是指公民、法人或者其他组织认为环境保护行政机关和其他行使环境监督管理职权的行政机关的具体行政行为侵犯其合法权益,向法院提起诉讼,由法院对该具体行政行为的合法性进行审理并作出裁判的活动。

环境行政诉讼具有下列几个特点:第一,环境行政诉讼的原因是,环境行政相对人不服环境管理机关的具体行政行为而引发的争议;第二,争议的具体行政行为是法律、法规规定的可诉的行为;第三,原告是环境行政管理的行政相对人,包括法律法规规定必须接受环境行政管理机关管理的公民、法人或者其他组织;第四,被告是行使环境监督管理权,作出具体行政行为的环境行政管理机关;第五,诉讼标的是环境管理行政争议;第六,环境行政诉讼是法院主导下解决环境行政争议的活动;第七,在环境行政诉讼中,原告与被告的法律地位是平等的。

二、环境行政诉讼的受案范围

提起环境行政诉讼,必须满足下列条件:第一,原告是行政行为的相对人,或者与行政行为具有利害关系的公民、法人或者其他组织;第二,有明确的被告;第三,有具体的诉讼请求和事实根据;第四,属于法院的受案范围和受诉法院的管辖。

(一)环境行政诉讼的肯定范围

《行政诉讼法》以及环境法律法规对环境行政诉讼的受案范围作出了规定。例如,《行政诉讼法》第 12 条规定,法院受理公民、法人或者其他组织提起的下列诉讼:第一,对行政拘留、暂扣或者吊销许可证和执照、责令停产停业、没收违法所得、没收非法财物、罚款、警告等行政处罚不服的;第二,对限制人身自由或者对财产的查封、扣押、冻结等行政强制措施和行政强制执行不服的;第三,申请行政许可,行政机关拒绝或者在法定期限内不予答复,或者对行政机关作出的有关行政许可的其他决定不服的;第四,对行政机关作出的关于确认土地、矿藏、水流、森林、山岭、草原、荒地、滩涂、海域等自然资源的所有权或者使用权的决定不服的;第五,对征收、征用决定及其补偿决定不服的;第六,申请行政机关履行保护人身权、财产权等合法权益的法定职责,行政机关拒绝履行或者不予答复的;第七,认为行政机关侵犯其经营自主权或者农村土地承包经营权、农村土地经营权的;第八,认为行政机关滥用行政权力排除或者限制竞争的;第九,认为行政机关违法集资、摊派费用或者违法要求履行其他义务的;第十,认为行政机关没有依法支付抚恤金、最低生活保障待遇或者社会保险待遇的;第十一,认为行政机关不依法履行、未按照约定履行或者违法变更、解除政府特许经营协议、土地房屋征收补偿协议等协议的;第十二,认为行政机关侵犯其他人身权、财产权等合法权益的。除前款规定外,法院受理法律、法规规定可以提起诉讼的其他行政案件。

(二)环境行政诉讼的否定范围

《行政诉讼法》对行政诉讼的受案范围进行了限定。例如,《行政诉讼法》第 13 条规定,法院不受理公民、法人或者其他组织对下列事项提起的诉讼:第一,国防、外交等国家行为;第二,行政法规、规章或者行政机关制定、发布的具有普遍约束力的决定、命令(抽象行政行为);第三,行政机关对行政机关工作人员的奖惩、任免等决定;第四,法律规定由行政机关最终裁决的行政行为。

由此可见,下列行为不属于环境行政诉讼的受案范围:第一,国家行为;第二,抽象行政行为;第三,环境行政监督管理机关对公务员的处理行为;第四,法定的行政终局行为;第五,环境刑事司法行为;第六,环境行政调解行为;第七,不具有强制力的环境行政指导行为;第八,驳回当事人提起申诉的重复处理行为;第九,对相对人的权利义务不产生实际影响的行为。

三、环境行政诉讼的管辖

环境行政诉讼的管辖,是指各级法院受理第一审环境行政诉讼案件的分工和权限。《行政诉讼法》对管辖问题作出下列规定。

(一)级别管辖

级别管辖,是指各级法院之间审理第一审环境行政案件的分工和权限。环境行政案件的级别管辖分为四级;第一,基层法院管辖第一审行政案件(第14条)。第二,中级人民法院管辖第一审行政案件的范围,包括:对国务院部门或者县级以上地方政府所作的行政行为提起诉讼的案件;海关处理的案件;本辖区内重大、复杂的案件;其他法律规定由中级人民法院管辖的案件(第15条)。第三,高级人民法院管辖本辖区内重大、复杂的第一审行政案件(第16条)。第四,最高人民法院管辖全国范围内重大、复杂的第一审行政案件(第17条)。

(二)地域管辖

地域管辖,是指根据法院的辖区和当事人的住所地等,确立同级法院之间审理第一审环境行政案件的分工与权限。具体来说,第一,行政案件由最初作出行政行为的行政机关所在地法院管辖(第18条第1款)。第二,经复议的案件,也可以由复议机关所在地法院管辖(第18条第1款)。第三,经最高人民法院批准,高级人民法院可以根据审判工作的实际情况,确定若干法院跨行政区域管辖行政案件(第18条第2款)。第四,对限制人身自由的行政强制措施不服提起的诉讼,由被告或者原告所在地法院管辖(第19条)。第五,因不动产提起的行政诉讼,由不动产所在地法院管辖(第20条)。

(三)移送管辖

移送管辖,是指受理案件的法院将不属于自己管辖的环境行政案件,移送给有管辖权的法院审理。法院发现受理的案件不属于本院管辖的,应当移送有管辖权的法院,受移送的法院应当受理。受移送的法院认为受移送的案件按照规定不属于本院管辖的,应当报请上级法院指定管辖,不得再自行移送(第22条)。

(四)指定管辖

指定管辖,是指由于特殊原因或者两个以上法院对管辖权发生争议时,由上级法院以裁定的方法确定其中一个法院审理第一审环境行政案件。有管辖权的法院由于特殊原因不能行使管辖权的,由上级法院指定管辖。法院对管辖权发生争议,由争议双方协商解决。协商不成的,报共同上级法院指定管辖(第 23 条)。

(五)其他规定

除上述规定外,还有两项规定:第一,两个以上法院都有管辖权的案件,原告可以选择其中一个法院提起诉讼。原告向两个以上有管辖权的法院提起诉讼的,由最先立案的法院管辖(第 21 条)。第二,上级法院有权审理下级法院管辖的第一审行政案件。下级法院对其管辖的第一审行政案件,认为需要由上级法院审理或者指定管辖的,可以报请上级法院决定(第 24 条)。

四、环境行政诉讼的时效

诉讼时效是指如果权利人在法定期限内不行使请求权,将丧失胜诉权的一项法律制度。《行政诉讼法》规定了两种诉讼时效。

(一)不服复议决定,提起行政诉讼的情形

公民、法人或者其他组织不服环境行政复议决定的,可以在收到复议决定书之日起 15 日内向法院提起诉讼。复议机关逾期不作决定的,申请人可以在复议期满之日起 15 日内向法院提起诉讼。法律另有规定的除外(第 45 条)。

(二)直接提起行政诉讼的情形

1. 普通诉讼时效

公民、法人或者其他组织直接向法院提起诉讼的,应当自知道或者应当知道作出环境行政行为之日起 6 个月内提出。法律另有规定的除外。

2. 最长诉讼时效

因不动产提起诉讼的案件自行政行为作出之日起超过 20 年,其他案件自行政行为作出之日起超过 5 年提起诉讼的,法院不予受理(第 46 条)。

五、环境行政诉讼的举证责任

根据《行政诉讼法》的规定,环境行政主体对于作出的环境行政行为负有举证责任。

(一)被告的举证责任

1. 被告承担举证责任的场合

第一,被告对作出的环境行政行为负有举证责任,应当提供作出该行政行为的证据和所依据的规范性文件。被告不提供或者无正当理由逾期提供证据,视为没有相应证据。但是,被诉行政行为涉及第三人合法权益,第三人提供证据的除外(第 34 条)。第二,在被告应当依职权主动履行法定职责,或者原告因正当理由不能提供证据的场合(第38条第1款),由被告承担举证责任。

2. 对被告收集证据的限制

在环境行政诉讼过程中,被告及其诉讼代理人不得自行向原告、第三人和证人收集证据(第35条)。

(二)原告的举证责任

对于下列案件或者具体情形,由原告承担举证责任。第一,原告可以提供证明行政行为违法的证据。原告提供的证据不成立的,不免除被告的举证责任(第37条)。第二,在起诉被告不履行法定职责的案件中,原告应当提供其向被告提出申请的证据(第38条第1款)。第三,在行政赔偿、补偿的案件中,原告应当对行政行为造成的损害提供证据。因被告的原因导致原告无法举证的,由被告承担举证责任(第38条第2款)。

(三)法院调取证据的职权

法院有权向有关行政机关以及其他组织、公民调取证据。但是,不得为证明行政行为的合法性调取被告作出行政行为时未收集的证据(第40条)。

六、环境行政复议与环境行政诉讼的关系

《行政诉讼法》和《行政复议法》对环境行政复议和行政诉讼的关系作出明确的规定。

(一)一般规定

对属于法院受案范围的行政案件,公民、法人或者其他组织可以先向行政机关申请复议,对复议决定不服的,再向法院提起诉讼;也可以直接向法院提起诉讼。法律、法规规定应当先向行政机关申请复议,对复议决定不服再向法院提起诉讼的,依照法律、法规的规定(《行政诉讼法》第44条)。

(二)行政复议前置的场合及其例外

1. 行政复议前置的场合

公民、法人或者其他组织认为行政机关确认土地、矿藏、水流、森林、山岭、草原、荒地、滩涂、海域等自然资源的所有权或者使用权的具体行政行为,应当先申请行政复议;对行政复议决定不服的,可以依法提起行政诉讼(《行政复议法》第30条第1款)。

2. 例外性规定

对涉及自然资源所有权或者使用权的行政处罚、行政强制措施等具体行政行为提起行政诉讼的,不适用前述规定。

3. 其他情况

对于环境与资源保护单行法律、法规没有规定行政复议为提起行政诉讼必经程序的，公民、法人或者其他组织既可以提起行政诉讼，也可以申请行政复议。

（三）行政复议为最终裁决的场合

下列情形中行政复议为最终裁决：第一，根据国务院或者省级政府对行政区划的勘定、调整或者征用土地的决定，行政复议为最终裁决；第二，省级政府确认土地、矿藏、水流、森林、山岭、草原、荒地、滩涂、海域等自然资源的所有权或者使用权的，行政复议为最终裁决（《行政复议法》第30条第2款）。

（四）行政行为的执行力

申请行政复议或者提起行政诉讼，不停止行政处罚决定的执行。

七、环境行政诉讼的诉讼程序

（一）环境行政诉讼程序的类型

环境行政诉讼程序可以分为第一审程序、第二审程序、审判监督程序和执行程序。其中，第一审程序可以分为普通程序和简易程序。

（二）环境行政诉讼程序的阶段

无论是第一审程序还是第二审程序，环境行政诉讼程序都可以分为起诉、受理、开庭审理和判决（裁定）四个阶段。

八、环境行政诉讼的执行

关于行政诉讼的执行，《行政诉讼法》作出了明文规定。

（一）环境行政诉讼判决或者裁定的强制执行

1. 强制执行的范围

公民、法人或者其他组织拒绝履行判决、裁定、调解书的，行政机关或者第三人可以向第一审法院申请强制执行，或者由行政机关依法强制执行（第95条）。

2. 强制执行的措施

行政机关拒绝履行判决、裁定、调解书的，第一审法院可以采取下列措施：第一，对应当归还的罚款或者应当给付的款额，通知银行从该行政机关的账户内划拨。第二，在规定期限内不履行的，从期满之日起，对该行政机关负责人按日处50元至100元的罚款。第三，将行政机关拒绝履行的情况予以公告。第四，向监察机关或者该行政机关的上一级行政机关提出司法建议。接受司法建议的机关，根据有关规定进行处理，并将处理情况告知法院。第五，拒不履行判决、裁定、调解书，社会影响恶劣的，可以对该行政机关直接负责的主管人员和其他直接责任人员予以拘留；情节严重，构成犯罪的,依法追究刑事责任(第96条)。

(二)环境行政诉讼的强制措施(保障措施)

公民、法人或者其他组织对行政行为在法定期限内不提起诉讼又不履行的,行政机关可以申请法院强制执行,或者依法强制执行(第97条)。

第十节　环境行政赔偿

一、环境行政赔偿的概念

环境行政赔偿是指环境行政机关及其工作人员,违法行使职权,侵犯公民、法人和其他组织等环境行政相对人的合法权益造成损害的,由环境行政机关给予赔偿的法律制度。

环境行政赔偿具有下列几个特点:第一,实施侵权行为的主体是环境行政机关及其工作人员;第二,环境监督管理行为违法,即职务行为违法;第三,环境行政侵权行为人主观上有过错;第四,由环境行政机关给予赔偿。

二、环境行政赔偿的构成要件

环境行政赔偿责任包括以下四个构成要件。

(一)主体要件:"国家机关和国家机关的工作人员"

行为人必须是环境行政机关及其工作人员,即环境行政机关及其工作人员的违法行政行为。非环境行政机关及其工作人员不构成环境行政赔偿责任。

(二)违法性要件:"违法行使"

环境行政行为必须是违法行为,即违反环境法律、行政法规规定,行使环境行政监督管理职权的行为。如果环境行政行为不违法,不构成环境行政赔偿责任。

(三)行为要件:"行使职权"

环境行政行为必须是行使环境监督管理职权的行为,即环境行政机关在自己的职权范围内违法行使环境监督管理职权的行为。如果不是行使环境监督管理职权的行为,如环境行政工作人员与行使职权无关的个人行为,不构成环境行政赔偿责任。

(四)结果要件:"造成损害"

环境行政行为侵犯合法权益造成损害。即违法行使职权,侵害行政相对人合法权益并产生损害结果的。一方面,没有损害结果不构成环境行政赔偿责任;另一方面,如果侵害的不是合法权益,也不予以赔偿。

三、环境行政赔偿的请求权人和赔偿义务机关

（一）环境行政赔偿的请求权人

环境行政赔偿的请求人，是指因为环境行政机关及其工作人员违法行使职权而使其合法权益受到损害的行政相对人。受害的个人死亡的，其继承人和其他有扶养关系的亲属有权要求获得赔偿；受害的单位终止的，承受其权利的单位有权要求获得赔偿。

（二）环境行政赔偿的赔偿义务机关

根据《国家赔偿法》（1994 年通过，2012 年修正）第 7 条的规定，下列行政机关属于环境行政赔偿的赔偿义务机关。

1. 行使职权侵害他人合法权益的行政机关

行政机关及其工作人员行使行政职权侵犯公民、法人和其他组织的合法权益造成损害的，该行政机关为赔偿义务机关。

2. 两个以上共同行使行政职权侵害他人合法权益的行政机关

两个以上行政机关共同行使行政职权时侵犯公民、法人和其他组织的合法权益造成损害的，共同行使行政职权的行政机关为共同赔偿义务机关。

3. 经法律、法规授权行使行政权力侵害他人的合法权益的组织

法律、法规授权的组织在行使授予的行政权力时侵犯公民、法人和其他组织的合法权益造成损害的，被授权的组织为赔偿义务机关。

4. 受行政机关委托行使行政权力侵害他人合法权益的组织或者个人

受行政机关委托的组织或者个人在行使受委托的行政权力时侵犯公民、法人和其他组织的合法权益造成损害的，委托的行政机关为赔偿义务机关。

5. 行使被撤销机关职权的行政机关或者作出撤销赔偿义务机关决定的行政机关

赔偿义务机关被撤销的，继续行使其职权的行政机关为赔偿义务机关；没有继续行使其职权的行政机关的，撤销该赔偿义务机关的行政机关为赔偿义务机关。

四、环境行政赔偿的赔偿范围

根据现行的环境法律、法规和《国家赔偿法》第 3 条、第 4 条规定，环境行政赔偿的范围也同样包括环境行政机关及其工作人员在行使环境行政职权过程中违法侵害相对人人身权的行为和侵害相对人财产权的行为。

（一）侵害人身权的环境行政赔偿范围

关于侵害人身权的环境行政赔偿范围，《国家赔偿法》规定如下。第一，环境行政机关在执行职务的过程中非法限制相对人人身自由的，包括非法拘留、拘禁、扣留

等。现行法律规定,环境行政机关没有限制人身自由的法定权限,因此,只要环境行政机关及其工作人员实施限制相对人人身自由的行为,就属于非法限制人身自由,就要为此承担环境行政赔偿责任。第二,环境行政机关及其工作人员在执行环境行政职务过程中违法造成公民身体伤害或死亡,侵犯公民生命健康权的行为。例如,实施暴力或唆使他人实施暴力造成公民身体伤害或死亡等。

(二)侵害相对人财产权的行为

关于侵害相对人财产权的行为的环境行政赔偿的范围,《国家赔偿法》规定如下:第一,违法实施行政处罚造成行政相对人财产损失的行为,例如,罚款、没收非法所得、责令停止生产或者使用、吊销排污许可证、责令停业关闭等造成损失。第二,采取强制性行政措施而造成行政相对人财产损失的行为。例如,强制减少或停止排污等造成经济损失。第三,因实施不作为违法行为而造成财产损失的行为。例如,符合法定条件申请环境行政机关批准环境影响报告书(表)、登记表、申请发放“三同时”验收合格证等,环境行政机关不予批准或拒绝履行而造成损失。第四,环境行政机关违法要求行政相对人履行义务而造成财产损失的行为。例如,违法要求缴纳排污费或违法决定限期治理等。第五,造成财产损失的其他违法行为。

五、环境行政赔偿的赔偿程序

环境行政赔偿的赔偿程序可以分为申请、受理、审理和决定四个阶段。

1. 申请

申请是被侵害的相对人请求赔偿机关给予行政赔偿的意思表示。如果赔偿请求人向法院提起诉讼,法院已经受理的,不得再向赔偿义务机关提出行政赔偿请求。

2. 受理

赔偿机关收到申请后,根据受理条件对赔偿申请进行审查,并应当在收到申请之日起10日内作出是否受理的决定。

3. 审理

审理的主要内容为:第一,具体行政行为是否合法、适当;第二,环境行政机关是否具备环境监管权、是否越权或者滥用职权;第三,作出的具体行政行为是否符合法定程序;第四,赔偿请求人申请赔偿的理由;第五,要求赔偿的数额是否合理;等等。

4. 决定

赔偿事务处理机关对赔偿请求人的申请进行全面审理,就是否给予赔偿作出决定。

第五章　环境法的基本原则

第一节　环境法的基本原则概述

一、环境法基本原则的概念

环境法的基本原则是指通过环境法律法规明确规定或者体现的,在环境立法、环境管理与执法以及环境司法实践中必须遵循的,反映环境法基本理念、价值、特点和目的的,具有普遍性指导作用的基础性和根本性的准则。

环境法的基本原则具有下列几个特点。

第一,从形式上看,环境法的基本原则是环境基本法明文规定的,具有法定性。

第二,从对整个环境法律体系的指导作用看,环境法的基本原则具有基本性或者根本性。环境法的基本原则概括了立法者对环境法制度的基本态度与价值观念,既是环境法基本理念在环境法上的具体体现,又是环境法的本质、技术原理与国家环境政策在环境法上的具体反映。

第三,从效力等级看,环境法的基本原则具有最高效力,贯穿环境法的立法、司法,以及环境行政管理、行政执法的全过程。当社会生活中出现既定的环境法律规范与变化的社会现象的矛盾时,环境法基本原则可以为司法者提供法律解释的基本线索和根本指引,弥补成文法滞后于社会发展变化的不足,既为解决个案纠纷提供可能,也为法律的修订奠定基础。

第四,环境法的基本原则是在一定时期内根据环境问题的特点以及对环境问题的认识形成的,国家之间基于国情和法律制度的不同,对基本原则也各有取舍和侧重。

二、国外环境法的基本原则

各国环境法的基本原则存在差异。例如,德国环境法的基本原则包括保护原则(protection principle)、防止原则(prevention principle)、污染者付费原则(polluter pays principle)、合作原则(cooperation principle)、可持续性原则(sustainability principle)、谨慎责任原则(the principle of causal responsibility)。瑞典环境法的基本原则包括污

染者付费原则、谨慎原则、最先进原则、替换原则、自然和人的忍受能力原则。欧盟环境法的基本原则包括高水平保护原则(the high level of protection principle)、防备原则(the precautionary principle)、防止原则(the prevention principle)、源头原则(the source principle)、污染者付费原则(polluter pays principle)、综合原则(the intergration principle,又称一体原则)。

根据各国环境法基本原则所体现的基本理念,可以分为社会发展指南(宏观指导性的原则)、环境责任分配(排污者与管理者之间的责任分担)、正当决策程序三类,主要包括高度保护原则、谨慎预防原则(或者环境关怀原则)、危险防御原则、跨国界的环境保护原则、污染者负担原则或者原因者负担原则(或者共同负担原则、集体负担原则)、环境利益与责任衡平原则、禁止现存环境受恶劣破坏原则、最佳可得技术原则、协同合作原则、公众参与原则等。[①]

三、我国环境法的基本原则

(一)我国环境法律关于基本原则的规定

我国环境法的基本原则最早源于1973年在第一次全国环境保护会议上提出的环境保护32字方针:"全面规划,合理布局,综合利用,化害为利,依靠群众,大家动手,保护环境,造福人民。"

《环境保护法》明文规定了环境法的基本原则。该法第4条第2款规定:"国家采取有利于节约和循环利用资源、保护和改善环境,促进人与自然和谐的经济、技术政策和措施,使经济社会发展与环境保护相协调。"第5条规定:"环境保护坚持保护优先、预防为主、综合治理、公众参与、损害担责的原则。"

(二)环境法学界关于环境法基本原则的争议

关于我国环境法学的基本原则,理论上存在不同观点,大多根据《环境保护法》的规定确定环境法学的基本原则。例如,金瑞林教授等认为,我国环境法学的基本原则是经济社会发展与环境保护相协调原则、预防原则、公众参与原则和损害者(受益者)负担原则。[②] 蔡守秋教授等认为,我国环境法学的基本原则是保护优先原则(保护原则)、预防原则(防备原则)、综合治理原则、公众参与原则(民主决策原则)、损害担责原则。[③] 吕忠梅教授认为,环境法的基本原则包括保护优先原则、预防为主原

---

① 参见陈慈阳:《环境法总论》,台北,元照出版有限公司2000年版,第217页;汪劲:《环境法学》(第3版),北京大学出版社2014年版,第99~100页。

② 参见金瑞林主编:《环境法学》(第4版),北京大学出版社2016年版,第33页。

③ 参见蔡守秋主编:《环境资源法》(第3版),高等教育出版社2017年版,第94页。

则、综合治理原则、公众参与原则和损害担责原则。① 韩德培教授等认为，环境法的基本原则包括经济社会发展与环境保护相协调原则、保护优先原则、预防为主、综合治理原则、公众参与原则、损害担责原则等。②

鉴于《环境保护法》是我国的环境基本法，要发挥基础性、综合性作用，要对环境保护领域的共性问题作出共性规定。环境保护的基本原则是环境保护领域的基本价值和指导方针，具有统领全局的作用。笔者主张，环境法的基本原则包括五项原则，分别是协调发展原则（经济社会与环境协调发展原则）、保护优先原则（环境资源的开发利用与保护改善相结合原则）、预防原则、公众参与原则（环境民主原则）和原因者负担原则（环境责任原则），见表5－1。

表5－1　环境法基本原则的内容与适用③

序号	基本原则	具体内容与适用
1	协调发展原则	第一，经济、社会发展应当与环境保护相协调，开发决策必须考虑环境的承受能力。 第二，国家之间、国内各部门之间要保持协作精神。 第三，建立循环经济型社会，探索编制自然资源资产负债表，对领导干部实行自然资源资产离任审计
2	保护优先原则	第一，保护原则的核心是可持续的生产、消费和管理。实现人与自然的和谐相处。 第二，遵循自然规律和社会经济发展规律。 第三，克服环境价值绝对化的冲动。 第四，厘清保护优先原则在不同领域适用的差异性
3	预防原则	第一，合理规划、有计划地开发利用环境和资源。 第二，运用环境标准控制和减少生产经营活动向环境排放污染物。 第三，对开发利用环境和资源的活动进行环境影响评价。 第四，增强防范意识，谨慎对待具有科学不确定性的开发利用活动
4	公众参与原则	第一，在环境影响评价和其他设计公众利益的许可程序中建立公众参与制度。 第二，建立决策信息公开与披露制度。 第三，鼓励各类非政府的环境保护组织代表公众参与环境决策。 第四，建立公众参与的司法保障制度

① 参见吕忠梅主编：《环境法学概要》，法律出版社2016年版，第74页。

② 参见韩德培主编：《环境保护法教程》（第8版），法律出版社2018年版，第84页。

③ 参见汪劲：《环境法学》（第3版），北京大学出版社2014年版，第100页。

续表

序号	基本原则	具体内容与适用
5	原因者负担原则	第一,实行排污收费或者征收污染税制度。 第二,实行废弃物品再生利用和回收制度。 第三,实行开发利用自然资源补偿费或者征税制度。 第四,建立环境保护的共同负担制度

第二节 协调发展的原则

一、协调发展原则的概念

协调发展原则,又称经济、社会与环境协调发展原则或者可持续发展原则,是指国家的经济建设与社会发展应当与环境和资源的承载能力相适应,促进环境、经济、社会的协调和可持续发展。简言之,“满足当前需要,且不损害后代人满足其自身需要的能力”。

协调发展原则是以生态和经济理念为基础,要求对发展所涉及的各项利益都应当均衡地加以考虑,以衡平与人类发展相关的经济、社会和环境这三大利益的关系。协调发展原则要求,在确保经济社会发展的同时,必须保护环境和自然资源,保障国家的生态安全。既不能以牺牲环境和自然资源为代价谋求片面的经济发展,也不能因为保护环境和自然资源而否定民众合理的物质文化需要。

二、协调发展原则的形成和发展

(一)协调发展原则的提出、发展与完善

1. 国际社会对协调发展原则的认同

例如,1972 年 6 月联合国人类环境会议通过的《人类环境宣言》指出:“人类既是他的环境的创造物,又是他的环境的塑造者,环境给予人以维持生存的东西,并给他提供了在智力、道德、社会和精神等方面获得发展的机会。”“为这一代和将来的世世代代,保护和改善人类环境,已经成为人类一个紧迫的目标,这个目标将同争取和平、全世界的经济与社会发展这两个既定的基本目标共同和协调地实现。”

1983 年,联合国第 38 届大会在其通过的 38/161 号决议中决定设立世界环境与发展委员会(World Committee of Environment and Development,WCED),研究和协调人类面临的环境问题。该委员会于 1987 年向联合国提交了一份题为《我们共同的未来》(Our Common Future)的研究报告,提出了“可持续发展”的思想,指出人类发展应当坚持“既满足当代人的需要,又不对后代人满足其需要的能力构成危害”。1992年《里约宣言》再次重申了可持续发展思想,并提出了实现可持续发展的27项原则。大会还通过了《21世纪议程》作为在全世界范围内实现可持续发展的行动纲领。2002年9月,在约翰内斯堡召开的联合国可持续发展首脑会议,突出强调了作为可持续发展的支柱的经济增长、社会发展、环境保护,认为三者相互促进、相互协调非常重要,并将消除贫困纳入可持续发展理念之中。

但是,各国对协调发展原则的理解存在不同认识,主要分歧表现在如何衡平经济发展和环境保护关系。发达国家的经济和社会发展水平较高,更重视生活质量和环境保护问题,往往坚持“环境优先”原则,即经济发展必须与环境保护相协调,不得牺牲环境以谋求经济发展。但是,就大多数发展中国家而言,公众的生活还得不到保障,国内财政较困难,对经济发展的愿望远远高于对环境保护的需要。

2. 我国环境保护法律法规对协调发展原则的认同

1973年8月,召开了第一次全国环境保护工作会议。1973年11月,国务院批转的根据会议精神起草的《关于全国环境保护会议情况的报告》,强调“经济发展和环境保护,同时并进、协调发展”。1979年9月13日,颁布的《环境保护法(试行)》规定,国务院和所属各部门、地方各级政府必须切实做好环境保护工作;在制定发展国民经济计划的时候,必须对环境的保护和改善统筹安排,并认真组织实施(第5条)。

1983年12月,第二次全国环境保护会议制定了“经济建设、城乡建设和环境建设要同步规划、同步实施,实现经济效益、社会效益、环境效益的统一”的战略方针。1989年12月26日,《环境保护法》再次重申了协调发展原则,其第4条指出:国家制定的环境保护规划必须纳入国民经济和社会发展计划。国家采取有利于环境保护的经济、技术政策和措施,使环境保护工作同经济建设和社会发展相协调。

2002年10月颁布的《环境影响评价法》第1条明确规定,“促进经济、社会和环境的协调发展”。2003年10月,党的十六届三中全会提出“全面发展、协调发展、可持续发展”。2005年12月,国务院发布的《关于落实科学发展观加强环境保护的决定》提出“协调发展、互惠共赢”原则,要求正确处理环境保护与经济发展和社会进步的关系,在发展中落实保护,在保护中促进发展。所谓协调发展,就是要统筹城乡发展、区域发展、经济社会发展、人与自然和谐发展、国内发展与对外开放;推进生产力和生产关系、经济基础和上层建筑相协调,推进经济、政治、文化建设的各个环节、各个方面的协调。通过推行清洁生产,发展循环经济,依靠环境科技进步,加强环境法制等做到全面、协调和可持续发展。2006年3月14日,《国民经济和社会发展第十一个五年计划纲要》首次提出对国土空间主体功能区划的限制开发区域实行“保护优先、适度开发、点状发展”的总体要求。

2014年4月,新修订的《环境保护法》规定,国家采取有利于节约和循环利用资源、保护和改善环境、促进人与自然和谐的经济、技术政策和措施,使经济社会发展与环境保护相协调(第4条第2款)。环境保护坚持保护优先、预防为主、综合治理、公众参与、损害担责的原则(第5条)。

(二)协调发展原则与可持续发展

1.“可持续发展”概念的提出与理解

1972年,美国学者梅多斯(D. Meadows)等“罗马俱乐部”的学者提交了一份名为《增长的极限》(The Limits of Growth)的研究报告,该报告的最终研究结论如下。第一,如果世界人口、工业化、污染、粮食生产以及资源消耗按照现在的增长趋势继续不变,这个星球上的经济增长会在今后一百年内某一个时候达到极限。最可能的结果就是人口和工业化生产能力这两个方面发生颇为突然的、无法控制的衰退或者下降。第二,改变这些增长趋势,确立一种可以长期保持的生态稳定和经济稳定的条件是可能的。全球均衡的状态可能计划做到,使得世界上每个人的基本物质需要得到满足,以及每个人有同等机会发挥他个人的人类潜力。第三,如果世界上的人决定努力争取这第二种结果,而不是第一种结果,那么他们越早开始努力,取得成功的可能性就越大。① 由于该报告对人类未来的经济、社会与环境等问题作出了耸人听闻的预言,引起了各国政府和公众的重视。从20世纪70年代开始,各国开始在环境立法中将“可持续发展”作为一项重要的原则,并通过一系列具体的法律制度予以保障实施。

1987年,根据联合国大会的要求,世界环境与发展委员会提交了一份名为《我们共同的未来》的研究报告,确立了“可持续发展”的原则,指出:“可持续发展是既满足当代人的需要,又不对后代人满足其需要的能力构成危害的发展。它包括两个重要的概念:‘需要’的概念,尤其是世界上贫困人民的基本需要,应将此放在特别优先的地位来考虑。‘限制’的概念,技术状况和社会组织对环境满足眼前和将来需要的能力施加的限制。”②“可持续发展寻求满足现代人的需要和欲望,而又不危害后代人满足其需要和欲望的能力。”③

1987年2月,世界环境与发展委员会第八次会议在日本东京召开,会议发布的

① 参见[美]梅多斯等:《增长的极限》,于树生译,商务印书馆1984年版。

② 世界环境与发展委员会:《我们共同的未来》,王之佳、柯金良等译,吉林人民出版社1997年版,第52页。

③ 同上书,第48页。

《东京宣言》指出,可持续发展"可以简单的定义为,既满足当代人的需要,又不对子孙后代满足其需要的能力构成危害的发展方式"。

1992 年 6 月,联合国环境与发展会议在里约热内卢召开,会议通过的《里约宣言》指出:"人类处于普受关注的可持续发展问题的中心。他们应当享有以与自然相和谐的方式过健康而富有生产成果的生活的权利,并公平地满足今世后代在发展和环境方面的需要。"英国学者桑兹(Philippe Sands)在 1995 年编写的国际环境法教科书中将"可持续发展原则"概括为代际公平、代内公平、可持续利用和环境与发展一体化四个要素,较为全面地反映了这一原则的内容和要求。[①]

2015 年 9 月,联合国发展峰会在纽约通过了《2030 年可持续发展议程》。这个议程设定了 17 个可持续发展目标,其中一半与环境和自然资源的可持续性有关,包括贫困、健康、粮食和农业、水和卫生、人类住区、能源、气候变化、可持续消费和生产、海洋和陆地生态系统。在 169 个具体目标中,超过 86 个目标涉及环境的可持续性。

2. 可持续发展的内涵

关于"可持续发展"的含义,主要有三种代表性的界定方法:第一,从生态环境角度进行界定,认为可持续发展应当以自然资源为基础,与环境承载能力相协调;第二,从经济角度进行界定,认为可持续发展的核心是经济发展的可持续性;第三,从科技角度进行界定,认为可持续发展的关键是实现科技的可持续发展。

"可持续发展"在深刻反思人与自然关系的基础上,摒弃了人类中心主义过于保守和生态中心主义过于激进的人性观假设,符合人性的复合性特征,是能最深入认识和引导人性的认识论和方法论。第一,"可持续发展"的前提是发展,是为了增进人类的福祉,改善人类的生活质量。人类的发展和生活品质的改善,必须建立在地球生态系统的容纳能力之内。第二,实现发展以满足需要,同时,应当维持生态系统的完整性,而不至于损害后代人的利益。可持续发展在某种程度上承认了客体的主体性,以"可持续"解决时间问题,以"发展"解决空间问题,实现主客体关系的重构。[②] 第三,应当将经济发展与生态的可持续性有机结合起来。"可持续发展"要求对于生命和自然进行全新理解,为理性和价值双重尺度的整体提供了可能性,可以为环境法提供认识论和方法论。[③]

---

① Philippe Sands, Principles of International Environmental Law I: Frameworks, Standord and Implementation, Manchester University Press, 1995.

② 参见吕忠梅主编:《环境法学概要》,法律出版社 2016 年版,第 26 页。

③ 参见吕忠梅主编:《超越与保守——可持续发展视野下的环境法创新》,法律出版社 2003 年版,第 10 页。

笔者认为,“可持续发展”是指“满足当前需要,且不损害后代人满足其自身需要的能力”。可持续发展的最终目的是,既满足当代人的需要,又不对后代人的需要构成危害。可持续发展的基础在于协调,即协调处理好资源的开发、投资的方向、技术开发方向以及国家机构的变化关系等,以增强目前和将来满足人类的需要和愿望的潜力。①

3. 协调发展原则与可持续发展的关系

协调发展原则是对可持续发展原则的具体化和进一步细化,二者根本上是一致的。经济建设、城乡建设和环境建设同步规划、同步实施、同步发展,是协调原则的具体要求。其中有两个重要环节:同步规划、同步建设。同步规划,主要是解决把环境保护纳入经济和社会发展计划和解决合理布局的问题;同步建设,主要是在城市建设、工业建设、农业建设、交通建设中同时解决环境污染和破坏问题。

三、协调发展原则的贯彻

(一)将环境保护纳入经济和社会发展计划,制订环境保护规划

1. 将环境保护纳入经济和社会发展计划

1952 年提出第一个“国民经济和社会发展五年计划”,到 1982 年第五个“五年计划”,都没有将环境保护纳入其中。1982 年 12 月,环境保护作为独立的篇章(第 35 章),被首次纳入《国民经济与社会发展第六个五年计划(1981—1985 年)》。之后,“十五”计划提出“科学发展观”。“十一五”计划首次将“国民经济和社会发展计划”更名为“国民经济和社会发展规划”。“十二五”规划提出要“建设资源节约型、环境友好型社会”,“促进经济社会发展与人口资源环境相协调,走可持续发展之路”。

2. 制订环境保护规划

1973 年 8 月,国务院召开第一次全国环境保护会议后,开始着手环境保护计划的编制工作。1975 年,国务院环境保护领导小组编制了第一个“环境保护十年计划”。之后,除“六五”计划期间,各个五年计划中均制定发布了专门的环境保护计划。2011 年 12 月,国务院印发《国家环境保护“十二五”规划》,提出要加大结构调整力度等措施。

《环境影响评价法》(2018 年修订)第 7 条就各级政府编制的发展规划以及其他有关建设项目的审批程序规定了评价、分析和利益平衡机制,要求在编制的各类规划草案中专门设立环境保护篇章或者说明,否则不予批准。《行政许可法》(2003 年)

① 参见汪劲:《环境法学》(第 3 版),北京大学出版社 2014 年版,第 108 页。

第 11 条规定,行政许可的设定应当促进经济、社会和生态环境的协调发展。

(二)国家之间、国内各部门之间要协同合作处理环境问题

1. 国家之间合作处理环境问题

《联合国宪章》确立了国际合作原则。从 1972 年 6 月联合国人类环境会议召开以来,在关于环境保护的各种公约、条约、决议、宣言中反复强调国际合作的重要性。目前,各国之间环境保护合作主要是基于政府间国际环境保护组织(如联合国开发署、环境规划署)、国际货币基金组织(如世界银行、亚洲开发银行)、非政府国际组织等发起和组织的。另外,由发达国家向发展中国家提供的环境保护援助,也属于环境保护协同合作的一种形式。

2. 国内各部门之间、各地域之间合作处理环境问题

其主要包括环保部门与其他有关资源、能源以及经济等行政主管部门和公共事业管理部门之间的协同合作,各个行政区划、各级政府之间的协同合作。对此,需要注意三个方面:第一,探索建立有效的协同合作机制;第二,探索建立环境资源情报公开和共享机制;第三,实行重大决定通报制度。

3. 环境行政管理机关与企业和公众之间合作处理环境问题

这主要表现在:第一,环境行政管理机关在通过环境标准对企业、公众进行管理时,也要注意提供一定的指导;第二,鼓励企业在现行环境法律体系的框架下,根据市场规律贯彻落实排污交易制度、企业环境管理责任制度、环境审计制度等。

(三)建立循环经济型社会,将环境保护纳入有关部门的经济管理与企业管理

循环经济型社会,是指在经济、社会发展过程中,对环境与资源的保护从开发到生产、流通、消费、废弃再到回收实行全过程的监控管理,通过再生、循环利用使经济和社会的发展朝向顺应生态规律要求方向发展的社会形态。

建立循环经济型社会,是将环境控制的重点从"末端"对污染物的控制转向"源头"和"全程"对可能产生的所有废弃物实行管理,以减少上述各个环节中产生的废弃物进入环境,同时,对各类回收的资源和能源进行再生利用,最终减少环境污染和对生态系统的破坏。显然,建立循环经济型社会是协调发展原则得以实现的最佳制度选择。[①]

在 20 世纪 90 年代以后,各国环境立法都在向建立循环经济法律制度方向发展。例如,制定《循环经济型社会促进法》、《容器包装物回收利用法》以及《资源回收利用

① 参见汪劲:《环境法学》(第 3 版),北京大学出版社 2014 年版,第 110 页。

法》等。我国也制定了《节约能源法》《清洁生产促进法》《循环经济促进法》《可再生能源法》等法律法规。

(四)建立环境保护目标责任制和考核评价制度

1. 环境保护目标责任制

环境保护目标责任制是指确定环境保护的目标及实现该目标的措施,并签订协议、进行考核、明确责任,保障措施得以落实、目标得以实现。该制度明确了一个区域、一个部门乃至一个单位环境保护的主要责任者和责任范围,运用目标化、定量化、制度化的管理方法,从而使改善环境质量的任务能够层层分解落实,达到既定的目标。①

环境保护目标责任制是一种具体落实地方各级政府和有关污染单位对环境质量负责的行政管理制度。该制度是以我国的国情为基础,为改善环境质量、实现国家环境保护目标而建立的制度。当前我国环境污染问题非常严重,在很大程度上与唯GDP的发展理念与管理模式有关联。党的十八届三中全会决定明确指出,要建立生态审计制度、绿色GDP核算体系,对决策失误造成严重生态破坏和环境污染的党政主要负责人实行终身问责。为此,《环境保护法》规定,国家实行环境保护目标责任制和考核评价制度。县级以上政府应当将环境保护目标完成情况纳入对本级政府负有环境保护监督管理职责的部门及其负责人和下级政府及其负责人的考核内容,作为对其考核评价的重要依据。考核结果应当向社会公开(第26条)。

其中,备受瞩目的《大气污染防治行动计划》(国发〔2013〕37号)落实方案就包括目标责任制,如确立下列具体指标:"到2017年,全国地级及以上城市可吸入颗粒物浓度比2012年下降10%以上,优良天数逐年提高;京津冀、长三角、珠三角等区域细颗粒物浓度分别下降25%、20%、15%左右,其中北京市细颗粒物年均浓度控制在60微克/立方米左右。"为此,国务院授权原环境保护部与各省级政府签订大气污染防治目标责任书。例如,《北京市大气污染防治目标责任书》(2013年)要求北京市政府对本行政区空气质量负总责,应加强组织领导,采取有效措施,确保实现以下目标:第一,到2017年,空气质量明显好转,全市重污染天气较大幅度减少;第二,细颗粒物浓度比2012年下降25%左右,控制在60微克/立方米左右。

2. 环境保护目标责任制的特点

第一,环境保护目标责任制有明确的时间和空间界限,通常以一届政府的任期为

① 参见信春鹰:《〈中华人民共和国环境保护法〉学习读本》,中国民主法制出版社2014年版,第132页。

时间界限,以行政单位所辖地域为空间界限;第二,环境保护目标责任制有明确的环境质量目标、定量要求和可分解的质量指标;第三,环境保护目标责任制有明确的年度工作指标;第四,环境保护目标责任制有配套的措施、支持保证系统和考核奖惩办法;第五,环境保护目标责任制有定量化的监测和控制手段。①

3. 考核评价制度

考核评价与目标责任密切相关,考核的是目标的完成情况,并将其作为对人的考察的重要依据。根据《环境保护法》的规定,考核评价的对象主要包括:第一,本级政府负有环境保护监督管理职责的部门及其负责人;第二,下级政府及其负责人(第26条)。

在实践中,考核部门一般应当配套制定相应的考核办法。例如,为了实现"十二五"主要污染物减排目标,原环境保护部在2013年与31个省级政府、新疆生产建设兵团、中石油等8家央企签订了"'十二五'主要污染物总量减排目标责任书"。为了保障"减排"顺利实施,国务院办公厅转发《"十二五"主要污染物总量减排考核办法》。根据该规定,主要污染物总量减排考核内容主要包括三个方面:第一,主要污染物总量减排目标完成情况;第二,主要污染物总量减排统计监测考核体系的建设运行情况;第三,各项主要污染物总量减排措施的落实情况。考核结果报经国务院审定后,交由各部门官员的主管部门,作为对各地区领导班子和领导干部综合考核评价的重要依据。

对于考核结果为通过的,国务院环境保护主管部门会同有关部门优先加大对该地区污染治理和环保能力建设的支持力度,并结合全国减排表彰活动进行表彰奖励。对考核结果为未通过的,则实行"一票否决"制。国务院环境保护主管部门暂停该地区所有新增主要污染物排放建设项目的环评审批,撤销国家授予该地区的环境保护或者环境治理方面的荣誉称号,领导干部不得参加年度评奖、授予荣誉称号等。由监察机关会同环境保护部门依照减排绩效管理的有关规定,实行通报批评、约谈、诫勉谈话等。对未通过且整改不到位或者因工作不力造成重大社会影响的,由监察机关依照有关规定追究该地区有关责任人员的责任。

(五)建立环保督政问责制度

1. 环保督政问责的含义

环保督政问责建立在地方政府的环境责任基础上。《环境保护法》第6条第2款

① 参见《中国环境管理制度》编写组编:《中国环境管理制度》,中国环境科学出版社1991年版,第74页。

明确规定,地方政府对本行政区域的环境质量负责。环保督政问责是指如果环境质量较以往降低,生态遭受破坏,地方政府必须为此承担责任。如果地方政府存在决策失误或者监管不力出现重大生态环境问题,必须追究党政领导人的责任,并实行终身追责。

在某种程度上,环境的公共产品性质决定了完全用市场手段可能失灵。地方政府环境责任的缺失是环境保护领域政府失灵、环境法律失灵的重要原因之一。各级政府环境责任的缺失,主要表现为"重政府经济责任,轻政府环境责任""重企业环境义务和责任,轻政府环境义务和责任""重政府环境权力,轻政府环境义务"。为此,《环境保护法》第26条规定,国家实行环境保护目标责任制和考核评价制度。通过设立环保督政问责,实行目标评价机制和考核制度,使各级政府正确处理保护与发展的关系。规定环保督政问责制度,将进一步规范党政领导人的施政行为,既是环境保护的需要,也对经济转型和可持续发展发挥重要作用。

2. 环保督政问责的内容

环保督政问责的内容是建立一套有效的问责激励机制,使党政领导干部切实转变执政理念,对生态保护和环境质量负责。党政领导干部对环境保护具有监管性或者预防性、保护性的责任,即监管责任;对于未履行监管责任的,承担法律责任。其中,监管责任是具体落实"地方政府应当对本行政区域的环境质量负责"的保证,法律责任则是督促地方政府落实监管责任。

《环境保护法》规定如下。第一,地方各级政府应当对本行政区域的环境质量负责(第6条第2款)。第二,县级以上政府应当将环境保护目标完成情况纳入对本级政府负有环境保护监督管理职责的部门及其负责人和下级政府及其负责人的考核内容,作为对其考核评价的重要依据。考核结果应当向社会公开(第26条)。第三,县级以上政府应当每年向本级人大或者人大常委会报告环境状况和环境保护目标完成情况,对发生的重大环境事件应当及时向本级人大常委会报告,依法接受监督(第27条)。第四,地方各级政府应当根据环境保护目标和治理任务,采取有效措施,改善环境质量。未达到国家环境质量标准的重点区域、流域的有关地方政府,应当制定限期达标规划,并采取措施按期达标(第28条)。

根据环保督政问责的要求,地方政府及其工作人员应当"有所为,有所不为"。第一,不能阻止实施未依法进行环境影响评价的开发利用规划;第二,不能超总量排污、未完成国家确定的环境质量目标;第三,不能包庇环境违法行为;第四,依法应当作出责令停业、关闭决定的,不能不作为;第五,不能指使篡改、伪造监测数据;第六,不能马虎大意,导致发生重大、特大突发环境事件;第七,环境质量不能下降;第八,不能不顾生态环境盲目决策；第九，不能干预、阻碍环境监管执法。[①]

环保督政问责制度主要包括约谈、区域限批、挂牌督办、综合督查和环保督查等。[②] 在《环境保护法》(2014年修订)实施后，环保督政问责制度进一步得到强化。例如，2015年，环境保护部共约谈16个地级市(自治州)和2个县的地方政府负责人；多个省级环境保护厅也开展了相应的约谈、督查。[③] 环保督政问责制度强调"党政同责、一岗双责"和"终身追责"，促使各地党政领导人注重解决环境问题，推动地方环境质量的改善。

3. 环保督政问责制度的实施

为确保环保督政问责制度的贯彻实施，有关法律法规和政策性文件确立了一系列保障措施。[④]

(1)实行环境保护目标责任制和考核评价制度。将环境纳入政绩考核，改变过去仅注重经济指标的做法。要求不搞地区生产总值和增长率排名，同时，加大资源消耗、环境保护等评价考核指标的权重，进行绿色政绩评价考核。地方党委和政府的生态文明评价考核应当分年度评价考核、中期评价考核和离任评价考核。[⑤]

(2)实行"党政同责，一岗双责"制度。长期以来，由于行政监督制约机制不完善，地方党委政府环境保护主体责任落实不到位，追究责任和环保约谈主要是针对行政领导干部，由于没有明确的法律法规规定党委在环境保护方面的职责，各级党委的环保责任被虚化。党政领导干部不当干预环境保护工作的事件时有发生，严重影响生态文明建设的顺利推进。

为此，中共中央办公厅、国务院办公厅在2015年联合印发《党政领导干部生态环境损害责任追究办法(试行)》，在国家层面第一次提出环境保护"党政同责"，通过明确领导干部在生态环境领域的责任红线，实现"有权必有责、用权受监督、违规要追

---

① 参见《环境保护督察方案(试行)》(2015年7月1日中央深化改革小组十四次会议审议通过)，《生态环境监测网络建设方案》(2015年7月26日国务院办公厅发布)。

② 参见《环境保护部约谈暂行办法》(2014年5月16日环境保护部发布)、《环境保护督察方案(试行)》(2015年7月1日中央深化改革小组十四次会议审议通过)。

③ 参见王灿发等：《新〈环境保护法〉实施情况评估报告》(2016年5月26日发布)。

④ 参见《环境保护督察方案(试行)》(2015年7月1日中央深化改革小组十四次会议审议通过)、《开展领导干部自然资源资产离任审计的试点方案》(2015年11月9日中共中央办公厅、国务院办公厅发布)、《党政领导干部生态环境损害责任追究办法(试行)》(2015年8月9日中共中央办公厅、国务院办公厅发布)、《生态环境损害赔偿制度改革试点方案》(2015年12月3日中共中央办公厅、国务院办公厅发布)。

⑤ 参见《关于改进地方党政领导班子和领导干部政绩评价考核工作的通知》(2013年12月6日中共中央组织部发布)。

究”。“党政同责将地方党委作为追责对象,是一个重大突破,体现了党委政府对生态文明和环境保护共同担责,落实了两个主体权责一致的原则,抓住了落实环境保护责任制的要害。”①通过终身追责的方法惩治损害生态环境的党政干部,破解“权责不对等”难题,坚持党政同责、差别追责、联动追责、主体追责、终身追责,将党政领导干部追责的结果与其评优、提拔、转任等结合起来,形成完整的责任链条。

(3)实行自然资源资产离任审计制度。自然资源资产离任审计是对领导干部任职前后区域内自然资源资产实物量变动的情况进行审计,以负债表为参考,客观分析变动的原因:首先,要揭示自然资源资产管理开发利用和生态环境保护中存在的突出问题,以及影响自然资源资产和生态环境安全的风险隐患;其次,对于人为因素造成自然资源资产数量减少、质量下降、环境恶化、污染比较严重的问题,实事求是地界定领导干部应当承担的责任。

传统的衡量国民经济和社会发展的方法是统计国内生产总值(Gross Domestic Product,GDP),当前各国已经逐渐用绿色 GDP(Green GDP)的方法取而代之。绿色 GDP 的计算方法是,在传统的国内生产总值的基础上,减去自然部分的虚数和人文部分的虚数。其中,自然部分的虚数包括:环境污染造成的环境质量下降、自然资源退化和配比不均、长期生态退化的损失、资源稀缺性所引发的成本、物质和能量的不合理利用导致的损失等。人文部分的虚数包括:疾病和公共卫生条件导致的支出、失业造成的损失、犯罪造成的损失、教育水平低下和文盲造成的损失、人口数量失控造成的损失、管理不善(决策失误)造成的损失等。②

自然资源资产负债表能够反映特定地区在特定时期自然资源的状况,列报各类资源的形成、开发、配置、运用、储存、保护、综合利用和再生等各个环节的情况,揭示特定地区、特定时期的资产负债存量及其变动情况。自然资源资产负债表包括资产方和负债方两类。其中,资产方是指各种自然资源资产,如土地资产、矿产资产、森林资产和水资产等项目,并可以进一步细分。负债方则主要包括污染成本、治理成本等,其反映的项目不仅是已经造成的损失,还包括未来可能产生的损失,以及为了治理污染或者恢复原状而需要付出的成本。③ 编制自然资源资产负债表是一种实现协调发展的量化方法。对于政府来讲,要实现协调发展就必须事前掌握当前环境与自然资源的存量以及污染物排放和资源能源消耗情况,以及预判未来经济发展是否可

---

① 吕忠梅主编:《环境法学概要》,法律出版社 2016 年版,第 184 页。

② 参见汪劲:《环境法学》(第 3 版),北京大学出版社 2014 年版,第 111 页。

③ 同上。

以承受这种消耗等。对领导干部实行自然资源资产离任审计，将对政绩考核制度产生重大影响，并提高经济社会管理水平。①

我国于2013年首次提出对领导干部实行自然资源资产离任审计，建立生态环境损害责任终身追究制；②2014年7月，规定对自然资源资产管理进行监督；③2015年，中共中央办公厅、国务院办公厅印发《环境保护督查方案（试行）》《关于开展领导干部自然资源资产离任审计试点方案》《党政领导干部生态环境损害责任追究办法（试行）》等，明确了“党政同责”，实行地方党委和政府领导成员生态文明建设一岗双责制。以自然资源资产离任审计结果和生态环境损害情况为依据，明确规定对造成生态环境损害负有责任的领导干部，无论是否已经调离、提拔或者退休，都必须严肃追责。在审计署2015年的重点审计项目中，也包括了自然资源资产离任审计试点等内容。

四、环境与发展综合决策机制

（一）问题的提出

贯彻协调发展原则，需要对人类利益、国家利益、集体利益和个人利益，眼前利益、局部利益和长远利益、整体利益进行综合考虑、统筹兼顾。当然，在实践中实现经济建设、城乡建设与环境建设，以及经济效益、社会效益和环境效益的完全统一是困难的。环境保护与经济社会协调发展原则的指向和标准都极其含糊，导致实践中被随意解释，甚至成了为发展经济而牺牲环境保护的理由或借口，这是导致我国环境质量与环境问题日益突出的一个重要原因。④

环境与发展综合决策是人口、资源、环境与经济协调、持续发展这一基本原则在决策层次上的具体化和制度化。通过对各级政府和有关部门及其领导的决策内容、程序和方式提出具有法律约束力的明确要求，可以确保在决策的“源头”（拟订阶段）将环境保护的各项要求纳入有关的发展政策、规划和计划中去，实现发展与环保的一体化。⑤

各级决策部门在进行经济和社会发展重大决策过程中，必须对环境保护与经济

---

① 参见汪劲：《环境法学》（第3版），北京大学出版社2014年版，第111页。

② 参见《中共中央关于全面深化改革若干重大问题的决定》（2013年11月12日中国共产党第十八届中央委员会第三次全体会议通过）。

③ 参见《党政主要领导干部和国有企业领导人员经济责任审计规定实施细则》（2014年7月27日中央组织部等七部委发布）。

④ 参见吕忠梅主编：《环境法学概要》，法律出版社2016年版，第75页。

⑤ 参见王曦：《建立环境与发展综合决策机制，实施可持续发展战略》，载《经济界》2003年第5期。

和社会发展加以全面考虑、统筹兼顾、综合平衡、科学决策。在制定区域和资源开发、城市发展和行业发展规划,调整产业结构和生产力布局等经济建设和社会发展重大决策时,不仅要根据经济和社会发展的需要,还要考虑环境和资源的承载能力。要正确处理经济增长速度和综合效益的统一、生产力布局与资源优化配置、产业结构调整与解决结构性污染、资源开发利用与保护生态环境等问题,从源头控制可能对环境的污染和破坏。①

(二)环境与发展综合决策机制的提出过程

1.1987 年,世界环境与发展委员会发表《我们共同的未来》,指出:“负责管理和保护环境的机构与负责经济的机构在组织上是分开的。……政府未能使那些政策行动损害环境的机构有责任保证其政策能防止环境遭受破坏。”为此,“预测和防止环境破坏的能力,要求在制定政策时,既考虑经济、贸易、能源、农业和其他方面,同时也考虑生态方面。”②

2.1994 年 3 月 25 日,国务院通过了《中国 21 世纪议程——中国 21 世纪人口、环境与发展白皮书》,明确提出,要逐步促进可持续发展的协调管理机制的形成,“在决策过程中实现经济、社会、资源和环境因素的综合决策;各级政府部门在重大决策和设立有关重要项目时,要同时进行可持续发展影响的评价和审查是否符合区域开发整治规划的要求;提高行政和决策方面的透明度,通过建立非政府性的咨询机构以及大众信息网等,使有关社会团体、公众有效地参与决策过程;有系统的监测和评估发展进程,以便各级政府与各部门评估可持续发展的成效;通过政策协调,提高资源分配方面合理性”。

2003 年年初,国务院发布实施《中国 21 世纪初可持续发展行动纲要》,明确提出“运用行政手段,提高可持续发展的综合决策水平”。之后,国务院和原环境保护部制定的一系列文件中都提出了建立综合决策机制的要求。例如,国务院作出的《关于环境保护若干问题的决定》(1996 年 8 月 3 日)、原国家环保总局制定的《全国环境保护工作(1998—2002)纲要》、国务院发布的《全国生态环境保护纲要》、《国家环境保护“十五”规划》(2001 年)、《关于落实科学发展观加强环境保护的决定》(国发〔2005〕39 号)等。2013 年 11 月 12 日,党的十八届三中全会通过的《中共中央关于全面深化改革若干重大问题的决定》对生态文明建设进行了制度安排,推进将生态文

---

① 参见韩德培主编:《环境保护法教程》(第 8 版),法律出版社 2018 年版,第 58 页。

② 世界环境与发展委员会:《我们共同的未来》,王之佳等译,吉林人民出版社 1997 年版,第 1 页、第 17 页。

明建设融入经济建设、政治建设、文化建设和社会建设的全过程。2013 年 11 月，中共中央成立“全面深化改革领导小组”，下设“经济体制和生态文明体制改革专项小组”。

（三）环境与发展综合决策的利益调整

环境与发展综合决策作为基于生态环境对于人类发展的多重利益所产生的一种协调利益、平衡关系的方法，通过建立经济发展与环境保护的双向互动分析，实现经济、环境和社会的和谐发展。① 关于利益关系调整，应当注意妥善处理下列几组关系。

1. 环境利益与经济利益的关系

在处理环境利益与经济发展的关系时，应当遵循下列三个原则：首先，优先保证基本的生存权利和健康权利；其次，维持资源再生能力；最后，对不可再生资源应当节约利用。

2. 环境平等与经济平等的关系

将环境保护与经济发展综合考虑，公平的状态应当为：因为现代经济的发展在很大程度上是以开发环境资源为代价的，经济发展的受益者应当承担更多的环境保护义务。②

3. 自由与管制的关系

为了自由的管制才是公平的，必须明确政府权力与市场权利之间的关系，界定政府、企业、个人的行为规则，既鼓励企业追求利润，又规定企业的社会责任；既要求政府加强对企业的监管，又要求政府为公众提供良好的环境保护公共服务。

4. 私人利益与公共利益的关系

当二者产生冲突时，公平原则要求使公共利益应当得到优先保护，但有两个限值：一是应对私人为公共利益而遭受的合法利益损失进行补偿；二是应将公共利益限定在有关社会公众整体利益的范围内。

5. 环境安全与经济安全的关系

在环境安全与经济安全之间，要注意不能走向极端。既不能一味发展经济而危及环境安全，也不能绝对保护环境而导致经济衰退，必须建立环境安全与经济安全的共同“底线”。

---

① 参见吕忠梅：《环境与发展综合决策的法律思考》，载《甘肃社会科学》2006 年第 6 期。

② 参见吕忠梅主编：《环境法原理》（第 2 版），复旦大学出版社 2017 年版，第 129 页。

(四)建立环境与发展综合决策的环境法机制

建立环境与发展综合决策的环境法机制,提出下列具体要求:第一,政府权力合理配置机制;第二,公众参与机制;第三,利益综合平衡机制。

当前,我国环境资源保护立法、执法和司法实践取得了很大进展。例如,《环境保护法》确立了经济建设与环境保护相协调的原则,并明确规定了环境保护坚持保护优先、预防为主、综合治理、公众参与、损害担责的原则。为贯彻上述基本原则,规定了环境规划制度、公众参与制度、环境影响评价制度、政府责任制度等。此外,明确了统一监管,包括区域统一管理制度、区际合作制度、环境标准制度、生态保护制度等;规定了决策实施机制,包括生态补偿制度、全过程控制制度、清洁生产和循环利用制度、环境监测制度等。

第一,国家采取财政、税收、价格、政府采购等方面的政策和措施,鼓励和支持环境保护技术装备、资源综合利用和环境服务等环境保护产业的发展(第 21 条)。第二,企业事业单位和其他生产经营者,在污染物排放符合法定要求的基础上,进一步减少污染物排放的,政府应当依法采取财政、税收、价格、政府采购等方面的政策和措施予以鼓励和支持(第 22 条)。第三,企业事业单位和其他生产经营者,为改善环境,依照有关规定转产、搬迁、关闭的,政府应当予以支持(第 23 条)。第四,国家建立、健全生态保护补偿制度。国家加大对生态保护地区的财政转移支付力度。有关地方政府应当落实生态保护补偿资金,确保其用于生态保护补偿。国家指导受益地区和生态保护地区政府通过协商或者按照市场规则进行生态保护补偿(第 31 条)。第五,各级政府应当统筹城乡建设污水处理设施及配套管网,固体废物的收集、运输和处置等环境卫生设施,危险废物集中处置设施、场所以及其他环境保护公共设施,并保障其正常运行(第 51 条)。第六,国家鼓励投保环境污染责任保险(第 52 条)。

第三节　保护优先原则

一、保护优先原则的概念

保护优先原则(又称保护优先、预防为主、综合治理原则),是指在处理生态环境保护与经济社会发展的关系时,原则上应当坚持生态环境保护的优先性;在生态环境保护与经济社会发展之间发生利益冲突时,应当优先保护生态环境。党的十八大提出，推进生态文明建设，要坚持节约优先、保护优先、自然恢复为主的方针。[①]《环境保护法》第5条确立的“保护优先原则”是我国环境与资源保护法的基本原则。“‘保护优先’原则明确了指向和标准，意味着在环境保护与经济社会发展出现冲突时优先考虑环境目标，要求‘经济建设与环境保护相协调’，而不是‘环境保护与经济建设相协调’，重点和顺序已经发生变化。”[②]

二、保护优先原则的形成和发展

（一）国外保护优先原则的形成和发展

1. 美国

1969年，美国国会通过的《国家环境政策法》第1条规定：“鉴于人类活动对于自然环境的一切构成部分的内在联系具有……并鉴于恢复和保持环境质量对于人类的普遍幸福和发展具有极端重要性……采取一切切实可行的手段和措施……创造和保持人类与自然得以在一种建设性和谐生存的各种条件，实现当代美国人及其子孙后代对于社会、经济和其他方面的要求，这是联邦政府一如既往的政策。”

2. 日本

日本于1967年通过的《公害对策基本法》第1条规定，立法目的是“保护国民健康和维护生活环境”，并规定“关于前款规定的维护生活环境的目的应与经济健全发展相协调”，一般称为“协调条款”或者“平衡条款”。但是，在环境执法和司法实践中，该原则成为工业企业抵制公害防治的借口，实际上成为“经济优先”原则。因此，日本于1970年修订了《公害对策基本法》，删除“协调条款”，确立了环境优先原则。该法第1条规定：“鉴于防治公害对维护国民健康和文明生活有极大重要性，为了明确企业、国家和地方政府对防治公害的职责，确定基本的防治措施，以全面推行防治公害的对策，达到保护国民健康和维护其生活环境的目的，特制定本法。”

（二）我国保护优先原则的形成和发展

1. 保护优先原则的历史沿革

《环境保护法（试行）》（1979年）规定，国务院和所属各部门、地方各级政府必须切实做好环境保护工作；在制订发展国民经济计划的时候，必须对环境的保护和改善统筹安排，并认真组织实施（第5条）。《环境保护法》（1989年）规定，国家制定的环

① 胡锦涛：《坚定不移沿着中国特色社会主义道路前进，为全面建设小康社会而奋斗——在中国共产党第十八次全国代表大会上的报告》，2012年11月8日。

② 吕忠梅主编：《环境法学概要》，法律出版社2016年版，第75页。

境保护规划必须纳入国民经济和社会发展计划。国家采取有利于环境保护的经济、技术政策和措施,使环境保护工作同经济建设和社会发展相协调(第4条)。

但是,环境保护法所确立的“环境保护与经济建设协调发展”原则并未得到真正的贯彻,“协调发展”往往最终沦为“为经济建设服务”,导致“环境污染严重、生态系统退化”。[①] 2014年4月24日,第十二届全国人大常委会第八次会议通过了修订后的《环境保护法》。

2. 现行环境法律法规等关于保护优先原则的规定

主要体现在:第一,2005年12月,国务院《关于落实科学发展观加强环境保护的决定》对保护优先原则作出规定。第二,《海岛保护法》(2009年)规定,国家对海岛实行科学规划、保护优先、合理开发、永续利用的原则(第3条第1款)。第三,《水土保持法》(2010年修订)规定,水土保持工作实行预防为主、保护优先、全面规划、综合治理、因地制宜、突出重点、科学管理、注重效益的方针(第3条)。第四,《环境保护法》(2014年修订)规定,国家采取有利于节约和循环利用资源、保护和改善环境、促进人与自然和谐的经济、技术政策和措施,使经济社会发展与环境保护相协调(第4条第2款)。环境保护坚持保护优先等原则(第5条)。

3. 保护优先原则的地位

保护优先原则是环境法基本原则中最基础性的准则。保护优先原则在连接《环境保护法》立法目的与制度设计中起核心作用,是预防为主、综合治理、公众参与和损害担责原则的上位原则,这些原则关系到保护优先原则的实现方式、途径以及最终可能的实现程度。[②]

三、保护优先原则的内容与贯彻

(一)保护优先原则的内容

一般认为,人与自然存在四种关系:开发、利用、保护和改善。保护原则的核心是遵循自然规律和社会经济发展规律,可持续的生产、消费和管理,实现人与自然的和谐相处。要实现保护优先原则,关键在于正确认识环境保护与经济发展的关系,实现环境与发展的综合决策。

环境与发展综合决策,是指在决策过程中对环境、经济和社会发展进行统筹兼顾,综合平衡,科学决策。环境与发展综合决策包括四个方面的内容:第一,综合决策

---

① 参见王灿发、傅学良:《论我国〈环境保护法〉的修改》,载《中国地质大学学报》(社会科学版)2011年第3期。

② 参见吕忠梅主编:《环境法学概要》,法律出版社2016年版,第76页。

的功能在于协调利益、平衡关系；第二，综合决策的需求来自利益主体的多元化；第三，综合决策是一种以和谐的方式缓解或者消除冲突的方法；第四，综合决策是一个双向互动的过程。①

(二)克服环境价值绝对化的冲动

1. 环境价值绝对化的冲动是一种错误的理解

关于环境保护与发展经济的关系，曾经出现过两种截然对立的观点。第一种观点主张先发展经济、再治理污染。在生产生活过程中只考虑眼前的需要，以发展经济为核心，不考虑环境污染与环境破坏，以牺牲环境换取经济发展，也就是"先污染、后治理"。第二种观点主张环境价值具有绝对优先性，为了保护环境和生态平衡，严格限制经济的发展，甚至提出"零增长论"，为了环境可以放弃经济发展。

上述这两种观点将经济发展与环境保护置于截然对立的位置，无论是价值观还是方法论，都是不足取的。第一，实践表明，"先污染、后治理"的观点及其做法导致了严重的环境问题，已经被证明是错误的。第二，"环境价值绝对优先论"忽视了生存与发展是人类的一切经济活动、精神文明活动的前提和最终目的，而且，解决环境问题也需要雄厚的物质基础和技术能力。

2. 环境价值的相对优先性

相对经济社会发展而言，环境价值的优先性是相对的，而不是绝对的。例如，吕忠梅教授等认为："综合《环境保护法》关于立法目的、基本国策的规定，保护优先的正确含义是环境保护相对于经济社会发展的优先，等同于环境保护优先或者环境优先。""坚持保护优先，并不是不要经济发展，而是为了'高质量'的发展，为了切实实现经济社会的可持续发展。"②蔡守秋教授等认为："保护优先不是简单地认为环境保护比经济发展重要，更不是不要发展、阻碍发展和脱离发展，而是将环境保护与经济发展结合起来，在发展中保护、在保护中发展，以发展促保护、以保护促发展，通过保护优先促进科学发展、全面发展、协调发展、绿色发展和可持续发展。"③

(三)厘清保护优先原则在不同领域适用的差异性

1. 特定区域保护优先

相对普通区域而言，特定区域保护优先。基于生态功能区划设定的生态涵养区、水源保护区、自然保护区、风景名胜区、基本农田、森林公园等，实行严格的禁限措施，

---

① 参见吕忠梅主编：《环境法学概要》，法律出版社 2016 年版，第 77～78 页。

② 吕忠梅主编：《环境法学概要》，法律出版社 2016 年版，第 76 页。

③ 蔡守秋主编：《环境资源法》(第 3 版)，高等教育出版社 2017 年版，第 98 页。

禁止所有的开发建设活动。例如,《水污染防治法》规定,在饮用水水源保护区内,禁止设置排污口(第57条)。禁止在饮用水水源一级保护区内新建、改建、扩建与供水设施和保护水源无关的建设项目(第58条)。

2. 特定资源保护优先

相对普通的森林资源、水资源等而言,特定资源保护优先。例如,《渔业法》规定,设立水产种质资源保护区,未经国务院渔业行政主管部门批准,任何单位和个人不得在水产种质资源保护区内从事捕捞活动(第29条)。

3. 排除适用的例外情形

第一,优先保护可能引起更严重的环境风险的场合,排除适用优先原则。第二,优先保护导致显失公平的,排除适用优先原则。第三,优先保护导致低收入人群生活质量明显受到消极影响,且未能提供相应经济补偿的,排除适用优先原则。第四,优先保护可能导致严重违法结果的,排除适用优先原则。第五,优先保护导致公民的宪法基本权利受到损害的,排除适用优先原则。①

第四节　预防原则

一、预防原则的概念

预防原则(Precautionary Principle/Approach)是指开发、利用环境行为和国家的环境管理应当采取预测、分析和防范性措施,防止环境问题的产生和恶化,或者把环境污染和生态破坏控制在能够维持生态平衡、保护人体健康和社会物质财富以及保障经济社会持续发展的限度内,同时,也要积极治理和恢复现有的环境污染和自然破坏。预防原则的核心是,即便缺乏充分的科学证据(科学不确定性),考虑存在发生重大的或者不可恢复的损害的可能性,也应当积极地采取措施预防环境恶化。

预防原则主要包括下列几项内容。

1. “预防为主”原则

“预防为主”意味着将环境保护的重点放在事前防止环境污染和自然破坏上,同时也要积极治理和恢复现有的环境污染和自然破坏,以保护生态系统的安全和人类

---

① 参见曹明德主编:《环境与资源保护法》(第3版),中国人民大学出版社2016年版,第39页。

的健康及其财产。[1] 因此,预防原则包括三个方面的要求:积极预防、积极治理,并将预防与治理结合起来。[2]

预防原则要求在环境利用行为实施前,采取政治、法律、经济和行政等各种手段,防治环境利用行为导致环境污染或者环境破坏,"防患于未然"。亦即,预防原则不仅包括环境损害预防,还包括环境风险预防。第一,运用已有的知识和经验,对开发和利用环境行为可能带来的环境危害事前采取措施,以避免发生危害;第二,在科学不确定性的条件下,基于现有的科学知识对环境风险进行评估,亦即,对开发和利用环境行为可能带来的尚未明确或者无法具体确定的环境危害事前进行预测、分析和评价,调整开发决策以避免发生可能的环境危害或者风险。[3]

正如汪劲教授所言:"对已知的开发和利用环境行为所要造成的具体环境危害采取措施本身已超越了预防的范畴,而具有对策的性质。因此,预防原则的关键应当放在防范可能的和抽象的环境危害及其风险之上。"[4]

2. "防治"污染和环境破坏原则

"防治"是指对一切环境污染或者环境破坏行为进行治理。凡是污染环境、破坏环境,对自然环境或者人体健康造成损害或者具有造成损害的威胁的,都应当采取措施加以防治。另外,公民在发现环境遭受侵害或者具有遭受侵害的威胁时,可以寻求环境保护监督管理机关进行监督管理,以保护其合法权益。"防治"并非纯粹被动地、消极地进行,而应当是主动地、积极地展开的。

3. "综合治理"原则

"综合治理"就是要从环境的整体效益出发,统筹安排,运用系统论的方法处理环境问题。综合治理原则包括四个层次的含义:第一,统筹兼顾对水、空气、噪声、废渣等环境要素的治理;第二,综合运用政治、经济、技术等多种手段治理环境;第三,环保部门与其他部门分工负责,对环境进行监督管理,企业承担社会责任,公众提高环保意识,积极参与环境治理;第四,加强对跨行政区域的环境污染和生态破坏的防治,由点上的管理扩展到面上的联防联治。[5]

---

① 参见汪劲:《中国环境法原理》,北京大学出版社 2000 年版,第 86 页。

② 参见曹明德主编:《环境与资源保护法》(第 3 版),中国人民大学出版社 2016 年版,第 39 页。

③ 参见汪劲:《环境法学》(第 3 版),北京大学出版社 2014 年版,第 101 页。

④ 同上书,第 101～102 页。

⑤ 参见信春鹰主编:《〈中华人民共和国环境保护法〉学习读本》,中国民主法制出版社 2014 年版,第 66 页。

二、预防原则的提出和发展

(一)国外的环境立法与预防原则

1."先污染,后治理"

从20世纪70年代出现的"环境危机"看,发达国家在经济发展过程中基本上走了一条"先污染,后治理""先破坏,后修复""先破坏,后保护"的道路。这种发展方式的代价是比较高的,主要有以下原因。第一,环境损害和环境污染具有潜伏性,往往难以及时发现。第二,环境污染和环境损害难以消除和恢复,有些环境损害是不可逆转的,如物种灭绝、重金属污染、原始森林的滥砍滥伐等。第三,在污染环境后再进行整治,经济成本非常高。据统计,预防污染的费用与事后治理的费用比率高达1∶20。第四,环境污染和环境破坏造成的后果往往非常严重,对群众健康和社会稳定造成严重威胁。

2."预期的环境政策"

1980年3月5日,联合国环境规划署等起草的《世界自然资源保护大纲》的"国家的工作重点"一节首先提出"预期的环境政策"。该大纲主张,对于任何可能影响环境的重大决定,都应当在其最早阶段就充分考虑资源保护及其他环境要求。相对只对这些事件作出反应的政策,对重要的经济、社会及生态事件的预测越来越重要。这种预期的环境政策包括所有行动以确保任何可能影响环境的重大决定,在最初就充分考虑到资源保护及其他的环境要求。

1984年11月,第一届欧洲北海保护国际会议通过的《北海保护国际会议宣言》采纳了预防原则,指出:"对海洋环境有可能造成不可恢复的损害,或者要花费较大的费用和较长时间才有可能恢复的情况下,(北海)沿岸各国和欧洲经济委员会(European Economy Committee,ECC)不能等待证明有害性之后再采取行动。"

3.谨慎原则

针对不确定性对于环境决策的困扰,经济合作与发展组织(Organization for Economic Co-operation and Development,OECD)在1987年提出了一个更严格的环境政策和法的原则——谨慎原则(Precautionary Principle)。该原则认为,当某些开发行为的未来影响具有科学不确定性,只要存在发生危害的风险,决策者就应当本着谨慎从事的态度采取措施。与预防原则相比,谨慎原则要求在科学不确定条件下,认真对待可能的环境损害和危险,即便在科学不确定的条件下也必须采取一定的措施,尤其是不作为的措施。相对而言,预防原则是适用于所有环境利用活动的普遍性原则。①

4. 预防原则。《联合国气候变化框架公约》(1992年)第3条第3款和《生物多样性公约》(1992年)的序言,将预防原则作为一般原则规定下来。为了保护海洋生物资源(跨界鱼类和高度洄游鱼类种群),《联合国公海渔业实施协定》(1995年)广泛地适用预防原则。前述《生物多样性公约》的《卡塔赫纳生物安全议定书》(2000年)规定,相关缔约国给予事前通报和同意办理转基因生物进出口手续的同时,采用预防原则,在评估结果认为具有危险性的前提下,即便仍然存在科学上的不确定性,也允许进口国采取禁止进口的措施。

(二)我国的环境立法与预防原则

1. 我国的环境损害及其导致的经济损失

根据20世纪80年代的不完全统计,环境污染每年造成的经济损失达到690亿元,部分自然生态破坏造成的经济损失每年达到260多亿元,两项总和占工农业生产总值的14%左右。② 近几年的统计数据表明,环境污染和生态破坏造成的经济损失占我国国内生产总值的8%～13%。

2. "保护优先、预防为主、防治结合、综合治理原则"

我国在20世纪70年代的环境保护工作中就将"预防为主、防治结合"作为防治工业污染的方针政策,要求将环境保护工作的重点置于事前防止环境污染和自然破坏,同时,也要求积极开展环境治理和恢复现有的环境污染和自然破坏,保护生态系统的安全和人类的生命财产安全。1978年3月,首次将"防治污染和其他公害"纳入《宪法》第11条的规定。在1979年颁布的《环境保护法(试行)》中,将"防治污染和其他公害"作为立法指导思想之一,并且规定了环境影响评价制度和"三同时"制度,以及其他具体制度和措施。1996年,全国人口资源环境座谈会议确立了"保护优先、预防为主、防治结合"的原则。

预防原则已经成为我国环境法律法规的基本原则。例如,《水土保持法》规定,国家对水土保持工作实行预防为主、保护优先、全面规划、综合治理、因地制宜、突出重点、科学管理、注重效益的方针(第3条)。《环境保护法》规定,环境保护必须坚持"保护优先"、"预防为主"和"综合治理"的原则(第5条),从总体思路看贯彻了预防原则。具体来说,"保护优先"是指从源头上加强生态环境保护和合理利用自然资源,避免生态系统的破坏;"预防为主"是指要做到事前预防与事中预防、事后治理相

① 参见汪劲:《环境法学》(第3版),北京大学出版社2014年版,第102～103页。

② 参见曲格平:《中国环境政策的探索与实践》,载《环境科学动态》1988年第10期。

结合,优先采用事前预防措施;“综合治理”是指对各项环境要素的污染防治思路、目标与方法等应当统筹考虑、综合运用、协调一致和联防联治。①

三、预防原则的内容

(一)损害预防原则与风险预防原则

预防原则可以分为损害预防和风险预防两个方面。

1. 损害预防原则

损害预防原则(Preventive Principle),是指在科学知识对于某一环境问题已经具有充分的了解时,必须采取事先的预防措施以防止发生环境危害。《环境保护法》规定,县级以上政府应当将环境保护工作纳入国民经济和社会发展规划(第13条第1款)。国务院有关部门和省级政府组织制定经济、技术政策,应当充分考虑对环境的影响,听取有关方面和专家的意见(第14条)。

2. 风险预防原则

风险预防原则(Precautionary Principle),是指在科学知识对于某一环境问题的认识尚未达成一致意见或者存在冲突时,如果可能对环境造成严重威胁或者不可逆转损害的威胁,不应当将科学的不确定性作为延迟采取或者拒绝采取预防措施的理由,从而降低环境风险发生的可能性和风险损害程度。②《环境保护法》规定,国家建立、健全环境与健康监测、调查和风险评估制度;鼓励和组织开展环境质量对公众健康影响的研究,采取措施预防和控制与环境污染有关的疾病(第39条)。

(二)损害预防原则与风险预防原则的差异

损害预防原则与风险预防原则的主旨都是通过事先采取防范措施,有效地预防环境危害。但是,二者存在本质上的差异。③ 第一,风险预防原则强调在事先无法确定某一事件能否导致环境损害的情况下,仍然有采取预防措施的义务。损害预防原则强调,只能在科学能够对环境损害的发生与否具有确定性认识的前提下,才能采取预防措施,对于存在科学不确定性的环境损害,行为人没有采取预防措施的义务。第二,风险预防原则重在采取预防措施以减少、降低环境损害的发生可能性,而损害预防原则则强调采取措施以制止环境损害的实际发生及其危害。

(三)区分损害预防原则与风险预防原则的根据

之所以区分损害预防原则与风险预防原则,主要是因为预防原则在传统上仅强

---

① 参见汪劲:《环境法学》(第3版),北京大学出版社2014年版,第101页。

② 参见唐双娥:《环境法风险防范原则研究——法律与科学的对话》,高等教育出版社2004年版,第135页。

③ 同上书,第136页。

调损害预防,在科学不确定性的场合,抱持观望和等待的态度,其所坚持的理念为:在科学尚未证明“对环境有害”之前,就假定对环境是无害的。在有关环境问题的危害存在科学不确定性时,潜在的污染者可以尚未得到科学证实为由拒绝采取预防措施,由此科学不确定性成为潜在的污染者、环境行政监督管理机关不积极作为的正当化根据。但是,一旦发生环境损害,控制污染、恢复环境的成本非常高昂。

以大气(空气)污染为例,大气污染特别是城市空气质量恶化、臭氧层破坏、酸雨等,带来很大危害。最明显的是,通过慢性而长期的接触,提高诸如支气管炎、肺炎和哮喘等呼吸系统疾病的发病率,或者导致病情的加重。但是,空气污染物来源非常多,如一氧化碳、氮氧化物和挥发性有机化合物大多来源于机动车尾气排放,二氧化硫和氮氧化物则来源于火力发电厂。此外,垃圾焚烧、工厂等也是有毒有害气体的重要来源。简单地禁止所有空气污染物,即便在技术上是可能的,也可能会同时导致经济陷入停滞。不仅如此,由于人的个体差异,每个人所能够承受的空气污染程度(浓度)也有所不同。所以,只能采取预防原则,从大气(空气)污染物的源头入手,直接对污染源进行规制,而且规制的时间点越早,治理大气(空气)污染的效果越好。

四、预防原则的贯彻

(一)全面规划、合理布局,有计划地开发利用环境和自然资源

1. 有计划地开发利用环境和自然资源

为贯彻实施预防原则,必须有计划地开发利用环境和自然资源,为此,各国在环境立法中专门规定了环境保护计划和环境规划制度,要求环境行政主管部门和相关企事业单位对工业发展与环境保护事前作出合理的计划和安排,对自然资源的开发利用应当与生态保护相结合,并有计划地实施。

2. 全面规划和合理布局

我国的环境政策和环境法律还确立了“全面规划与合理布局”的环境保护理念与措施。

(1)全面规划。全面规划是指对工业和农业、城市和乡村、生产和生活、经济发展与环境保护等各个方面进行通盘考虑,根据一定生态空间的自然资源承载能力确定发展规模和速度,进而制订国土利用规划、区域规划、城市规划和环境规划,使各项事业能够协调发展。

(2)合理布局。合理布局既包括对整个国家生产力的合理布局与组合,也包括某一特定区域的功能区、企业事业单位和交通线路的合理配置。一般认为,生产部门可以分为两类,一类是与自然资源、自然环境关系不大的生产部门,另一类则直接以

自然资源作为劳动对象。环境破坏、环境污染与生产布局不合理有关。其中,工业生产布局与环境污染有直接关系,农业生产和资源开发的布局与自然环境破坏有直接关系。

就工业布局而言,合理的工业布局应当注意下列几点:第一,适当利用自然环境的自净能力;第二,加强资源和能源的综合利用;第三,大型项目的分布与选址,应当事先进行环境影响评价,并尽可能减少对周围环境的不良影响;第四,禁止高耗能、高污染企业在居民区、城市上风区、水源保护区、自然保护区、名胜古迹或者风景区等选址。

《环境保护法》对合理进行工业布局作出了明文规定。具体来说,县级以上政府应当将环境保护工作纳入国民经济和社会发展规划。国务院环境保护主管部门会同有关部门,根据国民经济和社会发展规划编制国家环境保护规划,报国务院批准并公布实施。县级以上地方政府环境保护主管部门会同有关部门,根据国家环境保护规划的要求,编制本行政区域的环境保护规划,报同级政府批准并公布实施。环境保护规划的内容应当包括生态保护和污染防治的目标、任务、保障措施等,并与主体功能区规划、土地利用总体规划和城乡规划等相衔接(第13条)。

(二)采用环境标准,控制和减少环境污染与生态破坏

环境标准制度是以环境质量标准为依据确定某地域(或者某水域)保持良好环境质量的基础数值,在此基础上以该地域(水域)的环境容量或者污染物排放标准的最大限度,将排放进入环境的污染物的种类、数量和浓度控制在一定的范围之内。

环境标准是预先控制和防止环境污染与生态破坏的直接方法。通过采用一定的环境标准,可以预先对超过环境承载能力的污染排放与资源开发利用行为进行限制。例如,美国等国的环境法律要求,在原有生产规模基础上对生产设施进行改造或者新增生产设施的,应当采用现实可得的最佳实用技术(Best Available Technology, BAT),否则不予以许可和批准。我国《清洁生产促进法》的立法目的也是通过实行清洁生产措施来提高资源利用率,减少和避免环境污染。

(三)制定和实施具有预防性的环境管理制度

预防原则意味着我国环境保护工作由消极的应付转为积极的防治。[①] 第一,制定和实施具有预防性的环境资源管理制度,强化环境资源的监督管理,加强环境监测,严格控制新的环境资源污染和破坏的出现,对于已经造成的环境污染和环境破

① 参见韩德培主编:《环境保护法教程》(第8版),法律出版社2018年版,第60页。

坏,要积极进行治理。第二,健全和完善环境影响评价制度、排污申报登记制度、排污许可证制度、现场检查制度、限期治理制度、建设项目环境管理制度、污染物总量控制制度、污染集中治理制度、综合利用制度等防治环境污染和环境破坏的法律制度。以环境影响评价制度为例,该制度要求,一切可能造成环境影响的决策、规划和建设项目等,均应当在公众的参与下对其实施后可能造成的环境影响进行分析、预测和评估,然后由政府行政主管机关作出批准或者不批准的决定。

(四)增强环境风险意识,谨慎对待具有科学不确定性的开发利用活动

尽管很多环境问题具有不确定性,但预防的本意在于"防患于未然",因此,应当注意增强决策者和管理者的风险防范意识。在对具有环境影响的重大开发决策过程中,开发政策和政治利益应当让位于公众利益,这个方面的决策更应当体现民主化、科学化和规范化。

对于具有危险性的环境与资源开发利用活动,应当从下列方面采取对策:第一,将有关在时间和空间上视为遥远的危险(包括对未来世代可能产生的危险)的决策作为国家的责任,予以事前的规划和预防;第二,对于危险出现的可能性较低或者只有危险可能性的决策,只要有发生损害的可能性、可预见性或者可想象性,就可以推定为存在危险,不需要明确、充分的证据证实。①

对于决策者来讲,当一项活动具有危害人类健康或者环境的危险时,即便有些因果关系在科学上还不能完全确定,也应该采取预防措施。决策者应当对是否存在危险等承担证明责任。此外,采取预防措施的决策过程必须是公开的、民主的,应当对各种可能的预防方案进行审查。

(五)加强环境科学技术研究,提高环境科学技术水平

贯彻预防原则,可能存在下列问题:第一,国家基于预防原则承担义务的具体内容和范围比较模糊,需要进一步厘清;第二,在科学证据不够充分的情况下适用预防原则,可能导致不必要或者过于严格的管制,影响经济发展,对于发展中国家来讲尤其如此。

环境污染的预防和治理,从根本上取决于环境科学技术水平。我国目前的环境污染和环境破坏较为严重,受制于环境科学技术水平,所采取的预防和治理措施并未取得预期的效果。为此,必须大力加强环境科学技术研究,提高环境科技水平。同时,也要注意借鉴国外的先进环境科学技术,以更好地预防和治理环境污染。

---

① 参见汪劲:《环境法学》(第3版),北京大学出版社2014年版,第104页。

第五节 公众参与原则

一、公众参与原则的概念

环境法上的公众参与原则(又称环境民主原则、依靠群众保护环境原则,the principle of public participation),是指在国家的环境管理和环境资源开发活动中,公众有权通过一定的程序或者途径参与一切与公众环境权益相关的环境资源开发决策等活动、知悉与之相关的环境信息和决策信息、表达自身的环境权益诉求、监督开发决策等活动的实施,并在行使前述知悉、表达、参与决策和监督等权利以及这些权利受到侵害时有相应的法律保障机制和法律救济机制。

二、公众参与原则的理论根据和形成发展

(一)公众参与原则的理论根据

1. 理论学说

关于公众参与原则的理论根据,主要有环境公共财产理论、公共委托理论和公民环境权理论三种观点。第一,环境公共财产理论。该说认为,空气、水、阳光等人类生活所必需的环境要素不是一种"自由财产"。环境资源就其自然属性和对人类社会的极端重要性而言,是人类的共享资源,是全人类的公共财产,任何人不能任意对其行使占有、支配和损害。第二,公共委托理论。该说认为,环境属于人类的共有财产,为了合理支配和保护共有财产,共有人委托国家来进行管理。国家对环境的管理是受共有人的委托行使管理权,因而不能滥用管理权。第三,公民环境权理论。该说认为,每个公民都有在良好环境下生活的权利,而环境治理的优劣会影响每个公民的生活,对于污染环境、破坏环境的行为,公众有权依法进行监督和干预。另外,根据环境权理论,环境资源属于"公用物",任何人不能任意占有、支配或者加以侵害。

2. 本书的观点

环境正义包括程序环境正义和实体环境正义。其中,程序环境正义是实体环境正义的前提,公众参与原则是程序环境正义的重要环节,是民主法治精神在环境管理活动中的延伸,是政府环境决策科学化、民主化的必然要求。在环境法上确立公众参与原则,是民主法治理念和提升开发活动效率理念的重要体现,也是环境权理论在环境权上的具体体现。

公众参与原则要求,当地社区居民在影响他们生活的重大环境决策上至少具有

相对重要的发言权,决策过程应当对所有居民公开,所有居民都应当有权利、有路径获取各种资料以便进一步了解和评估各种环境方案。通过实行公众参与,可以广泛吸纳公众的意见,尽可能地收集相关信息,有利于动员全社会的力量,充分发挥公众的积极性、主动性和创造性,参与环境资源保护工作,并将环境保护置于公众监督之下,以取得较好的效果。

(二)公众参与原则的形成发展

1. 公众参与原则在国外的发展历程

在20世纪60年代,欧美国家爆发了以环境保护为中心的生态运动。公众参与就是在生态运动的背景下被确立为环境法的一项基本原则。例如,美国1969年颁布的《国家环境政策法》确立了公众参与原则,规定了"环境影响评价制度"(EIA)。该法宣布,"每个人都应当享受健康的环境,同时每个人也有责任对维护和改善环境做出贡献",规定联邦政府的一切部门应将其制定的环境影响评价和意见书"向公众公布",并"向机关团体和个人提供关于对恢复、保持和改善环境质量有用的建议和情报"。《美国联邦土地政策管理法》(1976年)进一步规定了实行环境民主和公众参与的具体政策。该法"第103节之定义"规定:"公众参与是指在制定公有土地管理规则、作出关于公有土地的决定及制定公有土地的规划时,受影响的公民有参与决策的权利,包括给他们参加在受影响的土地的所在地召开的公开会议或公众意见听证会的机会等。"

在国际环境保护领域,公众参与原则也得到了普遍认同。例如,《东京宣言》(1970年)提出:"我们请求,把每个人享有其健康和福利等要素不受侵害的环境的权利和当代人传给后代人的遗产应是一种富有自然美的自然资源的权利,作为一种基本人权,在法律体系中确定下来。"《人类环境宣言》(1972年)提出:"人类有权在一种能够过着尊严和福利生活的环境中,享有自由、平等和充足的生活条件的基本权利,并附有保护和改善这一代和将来的世世代代的环境的庄严责任。"《内罗毕宣言》(1982年)第9条提出:"应通过宣传、教育和训练,提高公众和政界人士对环境重要性的认识,在促进环境保护工作中,必须每个人负起责任并参与工作。"联合国《里约宣言》(1992年)原则10强调:"环境问题最好是在全体有关市民的参与下,在有关级别上加以处理。在国家一级,每一个人都应能适当地获得公共当局所持有的关于环境的资料,包括关于在其社区内的危险物质和活动的资料,并应有机会参与各项决策进程。各国应通过广泛提供资料来便利及鼓励公众的认识和参与。应让人人都能有效地使用司法和行政程序,包括补偿和补救程序。"

1998年6月25日,联合国为欧洲制定《在环境问题上获得信息、公众参与决策和诉诸法律的公约》(以下简称《奥胡斯公约》),该公约是世界上第一部专门规定公众的知情权、参与权和诉诸司法救济权的公约。具体而言,有以下权利。

第一,公众的知情权。从公众的环境知情权的内容以及政府保证公众环境知情权实现的义务两个方面,明确公众的知情权。公约缔约国(所有公共机构)有义务依据公众(自然人、法人等)申请提供环境信息,并且持有和不断更新与公共管理任务相关的环境信息。这里的环境信息包括环境要素及其相互作用、行政措施或者环境协定,以及政策、立法、计划等广泛范围内的信息。

第二,公众的决策参与权。从公众对具体环境活动决策的参与、公众对与环境有关的计划和政策决策的参与、环境行政法规和法律决策及执行过程中的公众参与三个方面,明确了公众的决策参与权。首先,缔约国的公共机构在决定是否对公约规定的计划中的活动给予许可时,必须提前一段时间通知“有利害关系的公众”。这里的“公众”是指受到环境方面有关意思决定的影响,或者可能受到其影响的公众,或者说对该意思决定享有利益的公众。其次,应当告知公众的信息主要包括:环境利用活动及其申请、意思决定的性质及其草案内容、意思决定机关、预定程序等。再次,必须反映公众的意见、信息和有关分析,作出公共管理决定时必须对公众参与的结果予以适当考虑。最后,缔约国在准备制定可能对环境具有重大影响的行政规则期间,应当努力推动有效的公众参与,给公众提供行政规则草案,并赋予其陈述意见的机会。

第三,公众的诉诸司法救济权。公约明确规定,在公众知情权和决策参与权受到侵害时,可以诉诸司法寻求救济。首先,对于上述知情权、参与权提供司法救济。缔约国在其国内法律框架内有义务对无视知情权或者违法拒绝公众获取相关信息的行为,以及为有利害关系的公众对公共管理决定的实体上或者程序上的合法性争议提供司法救济等渠道。对于参与权的侵害,申请获得司法救济的有利害关系的公众必须“具有非常充分的利益关系”。其次,对于其他与环境有关的由于违反国内法而引发的私人之间的诉讼和行政诉讼,缔约国也承担同样的义务。这些司法救济必须适当而有效果,必须公正公平而且合乎时宜,不能是一般民众无法利用的高额手段。

2. 公众参与原则在国内的发展历程

我国《宪法》(1982 年)第 2 条第 3 款规定:“人民依照法律规定,通过各种途径和形式,管理国家事务,管理经济和文化事业,管理社会事务。”这是实行公众参与原则的宪法依据。

我国 1989 年颁布的《环境保护法》第 6 条规定,一切单位和个人都有保护环境的义务,并有权对污染和破坏环境的单位和个人进行检举和控告。1994 年编制的《中国 21 世纪议程——中国 21 世纪人口、环境与发展白皮书》指出:“公众、团体和组织的参与方式和参与程度,将决定可持续发展目标的进程。”1996 年 8 月,国务院发布的《关于环境保护若干问题的决定》规定:“建立公众参与机制,发挥社会团体的作用,鼓励公众参与环境保护工作;检举和接发各种违反环境保护法律法规的行为。”

我国 2002 年颁布的《环境影响评价法》第 5 条规定,国家鼓励有关单位、专家和公众以适当方式参与环境影响评价。2003 年 8 月 27 日颁布的《行政许可法》专门就涉及公众重大影响的行政许可规定了听证制度,其中环境保护问题是适用该制度的重要领域。2005 年 12 月,国务院发布的《关于落实科学发展观加强环境保护的决定》明确指出,实行环境质量公告制度,定期公布各省(自治区、直辖市)有关环境保护指标,及时发布污染事故信息,为公众参与创造条件。2006 年 2 月 22 日,国家环保总局根据《环境影响评价法》的授权,专门制定了《环境影响评价公众参与暂行办法》(已失效),对公众参与环评的范围、程序、组织形式等问题作出具体规定。2012 年修订的《民事诉讼法》第 55 条规定,对污染环境、侵害众多消费者合法权益等损害社会公共利益的行为,法律规定的机关和有关组织可以向法院提起诉讼。该规定从民事诉讼程序上确认了公众参与管理环境事务和从事环境保护的权利。

《环境保护法》在总则的第 5 条和第 5 章“信息公开和公众参与”较系统地规定了公众的知情权、参与权、表达权和司法救济权等有关公众参与环境保护的权利。例如,第一,环境保护坚持保护优先、预防为主、综合治理、公众参与、损害担责的原则(第 5 条)。第二,各级政府环境保护主管部门和其他负有环境保护监督管理职责的部门,应当依法公开环境信息、完善公众参与程序,为公民、法人和其他组织参与和监督环境保护提供便利(第 53 条第 2 款)。第三,公民、法人和其他组织发现任何单位和个人有污染环境和破坏生态行为的,有权向环境保护主管部门或者其他负有环境保护监督管理职责的部门举报。公民、法人和其他组织发现地方各级政府、县级以上政府环境保护主管部门和其他负有环境保护监督管理职责的部门不依法履行职责的,有权向其上级机关或者监察机关举报(第 57 条第 1 款、第 2 款)。第四,对污染环境、破坏生态,损害社会公共利益的行为,依法在设区的市级以上政府民政部门登记,专门从事环境保护公益活动连续 5 年以上且无违法记录的社会组织向法院提起诉讼的,法院应当依法受理(第 58 条第 1 款、第 2 款)。

2014 年 5 月,环境保护部印发《关于推进环境保护公众参与的指导意见》。2015 年 7 月,环境保护部审议并原则通过《环境保护公众参与办法》(2015 年 9 月 1 日生效)。该办法对环境保护工作中的公众参与的范围、形式、程序和保障措施等作出了规定。

三、参与决策的公众的范围

公众参与原则中的“公众”,是指对决策所涉及的特定利益作出反应的或与决策的结果具有法律上的利害关系的一定数量的人群或者团体。“公众”不仅包括不特定或者多数公民(自然人),也包括与特定利益相关的政府机构、企事业单位、社会团体或者其他组织体。①

(一)“公众”的判断标准

关于参与有关环境和开发决策的“公众”的范围,各国采取的判断标准主要是“受到直接影响”和“存在利害关系”。以世界银行投资项目为例,在进行环境评价时,要求项目开发者必须判断并确保直接受到影响的群体能够参与项目的决策,包括项目的可能受益者、可能遭受风险者以及利害关系者。判断是否受到直接影响的标准主要有:受到影响的居民的范围或程度影响的强度、影响的持久度、影响是否具有可恢复性等。②

(二)“公众”范围的具体展开

一般认为,公众参与原则中的“公众”,主要包括下列几类:普通居民、各行各业的专业人士、社会团体与公司企业、与拟议行为有关的行政机关。

1. 普通居民

居民能否参与决策,关键在于他们是否受到了直接的影响。只有受到开发活动影响或者与开发活动及其后果存在利害关系的居民,才有资格参与。判断是否受到影响,可以从下列几个方面进行判断:第一,受到开发活动的环境影响的波及;第二,经济利益受到损害;第三,身心健康遭受侵害;第四,居住环境的舒适性、安全性和美感遭受侵害。需要注意的是,应当积极鼓励居民中的低收入群体、少数民族人士参与决策。③

2. 各行各业的专业人士

环境决策涉及各种专业问题,吸纳各行各业的专业人士参与环境决策,能够提高决策的科学性和正确性。此外,专业人士基于专业知识和职业精神,通常保持中立,获得各界的信赖。《环境保护法》第 14 条规定,国务院有关部门和省级政府制定经济、技术政策,应当充分考虑对环境的影响,听取有关方面和专家的意见。

---

① 参见汪劲:《环境法学》(第 3 版),北京大学出版社 2014 年版,第 116 页。

② World Bank, Public Involvement in Environment Assessment: Requirements, Opportunities and Issues, Environmental Assessment Sourcebook Update, October 1993.

③ 参见汪劲:《环境法学》(第 3 版),北京大学出版社 2014 年版,第 117 页。

3. 社会团体与公司企业

根据关注点或者设立宗旨的不同,与环境有关的社会团体可以分为两类:一类是以环境保护为目的的设立的环保团体;另一类是为了某些特殊的经济利益而拥有雄厚资本的企业及其集团。

就全国性的环保团体而言,往往基于环境保护的利益或者信念而参与地方的环境决策。例如,美国的环境保护基金、自然资源保护理事会等。对于某些以少数环境要素或者地方的某些特殊利益保护为目的的环保团体,或者以某种职业联合为目的设立的环保团体而言,他们参与环境决策则更具有针对性。至于特殊利益集团,往往基于自身经济利益的考量,与公众利益持对立态度。

除此之外,全国或者国际性的非政府组织、大学、科研机构等,也可能基于环保理念或者专业知识,参与环境决策。

4. 与拟议行为有关的行政机关

"与拟议行为有关的行政机关"不包括负有环保职责的环保行政机关在内。这些机关主要包括开发行为所在地的地方政府,及其跨行政区域的地方政府。由于开发活动而可能成为环境开发活动的受益者,或者项目的实施可能对当地的就业、税收、基础设施建设等产生影响,使其与环境开发行为具有直接利害关系。①

四、我国法律法规对公众参与原则的规定和实践

(一)公民有参与国家环境管理的权利

从各国公众参与决策过程的立法和实践看,公众在参与环境与开发决策活动中具有知情权、建议权、意见得到慎重考虑权以及司法救济权四项权利。我国宪法和有关法律法规也详细规定了公民参与国家环境管理的各项权利。

第一,《宪法》(1982 年)第 2 条规定:"中华人民共和国的一切权力属于人民。……人民依照法律规定,通过各种途径和形式,管理国家事务,管理经济和文化事业,管理社会事务。"第二,《环境影响评价法》(2002 年通过,2018 年修订)首次确立了环境决策的公众参与原则,鼓励相关公众适当方式参与环境影响评价。该法还规定对环境可能造成不良影响和涉及公众环境权益的各种规划项目和建设项目,应当在报送审批前,举行论证会、听证会,或者采取其他形式,征求有关单位、专家和公众对环境影响报告书草案的意见。第三,《环境保护行政许可听证暂行办法》(2004 年)规定了听证的适用范围、听证主持人和参加人及其权利义务、听证程序等。第

① 参见汪劲:《环境法学》(第 3 版),北京大学出版社 2014 年版,第 118 页。

四,原国家环境保护总局颁布的《公众参与环境影响评价暂行办法》(2006 年)规定了公众参与环境影响评价的具体权利和程序。第五,原国家环境保护总局颁布的《环境信息公开办法(试行)》(2007 年)是我国第一部有关信息公开的规范性文件。第六,原环境保护部颁布的《企业事业单位信息公开办法》(2014 年)为维护公民、法人和其他组织依法享有获取环境信息的权利,促进企业事业单位如实向社会公开环境信息、推动公众参与和监督环境保护作出了具体规定。第七,原环境保护部颁布的《环境保护公众参与办法》(2015 年)进一步明确规定了公民、法人和其他组织享有获取环境信息、参与和监督环境保护的权利。

从环境资源领域公众参与的实践看,在诸如修建青岛音乐广场、制止水洗孔庙、泰山风景区修建登山索道、张家界风景区修建观光电梯、怒江和都江堰修建大坝等重大事件中,公众参与起到了一定作用。但是,总体上看,有关公众参与的立法还需要进一步完善。例如,尽管《环境影响评价法》明确规定了公众参与环境影响评价,但更多是鼓励公众以适当方式参与环境影响评价,有些规定还比较粗糙,缺乏可操作性,公众参与的渠道也不是很通畅,公众意见的法律效力也不够明确。

(二)公民对破坏环境的行为具有监督、检举、控告权和获得法律救济的权利

1. 公民对破坏环境的行为具有监督、检举、控告权

《环境保护法》《大气污染防治法》《水污染防治法》《海洋环境保护法》等对公民享有监督、检举和控告的权利作出规定,充分体现了环境管理的公众参与原则。例如,《环境保护法》第 5 章“信息公开与公众参与”,集中规定了公众参与的各项制度。第一,明确规定公民的环境知情权(第 53 条第 1 款);第二,政府信息公开范围的具体化(第 54 条第 1 款、第 2 款);第三,建立环境违法企业的“黑名单”并予以公开(第 54 条第 3 款);第四,企业环境信息公开的法定义务(第 55 条);第五,建设项目的环境影响评价书全文公开,并对其公众参与情况进行监督检查(第 56 条第 2 款)。①

但是,在实践中公民如何有效地参与环境管理、参与监督和检举等,还存在困难。例如,缺乏行使权利的具体形式、程序和具体法律规定。

2. 公民具有获得法律救济的权利

根据《行政复议法》《行政诉讼法》《行政处罚法》等的规定,如果行政许可申请人或者利害关系人认为行政机关的具体行政行为侵害了自己的合法权益,或者认为行政机关的行为违法的,可以申请行政复议或者提起行政诉讼。

---

① 参见陈海嵩:《国家环境保护义务的溯源与展开》,载《法学研究》2014 年第 3 期。

五、公众参与原则的贯彻

一般认为,公众参与原则的内容主要包括三个方面:第一,环境信息公开,每个公民对于行政机关所掌握的环境信息具有适当的知情权;第二,环境决策参与权,保障公民具有参与环境政策决策的权利;第三,在公民的环境权受到侵害时,保障公民通过诉讼或者其他途径获得法律救济的权利。笔者主张,公众参与原则的贯彻实施包括环境信息公开机制、公众意愿表达机制、法律实施监督机制和司法救济机制四个方面。①

(一)建立环境决策信息公开与披露制度

根据公众参与的原理,对于涉及公众利益的重大决策,公众享有被告知有关信息的权利、被咨询相关意见的权利以及意见被慎重考虑的权利。

1. 公众的环境信息知情权

为了确保公众参与环境决策权的实现,必须建立决策信息公开与披露制度,为公众的知情权提供制度保障。欧盟于 1998 年通过的《奥胡斯公约》对环境信息知情权作出明文规定:"个人、团体、组织应能够获得政府掌握的关于环境和发展的资料,包括已经或可能对环境产生重大影响的产品和活动的资料,以及有关环境保护事务的资料,有对环境生态状况、决策、工程、项目、产品的知情权,有就具体环境问题向政府询问、得到及时答复的权利。"

我国《环境保护法》第 53 条规定,公民、法人和其他组织依法享有获取环境信息、参与和监督环境保护的权利。各级政府环境保护主管部门和其他负有环境保护监督管理职责的部门,应当依法公开环境信息、完善公众参与程序,为公民、法人和其他组织参与和监督环境保护提供便利。国务院于 2007 年 4 月颁布的《政府信息公开条例》(2019 年修订)第 19 条也明确要求各级行政机关对于"涉及公民、法人或者其他组织切身利益的"事项应当主动公开。环境信息关于公众生命财产安全和经济社会发展,当然属于前述信息公开的范围。

关于环境信息的取得方式,主要有两种:第一种是行政机关主动公开相关环境信息;第二种是向行政机关公开相关环境信息,又称被动公开环境信息。

2. 地方政府、环境行政主管机关和排污单位等的环境信息披露义务

衡量一国环境信息公开与披露制度是否良好,可以从下列四个方面进行考察。第一,及时公开相关信息。第二,有效公开。环境信息公开的场所或者载体应当覆盖

---

① 参见曹明德主编:《环境与资源保护法》(第 3 版),中国人民大学出版社 2016 年版,第 47 ~48 页。

范围广,对地域、区域和行业等具有较大的影响力、代表性。第三,全面公开。公开所有与决策有关的环境信息。第四,易于理解。减少使用专业性和记述性的术语。①我国《环境保护法》对环保机关和排污单位的信息披露义务作出了明确规定。

(1)环境保护行政机关的信息披露义务。第一,各级政府环境保护主管部门和其他负有环境保护监督管理职责的部门,应当依法公开环境信息、完善公众参与程序,为公民、法人和其他组织参与和监督环境保护提供便利(第53条第2款)。第二,国务院环境保护主管部门统一发布国家环境质量、重点污染源监测信息及其他重大环境信息。省级以上政府环境保护主管部门定期发布环境状况公报。县级以上政府环境保护主管部门和其他负有环境保护监督管理职责的部门,应当依法公开环境质量、环境监测、突发环境事件以及环境行政许可、行政处罚、排污费的征收和使用情况等信息。县级以上地方政府环境保护主管部门和其他负有环境保护监督管理职责的部门,应当将企业事业单位和其他生产经营者的环境违法信息记入社会诚信档案,及时向社会公布违法者名单(第54条)。

(2)排污单位的信息披露义务。第一,重点排污单位应当如实向社会公开其主要污染物的名称、排放方式、排放浓度和总量、超标排放情况,以及防治污染设施的建设和运行情况,接受社会监督(第55条)。第二,对依法应当编制环境影响报告书的建设项目,建设单位应当在编制时向可能受影响的公众说明情况,充分征求意见。负责审批建设项目环境影响评价文件的部门在收到建设项目环境影响报告书后,除涉及国家秘密和商业秘密的事项外,应当全文公开;发现建设项目未充分征求公众意见的,应当责成建设单位征求公众意见(第56条)。

(二)公众意愿表达机制

公众意愿的表达可以分为制度内的参与和制度外的参与,前者是指陈情、请愿、听证、提出意见和建议等,后者则包括静坐、抗议、示威以及各种暴力行为等。应当看到,广泛而有效的公众参与是推动环境保护与可持续发展的根本理论与核心着力点,不仅可以遏制环境违法以及环境执法中的“寻租”行为,也能够促进环境决策合理化、科学化。②

1. 在环境影响评价和其他涉及公众利益的许可程序中建立公众参与制度

多数国家制定专门的环境影响评价(Environmental Impact Assessment,EIA)制度,以对环境决策的决策、计划和规划的编制以及拟建设项目实行环境影响评价。在

① 参见汪劲:《环境法学》(第3版),北京大学出版社2014年版,第120页。

② 参见吕忠梅主编:《环境法学概要》,法律出版社2016年版,第89页。

环境影响评价的决策程序中,应当建立广泛有效的公众参与机制和明确具体的程序,如参与的时间、参与的方式等,使公众更有效地参与环境决策。

我国《环境保护法》第53条第2款规定,各级政府环境保护主管部门和其他负有环境保护监督管理职责的部门,应当依法公开环境信息、完善公众参与程序,为公民、法人和其他组织参与和监督环境保护提供便利。《环境影响评价法》第5条规定,国家鼓励有关单位、专家和公众以适当方式参与环境影响评价。

2. 鼓励各类非政府的环保组织代表公众参与环境决策

由于公众具有利益多元、欠缺专业知识和“搭便车”(free ride)问题等,即便向当地居民提供了充足的信息,有些居民也不会参与环境决策。为此,各国注意发挥各类非政府的环境组织或者其他团体的作用,由他们作为公众利益的代表参与到环境决策之中。例如,我国《环境保护法》第9条第1款规定,各级政府应当加强环境保护宣传和普及工作,鼓励基层群众性自治组织、社会组织、环境保护志愿者开展环境保护法律法规和环境保护知识的宣传,营造保护环境的良好风气。

此外,为避免各个环境团体由于自身目的的限制而在参与决策时有失偏颇,应当加强各个团体之间的沟通与合作。

(三)法律实施监督机制

我国《环境保护法》对环境法律实施监督机制作出明确的规定。

1. 鼓励和保护公民举报环境违法

第一,公民、法人和其他组织发现任何单位和个人有污染环境和破坏生态行为的,有权向环境保护主管部门或者其他负有环境保护监督管理职责的部门举报。第二,公民、法人和其他组织发现地方各级政府、县级以上政府环境保护主管部门和其他负有环境保护监督管理职责的部门不依法履行职责的,有权向其上级机关或者监察机关举报。第三,接受举报的机关应当对举报人的相关信息予以保密,保护举报人的合法权益(第57条)。

2. 对可能造成环境污染、生态破坏的企事业单位的监督

第一,县级以上地方政府环境保护主管部门和其他负有环境保护监督管理职责的部门,应当将企业事业单位和其他生产经营者的环境违法信息记入社会诚信档案,及时向社会公布违法者名单(第54条第3款)。第二,重点排污单位应当如实向社会公开其主要污染物的名称、排放方式、排放浓度和总量、超标排放情况,以及防治污染设施的建设和运行情况,接受社会监督(第55条)。

(四)行政、民事法律救济机制和环境公益诉讼机制

1. 行政法律救济机制

行政法律救济,是指公民或者公众对行政机关的环境行政行为或者环境不作为有权提起行政诉讼,并通过对行政行为的司法审查达到保护环境的目的。

2. 民事法律救济机制

民事法律救济,是指对于因环境污染或者破坏给他人人身财产或者环境造成损害的行为人,受害人或者公众有权提起民事诉讼,要求行为人停止侵害、排除妨害、恢复原状或者赔偿损失的民事法律规定和诉讼程序。

《民事诉讼法》(2017 年修正)第 55 条规定,对污染环境、侵害众多消费者合法权益等损害社会公共利益的行为,法律规定的机关和有关组织可以向人民法院提起诉讼。

3. 环境公益诉讼机制

环境公益诉讼制度也是公众参与的重要组成部分。《环境保护法》第 58 条第 1 款、第 2 款规定,对污染环境、破坏生态,损害社会公共利益的行为,依法在设区的市级以上政府民政部门登记、专门从事环境保护公益活动连续 5 年以上且无违法记录的社会组织向法院提起诉讼的,法院应当依法受理。

第六节 原因者负担原则

一、原因者负担原则的概念

"原因者负担原则"(又称环境责任原则、损害者负担原则、受益者负担原则、谁污染谁治理原则等),源于"开发者养护,污染者治理原则",是指任何造成环境污染或者生态破坏的单位和个人,都必须承担赔偿损失、治理污染、恢复生态等法律责任。

"原因者负担原则"具有下列几个特点:第一,该原则要求由污染环境和破坏环境者,以及从环境污染、环境破坏中受益者承担经济责任,是一项与费用有关的经济原则;第二,该原则要求由污染环境者或者破坏环境者承担法律责任,实际上也是一项认定环境损害的因果关系,或者对环境损害进行归责的原则,因此,其承担责任的方式不限于经济补偿或者赔偿。

二、原因者负担原则的提出和发展

(一)从"污染者负担原则"到"原因者负担原则"

1."污染者负担原则"的提出

"污染者负担原则"(polluter pays principle)是在结合经济学上关于环境的"外部

性理论”和法律的公平责任原则的基础上,对污染者负担原则所作的发展。

国际社会提出“污染者负担原则”的背景为:在自由竞争的市场经济背景下,环境的无形价值往往被有意无意地忽视。环境污染会直接或者间接造成经济损失、人身损害和环境损害。由于难以区分和界定环境的产权,不可能存在体现环境价值的市场,导致市场机制在环境问题上的失灵。具体来说,企业将大量污染物排放到环境,导致环境质量恶化,无论是国家还是公众都不得不承受环境污染的危害,形成了“企业赚钱污染环境,政府出资治理环境”的不公平现象。随着环境污染的加剧,用于环境治理和环境保护的投资越来越大,各国政府财政不堪重负。此外,污染者造成的损失由公众或者全体纳税人来承担,既不合理,也不能有效遏制环境污染。

2.“污染者负担原则”的内容

如前所述,一概由国家承担污染治理费用会在一国之内造成政府财政负担过重,以及其他不公平现象。不仅如此,如果有的国家是由污染者承担污染治理费用,有的国家不是由污染者而是由国家承担费用,这会导致不同国家的企业之间的生产成本存在差异,进而导致产品竞争力失衡。经济合作与发展组织理事会为了防范国际贸易失衡,在1972年提出“污染者负担原则”,得到了国际社会的广泛认同。该决议规定,禁止各成员国对该国就企业污染防治工作所采取的措施提供资金上的补助,要求排污者(污染者)负担由政府行政主管部门规定减少污染措施的费用,以保证环境处于一种可被接受的状态。

与“污染者负担原则”相对应,OECD在文件中还提到三个相关的原则:第一,与产品相关的环境需求在主题上应当尽可能与国际协调;第二,参照关贸总协定(GATT),一国的环境政策必须考虑采纳国民待遇原则和非歧视原则;第三,各国不得以环境立法的差异为由,以更严格的要求通过设置进出口壁垒来保护本国工业。

3. 国际社会对“污染者负担原则”的认同

“污染者负担原则”也得到了国际社会的认同。《里约宣言》(1992年)“原则16”要求“各国应制定关于污染和其他环境损害的责任和赔偿受害者的国家法律”,提出:“考虑到污染者原则上应承担污染费用的观点,国家当局应该努力促使内部负担环境费用,并且适当地照顾到公众利益,而不歪曲国际贸易和投资。”

4.“原因者负担原则”中承担费用的范围

关于原因者(污染者)承担费用的范围,存在不同观点。

(1)全部环境费用说。该说认为,污染者应当支付其污染造成的全部环境费用。全部费用包括防治环境污染费用、环境恢复费用、预防费用和救助受害者的费用。日本环境法采用此说。此说的主要理由是,污染环境者是污染环境、破坏环境和侵害公民健康的加害者,应当承担由此造成的全部损失。

(2)消除污染费用和损害赔偿费用说。其中,消除污染费用包括治理污染源和恢复被污染的环境的费用;损害赔偿费用,是指环境污染受害者的人身损失和财产损失。该说的主要理由是,由生产者或者污染环境者承担全部环境费用,会导致污染者负担过重而不堪重负,不利于经济的发展,而且在实践中很难贯彻下去。

(3)"标准的污染者付费的原则"和"扩展的污染者负担原则"。世界银行的发展报告提出了一种折中的观点,认为可以根据具体情况采用不同的规则。第一种是"标准的污染者付费的原则",要求排污者只负担对控制污染和消除污染的费用。第二种是"扩展的污染者负担原则",要求除上述费用外,还要向遭受环境污染的居民提供一定的补偿。①

"污染者负担原则"的主体仅仅是污染者,"负担"是指承担费用。因此,这种支付义务仅仅以行政法上的标准和维持一定程度的环境质量状况为限度。如果排污行为或者环境污染导致的损害超过这种限度,排污者还应当另行承担相应的民事责任(恢复原状、赔偿损失)、行政责任(行政处罚)甚至刑事责任。

随着环境保护概念的进一步扩大,"污染者负担原则"的适用范围进一步扩大。实际支付费用的主体从原材料的加工、生产到流通、消费、废弃以及再生产等各个环节都存在分担费用的现象,"污染者"这一概念无法涵盖所有可能导致环境问题的原因者的范围。因此,从生态保护的角度看,应当将"污染者负担原则"修改为"原因者负担原则"。② 考虑到有些人虽然从污染环境、破坏环境中受益,但其自身并非环境污染或者环境破坏的责任人,也应当由其承担部分责任,可以称为"受益者负担原则"。③

目前,世界各国开始尝试建立一种以污染者负担原则或者损害者担责原则为法理基础的延伸生产者责任制度。其基本思路是,将处于生产末端的各类产品及其废弃物与生产该产品或者物质的生产者、使用该产品的消费者相连接,由涉及该生产与消费链条的生产者、销售者乃至于产品的消费者都要承担一部分责任。

(二)我国环境法上的"原因者负担原则"

1. 我国环境法律法规关于"原因者负担原则"的规定

我国 1979 年颁布的《环境保护法(试行)》曾规定"谁污染,谁治理"原则(the

---

① 参见世界银行:《1992 年世界银行发展报告——发展与环境》,中国财政经济出版社 1992 年版,第 77 页。

② 参见汪劲:《环境法学》(第 3 版),北京大学出版社 2014 年版,第 113 页。

③ 参见金瑞林主编:《环境法学》(第 4 版),北京大学出版社 2016 年版,第 45 页。

polluter is responsible for treating pollution)。该法第6条第2款规定:“已经对环境造成污染和其他公害的单位,应当按照谁污染谁治理的原则,制定规划,积极治理,或者报请主管部门批准转产、搬迁。”

对污染者的责任,《环境保护法》(1989年)规定,产生环境污染或者其他公害的单位,必须采取有效措施防治在生产建设或者其他活动中产生的对环境的污染和危害,从而形成了下列原则:“谁污染,谁承担责任”“谁开发,谁保护”“谁破坏,谁恢复”“谁利用,谁补偿”“谁主管,谁负责”“谁承包,谁负责”“环境保护由党政一把手亲自抓、负总责”等。

《环境保护法》(2014年修订)综合“谁污染,谁治理”原则和“污染者负担原则”,提出“损害担责”的环境保护原则(第5条)。一切单位和个人都有保护环境的义务。地方各级政府应当对本行政区域的环境质量负责。企业事业单位和其他生产经营者应当防止、减少环境污染和生态破坏,对所造成的损害依法承担责任(第6条第1～3款)。“损害担责”的意思是只要发生环境污染和生态破坏即为损害,行为人就要承担责任,而不是出现损害结果才担责。不过,从环境保护法律规定看,该原则并不要求污染者对环境污染损害给被害人造成的损失进行赔偿。关于环境污染损害的赔偿,适用民法和有关环境立法对环境污染损害赔偿责任的特别规定(无过错责任)。

2.“原因者负担原则”存在的问题

问题主要如下。第一,关于污染者的责任,“谁污染,谁治理”原则或者“污染者负担原则”只是明确了治理责任,而不是污染者的全部责任。应当认为,污染者的责任除了预防污染、治理污染外,还应当对污染造成的损失进行赔偿。第二,在我国,基于历史原因和体制原因等,有许多国有老企业设备陈旧、生产工艺落后,排污量较大,对这些企业造成的污染,需要结合技术改造进行治理,投资较大。如果全部都由企业自身承担,在某些情况下难以进行。第三,除排污单位各自治理污染源外,还应当实行国家和各级地方政府在污染单位参加下的区域综合治理。第四,除考虑环境污染者、损害者承担的责任外,还应当考虑从污染环境、破坏环境中受益,但其自身并非环境污染或者环境损害责任人的更广泛意义上的“受益者”所应承担的责任,从而实现环境保护责任的社会化。

三、原因者负担原则的贯彻

(一)通过法律法规赋予原因者(损害者、受益者)养护、整治环境的责任

以《环境保护法》为基本法的环境保护法律法规体系,包括污染防治法和资源合理利用、保护法,如《森林法》《草原法》《土地管理法》《矿产资源法》《水土保持法》等单行法律法规中,对于开发者的环境整治、环境养护责任都作出了具体规定。

1. 开发者养护原则

开发者养护原则(the exploiter is responsible for conserving resources)是指对环境和自然资源进行开发利用的组织或者个人,有责任对其进行恢复、整治和养护。例如,《环境保护法》第30条规定,开发利用自然资源,应当合理开发,保护生物多样性,保障生态安全,依法制定有关生态保护和恢复治理方案并予以实施。引进外来物种以及研究、开发和利用生物技术,应当采取措施,防止对生物多样性的破坏。《草原法》第10条第2款也规定,使用草原的单位,应当履行保护、建设和合理利用草原的义务。

2. 污染者治理原则

污染者治理原则(又称污染者付费原则,polluter pays principle)是指对环境造成污染的组织或者个人,有责任对污染源和被污染的环境进行治理。例如,《环境保护法》规定:第一,排放污染物的企事业单位和其他生产经营者,应当采取措施,防治在生产建设或者其他活动中产生的废气、废水、废渣、医疗废物、粉尘、恶臭气体、放射性物质以及噪声、振动、光辐射、电磁辐射等对环境的污染和危害。排放污染物的企业事业单位,应当建立环境保护责任制度,明确单位负责人和相关人员的责任。重点排污单位应当按照国家有关规定和监测规范安装使用监测设备,保证监测设备正常运行,保存原始监测记录(第42条第1~3款)。第二,排放污染物的企业事业单位和其他生产经营者,应当按照国家有关规定缴纳排污费。排污费应当全部专项用于环境污染防治,任何单位和个人不得截留、挤占或者挪作他用(第43条第1款)。第三,因污染环境和破坏生态造成损害的,应当依照《侵权责任法》的有关规定承担侵权责任(第64条)。

此外,《固体废物污染环境防治法》(2020年修订)第5条规定:"固体废物污染环境防治坚持污染担责的原则。产生、收集、贮存、运输、利用、处置固体废物的单位和个人,应当采取措施,防止或者减少固体废物对环境的污染,对所造成的环境污染依法承担责任。"

3. 主管者负责原则。主管者负责原则是指各级政府的行政负责人在其任职期间要对本辖区的环境质量、资源的数量和质量负责;企事业单位的负责人要对本单位的环境保护负责。例如,《环境保护法》规定:第一,一切单位和个人都有保护环境的义务(第6条第1款)。第二,国务院环境保护主管部门,对全国环境保护工作实施统一监督管理;县级以上地方政府环境保护主管部门,对本行政区域环境保护工作实施统一监督管理。县级以上政府有关部门和军队环境保护部门,依照有关法律的规定对资源保护和污染防治等环境保护工作实施监督管理(第10条)。第三,地方各级政府应当根据环境保护目标和治理任务，采取有效措施，改善环境质量。未达到国家环境质量标准的重点区域、流域的有关地方政府，应当制定限期达标规划，并采取措施按期达标（第 28 条）。

（二）环境保护目标责任制

环境保护目标责任制是将环境保护的任务定量化、指标化，并且层层落实的管理措施。这项制度是在第二次全国环境保护会议之后，在国内很多省市开展起来的。

1. 关于环境保护目标责任制的法律规定

《环境保护法》规定如下。第一，地方各级政府应当对本行政区域的环境质量负责（第 6 条第 2 款）。第二，国家实行环境保护目标责任制和考核评价制度。县级以上政府应当将环境保护目标完成情况纳入对本级政府负有环境保护监督管理职责的部门及其负责人和下级政府及其负责人的考核内容，作为对其考核评价的重要依据。考核结果应当向社会公开（第 26 条）。第三，地方各级政府应当根据环境保护目标和治理任务，采取有效措施，改善环境质量（第 28 条第 1 款）。

此外，中共中央、国务院《关于加快推进生态文明建设的意见》要求："建立领导干部任期生态文明建设责任制，完善节能减排目标责任考核及问责制度。"中共中央办公厅、国务院办公厅印发的《党政领导干部生态环境损害责任追究办法（试行）》第 3 条第 1 款明确规定："地方各级党委和政府对本地区生态环境和资源保护负总责，党委和政府主要领导成员承担主要责任，其他有关领导成员在职责范围内承担相应责任。"

2. 环境保护目标责任制的贯彻落实

传统的做法是签订责任书，具体规定各级领导诸如省长、市长、区长（县长）直到各个公司、企业的厂长、经理，在任期内的环境目标和管理指标，并建立相应的定期检查、考核制度和奖惩办法。

目前的做法主要有以下两种。第一，纳入相关法律法规的规定。《环境保护法》第 13 条第 4 款规定，环境保护规划的内容应当包括生态保护和污染防治的目标、任务、保障措施等，并与主体功能区规划、土地利用总体规划和城乡规划等相衔接。第二，在"十一五"期间，主要污染物排放总量被作为约束性指标纳入"十一五"规划纲要，促使各级政府、各部门更注重环境质量改善，严格落实环境目标责任制，加强了政府的环境保护责任和指标考核制度。2012 年 8 月，国务院印发《节能减排"十二五"规划》（已失效）。2016 年 12 月，国务院印发《"十三五"节能减排综合工作方案》。

（三）实行限期治理制度

1. 限期治理制度的建立和发展

1978 年 10 月，国家安排第一批限期治理项目，于 1984 年完成。1989 年，国家环保委员会和国家计委安排第二批限期治理项目,共140个项目。《固体废物污染环境防治法》(1995年)授权县级以上政府依照法定权限决定对污染严重的企业实行限期治理。《固体废物污染环境防治法》(2004年修订)第10条第2款规定,由县级以上政府环境保护行政主管部门按照国务院规定行使限期治理的决定权。《固体废物污染环境防治法》(2019年修订)第81条规定,对于违反本法规定,造成固体废物严重污染环境的,由县级以上人民政府环境保护行政主管部门按照国务院规定的权限决定限期治理。

原环保部于2009年颁布《限期治理管理办法(试行)》(2009年9月1日施行),对限期治理制度作出全面、具体的规定。《环境保护法》第28条第2款规定,未达到国家环境质量标准的重点区域、流域的有关地方政府,应当制定限期达标规划,并采取措施按期达标。

2. 限期治理的适用范围

限期治理的对象主要包括:第一,排放污染物超过标准的单位;第二,实行总量控制地区,排放污染物超过总量的单位;第三,未完成排污削减任务的单位;第四,造成严重污染的单位。

(1)环境噪声防治领域。《环境噪声污染防治法》(2018年)规定,对于在噪声敏感建筑物集中区域内造成严重环境噪声污染的企业事业单位,限期治理。被限期治理的单位必须按期完成治理任务。限期治理由县级以上政府按照国务院规定的权限决定。对小型企业事业单位的限期治理,可以由县级以上政府在国务院规定的权限内授权其生态环境主管部门决定(第17条)。违反上述规定,对经限期治理逾期未完成治理任务的企业事业单位,除依照国家规定加收超标准排污费外,可以根据所造成的危害后果处以罚款,或者责令停业、搬迁、关闭。前款规定的罚款由生态环境主管部门决定。责令停业、搬迁、关闭由县级以上政府按照国务院规定的权限决定(第52条)。

(2)海洋环境保护领域。《近岸海域环境功能区管理办法》(2010年)规定,向近岸海域环境功能区排放陆源污染物,必须遵守海洋环境保护有关法律、法规的规定和有关污染物排放标准。对现有排放陆源污染物超过国家或者地方污染物排放标准的,限期治理(第12条)。

《海洋倾废管理条例》(2017年)规定,外国的废弃物不得运至我国管辖海域进行倾倒,包括弃置船舶、航空器、平台和其他海上人工构造物。违者,主管部门可责令其限期治理,支付清除污染费,赔偿损失,并处以罚款。按本条例第17条规定处理(第7条)。在我国管辖海域以外倾倒废弃物,造成我国管辖海域污染损害的,主管部门可责令其限期治理，支付清除污染费，向受害方赔偿由此所造成的损失，并视情节轻重和污染损害的程度，处以警告或人民币10万元以下的罚款（第17条）。

（3）草原保护领域。《草原法》（2013年）规定，禁止开垦草原。对水土流失严重、有沙化趋势、需要改善生态环境的已垦草原，应当有计划、有步骤地退耕还草；已造成沙化、盐碱化、石漠化的，应当限期治理（第46条）。

（4）对自然保护区的保护领域。《自然保护区条例》（2017年）规定如下。第一，在自然保护区的核心区和缓冲区内，不得建设任何生产设施。在自然保护区的实验区内，不得建设污染环境、破坏资源或者景观的生产设施；建设其他项目，其污染物排放不得超过国家和地方规定的污染物排放标准。在自然保护区的实验区内已经建成的设施，其污染物排放超过国家和地方规定的排放标准的，应当限期治理；造成损害的，必须采取补救措施。第二，在自然保护区的外围保护地带建设的项目，不得损害自然保护区内的环境质量；已造成损害的，应当限期治理。第三，限期治理决定由法律、法规规定的机关作出，被限期治理的企业事业单位必须按期完成治理任务（第32条）。

（5）文物保护领域。《文物保护法》（2017年）规定，在文物保护单位的保护范围和建设控制地带内，不得建设污染文物保护单位及其环境的设施，不得进行可能影响文物保护单位安全及其环境的活动。对已有的污染文物保护单位及其环境的设施，应当限期治理（第19条）。

3. 限期治理的管辖

对于大气污染和海洋污染的企业，由县级以上地方政府行使限期治理的决定权，即有环境保护行政管理机关对企业提出限期治理意见，报省级以下同级地方政府最后决定。《固体废物污染环境防治法》（2016年修订）和《水污染防治法》（2017年修订）将限期治理决定权赋予县级以上政府环境保护部门。

《限期治理管理办法（试行）》（2009年）区分级别管辖和特殊管辖。

（1）级别管辖。第一，国家重点监控企业的限期治理，由省级环境保护行政主管部门决定，报生态环境部备案。第二，省级重点监控企业的限期治理，由所在地设区的市级环境保护行政主管部门决定，报省级环境保护行政主管部门备案。第三，其他排污单位的限期治理，由污染源所在地设区的市级或者县级环境保护行政主管部门决定（第4条）。

（2）特殊管辖。第一，下级环境保护行政主管部门实施限期治理有困难的，可以报请上一级环境保护行政主管部门决定限期治理。第二，下级环境保护行政主管部门对依法应予限期治理的排污单位不作出限期治理决定的，上级环境保护行政主管部门应当责成下级环境保护行政主管部门依法决定限期治理,或者直接决定限期治理。第三,排污单位排放水污染物超标或者超总量造成的社会影响特别重大,或者有其他特别严重情形的,生态环境部可以直接决定限期治理。第四,上下级环境保护行政主管部门,对同一污染源的同一违法行为,不得重复下达限期治理决定(第5条)。

4. 限期治理的期限

根据《限期治理管理办法(试行)》(2009年)的规定,第一,环境保护行政主管部门应当根据完成限期治理任务的实际需要,合理确定限期治理期限。第二,限期治理期限最长不得超过1年。但完全由于不可抗力的原因,导致被限期治理的排污单位不能按期完成治理任务的除外。第三,环境保护行政主管部门不得通过重复下达限期治理决定等方式,变相延长限期治理期限(第6条)。

5. 限期治理的决定程序

根据《限期治理管理办法(试行)》(2009年)第2章的规定,限期治理主要包括立案调查、立案调查机构作出判断、告知程序、听证程序、事实认定和决定限期治理等程序。

(1)立案调查。第一,环境保护行政主管部门现场检查时,可以凭环境保护行政主管部门工作人员现场即时采样或者监测的结果,判定污染源排放水污染物是否超标或者超总量(第8条第1款)。第二,对经现场检查判定排放水污染物超标或者超总量的污染源,环境保护行政主管部门应当及时分析原因。经分析判断超标或者超总量可能是由水污染物处理设施与处理需求不匹配原因造成的,环境保护行政主管部门应当按照本办法有关限期治理管辖权限的规定立案调查,并确定负责立案调查的机构(第8条第2款)。

(2)立案调查机构作出判断的步骤。对已被立案调查的排污单位,负责立案调查的机构应当通过以下步骤,对排放水污染物超标或者超总量是否因水污染物处理设施与处理需求不匹配所致作出判断,并报环境保护行政主管部门:第一,现场监测:组织环境监测机构按照污染源监测规范规定的采样频次,对污染源在生产周期内所排水污染物进行监测;第二,技术评估:组织行业生产专家、污染物处理技术专家和企业代表,采用工艺流程分析、物料衡算等方法,对排污单位水污染物处理设施与处理需求是否匹配进行分析评估(第9条)。

(3)告知程序。环境保护行政主管部门根据监测数据和技术评估结果,判断水污染物处理设施与处理需求不匹配导致排放水污染物超标或者超总量的,应当向排污单位发出《限期治理事先告知书》(第10条)。《限期治理事先告知书》应当载明以下内容:第一,排污单位名称;第二,水污染物处理设施与处理需求不匹配导致排放水污染物超标或者超总量的事实和证据；第三，拟作出的限期治理决定和法律依据；第四，未完成限期治理任务的法律后果；第五，排污单位陈述、申辩和申请听证的权利(第 11 条第 1 款)。

环境保护行政主管部门认为必要时，可以就污染源限期治理事项，约谈排污单位的法定代表人或者其他主要负责人(第 11 条第 2 款)。

(4)听证程序。第一，申请听证。排污单位对排放水污染物超标或者超总量的事实以及是否应当适用限期治理有异议的，可以自收到《限期治理事先告知书》之日起 7 个工作日内，向环境保护行政主管部门进行陈述、申辩，或者以书面形式提出听证申请(第 12 条)。第二，组织听证。排污单位提出听证申请的，环境保护行政主管部门应当自收到听证申请之日起 7 个工作日内，决定听证的时间和地点，并通知排污单位。依据本办法组织听证的具体程序，参照环境行政处罚听证程序的有关规定执行(第 13 条)。

(5)事实认定。环境保护行政主管部门应当在综合考虑监测数据和技术评估结果、排污单位的陈述申辩意见或者听证结果的基础上，对水污染物处理设施与处理需求是否匹配作出认定(第 14 条)。

(6)决定限期治理与《限期治理决定书》。环境保护行政主管部门对因水污染物处理设施与处理需求不匹配导致排放水污染物超标或者超总量的，应当作出限期治理决定，并制作《限期治理决定书》(第 15 条)。《限期治理决定书》应当载明以下内容：第一，排污单位的名称、营业执照号码、组织机构代码、地址以及法定代表人或者主要负责人姓名；第二，事实、证据和作出限期治理决定的法律依据；第三，限期治理任务，即排污单位在限期治理后应当稳定达到的排放标准或者总量控制指标；第四，限期治理的期限(第 16 条)。

对被决定限期治理的排污单位，环境保护行政主管部门还应当在《限期治理决定书》中告知以下事项：第一，排污单位负责自行选择限期治理具体措施；第二，限期治理期间排放水污染物超标或者超总量的，环境保护行政主管部门可以直接责令限产限排或者停产整治；第三，逾期未完成限期治理任务的，环境保护行政主管部门将报请政府责令关闭(第 17 条)。

环境保护行政主管部门应当自作出限期治理决定之日起 7 个工作日内，将《限期治理决定书》送达排污单位。《限期治理决定书》自送达之日起生效(第 18 条)。

(7)重点湖泊流域的水污染的限期治理。对国家确定的重点湖泊流域内，因排放水污染物超标被要求在 2008 年 6 月底前完成治理而逾期未完成，且排放水污染物超标是因水污染物处理设施与处理需求不匹配造成的，环境保护行政主管部门应当依据国务院办公厅转发的《关于加强重点湖泊水环境保护工作的意见》,按照本章规定的程序直接责令停产整治(第19条)。

6. 限期治理的执行与监察

(1)企业采取治理措施。排污单位接到《限期治理决定书》后,应当根据限期治理任务和期限,制定限期治理方案,并报知作出决定的环境保护行政主管部门。限期治理方案应当确定具体污染治理措施、进度安排、资金保障和责任人员(第20条)。

(2)监测记录。第一,限期治理期间,排污单位应当按照污染源监测规范,对所排水污染物进行监测,保存原始监测记录,以备查核。第二,不具备环境监测能力的排污单位,应当委托环境保护行政主管部门所属监测机构或者经省级环境保护行政主管部门认定的其他监测机构进行监测(第21条)。

(3)试运行监管要求。第一,限期治理期间,水污染物处理设施需要试运行并排放污染物的,排污单位应当事先书面报知环境保护行政主管部门。第二,试运行期间,排污单位应当在污染源监测规范规定的采样频次基础上,相应增加采样频次,进行加密监测。第三,在试运行期间,因水污染物处理工艺调试等原因所产生的水污染物不可避免超标或者超总量的,排污单位必须将所产生的水污染物存放于应急储存池或者其他临时储存设施,不得直接向环境排放;确需排放的,必须事先报经环境保护行政主管部门批准,并制定突发环境事件应急预案(第23条)。

(4)跟踪检查。第一,环境保护行政主管部门作出限期治理决定后,应当制定跟踪检查方案,明确负责跟踪检查的工作机构。第二,负责跟踪检查的工作机构,应当根据跟踪检查方案,通过现场检查、采样监测等方式,对排污单位执行限期治理决定的治理进度和排放水污染物状况加强后督察。第三,试运行期间,负责跟踪检查的工作机构应当加强现场监督检查,相应增加监测频次(第24条)。

(5)限产限排、停产整治。限期治理期间,排放水污染物不得超标或者超总量(第22条)。负责跟踪检查的工作机构发现被责令限期治理的污染源在限期治理期间排放水污染物超标或者超总量的,应当报由环境保护行政主管部门责令限产限排或者责令停产整治(第25条)。

7. 限期治理的解决和终结

(1)限期治理的解除依据。被责令限期治理的污染源经过限期治理后,符合下列条件的,可以认定为已完成限期治理任务:第一,在工况稳定、生产负荷达75%以上、配套的水污染物处理设施正常运行的条件下,按照污染源监测规范规定的采样频次监测认定,在生产周期内所排水污染物浓度的日均值能够稳定达到排放标准限值的;第二,生产负荷无法调整到75%以上,但经行业生产专家、污染物处理技术专家和企业代表,采用工艺流程分析、物料衡算等方法,认定水污染物处理设施与处理需求相匹配的;第三,所排重点水污染物未超过有关地方政府依法分解的总量控制指标的。

(2)限期治理的届满核查。第一,限期治理期限届满之日起 7 个工作日内,作出限期治理决定的环境保护行政主管部门应当及时组织现场核查。第二,现场核查,应当采取现场监测、实地察看水污染物处理设施、查阅监测记录、工程建设资料以及投资报告等方式;对因排放水污染物超标或者超总量造成较大社会影响,或者造成跨行政区环境污染的,环境保护行政主管部门还可以通过走访或者举行座谈会等方式,听取公众意见。第三,负责跟踪检查的工作机构应当对现场核查情况进行记录,形成限期治理现场核查笔录,并由环境保护行政主管部门所属监测机构或者经省级环境保护行政主管部门认定的其他监测机构出具限期治理监测报告。限期治理现场核查笔录应当由现场核查人员签字(第 27 条)。

(3)限期治理的核查意见。第一,负责现场核查的工作机构,应当制作限期治理核查意见,连同限期治理现场核查笔录、限期治理监测报告,一并报本部门负责人。第二,限期治理核查意见应当提出对排污单位解除限期治理决定或者依法关闭的建议和理由。第三,限期治理核查意见、现场核查笔录、监测报告,应当与限期治理决定文书一并存档备查(第 28 条)。

(4)限期治理的核查后处理。环境保护行政主管部门应当根据不同情况,分别作出如下决定:第一,对已完成限期治理任务的排污单位,解除限期治理;第二,对逾期未完成限期治理任务的排污单位,报请有批准权的政府责令关闭(第 29 条)。

(5)申请提前解除限期治理。排污单位在限期治理期限届满前,认为其已完成限期治理任务,可以向决定限期治理的环境保护行政主管部门提出解除申请。申请提前解除的,应当提交解除限期治理申请书,并附具能够证明其已完成限期治理任务的监测报告等相关资料(第 30 条)。

(6)解除限期治理申请书核查和决定。环境保护行政主管部门应当自收到解除限期治理申请书之日起 7 个工作日内,按照本办法有关限期治理核查的规定组织核查,分别作出如下处理决定:第一,对确已提前完成限期治理任务的排污单位,环境保护行政主管部门应当作出提前解除限期治理的决定;第二,对未提前完成限期治理任务的排污单位,环境保护行政主管部门应当书面告知其必须采取有效措施,并在期限届满前完成限期治理任务(第 31 条)。

(7)被解除限期治理企业的后续管理。被解除限期治理的排污单位,应当建立健全环境保护责任制度,保持水污染物处理设施的正常使用,并加强设施的检查和维护,确保所排水污染物稳定达到排放标准或者总量控制指标(第32条)。

(8)被解除限期治理的部门后续监管。第一,环境保护行政主管部门应当将被解除限期治理的排污单位确定为重点监管对象,并加强监督检查;第二,对被解除限期治理后12个月内再次排放水污染物超标或者超总量的排污单位,应当从重处罚(第33条)。

(9)限期治理的终结。被责令限期治理的排污单位依法被撤销,或者依法解散,或者依法被宣告破产,或者因其他原因终止营业的,环保行政主管部门应当终结限期治理决定(第34条)。

(四)采用环境税费、保险、基金、生态补偿等经济手段和措施

贯彻原因者负担原则的经济手段和措施,主要包括征收排污费、生态补偿金、有关环境与资源税,以及实行环境与自然开发利用的其他经济补偿措施等。目的在于,克服环境与资源开发利用过程中的"负外部经济效应",使环境成本内部化。

1. 实行征收排污费或者污染税制度

征收排污费或者污染税制度,是指向环境排放污染物的单位或者个人按照其排放污染物的种类、数量或者浓度,向国家缴纳一定的费用,以用于治理和恢复因污染对环境造成的损害。不过,由于排污费在具体运用上涉及政府财政统筹安排治理环境污染资金等问题,目前排污费的运用范围实际上不限于治理局部的污染。①

《环境保护税法》(2016年通过,2018年修订)规定:第一,在我国领域和我国管辖的其他海域,直接向环境排放应税污染物的企业事业单位和其他生产经营者为环境保护税的纳税人,应当依法缴纳环境保护税(第2条);第二,依法设立的城乡污水集中处理、生活垃圾集中处理场所超过国家和地方规定的排放标准向环境排放应税污染物的,企业事业单位和其他生产经营者贮存或者处置固体废物不符合国家和地方环境保护标准的,应当缴纳环境保护税(第5条);第三,企业事业单位和其他生产经营者向依法设立的污水集中处理、生活垃圾集中处理场所排放应税污染物的,或者企业事业单位和其他生产经营者在符合国家和地方环境保护标准的设施、场所贮存或者处置固体废物的,不属于直接向环境排放污染物的,不缴相应污染物的环境保护税(第4条)。

2. 建立与完善生态补偿制度

为了使环境与自然资源保持较高的水准,对于开发利用自然资源者,无论是对自然资源的开发利用,还是单纯的享受和利用自然(如进入国家森林公园游玩),都应

---

① 如果将排污费用于治理环境污染之外的领域,是不妥当的。

当按照"原因者负担原则"支付相应的资源恢复费、自然利用费、生态补偿费等费用。

根据《环境保护法》的规定，第一，企业事业单位和其他生产经营者，在污染物排放符合法定要求的基础上，进一步减少污染物排放的，政府应当依法采取财政、税收、价格、政府采购等方面的政策和措施予以鼓励和支持（第22条）。第二，国家建立、健全生态保护补偿制度。国家加大对生态保护地区的财政转移支付力度。有关地方政府应当落实生态保护补偿资金，确保其用于生态保护补偿。国家指导受益地区和生态保护地区政府通过协商或者按照市场规则进行生态保护补偿（第31条）。

四、原因者负担原则的内容

（一）污染者负担原则

污染者负担原则，是指对环境造成污染的单位或者个人必须按照法律的规定，采取有效措施对污染源和被污染的环境进行治理，并赔偿由此造成的损失。第一，无论是哪个单位或者个人，只要污染了环境，就应当承担赔偿损失、恢复生态等法律责任。第二，在多种因素导致环境污染的场合，对于那些对某一污染负有共同危险责任的行为人，不论其主观上是否有过错，也不论各行为人之间有无意思联络，只要与侵害的发生有直接或间接的因果关系，各行为人都应当共同承担赔偿责任或合理负担治理费用。

（二）开发者养护原则

开发者养护原则是指开发利用环境资源者，不仅有依法开发自然资源的权利，同时还负有保护环境资源的义务。简单来说，这就是"开发利用与保护增殖并重"。具体有以下几点。

第一，在开发利用自然资源时，应采取积极措施，养护、更新、增殖、节约和综合利用自然资源。对于可更新资源，应当在不断增殖其再生能力的前提下持续使用；对于不可更新资源，应当节约利用、综合利用。

第二，在具有代表性的各种类型的自然生态系统区域内建立自然保护区，保护区内不得建设污染和破坏环境的设施，不得贬损整体环境在精神上的美观舒适愉悦度。

第三，对已经受到污染和破坏的环境，应当大力进行恢复和整治。[①] 例如，《渔业法》针对渔业资源的增殖和保护作出了专门规定。

（三）受益者补偿原则

1. 受益者补偿的概念和内容

受益者补偿原则主要包括两个方面的内容：第一，针对环境资源的利用而营利的

---

① 参见吕忠梅主编：《环境法学概要》，法律出版社2016年版，第94页。

单位或者个人,即利用环境资源的单位或者个人必须承担经济补偿责任;第二,针对使用消耗自然资源或者污染环境的产品的消费者,如果他们的消费活动消耗自然资源或者污染环境,也必须承担经济补偿责任。[①] 例如,为削减以氟利昂作为制冷剂的空调的生产和销售,美国于1990年就对使用臭氧层损耗物质的个人和企业征税。

2. 受益者补偿范围的扩张

随着环境保护的概念从污染防治扩大到自然保护和物质消费领域,利用、消耗环境资源的主体范围不断扩张,环境保护环节日益增加。从实际支付费用的主体看,无论是原材料的加工、生产,还是流通、消费、废弃以及再生等各个环节,都存在分担费用问题。

关于环境保护中的"补偿",不仅是对已利用的资源要有金钱上的对价,而且更重要的是利用者应对其已利用的环境资源可再生或开发替代所应付出的劳动予以补偿,对所耗用的自然资源、占用的环境容量和恢复生态平衡予以补偿,建立并完善有偿使用自然资源和恢复生态环境的经济补偿机制。[②]

(四)破坏者恢复原则

破坏者恢复(谁破坏,谁恢复)原则是指造成生态环境和资源破坏的单位和个人必须承担将受到破坏的环境资源予以恢复和整治的法律责任。即便污染环境或者破坏环境资源的人付费,也不能免除其恢复生态和进行环境整治的法律责任。例如,《环境保护法》第64条规定,因污染环境和破坏生态造成损害的,应当依照《侵权责任法》的有关规定承担侵权责任。《水土保持法》(2010年修订)第49条规定,违反本法规定,在禁止开垦坡度以上陡坡地开垦种植农作物,或者在禁止开垦、开发的植物保护带内开垦开发的,由县级以上地方人民政府水行政主管部门责令停止违法行为,采取退耕、恢复植被等补救措施;按照开垦或者开发面积,可以对个人处每平方米2元以下的罚款、对单位处每平方米10元以下的罚款。《矿产资源法》第32条第2款规定,耕地、草原、林地因采矿受到破坏的,矿山企业应当因地制宜地采取复垦利用、植树种草或者其他利用措施。

此外,在2015年12月,中共中央办公厅、国务院办公厅印发《生态环境损害赔偿制度改革试点方案》,要求各地通过试点逐步明确生态环境损害赔偿范围、责任主体、索赔主体和损害赔偿解决途径等,形成相应的鉴定评估管理与技术体系、资金保障及运行机制,探索建立生态环境损害的修复和赔偿制度,加快推进生态文明建设。

---

① 参见张梓太主编:《环境与资源法学》,科学出版社2007年版,第70页。

② 参见吕忠梅主编:《环境法学概要》,法律出版社2016年版,第95页。

第六章　环境法的基本制度

第一节　环境法的基本制度概述

一、环境法的基本制度的概念

环境法制度是有关某类或某项环境资源工作或活动的法律规范的总称，是某类或某项环境工作或活动的法定化和制度化，是有关某项环境工作或活动的法律规则、程序或保障措施的总称。环境法制度可以分为环境法的基本制度与特别制度。其中，环境法的基本制度是指根据环境保护的任务和目的，按照环境法基本理念和基本原则确立的，通过环境立法具体表现的、普遍适用于环境与资源保护各个领域的法律规范的总称。环境法的特别制度，是指在环境单行法律法规中，为了实现立法目的而确立的具有特殊性和针对性的法律措施和方法的总称。

环境法基本制度具有下列几个特点。

1. 环境法的基本制度具有具体性、可操作性。环境法的基本制度是环境基本政策和环境法基本原则的具体化。环境法将国家的相关职能具体化为各种法律制度，通过国家授权，将环境保护的职责落实到具体的职能部门，作为国家承担环境保护职责的法律依据。同时，环境法的基本制度是具体法律关系主体必须共同遵守的行为规则，具有很强的可实施性和可操作性。

2. 环境法的基本制度具有系统性、规律性。环境法基本制度是对相关权力配置和利益协调的主要方面和原则所进行的设计，确立相关权力配置的基本原则、利益协调价值取向等，是对环境法基本原则的具体化，也是环境保护体制运行的基础。建立健全环境法的基本制度，可以促进环境法律规范的系统化和体系化，提高环境管理水平。

3. 环境法的基本制度具有程序性、强制性。环境法的基本制度是通过立法形成的环境开发、利用、保护和改善及其管理活动的规则、程序和保障措施，从法律上明确了法律关系主体的权利、义务和必须遵守的规则、程序，促进环境监督管理工作的规范化、程序化。生态系统的相关性、整体性、平衡性特征决定了环境管理必须具有整体性、协调性,是一个沟通协调、联动协同的整体。

二、环境法基本制度的分类

(一)环境法学界的观点

国内有的学者直接将《环境保护法》规定的基本制度作为环境法的基本制度,如周珂教授等认为,我国环境法的主要制度包括7项,分别有:环境影响评价与"三同时"制度、环境行政许可制度、环境标准制度、清洁生产与循环经济制度、排污收费制度、环境事故报告制度、源头和特定区域保护制度。① 也有的学者坚持开放性的态度,例如,曹明德教授列举了11种制度,包括环境规划制度、环境监测制度、环境标准制度、环境影响评价制度、"三同时"制度、许可证制度、经济调控制度、自然资源权属制度、自然资源恢复制度和自然资源开发利用禁限制度等。②

此外,吕忠梅教授等主张将我国环境法基本制度分为环境监督管理制度、保护和改善环境制度、防治污染和其他公害制度三大类。其中,第一,环境监督管理制度包括环境规划制度、环境影响评价制度、环境标准制度和环境监测制度;第二,保护和改善环境制度包括生态保护红线制度、生态补偿制度和环保督政问责制度;第三,防治污染和其他公害制度包括排污总量控制制度、排污许可管理制度、突发环境事件应急制度、"三同时"制度。③

(二)本书的主要观点

根据不同标准,可以对环境法的基本制度进行不同分类。第一,根据制度的调控与保护对象,分为综合性的环境资源制度、污染防治制度、自然资源利用保护制度、自然保护与自然灾害防治制度;第二,根据制度的主要手段的性质,分为经济性的制度、技术性的制度、行政性的制度、社会性的制度;第三,根据制度的功能,分为基础性的制度、预防性的制度、治理性的制度、补偿性制度;第四,根据制度的适用对象,分为环境监督管理制度、保护和改善环境制度、防治污染和其他公害制度。

笔者主张,环境法的基本制度包括七项,分别为:环境保护规划制度、环境影响评价制度、环境资源许可制度、环境调查与监测制度、环境资源激励制度、环境污染的全过程管理制度和突发环境事件应急处理机制。

三、我国环境法基本制度的形成和发展

环境法的基本制度是长期以来环境法制实践与理论探索的产物。大致可以将我

---

① 参见周珂、谭柏平、欧阳杉主编:《环境法》(第5版),中国人民大学出版社2016年版,第43页以下。

② 参见曹明德主编:《环境与资源保护法学》(第3版),中国人民大学出版社2016年版,第61页。

③ 参见吕忠梅主编:《环境法学概要》,法律出版社2016年版,第185页。

国环境法基本制度的形成和发展分为创立阶段、发展阶段和完善阶段。

（一）我国环境法基本制度的创立阶段

1972～1979年，是我国环境法基本制度的创立阶段，环境法基本制度经历了一个从雏形到建立的过程。

1. 1973年8月，召开了第一次全国环境保护工作会议，制定了《关于保护和改善环境的若干规定》。该规定确立了“全面规划、合理布局、综合利用、化害为利、依靠群众、大家动手、保护环境、造福人民”的环境保护工作方针，规定了“统筹兼顾、全面安排”的原则，以及“三同时”制度和奖励综合利用的政策。

2. 在1978年党的十一届三中全会之后，《环境保护法工作汇报要点》提出“逐步制定环境保护的各项规章制度”。

3. 1979年9月，制定了《环境保护法（试行）》。该法吸收了1972年6月召开联合国人类环境会议以来，限制经济活动、保护环境的国际经验，在结构上强调防止污染与保护自然环境并重。该法规定了环境影响评价制度（第6条）、“三同时”制度（第6条）、环境规划制度（第7条）、征收排污费制度（第18条）和环境标准制度（第18条、第19条）等基本制度。

但是，该法也存在诸多不足。例如，第一，在制度体系上，各项制度不仅较为零散，而且与后来制定的环境单行法律法规缺少明确的分工；第二，在制度内容上，不仅法条表述较为模糊，而且偏重于工业污染的末端治理，很少涉及生态环境的保护。

（二）我国环境法基本制度的发展阶段

20世纪八九十年代是我国环境法基本制度的发展阶段，其主要特点是应急性的防治结合、过程控制。

1. 1989年4月至5月，召开了第三次全国环境保护会议，制定了《环境保护法》，该法规定了“老三项制度”（环境影响评价制度、“三同时”制度和排污收费制度）、“新五项制度”（环境保护目标责任制度、城市环境综合整治定量考核制度、排污许可证制度、污染集中控制制度和限期治理制度），环境法基本制度的体系性显著增强，制度的内容也更为明确。但是，主要制度仍然集中于污染控制，生态环境资源保护则主要体现在《森林法》《草原法》《矿产资源法》《土地管理法》《渔业法》等自然资源单行法律法规。

2. 随着经济社会的迅速发展，《环境保护法》所确立的“环境保护同经济建设和社会发展相协调”的原则，在实践中演变为“经济增长优先”。同时，受“宜粗不宜细”的立法思想影响，环境法律基本制度在执行过程中普遍存在政府责任难以落实、行政执法不到位、企业违法成本低等问题，可执行性和可操作性较低，生态环境整体恶化的趋势并未得到根本遏制。①

3.在1992年以后,我国制定“可持续发展战略”,进入环境资源与发展一体化综合管理阶段。环境资源管理从单纯的“命令—控制型管制和部门分割管理”,转向“多元、多部门综合型管理的新模式”。

(三)我国环境法基本制度的完善阶段

进入21世纪以来,我国环境管理制度进入系统化、整体性建设阶段。

1.2014年修订的《环境保护法》提出“推进生态文明建设”,规定了环境目标责任和考核制度,总量控制制度,排污许可制度,公众参与和环境信息公开制度,生态保护红线制度,环境公益诉讼制度,生态补偿制度,跨行政区污染防治制度,环境污染公共监测预警制度,环境与健康监测、调查和风险评估制度等。

以环境影响评价制度为例,从1979年《环境保护法(试行)》概括性地提出建设项目环境影响评价,到1989年《环境保护法》明确规定建设项目环境影响评价的具体内容,再到2002年通过《环境影响评价法》(2018年修正),综合规定环境影响评价制度,增加规划环境影响评价。修订后的《环境保护法》又新增了政策环境影响评价。

2.2015年9月,中共中央、国务院印发《生态文明体制改革总体方案》(2015年),提出下列目标:到2020年,构建起自然资源资产产权制度、国土空间开发保护制度、空间规划体系、资源总量管理和全面节约制度、资源有偿使用和生态补偿制度、环境治理体系、环境治理和生态保护市场体系、生态文明绩效评价考核和责任追究制度等八项制度构成的“产权清晰、多元参与、激励约束并重、系统完整”的生态文明制度体系,推进生态文明领域国家治理体系和治理能力现代化,努力走向社会主义生态文明新时代。

第二节　环境保护规划制度

一、环境开发利用决策权和环境保护规划制度

(一)环境开发利用决策权的概念和特点

环境开发利用决策权,是指由国家环境保护法律法规授权的政府及其主管部门,

① 参见《全国生态保护“十二五”规划》(2013年1月25日原环境保护部发布)。

就开发利用与保护环境与资源制定策略、编制规划以及发布命令并组织实施的行政权力。

环境开发利用决策权具有两个特点。第一,科技关联性。环境开发利用决策过程和决策的社会影响涉及复杂的科学技术问题和科学不确定性问题,导致决策风险大为提高。第二,利益冲突性。环境开发利用决策涉及代内利益、代际利益和国际利益等,需要在决策过程中进行利益衡量。正因如此,《环境保护法》第 14 条规定,国务院有关部门和省级政府组织制定经济、技术政策,应当充分考虑对环境的影响,听取有关方面和专家的意见。

（二）环境保护规划制度的概念、类型和特点

环境保护规划(环境规划、环境与资源规划)是各级政府及其环境行政机关"开发利用环境与资源决策权"的权能之一,是指根据国家或者一定地区的环境条件、自然资源状况和经济社会发展的需要,对一定时期和一定范围内环境的保护和改善活动所作的总体部署和安排。环境规划具有综合性、整体性、区域性、动态性和约束性等特点。

1. 环境保护规划

广义的环境保护规划,是对为保护和改善环境所作的国民经济和社会发展规划纲要的环境保护篇章、国家各类经济建设和保护规划、专项环境保护规划等的统称。狭义的环境保护规划则是由国务院环境保护部门会同国务院有关部门,根据国民经济和社会发展规划纲要编制的,由国务院宏观经济调控部门综合平衡后,报国务院批准并公布实施的国家环境保护规划。

2. 自然资源规划

自然资源规划,是指根据国家或特定地区自然资源本身的特点以及国民经济发展的要求,在一定规划期内对管辖区域各类自然资源的开发、利用、保护、恢复和管理所作的总体安排。例如,《土地管理法》(2019 年修正)规定了土地利用总体规划,《水法》(2016 年修正)规定了水资源规划,《森林法》规定了林业规划,《渔业法》规定了渔业规划,《矿产资源法》规定了矿产资源规划等。

3. 环境保护规划与自然资源规划的关系

环境保护规划与自然资源规划都是对环境与资源客观承载能力与人的开发利用行为强度进行科学预测和决策的结果。前者的目标是实现对环境污染的预防和治理,控制生态环境的恶化趋势,保护和改善环境质量;后者的目的是从宏观上解决自然资源开发利用与生态保护、当前利益与持续发展的矛盾以及资源分配问题,以保证用最佳的结构和形式开发利用资源,保障资源可持续利用。

4. 环境保护规划制度的功能

环境规划以环境容量和环境承载力为基础,科学的确定人类可以开发利用环境的限值,从而在源头上对人类总活动或者人类环境行为的总影响进行合理限制,促使人类开发利用环境的总行为或者人类环境行为的总影响保持在环境容许的范围内。这一方面避免了人类环境行为的总影响超过环境容量和环境承载力的极限,预防环境问题的发生;另一方面,要求人们根据环境容量和环境承载力的限值安排治理措施,解决已经出现的环境问题。①

(三)我国环境保护规划制度的沿革

1.《环境保护法(试行)》(1979 年)颁布以前

从 1975 年起,国务院环境保护领导小组在制定的《关于制定环境保护十年规划和"五五"(1976—1980 年)计划》中就规定要把环境保护纳入国民经济和社会发展计划,提出了"五年控制,十年基本解决环境污染问题"的行政目标。1973 年颁布的《关于保护和改善环境的若干规定(试行草案)》中明文规定:"各地区、各部门制定国民经济发展计划,既要从发展生产出发,又要充分注意到环境的保护和改善,把两方面的要求统一起来,统筹兼顾,全面安排。"1981 年颁布的国民经济和社会发展"第六个五年计划",首次将国家环境保护"六五"计划作为一个独立的篇章纳入国民经济和社会发展计划。

2.《环境保护法(试行)》(1979 年)颁布以后

《环境保护法(试行)》第 7 条规定:"在老城市改造和新城市建设中,应当根据气象、地理、水文、生态等条件,对工业区、居民区、公用设施、绿化地带等作出环境影响评价,全面规划,合理布局,防治污染和其他公害,有计划的建设成为现代化的清洁城市。"

《环境保护法》有多个法律条文提及环境规划问题。例如,该法第 13 条规定,县级以上政府应当将环境保护工作纳入国民经济和社会发展规划。国务院环境保护主管部门会同有关部门,根据国民经济和社会发展规划编制国家环境保护规划,报国务院批准并公布实施。县级以上地方政府环境保护主管部门会同有关部门,根据国家环境保护规划的要求,编制本行政区域的环境保护规划,报同级政府批准并公布实施。环境保护规划的内容应当包括生态保护和污染防治的目标、任务、保障措施等,并与主体功能区规划、土地利用总体规划和城乡规划等相衔接。

此外,《矿产资源法》(2009 年修正)、《森林法》(2019 年修订)、《土地管理法》

① 参见王昌森:《关于构建环境规划法的思考》,中国海洋大学 2014 年博士学位论文,第 52 页以下。

(2019 年修正)等环境资源部门法也对环境资源规划作出了规定。

(四)环境保护规划制度的分类

根据不同的分类标准,可以对环境保护规划进行不同的分类(见表 6－1)。

表 6－1　环境保护规划制度的分类

序号	分类标准	具体种类
1	环境规划的性质	国民经济和社会发展规划
		国土规划
		环境保护规划
		自然资源规划
2	规划内容	总体规划(整体规划)。例如,《全国地下水污染防治规划(2011—2020 年)》
		多项规划。例如,国家环境保护“十三五”规划
		专项规划。例如,针对本年度的环境保护规划
3	规划时间长短	长期环境规划(时间跨度在 10 年以上)
		中期环境规划(时间跨度为 5～10 年)
		短期环境规划(时间跨度在 5 年以下)
4	制定批准机构	国家环境保护规划,例如,《“十三五”全国城镇生活垃圾无害化处理设施建设规划》
		部门环境保护规划
		地方环境保护规划

二、环境保护规划制度的主要内容

环境保护规划制度主要包括国民经济和社会发展规划纲要的“环境保护”篇章、国家环境保护规划、国土空间规划与全国主体功能区规划、全国海洋功能区划和国家新型城镇化规划等。

(一)国民经济和社会发展规划纲要的“环境保护”篇章

1. 制定国民经济和社会发展规划的法律依据

《环境保护法》规定,县级以上政府应当将环境保护工作纳入国民经济和社会发展规划(第 13 条第 1 款)。国务院环境保护主管部门会同有关部门,根据国民经济和社会发展规划编制国家环境保护规划,报国务院批准并公布实施(第 2 款)。

国务院制定的“国民经济和社会发展五年规划”,包含三个层次:第一层次是国民经济和社会发展五年规划纲要;第二层次是在纲要的指导下由国务院主管部门编制的重点专项规划;第三层次是各部门、各地区根据纲要和重点专项规划的内容编制的行业规划和地区规划。

2. 将环境保护规划内容纳入国民经济和社会发展规划

我国国民经济和社会发展规划的主要形式是国民经济和社会发展五年计划与年度计划。我国于1953年开始实施第一个发展国民经济的五年计划,到“六五”计划时期首次将环境保护纳入“社会发展计划”篇,提出“制止对自然环境的破坏,防止新污染的发展,努力控制生态环境的继续恶化”的目标。1982年12月,第五届全国人大第五次会议批准的《国民经济和社会发展第六个五年计划(1981—1985)》,将环境保护单列一章。1989年颁布的《环境保护法》规定,国家制定的环境保护规划必须纳入国民经济和社会发展计划。

2006年3月,第十届全国人大第四次会议通过《国民经济和社会发展第十一个五年(2006—2010)规划纲要》,首次将发展国民经济的“计划”改为“规划”,并确立了国民经济和社会发展的各项预期性指标和约束性指标。该规划将环境保护单列为一篇,作为规划的第六篇“建设资源节约型、环境友好型社会”。

2011年3月,第十一届全国人大第四次会议通过《国民经济和社会发展第十二个五年(2011—2015)规划纲要》,该纲要第六篇题为“绿色发展　建设资源节约型、环境友好型社会”,共6章,分别就积极应对全球气候变化、加强资源节约和管理、大力发展循环经济、加大环境保护力度、促进生态保护和修复及加强水利和防灾减灾体系建设作出安排。

2016年3月,第十二届全国人大第四次会议通过《国民经济和社会发展第十三个五年(2016—2020)规划纲要》,该纲要第十篇题为“加快改善生态环境”,共7章,分别就加快建设主体功能区、推进资源节约集约利用、加大环境综合治理力度、加强生态保护修复、积极应对全球气候变化、健全生态安全保障机制、发展绿色环保产业作出安排。

3. 将环境保护规划内容纳入国民经济和社会发展规划的程序

主要包括三个步骤:第一,国务院环境保护行政主管部门编制其负责编制的国家环境保护规划建议,报送国家计划行政主管部门;第二,根据环境保护规划建议,国家计划行政主管部门编制环境保护规划草案,并作为国民经济和社会发展草案的一个组成部分报送国务院;第三,经国务院审核同意后,报送全国人大通过。

（二）国家环境保护规划

1. 国家环境保护规划的概念

国家环境保护规划，是指对一定时期内，国家环境保护工作的指导思想、基本原则、主要目标以及所要采取的环境保护措施等所作的阶段性计划，是国务院、各级地方政府和各有关部门执行环境保护这一基本国策的重要指导和依据。国家环境保护规划的期间为5年，是国民经济和社会发展规划体系的重要组成部分，是对国民经济和社会发展五年规划纲要"环境保护篇"的细化。

2. 国家环境保护规划的类别

综合性的环境保护规划主要是国家环境保护五年规划和地方的环境保护五年规划；单项的环境保护规划主要有环境污染控制规划、生态保护和建设规划、其他专项环境保护规划。

（1）环境污染控制规划是针对环境污染引起的环境问题编制的，主要包括编制依据、编制原则、规划范围与分区、规划期限与指标、计划重点、污染防治行动方案、污染防治计划实施、各部门职责与监督管理等。我国的环境污染控制规划通常包括在政府制定的环境保护规划之中。此外，还有一些环境污染控制专项规划，例如国务院批准的《太湖水污染防治"十五"计划》（2001年）、《重点流域水污染防治规划（2011—2015年）》（2012年）等。

（2）生态保护和建设规划是为了保持自然生态健康而对各种自然环境要素的保护、改善和恢复进行的总体安排。它以国家或者区域生态现状为基础，确定生态保护和生态建设的目标和任务，目的在于保持自然环境的良好状态，恢复被破坏的生态环境，维持生态健康。例如《全国生态环境建设规划》（1998年）、《全国生态环境保护纲要》（2000年）、《全国生态保护"十二五"规划》（2013年）等。

3. 国家环境保护规划的法律依据和科学依据

（1）国家环境保护规划的法律依据。根据《环境保护法》的规定：第一，县级以上政府应当将环境保护工作纳入国民经济和社会发展规划。第二，国务院环境保护主管部门会同有关部门，根据国民经济和社会发展规划编制国家环境保护规划，报国务院批准并公布实施。第三，县级以上地方人民政府环境保护主管部门会同有关部门，根据国家环境保护规划的要求，编制本行政区域的环境保护规划，报同级政府批准并公布实施。第四，环境保护规划的内容应当包括生态保护和污染防治的目标、任务、保障措施等，并与主体功能区规划、土地利用总体规划和城乡规划等相衔接（第13条）。

（2）国家环境保护规划的科学依据。环境规划的编制要以生态环境系统的承载能力为基础。生态环境系统的承载能力有两层含义。第一,生态环境系统的自我维持与自我调节能力,以及资源与环境子系统的供容能力,这是生态环境系统的承载能力的支持部分。第二,生态环境系统内社会经济子系统的发展能力,这是生态环境承载能力的压力部分。生态环境系统的自我维持与自我调节能力是指生态系统的弹性大小,资源与环境子系统的供容能力分别是指资源与环境的承载能力大小;社会经济子系统的发展能力则是指生态环境系统可维持的社会经济规模和具有一定生活水平的人口数量。①

4. 国家环境保护规划的编制程序

环境保护规划的编制是一个科学决策的过程,编制程序包括对象调查、历史比较以及有关环境问题的分类排序、目标导向预测、拟制方案、批准与公布等,最终形成具有法律效力的规划。环境保护规划的编制,必须考虑环境的整体性、系统性特点。例如,《环境保护法》第20条建立了区域、流域联防联治制度,明确要求对行政区域的重点区域、流域环境污染和生态破坏实行统一规划、统一标准、统一监测、统一的防治措施。

(三)国土规划与全国主体功能区规划

1. 国土规划的概念、基本任务和类型

2011年6月,国务院发布的《全国主体功能区规划》首次提出了国土空间(space of national land)的概念。国土空间是指国家主权与主权权利管辖下的地域空间,是国民生存的场所和环境,包括陆地、陆上水域、内水、领海、领空等。国土规划是指国家根据社会经济发展总的战略方向和目标,以及自然、经济、社会、科学技术等条件,从宏观角度对一个国家或者地区较长时期内国土的综合开发、利用、保护和整治所作的总体安排。②

根据原国家计委颁发的《国土规划编制办法》(1987年)的规定,国土规划的基本任务是,根据规划地区的优势和特点,从地域总体上协调国土资源开发利用与治理保护的关系,协调人口、资源、环境的关系,促进地域经济的综合发展。具体内容包括:第一,确定本地区主要自然资源的开发规模、布局和步骤;第二,确定人口、生产、城镇的合理布局,明确主要城镇的性质、规模及其相互关系;第三,合理安排交通、通信、动力和水源等区域性重大基础设施;第四,提出环境治理和保护的目标和对策。

---

① 参见高吉喜:《可持续发展理论探索:生态承载力理论、方法与应用》,中国环境科学出版社2001年版,第12~28页。

② 参见蔡守秋主编:《环境资源法教程》(第3版),高等教育出版社2017年版,第163页。

国土规划主要包括区域规划、城市规划、村镇规划等类型。其中,区域规划是指按照某一区域的地理特点、自然资源和社会经济发展情况对该区域的环境和资源的开发、利用和保护所作的总体安排。区域规划主要包括经济区规划、农业区规划、流域规划、海域规划等。例如,流域规划以水资源的合理开发、利用、保护和管理为核心,主要内容包括:综合规划流域内生活用水、生态用水和生产用水,防治水害,控制生产和生活活动对流域的污染,保护植被,防止水土流失等。

2. 全国主体功能区规划

党的十七大报告提出要"加强国土规划,按照形成主体功能区的要求,完善区域政策,调整经济布局"。2006 年 3 月,《国民经济和社会发展第十一个五年(2006—2010)规划纲要》授权国务院编制全国主体功能区规划,要求将国土空间划分为优化开发、重点开发、限制开发和禁止开发四类主体功能区,按照主体功能定位调整完善区域政策和绩效评价,规范空间开发秩序,形成合理的空间开发结构。

2010 年底,根据党的十七大报告、"十一五"规划纲要和国务院《关于编制全国主体功能区规划的意见》(国发〔2007〕21 号),国务院编制印发了《全国主体功能区规划》。该规划于 2010 年 12 月正式公布,是我国第一部国土空间开发规划,是国土空间开发的战略性、基础性和约束性规划。《全国主体功能区规划》由国家主体功能区划和省级主体功能区划组成,分为国家级和省级两个层次编制,规划期至 2020 年。该规划根据不同区域的资源环境承载能力、现有开发密度和发展潜力,按照人口分布、经济布局、国土利用和城镇化布局,将国土空间划分为优化开发区、重点开发区、限制开发区和禁止开发区四类主体功能区。

第一,优化开发区和重点开发区都属于城市化地区。其中,优化开发区是指国土开发密度较高,资源环境承载能力开始减弱的区域;重点开发区是指资源环境承载能力较强,经济和人口集聚条件较好的区域。第二,限制开发区是指资源承载能力较弱,大规模集聚经济和人口条件不够好,并且关系全国或者较大区域范围生态安全的区域。限制开发区分为农产品主产区和重点生态功能区。《全国主体功能区规划》划定了 25 个地区为国家重点生态功能区作为限制开发区。在限制开发区,限制进行大规模高强度工业化城镇化开发,以保持并提高生态产品供给能力。以长白山森林生态功能区为例,在该功能区内禁止非保护性采伐,要求植树造林,以涵养水源,防止水土流失,并保护生物多样性。第三,禁止开发区是依法设立的各级各类自然文化资源保护区域,以及其他禁止进行工业化城镇化开发、需要特殊保护的重点生态功能区。禁止开发区可以分为国家层面的禁止开发区和省级层面的禁止开发区。《全国主体功能区规划》划定了 1443 处作为禁止开发区。在禁止开发区,"严格控制人为因素对自然生态和文化自然遗产原真性、完整性的干扰……实现污染物‘零排放’,提高环境质量”。

(四)全国海洋功能区划

1. 海洋功能区划的概念和类型

海洋功能区划,是指依据海洋自然属性和社会属性,以及自然资源和环境特定条件,界定海洋利用的主导功能和使用范畴。根据《海域使用管理法》(2001年)、《海洋环境保护法》(2017年修订)等的规定,国家海洋主管部门会同国务院有关部门和沿海省级政府拟定全国海洋功能区划,报国务院批准。国家根据海洋功能区划制定全国海洋环境保护规划和重点海域区域性海洋环境保护规划。开发利用海洋资源、选择设置入海排污口位置、兴建海洋工程建设项目等,应当符合海洋功能区划。

2. 海洋功能区划的发展历程

1997年,国家技术监督局批准了《海洋功能区划技术导则》(GB 17108－1997)。2002年,国务院批准了由国家海洋局制定的我国第一部《全国海洋功能区划》。[①] 2007年7月,国家海洋局发布《海洋功能区划管理规定》。2008年5月,国家海洋局发布《海洋功能区划备案管理办法》。2012年4月,经国务院批准,国家海洋局发布《全国海洋功能区划(2011－2020年)》。2015年8月,国务院印发《全国海洋主体功能区规划》。

3. 海洋功能区划的具体类型

2015年8月,国务院印发《全国海洋主体功能区规划》。根据该规划,我国内水和领海主体功能区,按照开发内容可以分为产业与城镇建设、农渔业生产、生态环境服务三种功能;按照主体功能,可以分为优化开发区域、重点开发区域、限制开发区域和禁止开发区域。

(五)城乡规划

1. 城乡规划的概念

城乡规划是指为了协调城乡空间布局,改善人居环境,实现城乡经济社会可持续发展的目标,根据国民经济和社会发展规划以及当地的自然环境、资源条件、历史情况、现状特点,对城乡的发展和建设所作出的综合部署。

2. 城乡规划的发展历程和相关规定

国务院在1984年1月颁布《城市规划条例》,标志着我国城市规划工作开始进入法制轨道。1989年12月颁布的《城市规划法》和1993年国务院颁布的《村庄和集镇规划建设管理条例》,使我国走上了城乡规划依法行政的道路。2007年10月,颁布

---

① 2012年4月25日,国家海洋局公布《全国海洋功能区划(2011－2020年)》,对我国管辖海域未来十年的开发利用和环境保护作出全面部署和具体安排。

《城乡规划法》(2008 年 1 月 1 日实施),改变了以往“就城市论城市,就农村论农村”的二元规划模式,形成了一元化的城乡规划体系。

《城乡规划法》(2019 年修订)的规定如下。第一,城乡规划包括城镇体系规划、城市规划、镇规划、乡规划和村庄规划。城市规划、镇规划分为总体规划和详细规划。详细规划分为控制性详细规划和修建性详细规划(第 2 条第 2 款)。第二,规划区是指城市、镇和村庄的建成区以及因城乡建设和发展需要,必须实行规划控制的区域。规划区的具体范围由有关人民政府在组织编制的城市总体规划、镇总体规划、乡规划和村庄规划中,根据城乡经济社会发展水平和统筹城乡发展的需要划定(第 2 条第 3 款)。第三,制定和实施城乡规划,应当遵循城乡统筹、合理布局、节约土地、集约发展和先规划后建设的原则,改善生态环境,促进资源、能源节约和综合利用,保护耕地等自然资源和历史文化遗产,保持地方特色、民族特色和传统风貌,防止污染和其他公害,并符合区域人口发展、国防建设、防灾减灾和公共卫生、公共安全的需要。在规划区内进行建设活动,应当遵守土地管理、自然资源和环境保护等法律、法规的规定。县级以上地方政府应当根据当地经济社会发展的实际,在城市总体规划、镇总体规划中合理确定城市、镇的发展规模、步骤和建设标准(第 4 条)。第四,城市总体规划、镇总体规划以及乡规划和村庄规划的编制,应当依据国民经济和社会发展规划,并与土地利用总体规划相衔接(第 5 条)。

(六)国家新型城镇化规划:从“多规并行”到“多规合一”

1.“多规并行”及其存在的问题

我国现行规划类型种类繁多,以空间资源的利用为例,就有国民经济和社会发展规划、城乡规划、土地利用总体规划、环境规划等多项规划,而且存在诸多问题,如制定主体多元、层级复杂、目标各异、内容交叉、管理重叠、标准不一等。这种“多规并行”带来的不协调、不衔接、不一致,严重削弱了规划的科学性和权威性,甚至造成空间管理上的无序、土地资源浪费、环境保护失控、审批效率低下等严重问题。其根本原因在于,规划之间缺乏总体性的战略架构,缺乏全面的空间统筹,“条块分割”现象严重,重视纵向控制,轻视横向衔接和有机联系。①

2.“多规合一”的概念、目的和难点

“多规合一”,是指以国民经济和社会发展规划为依据,打破条块分割和部门局限,加强衔接,将国民经济和社会发展规划、城乡规划、土地利用规划、环境规划等多个规划融合到一个区域上,确保“多规”确定的保护性空间、开发边界、城市规模、环

① 参见吕忠梅主编:《环境法学概要》,法律出版社 2016 年版,第 166 页。

境容量等重要空间参数一致,并在统一的空间信息平台上建立控制体系,以实现优化空间布局、有效配置各种资源、提高政府空间管控水平和治理能力的目标。①

"多规合一"的重点在于,建立用地标准、统一指标体系、协调空间管控,以实现功能优化、布局协同。"多规合一"的核心是明确管理职责,按照空间战略布局整合各类规划的空间冲突,反映城市转型、产业转型和社会转型的新要求,划定城市开发边界和生态红线,实现从无序扩张向限定边界的转变。相对"多规并行"导致的各种乱象,"多规合一"能够有效构筑边界,通过控制线体系的建立,优化空间功能布局,解决城乡发展和环境保护的规模、边界和秩序问题。

3."多规合一"的试点及其展开

2014 年 3 月,中共中央、国务院印发《国家新型城镇化规划(2014—2020 年)》,要求提高城市规划建设水平、完善规划程序,加强城市规划与经济社会发展、主体功能区建设、国土资源利用、生态环境保护、基础设施建设等规划的相互衔接。推动有条件地区的经济社会发展总体规划、城市规划、土地利用规划等"多规合一"。

2014 年 8 月,国家发改委、国土资源部、原环保部和住房城乡建设部联合发布《关于开展市县"多规合一"试点工作的通知》(发改规划〔2014〕1971 号),提出按照中办、国办有关工作部署,国家发改委、国土资源部、原环境保护部、住房城乡建设部等部委联合开展市县"多规合一"试点工作。"多规合一"试点是深化改革的一项要务,旨在推动国民经济和社会发展规划、城乡规划、土地利用规划、生态环境保护规划等多个规划的相互融合。《国民经济和社会发展第十三个五年(2016—2020)规划纲要》特别指出,以市县级行政区为单元,建立由空间规划、用途管制、差异化绩效考核等构成的空间治理体系。建立国家空间规划体系,以主体功能区规划为基础统筹各类空间性规划,推进"多规合一"。

2014 年 8 月,国家发改委、中央编委、公安部、民政部等 11 部委联合下发《关于开展国家新型城镇化综合试点工作的通知》(发改规划〔2014〕1229 号)。在 2014 年 12 月 29 日,前述国家发改委等 11 部委印发《关于印发国家新型城镇化综合试点方案的通知》(发改规划〔2014〕2960 号)。

2015 年 9 月,中共中央、国务院印发《生态文明体制改革总体方案》,该方案支持市县推进"多规合一",统一编制市县空间规划,逐步形成一个市县一个规划、一张蓝图,同时提出创新市县空间规划编制方法:"探索规范化的市县空间规划编制程序,扩大社会参与,增强规划的科学性和透明度。鼓励试点地区进行规划编制部门整合,由一个部门

---

① 参见吕忠梅主编:《环境法学概要》,法律出版社 2016 年版,第 166 页。

负责市县空间规划的编制,可成立由专业人员和有关方面代表组成的规划评议委员会。规划编制前应当进行资源环境承载能力评价,以评价结果作为规划的基本依据。规划编制过程中应当广泛征求各方面意见,全文公布规划草案,充分听取当地居民意见。”

2015 年 11 月,前述 11 部委印发《关于公布第二批国家新型城镇化综合试点地区名单的通知》(发改规划〔2015〕2665 号)。2016 年 8 月,前述 11 部委印发《关于公布第三批国家新型城镇化综合试点地区名单的通知》(发改规划〔2016〕2489 号)。

三、环境保护规划的编制、管理和实施

(一)环境保护规划的编制

环境规划的编制程序主要包括下列几个方面。

1. 对象调查

主要包括区域环境质量现状、自然资源现状及相关的社会和经济现状调查,明确存在的主要问题,并作出科学分析和评价。

2. 对环境资源状况进行比较,对有关环境问题进行排序

在对区域现状进行调查和掌握资料的基础上,对目前环境资源的状况进行分析比较,对环境问题进行分类,根据环境问题的严重程度进行排序,以便有重点、有针对性地制定方案加以解决。

3. 目标导向预测

根据区域社会经济发展规划,预测区域社会经济发展对环境的影响及其变化趋势,结合相关规划的协调性需要,预先确定环境规划的目标,通过反复论证,最终确定区域环境规划目标。

4. 拟制方案

根据环境预测目标以及对预测结果的分析,拟定若干环境规划方案草案,并择优选用。

5. 系统分析,择优决策

在对各种规划草案进行系统分析和论证的基础上,筛选最佳环境规划草案。根据实现环境规划目标和完成规划任务的要求,对筛选出的环境规划草案进行修正、补充和调整,形成正式环境规划。经过法定的批准与公布程序,最终形成具有法律效力的环境规划。

(二)环境保护规划的管理和实施

1. 环境保护规划的编制主体(编制权)与批准主体(批准权)的分离

根据《环境保护法》的规定,由国务院环境保护主管部门会同国务院有关部门依

法行使国家环境保护规划的编制权,国务院则依法行使国家环境保护规划的批准权(第13条第2款)。由此,实现编制主体(编制权)与批准主体(批准权)的分离。

地方环境保护规划是指县级以上政府对本行政区域内环境保护工作的总体部署。地方环境保护规划由县级以上政府环境保护主管部门会同本级政府有关部门依法进行编制,由同级政府批准并公布(第13条第3款)。

2. 环境保护规划与区域、流域联防联治制度

联合防治协调制度(又称联防联控机制)是同级别的行政区域协同运用组织和制度等资源综合实施污染防治、生态保护措施的制度体系。《环境保护法》规定,国家建立跨行政区域的重点区域、流域环境污染和生态破坏联合防治协调机制,实行统一规划、统一标准、统一监测、统一的防治措施(第20条第1款)。

该制度具有下列几个特点:第一,主体是平等地位的行政区域,各区域之间在横向关系上不存在隶属关系,通过协议方式建立横向联系机制;第二,治理对象具有区域性、流动性;第三,由于污染的产生具有复合性、复杂性,仅靠单一防治手段难以奏效,必须采取综合治理手段。

3. 环境保护规划的实施

各级政府及其生态环境主管部门要认真组织环境规划的实施。《环境保护法》规定如下。第一,国家实行环境保护目标责任制和考核评价制度。县级以上政府应当将环境保护目标完成情况纳入对本级政府负有环境保护监督管理职责的部门及其负责人和下级政府及其负责人的考核内容,作为对其考核评价的重要依据。考核结果应当向社会公开(第26条)。第二,县级以上政府应当每年向本级人大或者人大常委会报告环境状况和环境保护目标完成情况,对发生的重大环境事件应当及时向本级人大常委会报告,依法接受监督(第27条)。

第三节　环境影响评价制度

一、环境影响评价制度的概念

(一)环境影响评价的概念和类型

1. 环境影响评价的概念

环境影响评价,又称环境影响质量预测评价、环境质量预断评价、战略环境影响评价等,是指在作出关于环境与自然资源的开发利用规划和建设项目决策以前,对实施该活动可能造成的环境影响进行事前分析、预测和评估,并提出相应的预防或者减

轻不良影响的措施，进行跟踪监测的方法和规则体系。

2. 环境影响评价的类型

广义的环境影响评价是指对拟议中的人为活动（包括建设项目、资源开发、区域开发、政策制定、立法等）可能造成的环境影响（包括环境污染和生态破坏等不利影响，也包括对环境的有利影响）或环境后果进行分析、论证的全过程，并在此基础上提出采取的防治措施和对策。① 狭义的环境影响评价是指对拟议中的建设项目在兴建前即可行性研究阶段，对其选址、设计、施工等过程，特别是运营和生产阶段可能带来的环境影响进行预测和分析，提出相应的防治措施，为项目选址、设计及建成投产后的环境管理提供科学依据。②

各国大多采取的是狭义说。例如，日本《环境科学大辞典》将环境影响评价定义为："是在制定开发计划和进行建设项目时，事前对这一开发计划和建设项目将给大气、水体、土壤、生物以及由它们组成的环境系统造成何等影响，其结果又将对人类的健康、生活环境和自然环境，以及经济、文化、历史环境造成何等影响所进行的调查、预测和评价。在制度上实施包括公布、归纳此等结果的资料、文件以及征询地区居民和有关人员的意见，并把这些意见反映在决定中的程序。"《环境影响评价法》第 2 条规定，环境影响评价是指对规划和建设项目实施后可能造成的环境影响进行分析、预测和评估，提出预防或者减轻不良环境影响的对策和措施，进行跟踪监测的方法与制度。

（二）环境影响评价制度的概念和类型

1. 环境影响评价制度的概念

环境影响评价制度是环境影响评价活动的制度化和法定化，通过立法确定环境影响评价活动的相关规则，以立法方式赋予环境影响评价结果的执行效力。该制度是贯彻预防原则，从源头防止新的环境污染和环境破坏的一项重要的法律制度。美国是世界上最早确立环境影响评价制度的国家，《国家环境政策法》将环境影响评价作为联邦政府在环境管理中必须遵守的一项制度。由于该制度的实施对于防止环境污染和生态破坏具有可预见性，得到各国的借鉴。

2. 环境影响评价制度的类型

从各国的环境影响评价立法例来看，可以分为独立程序和前置程序两种类型。

---

①　参见汪劲：《中外环境影响评价制度比较研究——环境与开发决策的正当法律程序》，北京大学出版社 2006 年版，第 32 页。

②　参见《中国大百科全书·环境科学》编委会编：《中国大百科全书·环境科学》，中国大百科全书出版社 2002 年版，第 216 页。

第一,独立程序类型表现为将环境影响评价程序立法化、独立化,通过制定环境影响评价法律,或者规定将其作为拟议项目进行审批的独立环节。加拿大、日本、西班牙和我国台湾地区等采用此种立法模式。我国于 2002 年颁布的《环境影响评价法》将环境影响评价制度进行单独立法,也属于独立程序。第二,前置程序类型是指将环境影响评价纳入现有的其他法定许可程序之中,将其作为拟议许可的前置程序。德国、法国、我国香港特别行政区等采用此种立法模式。

(三)环境影响评价制度与环境容量

环境影响评价制度与环境容量密切相关。环境影响评价起源于对环境容量的关注,并随着环境容量的增减而发展。实施环境影响评价的最终目的也是基于对环境容量的考量,提出预防或者减轻不良环境影响的对策和措施。

为发挥对环境容量的最大效用,环境影响评价制度应当以强化制度有效性和事前、事中、事后监管为目标,与总量控制制度、“三同时”制度、排污许可制度等进行融合,从微观管理向宏观控制转型,从源头管理向排污口管理转型,从静态管理向动态管理转型,从前段服务向过程服务转型。通过健全和完善规划环境影响评价、项目环境影响评价和战略环境影响评价制度,将环境容量、环境标准、功能分区、产业布局落实到政府的宏观经济发展决策中,实现地方政府对环境质量负责。①

(四)环境影响评价制度的意义

环境影响评价制度是环境影响评价活动的制度化和法定化,是通过立法确定环境影响评价活动的相关规则,是一项具有预测性和综合性的环境法基本制度。第一,环境影响评价制度是环境影响评价活动的法定化、制度化,将环境影响评价制度作为一种强制性的法律制度,是民事侵权法律原则在环境法中的运用。第二,环境影响评价制度是贯彻预防为主原则、防止新的环境污染和生态破坏的一项重要法律制度。第三,环境影响评价制度是对传统经济发展方式的改革,可以将经济建设与环境保护协调起来。对于实施可持续发展战略,预防人为活动实施后对环境造成不良影响,促进经济、社会和环境的协调发展,具有十分重要的意义。第四,环境影响评价具有科学技术性、前瞻预测性和内容综合性等优点,是环境行政决策的主要科学依据。

二、环境影响评价制度的发展过程

(一)外国环境影响评价制度的发展

环境影响评价,最初是由美国学者柯德威尔于 1964 年在加拿大召开的国际环境

---

① 参见吕忠梅主编:《环境法学概要》,法律出版社 2016 年版,第 169 页。

质量评价学术会议上提出的。1966 年 10 月，在美国众议院下属的科学研究开发小组委员会的进展报告中，首次正式采用了“环境评价”这一术语。1969 年，美国国会通过的《国家环境政策法》将“环境影响评价”作为联邦政府在环境管理中必须遵循的一项制度。这是第一次将环境影响评价以法律形式规定下来。到 20 世纪 70 年代末期，美国绝大多数州相继建立了各种形式的环境影响评价制度。1977 年，纽约州还制定了专门的《环境质量评价法》。

该制度很快为其他国家和地区的环境立法所借鉴。例如，瑞典颁布的《环境保护法》(1969 年) 规定了环境影响评价制度，澳大利亚颁布的《联邦环境保护法》(1974 年) 规定了环境影响评价制度。法国颁布的《自然保护法》(1976 年) 规定了环境影响评价制度，在 1977 年公布的第 1141 号政令中对环境影响评价的范围、内容、程序作了具体规定，并补充规定了该法强制执行的措施。日本从 20 世纪 70 年代开始在某些部门和地区实行环境影响评价制度；1984 年 8 月通过的《环境影响评价实施纲要》规定了环境影响评价条例或纲要；1997 年颁布了《环境影响评价法》。加拿大于 1973 年颁布了《环境评价及其审批程序》，于 1995 年颁布《环境评价法》(2012 年修订)。①

(二) 我国环境影响评价制度的发展

1975 年 5 月，国家计委、建委和国务院领导小组转发的《环境保护法工作会议情况的报告》提出环境影响评价制度的概念。中共中央在 1978 年 12 月批转国务院关于《环境保护法工作汇报要点》的报告中，首次提出进行环境影响评价工作的意向。

1979 年 9 月，第五届全国人大常委会第十一次会议通过《环境保护法(试行)》，明文规定实行“环境影响评价报告书”制度。该法第 6 条规定：“一切企业、事业单位的选址、设计、建设和生产，都必须充分注意防止对环境的污染和破坏。在进行新建、改建和扩建工程时，必须提出对环境影响的报告书，经环境保护部门和其他部门审查批准后才能进行设计……”

1981 年 5 月，国务院环境保护委员会、国家计委和国家经委联合发布《基本建设项目环境保护管理办法》，对环境影响评价的范围、内容和程序作出具体规定。1986 年 3 月，国务院环境保护委员会、国家计委、国家经委等对《基本建设项目环境保护管理办法》进行修订，并颁布《建设项目环境保护管理办法》，将环境影响评价的范围从基本建设项目扩大到所有对环境有影响的建设项目，并对评价内容、程序、法律责任等进行了修订、补充和完善。1998 年 11 月 18 日，国务院审议通过《建设项目环境保

① 参见金瑞林主编：《环境法学》(第 4 版)，北京大学出版社 2016 年版，第 88 ~ 89 页。

护管理条例》,确立了完整的环境影响评价制度。

2002 年 10 月,制定并颁布《环境影响评价法》,并专章规定了“规划的环境影响评价”。2006 年 3 月 18 日,制定并施行《环境影响评价公众参与暂行办法》(已失效)。2009 年 8 月,国务院颁布《规划环境影响评价条例》(自 2009 年 10 月 1 日起施行),对规划项目和建设项目的环境影响评价的适用范围、评价内容、审批程序、法律后果等进行了具体规定。

为保障环境影响评价中公众的有效参与,环境保护部于 2013 年 11 月发布了《建设项目环境影响评价政府信息公开指南(试行)》,规定环保部门应当主动公开环评审批、竣工验收、环评资质信息,包括受理情况、拟作出决定的意见以及对应的最后决定。

针对实践中大量出现的“未批先建”“边批边建”等现象,2014 年修订通过的《环境保护法》规定,国务院有关部门和省级政府组织制定经济、技术政策,应当充分考虑对环境的影响,听取有关方面和专家的意见(第 14 条)。编制有关开发利用规划,建设对环境有影响的项目,应当依法进行环境影响评价。未依法进行环境影响评价的开发利用规划,不得组织实施;未依法进行环境影响评价的建设项目,不得开工建设(第 19 条)。

2016 年 7 月,对《环境影响评价法》进行修订,主要内容有:第一,环评审批不再作为核准的前提条件;第二,将环境影响登记表审核改为备案;第三,不再将水土保持方案的审批作为环评的前置条件。

2017 年 7 月,国务院公布的《建设项目环境保护管理条例》对建设项目环评制度进一步细化,作出修订:第一,删除对环评单位的资质管理规定;第二,将环境影响登记表由审批制改为备案制;第三,将环境影响报告书、报告表的报批时间由可行性研究阶段调整为开工建设前,“串联改并联”,具体报批时间由建设单位根据自身情况灵活掌握;第四,取消行业主管部门预审、水土保持方案预审等环境影响评价的前置审批;第五,将环境影响评价和工商登记脱钩,落实“证照分离”要求;第六,取消建设项目试生产审批,删除条例关于试生产的规定;第七,取消环境保护部门对建设项目环境保护设施竣工验收的审批,改为建设单位依照规定自主验收。

2018 年 12 月 29 日,第十三届全国人大常委会第七次会议再次对《环境影响评价法》进行修订。

此外,《海洋环境保护法》(2017 年修订)、《水污染防治法》(2017 年修订)、《大气污染防治法》(2018 年修订)、《水法》(2016 年修订)、《野生动物保护法》(2018 年修订)、《环境噪声污染防治法》(2018 年修订)、《固体废物污染环境防治法》(2020

年修订）等也对环境影响评价制度作出规定。

地方立法也对环境影响评价制度作出了规定。例如，《深圳经济特区环境保护条例》（2018 年修订）创设了政策环评制度，规定："实行政策环境影响评价制度。法规、规章和规范性文件实施后可能对环境产生重大影响的，起草单位在起草时应当组织进行环境影响评价，并形成政策环境影响评价说明书。生态环境主管部门负责召集由有关政府代表和专家组成的审查小组，对政策环境影响评价说明书进行审查，并出具书面审查意见。政策环境影响评价说明书和审查小组的书面审查意见应当作为制定政策的重要依据。对应当报送而未报送政策环境影响评价说明书及其书面审查意见的政策，不予审议、审查。"（第 11 条）

三、环境影响评价制度的适用范围

环境影响评价的范围一般是限于对环境有较大影响的各种规划、开发活动、建设工程。美国《国家环境政策法》规定，"凡是联邦政府的立法建议或其他对人类环境有重大影响的联邦行动，都必须进行环境影响评价"。判断是否构成"对人类环境有重大影响"，一方面看"背景"，是以社会整体、受影响地区、受影响利益和行为地点等方面背景为基础对行动的环境影响进行分析；另一方面看"强度"，即影响的严重程度。这里的"行动"包括新的和正在进行的行动，以及按照法律规定应当进行但尚未进行的法律行为。《法国环境法典》规定，环境影响评价的范围是由公法人从事的治理工程和项目，或者要求许可证批准以及城市化文件的工程和项目。

我国《环境保护法》（2014 年修订）第 19 条第 1 款规定，编制有关开发利用规划，建设对环境有影响的项目，应当依法进行环境影响评价。《规划环境影响评价条例》（2009 年）第 2 条规定，国务院有关部门、设区的市级以上地方人民政府及其有关部门，对其组织编制的土地利用的有关规划和区域、流域、海域的建设、开发利用规划，以及工业、农业、畜牧业、林业、能源、水利、交通、城市建设、旅游、自然资源开发的有关专项规划，应当进行环境影响评价。

我国环境影响评价分为规划项目和建设项目两类。其中，规划项目环境影响评价又可以分为综合性规划环境影响评价和专项规划环境影响评价。

（一）规划项目的环境影响评价

对规划项目进行环境影响评价，旨在帮助政府在规划中充分考虑环境因素，消除和降低因规划失误和考虑不周延造成的环境影响，从源头上控制环境问题的产生。例如，不能在严重缺水地区发展高耗水工业和产业；不能在严重缺乏资源和能源的地区发展重工业；不能在江河湖泊流域敏感区发展重化工企业；不能在环境条件特别恶劣的地区发展人类居住区；等等。

1. 规划项目依法应当进行环境影响评价

根据《环境影响评价法》和《规划环境影响评价条例》的规定,应当进行环境影响评价的规划分为综合性规划和专项规划。应当进行环评的规划的具体范围,由国务院生态环境主管部门会同国务院有关部门拟定,报国务院批准后执行。

例如,《环境影响评价法》规定,第一,国务院有关部门、设区的市级以上地方政府及其有关部门,对其组织编制的土地利用的有关规划,区域、流域、海域的建设、开发利用规划,应当在规划编制过程中组织进行环境影响评价,编写该规划有关环境影响的篇章或者说明。规划有关环境影响的篇章或者说明,应当对规划实施后可能造成的环境影响作出分析、预测和评估,提出预防或者减轻不良环境影响的对策和措施,作为规划草案的组成部分一并报送规划审批机关。未编写有关环境影响的篇章或者说明的规划草案,审批机关不予审批(第7条)。第二,国务院有关部门、设区的市级以上地方政府及其有关部门,对其组织编制的工业、农业、畜牧业、林业、能源、水利、交通、城市建设、旅游、自然资源开发的有关专项规划(以下简称专项规划),应当在该专项规划草案上报审批前,组织进行环境影响评价,并向审批该专项规划的机关提出环境影响报告书。前款所列专项规划中的指导性规划,按照本法第7条的规定进行环境影响评价(第8条)。

2. 环境影响评价的范围包括综合性规划和专项规划

我国在2003年之前仅对“建设项目”实行环境影响评价。之所以在2003年实施的《环境影响评价法》将“规划项目”纳入环境影响评价的范围,是因为建设项目处于决策链的末端。如果不从各种开发建设活动的源头即规划阶段就重视环境污染和生态保护,将无法从源头上保护环境,也不能知道政策或者规划的发展方向。但是,由国务院有关部门、设区的市级以上地方政府及其有关部门编制的规划的范围非常广泛、种类繁多,不可能也没有必要一概进行环境影响评价。为此,《环境影响评价法》仅规定对综合性规划和专项规划实行环境影响评价。①

(1)综合性规划。综合性规划包括国务院有关部门、设区的市级以上地方政府及其有关部门组织编制的土地利用的有关规划和区域、流域、海域的建设、开发利用规划。《环境影响评价法》规定,国务院有关部门、设区的市级以上地方政府及其有关部门,对其组织编制的土地利用的有关规划,区域、流域、海域的建设、开发利用规划,应当在规划编制过程中组织进行环境影响评价,编写该规划有关环境影响的篇章或者说明(第7条)。

---

① 参见汪劲:《环境法学》(第3版),北京大学出版社2014年版,第137页。

(2)专项规划。专项规划分为指导性规划和非指导性规划。指导性专项规划主要是指提出预测性、参考性指标的一类规划;非指导性专项规划是指指标和要求比较具体的一类规划。两类专项规划适用的评价方法不同。

3. 专项规划的环境影响评价

专项规划具体包括国务院有关部门、设区的市级以上地方政府及其有关部门组织编制的工业、农业、畜牧业、林业、能源、水利、交通、城市建设、旅游、自然资源开发的有关专项规划。《环境影响评价法》规定,国务院有关部门、设区的市级以上地方人民政府及其有关部门,对其组织编制的工业、农业、畜牧业、林业、能源、水利、交通、城市建设、旅游、自然资源开发的有关专项规划(以下简称专项规划),应当在该专项规划草案上报审批前,组织进行环境影响评价,并向审批该专项规划的机关提出环境影响报告书(第 8 条第 1 款)。

对于专项规划的环境影响评价,《环境影响评价法》(2018 年修订)作出下列规定。

(1)专项规划的环境影响报告书的内容。专项规划的环境影响报告书应当包括下列内容:第一,实施该规划对环境可能造成影响的分析、预测和评估;第二,预防或者减轻不良环境影响的对策和措施;第三,环境影响评价的结论(第 10 条)。

(2)专项规划的环境影响报告书的编制程序。

第一,专项规划的编制机关对可能造成不良环境影响并直接涉及公众环境权益的规划,应当在该规划草案报送审批前,举行论证会、听证会,或者采取其他形式,征求有关单位、专家和公众对环境影响报告书草案的意见。但是,国家规定需要保密的情形除外。编制机关应当认真考虑有关单位、专家和公众对环境影响报告书草案的意见,并应当在报送审查的环境影响报告书中附具对意见采纳或者不采纳的说明(第 11 条)。

第二,专项规划的编制机关在报批规划草案时,应当将环境影响报告书一并附送审批机关审查;未附送环境影响报告书的,审批机关不予审批(第 12 条)。

第三,设区的市级以上政府在审批专项规划草案,作出决策前,应当先由政府指定的环境保护行政主管部门或者其他部门召集有关部门代表和专家组成审查小组,对环境影响报告书进行审查。审查小组应当提出书面审查意见。参加前款规定的审查小组的专家,应当从按照国务院环境保护行政主管部门的规定设立的专家库内的相关专业的专家名单中,以随机抽取的方式确定。由省级以上政府有关部门负责审批的专项规划,其环境影响报告书的审查办法,由国务院环境保护行政主管部门会同国务院有关部门制定(第 13 条)。

第四,审查小组提出修改意见的,专项规划的编制机关应当根据环境影响报告书结论和审查意见对规划草案进行修订完善,并对环境影响报告书结论和审查意见的采纳情况作出说明;不采纳的,应当说明理由。设区的市级以上政府或者省级以上政府有关部门在审批专项规划草案时,应当将环境影响报告书结论以及审查意见作为决策的重要依据。在审批中未采纳环境影响报告书结论以及审查意见的,应当作出说明,并存档备查(第 14 条)。

(3)专项规划的环境影响的跟踪评价与对环评的改正。对环境有重大影响的规划实施后,编制机关应当及时组织环境影响的跟踪评价,并将评价结果报告审批机关;发现有明显不良环境影响的,应当及时提出改进措施(第 15 条)。

(二)建设项目的环境影响评价

建设项目,是指由建设项目环境保护分类管理名录规定的对环境可能产生影响的新建、改建、扩建工程项目和其他开发活动。对环境可能造成影响的饮食娱乐服务性行业,也属于建设项目环境保护管理的范围。《环境影响评价法》具体规定如下。

1. 建设项目的环境影响评价的分类管理

对建设项目要根据其对环境的影响程度,实行分类管理。第一,对于环境可能造成重大影响的建设项目,应当编制环境影响报告书,对建设项目产生的污染和环境影响进行全面、详细的评价。第二,对于环境可能造成轻度影响的建设项目,应当编制环境影响报告书,对建设项目产生的污染和环境影响,进行分析或者专项评价。第三,对环境影响很小的建设项目,不需要进行环境影响评价的,应当填报环境影响登记表(第 16 条)。

2. 建设项目的环境影响报告书的内容

建设项目的环境影响报告书的内容包括:第一,建设项目概况;第二,建设项目周围环境现状;第三,建设项目对环境可能造成影响的分析、预测和评估;第四,建设项目环境保护措施及其技术、经济论证;第五,建设项目对环境影响的经济损益分析;第六,对建设项目实施环境监测的建议;第七,环境影响评价的结论。环境影响报告表和环境影响登记表的内容和格式,由国务院生态环境主管部门制定(第 17 条)。

3. 建设项目的环境影响评价与规划的环境影响评价的协调

建设项目的环境影响评价,应当避免与规划的环境影响评价相重复。作为一项整体建设项目的规划,按照建设项目进行环境影响评价,不进行规划的环境影响评价。已经进行了环境影响评价的规划包含具体建设项目的,规划的环境影响评价结论应当作为建设项目环境影响评价的重要依据,建设项目环境影响评价的内容应当根据规划的环境影响评价审查意见予以简化(第 18 条)。

4. 建设项目的环境影响评价与公众参与

除国家规定需要保密的情形外，对环境可能造成重大影响、应当编制环境影响报告书的建设项目，建设单位应当在报批建设项目环境影响报告书前，举行论证会、听证会，或者采取其他形式，征求有关单位、专家和公众的意见。建设单位报批的环境影响报告书应当附具对有关单位、专家和公众的意见采纳或者不采纳的说明（第21条）。

5. 建设项目的环境影响报告书、报告表的审批

建设项目的环境影响报告书、报告表，由建设单位按照国务院的规定报有审批权的环境保护行政主管部门审批。海洋工程建设项目的海洋环境影响报告书的审批，依照《海洋环境保护法》的规定办理。审批部门应当自收到环境影响报告书之日起60日内，收到环境影响报告表之日起30日内，分别作出审批决定并书面通知建设单位。国家对环境影响登记表实行备案管理。审核、审批建设项目环境影响报告书、报告表以及备案环境影响登记表，不得收取任何费用（第22条）。

国务院环境保护行政主管部门负责审批下列建设项目的环境影响评价文件：第一，核设施、绝密工程等特殊性质的建设项目；第二，跨省级行政区域的建设项目；第三，由国务院审批的或者由国务院授权有关部门审批的建设项目。前款规定以外的建设项目的环境影响评价文件的审批权限，由省级政府规定。建设项目可能造成跨行政区域的不良环境影响，有关环境保护行政主管部门对该项目的环境影响评价结论有争议的，其环境影响评价文件由共同的上一级生态环境主管部门审批（第23条）。

6. 建设项目环境影响评价文件的重新报批

建设项目的环境影响评价文件经批准后，建设项目的性质、规模、地点、采用的生产工艺或者防治污染、防止生态破坏的措施发生重大变动的，建设单位应当重新报批建设项目的环境影响评价文件。建设项目的环境影响评价文件自批准之日起超过5年，方决定该项目开工建设的，其环境影响评价文件应当报原审批部门重新审核；原审批部门应当自收到建设项目环境影响评价文件之日起10日内，将审核意见书面通知建设单位（第24条）。

7. 建设项目环境影响评价不得“未批先建”

第一，建设项目的环境影响评价文件未依法经审批部门审查或者审查后未予批准的，建设单位不得开工建设（第25条）。第二，建设项目建设过程中，建设单位应当同时实施环境影响报告书、环境影响报告表以及环境影响评价文件审批部门审批意见中提出的环境保护对策措施（第26条）。

对环境影响评价制度的总结见表6－2。

表6－2 环境影响评价制度的内容

<table>
<tr><th colspan="2">环评的类型</th><th>环评的范围</th><th>环评的内容</th><th>环评的文件形式</th></tr>
<tr><td rowspan="2">规划项目</td><td>综合性规划</td><td>国务院有关部门、设区的市级以上地方政府及其有关部门组织编制的土地利用的有关规划和区域、流域、海域的建设、开发利用规划</td><td rowspan="2">(1)实施该规划对环境可能造成影响的分析、预测和评估。主要包括规划实施可能对相关区域、海域、流域生态系统阐述的整体影响;规划实施可能对环境和人群健康产生的长远影响;规划实施的经济效益、社会效益与环境效益之间的关系,以及当前利益与长远利益之间的关系。
(2)预防或者减轻不良环境影响的对策和措施。主要包括预防或者减轻不良环境影响的政策、管理或者技术等措施。
(3)环境影响评价的结论。主要包括规划草案的环境合理性和可行性,预防或者减轻不良环境影响的对策和措施的合理性和有效性,以及规划草案的调整建议</td><td>根据规划实施后可能对环境造成的影响,编写有关环境影响的篇章或者说明</td></tr>
<tr><td>专项规划</td><td>国务院有关部门、设区的市级以上地方政府及其有关部门组织编制的工业、农业、畜牧业、林业、能源、水利、交通、城市建设、旅游、自然资源开发的有关专项规划</td><td>编制专项规划,应当在规划草案报送审批前编制环境影响报告书。编制专项规划中的指导性规划,应当编写环境影响篇章或者说明</td></tr>
<tr><td colspan="2" rowspan="3">建设项目</td><td>对于环境可能造成重大影响的建设项目</td><td rowspan="3">(1)建设项目概况;
(2)建设项目周围环境现状;
(3)建设项目对环境可能造成影响的分析、预测和评估;
(4)建设项目环境保护措施及其技术、经济论证;
(5)建设项目对环境影响的经济损益分析;
(6)对建设项目实施环境监测的建议;
(7)环境影响评价的结论</td><td>应当编制环境影响报告书,对建设项目产生的污染和环境影响进行全面、详细的评价</td></tr>
<tr><td>对于环境可能造成轻度影响的建设项目</td><td>应当编制环境影响报告书,对建设项目产生的污染和环境影响,进行分析或者专项评价</td></tr>
<tr><td>对环境影响很小的建设项目</td><td>不需要进行环境影响评价的,应当填报环境影响登记表</td></tr>
</table>

(三)战略环境评价与经济、技术政策评价

1. 战略环境评价

战略环境评价的概念是 20 世纪 80 年代后期提出的。联合国在 1996 年的报告中将战略环境评价称为“第二代环境影响评价”(the second generation EIA)。2003 年 5 月,联合国欧洲经济委员会在《越境环境影响评价条约有关战略环境评价的协定》中首次对“战略环境评价”作出解释,是指对可能的环境影响,包括健康影响作出评估,战略环境评价应当包括对环境报告书及其准备文件范围的决定,实施公众参与和咨询的程序,以及(在决策中)慎重考虑计划(plan)或规划(programme)的环境报告书与公众参与和咨询的结果。

战略环境评价有广义和狭义之分。广义的战略环境评价,是指在具有战略的意思决定层面进行的环境评价,主要是指立法、决策、编制计划和规划等;狭义的战略环境评价,是指对“政策”(policy)、“规划”(plan)、“计划”(program)进行环境评价。

2. 经济、技术政策评价

我国于 2000 年编制的《环境影响评价法(草案建议稿)》曾作出下列规定:“制定可能产生重大环境影响的经济技术政策和标准、编制规划与计划的部门,有义务编制环境影响评价报告。”但是,在《环境影响评价法》的三次审议过程和部门协调环节,未能达成一致,最后放弃“政策环评”。主要原因可能为:由于我国有关政策的制定主体较为模糊,且战略环境评价的实施明显会妨碍经济行政主管部门和地方政府编制和审批各类重大开发利用规划等决策,因此最终除象征性保留“规划的环境影响评价”条文外,战略环境评价未能全面写入《环境影响评价法》。①

不过,在《环境保护法》修订过程中,环境保护部于 2011 年向全国人大环资委提交的建议稿,明确提出“政策环评”的立法建议,但全国人大环资委于 2012 年 8 月提请全国人大常委会初审的修正案草案并无相关内容。环境保护部反复建议增加政策环评内容。鉴于实施战略环境评价对生态文明制度的顶层设计具有基础性、重要性以及对经济部门和地方政府的敏感性,②在 2013 年 10 月提请全国人大常委会三审的《环境保护法》修订草案中,增加了“政策环评”内容,并于 2014 年 4 月 24 日四审通过。现行《环境保护法》规定,国务院有关部门和省级政府组织制定经济、技术政策,应当充分考虑对环境的影响,听取有关方面和专家的意见(第 14 条)。

与处于决策链末端和中端的具体建设项目、行业或地区规划相比,处于决策链源

---

① 参见汪劲:《环境法学》(第 3 版),北京大学出版社 2014 年版,第 138 页。

② 同上。

头的宏观政策显然对环境更具全局性、持久性的影响,一旦决策失误造成环境灾难,后果将不可估量。因此,政府在制定技术、经济政策的过程中,应充分考量政策对环境可能造成的影响以提高决策的质量,建立起环境、经济、社会综合的决策机制。①

(四)环境敏感区与环境影响评价

2008年6月,环境保护部根据《环境影响评价法》的规定和授权,修订公布了《建设项目环境影响评价分类管理名录》(2008年),规定建设项目所处环境的敏感性质和敏感程度是确定建设项目环境影响评价类别的重要依据,并具体规定了国家对建设项目环境影响评价实行分类管理的项目类别和环境影响评价类别。

四、环境影响评价文件的形式和内容

《环境影响评价法》(2018年修订)规定的环境影响评价文件主要有:第一,综合性规划的有关环境影响的篇章或者说明;第二,专项规划的环境影响报告书;第三,建设项目的环境影响报告书、环境影响报告表和环境影响登记表。

环境影响评价的内容主要包括两个方面:第一,对拟议行动方案及其可供选择的其他方案实施后可能造成环境影响的科学评估、受影响的环境;第二,环境受到影响后可能产生的不良后果等。环境影响评价必须客观、公开、公正,综合考虑规划或者建设项目实施后对各种环境因素及其所构成的生态系统可能造成的影响,为决策提供科学依据(第4条)。

(一)规划环境影响评价的内容

专项规划的环境影响报告书应当包括下列内容:第一,实施该规划对环境可能造成影响的分析、预测和评估;第二,预防或者减轻不良环境影响的对策和措施;第三,环境影响评价的结论(第10条)。

综合性规划和专项规划的环境影响评价主要包括下列内容:第一,实施该规划对环境可能造成影响的分析、预测和评估。主要包括规划实施可能对相关区域、海域、流域生态系统阐述的整体影响;规划实施可能对环境和人群健康产生的长远影响;规划实施的经济效益、社会效益与环境效益之间的关系,以及当前利益与长远利益之间的关系。第二,预防或者减轻不良环境影响的对策和措施。主要包括预防或者减轻不良环境影响的政策、管理或者技术等措施。第三,环境影响评价的结论。主要包括规划草案的环境合理性和可行性,预防或者减轻不良环境影响的对策和措施的合理性和有效性,以及规划草案的调整建议。

---

① 参见吕忠梅主编:《环境法原理》(第2版),复旦大学出版社2017年版,第230页。

（二）建设项目环境影响评价的内容

建设项目的环境影响报告书应当包括下列内容：第一，建设项目概况；第二，建设项目周围环境现状；第三，建设项目对环境可能造成影响的分析、预测和评估；第四，建设项目环境保护措施及其技术、经济论证；第五，建设项目对环境影响的经济损益分析；第六，对建设项目实施环境监测的建议；第七，环境影响评价的结论（第 17 条第 1 款）。

五、环境影响评价的程序

环境影响评价的基本程序主要包括确定是否应当进行环境影响评价的必要性判断（screening）程序、确定评价范围和项目（scoping）程序、实施环境影响评价和编制环境影响报告书程序、公众参与程序以及最终决定程序。

《环境保护法》规定如下：第一，编制有关开发利用规划，建设对环境有影响的项目，应当依法进行环境影响评价（第 19 条第 1 款）。第二，未依法进行环境影响评价的开发利用规划，不得组织实施；未依法进行环境影响评价的建设项目，不得开工建设（第 19 条第 2 款）。第三，环境影响评价机构、环境监测机构以及从事环境监测设备和防治污染设施维护、运营的机构，在有关环境服务活动中弄虚作假，对造成的环境污染和生态破坏负有责任的，除依照有关法律法规规定予以处罚外，还应当与造成环境污染和生态破坏的其他责任者承担连带责任（第 65 条）。

对于环境影响评价的程序，《环境影响评价法》具体规定如下。

（一）规划环境影响评价的编制和审批程序

1. 编写环境影响篇章或者说明、环境影响报告书

规划环境影响评价的环境影响篇章或者说明、环境影响评价书，由规划编制机关编制或者组织规划环境影响评价技术机构编制。规划编制机关应当对环境影响评价文件的质量负责。

专项规划的编制机关对可能造成不良环境影响并直接涉及公众环境权益的规划，应当在该规划草案报送审批前，举行论证会、听证会，或者采取其他形式，征求有关单位、专家和公众对环境影响报告书草案的意见。但是，国家规定需要保密的情形除外。编制机关应当认真考虑有关单位、专家和公众对环境影响报告书草案的意见，并应当在报送审查的环境影响报告书中附具对意见采纳或者不采纳的说明（第 11 条）。

2. 对规划环境影响评价文件的审查与规划的审批

（1）专项规划的编制机关在报批规划草案时，应当将环境影响报告书一并附送

审批机关审查;未附送环境影响报告书的,审批机关不予审批(第12条)。

(2)专项规划草案的审查。第一,设区的市级以上政府在审批专项规划草案,作出决策前,应当先由政府指定的环境保护行政主管部门或者其他部门召集有关部门代表和专家组成审查小组,对环境影响报告书进行审查。审查小组应当提出书面审查意见。第二,参加前款规定的审查小组的专家,应当从按照国务院环境保护行政主管部门的规定设立的专家库内的相关专业的专家名单中,以随机抽取的方式确定。第三,由省级以上政府有关部门负责审批的专项规划,其环境影响报告书的审查办法,由国务院环境保护行政主管部门会同国务院有关部门制定(第13条)。

(3)根据审查小组的修改意见对规划草案进行修改。第一,审查小组提出修改意见的,专项规划的编制机关应当根据环境影响报告书结论和审查意见对规划草案进行修改完善,并对环境影响报告书结论和审查意见的采纳情况作出说明;不采纳的,应当说明理由。第二,设区的市级以上人民政府或者省级以上人民政府有关部门在审批专项规划草案时,应当将环境影响报告书结论以及审查意见作为决策的重要依据。第三,在审批中未采纳环境影响报告书结论以及审查意见的,应当作出说明,并存档备查(第14条)。

(4)对环境有重大影响的规划实施后,编制机关应当及时组织环境影响的跟踪评价,并将评价结果报告审批机关;发现有明显不良环境影响的,应当及时提出改进措施(第15条)。

(二)建设项目环境影响评价文件的编制和审批程序

1.通过分类管理方式筛选评价对象和决定评价范围

国家根据建设项目对环境的影响程度,对建设项目的环境影响评价实行分类管理。建设单位应当按照下列规定组织编制环境影响报告书、环境影响报告表或者填报环境影响登记表:第一,可能造成重大环境影响的,应当编制环境影响报告书,对产生的环境影响进行全面评价;第二,可能造成轻度环境影响的,应当编制环境影响报告表,对产生的环境影响进行分析或者专项评价;第三,对环境影响很小、不需要进行环境影响评价的,应当填报环境影响登记表。建设项目的环境影响评价分类管理名录,由国务院生态环境主管部门制定并公布(第16条)。

2.编制环境影响报告书

(1)建设项目的环境影响报告书应当包括下列内容:第一,建设项目概况;第二,建设项目周围环境现状;第三,建设项目对环境可能造成影响的分析、预测和评估;第四,建设项目环境保护措施及其技术、经济论证;第五,建设项目对环境影响的经济损益分析;第六,对建设项目实施环境监测的建议;第七,环境影响评价的结论(第17条第 1 款)。

(2)建设项目的环境影响评价,应当避免与规划的环境影响评价相重复。作为一项整体建设项目的规划,按照建设项目进行环境影响评价,不进行规划的环境影响评价。已经进行了环境影响评价的规划包含具体建设项目的,规划的环境影响评价结论应当作为建设项目环境影响评价的重要依据,建设项目环境影响评价的内容应当根据规划的环境影响评价审查意见予以简化(第 18 条)。

(3)建设单位委托技术单位进行环境影响评价。第一,建设单位可以委托技术单位对其建设项目开展环境影响评价,编制建设项目环境影响报告书、环境影响报告表;建设单位具备环境影响评价技术能力的,可以自行对其建设项目开展环境影响评价,编制建设项目环境影响报告书、环境影响报告表。第二,编制建设项目环境影响报告书、环境影响报告表应当遵守国家有关环境影响评价标准、技术规范等规定。第三,国务院生态环境主管部门应当制定建设项目环境影响报告书、环境影响报告表编制的能力建设指南和监管办法。第四,接受委托为建设单位编制建设项目环境影响报告书、环境影响报告表的技术单位,不得与负责审批建设项目环境影响报告书、环境影响报告表的生态环境主管部门或者其他有关审批部门存在任何利益关系(第 19 条)。

(4)建设项目环境影响报告书、环境影响报告表的责任主体、监督管理和公布。第一,建设单位应当对建设项目环境影响报告书、环境影响报告表的内容和结论负责,接受委托编制建设项目环境影响报告书、环境影响报告表的技术单位对其编制的建设项目环境影响报告书、环境影响报告表承担相应责任。第二,设区的市级以上人民政府生态环境主管部门应当加强对建设项目环境影响报告书、环境影响报告表编制单位的监督管理和质量考核。第三,负责审批建设项日环境影响报告书、环境影响报告表的生态环境主管部门应当将编制单位、编制主持人和主要编制人员的相关违法信息记入社会诚信档案,并纳入全国信用信息共享平台和国家企业信用信息公示系统向社会公布。第四,任何单位和个人不得为建设单位指定编制建设项目环境影响报告书、环境影响报告表的技术单位(第 20 条)。

(5)除国家规定需要保密的情形外,对环境可能造成重大影响、应当编制环境影响报告书的建设项目,建设单位应当在报批建设项目环境影响报告书前,举行论证会、听证会,或者采取其他形式,征求有关单位、专家和公众的意见。建设单位报批的环境影响报告书应当附具对有关单位、专家和公众的意见采纳或者不采纳的说明(第 21 条)。

3. 环境影响报告书的审批

(1)建设项目环境影响报告书、报告表的审批。第一,建设项目的环境影响报告书、报告表,由建设单位按照国务院的规定报有审批权的生态环境主管部门审批。第二,海洋工程建设项目的海洋环境影响报告书的审批,依照《海洋环境保护法》的规定办理。第三,审批部门应当自收到环境影响报告书之日起60日内,收到环境影响报告表之日起30日内,分别作出审批决定并书面通知建设单位。第四,国家对环境影响登记表实行备案管理。第五,审核、审批建设项目环境影响报告书、报告表以及备案环境影响登记表,不得收取任何费用(第22条)。

(2)国务院生态环境主管部门负责审批下列建设项目的环境影响评价文件:第一,核设施、绝密工程等特殊性质的建设项目;第二,跨省级行政区域的建设项目;第三,由国务院审批的或者由国务院授权有关部门审批的建设项目。前款规定以外的建设项目的环境影响评价文件的审批权限,由省级政府规定。建设项目可能造成跨行政区域的不良环境影响,有关生态环境主管部门对该项目的环境影响评价结论有争议的,其环境影响评价文件由共同的上一级生态环境主管部门审批(第23条)。

(3)重新报批建设项目的环境影响评价文件。第一,建设项目的环境影响评价文件经批准后,建设项目的性质、规模、地点、采用的生产工艺或者防治污染、防止生态破坏的措施发生重大变动的,建设单位应当重新报批建设项目的环境影响评价文件。第二,建设项目的环境影响评价文件自批准之日起超过5年,方决定该项目开工建设的,其环境影响评价文件应当报原审批部门重新审核;原审批部门应当自收到建设项目环境影响评价文件之日起10日内,将审核意见书面通知建设单位(第24条)。

(4)建设项目的环境影响评价文件未依法经审批部门审查或者审查后未予批准的,建设单位不得开工建设(第25条)。

(5)建设项目建设过程中,建设单位应当同时实施环境影响报告书、环境影响报告表以及环境影响评价文件审批部门审批意见中提出的环境保护对策措施(第26条)。

4. 法律责任

(1)规划编制机关违反本法规定,未组织环境影响评价,或者组织环境影响评价时弄虚作假或者有失职行为,造成环境影响评价严重失实的,对直接负责的主管人员和其他直接责任人员,由上级机关或者监察机关依法给予行政处分(第29条)。

(2)规划审批机关对依法应当编写有关环境影响的篇章或者说明而未编写的规划草案,依法应当附送环境影响报告书而未附送的专项规划草案,违法予以批准的,对直接负责的主管人员和其他直接责任人员,由上级机关或者监察机关依法给予行政处分(第 30 条)。

(3)“未批先建”的法律责任。第一,建设单位未依法报批建设项目环境影响报告书、报告表,或者未依照本法第 24 条的规定重新报批或者报请重新审核环境影响报告书、报告表,擅自开工建设的,由县级以上生态环境主管部门责令停止建设,根据违法情节和危害后果,处建设项目总投资额 1% 以上 5% 以下的罚款,并可以责令恢复原状;对建设单位直接负责的主管人员和其他直接责任人员,依法给予行政处分。第二,建设项目环境影响报告书、报告表未经批准或者未经原审批部门重新审核同意,建设单位擅自开工建设的,依照前款的规定处罚、处分。第三,建设单位未依法备案建设项目环境影响登记表的,由县级以上生态环境主管部门责令备案,处 5 万元以下的罚款。第四,海洋工程建设项目的建设单位有本条所列违法行为的,依照《海洋环境保护法》的规定处罚(第 31 条)。

(4)建设项目环境影响报告书、环境影响报告表基础资料明显不实,内容存在重大缺陷、遗漏或者虚假,环境影响评价结论不正确或者不合理等的法律责任。第一,建设项目环境影响报告书、环境影响报告表存在基础资料明显不实,内容存在重大缺陷、遗漏或者虚假,环境影响评价结论不正确或者不合理等严重质量问题的,由设区的市级以上人民政府生态环境主管部门对建设单位处 50 万元以上 200 万元以下的罚款,并对建设单位的法定代表人、主要负责人、直接负责的主管人员和其他直接责任人员,处 5 万元以上 20 万元以下的罚款。第二,接受委托编制建设项目环境影响报告书、环境影响报告表的技术单位违反国家有关环境影响评价标准和技术规范等规定,致使其编制的建设项目环境影响报告书、环境影响报告表存在基础资料明显不实,内容存在重大缺陷、遗漏或者虚假,环境影响评价结论不正确或者不合理等严重质量问题的,由设区的市级以上人民政府生态环境主管部门对技术单位处所收费用 3 倍以上 5 倍以下的罚款;情节严重的,禁止从事环境影响报告书、环境影响报告表编制工作;有违法所得的,没收违法所得。第三,编制单位有本条上述规定的违法行为的,编制主持人和主要编制人员 5 年内禁止从事环境影响报告书、环境影响报告表编制工作;构成犯罪的,依法追究刑事责任,并终身禁止从事环境影响报告书、环境影响报告表编制工作(第 32 条)。

(5)审批、备案中违规收取费用的法律责任。负责审核、审批、备案建设项目环境影响评价文件的部门在审批、备案中收取费用的,由其上级机关或者监察机关责令退还;情节严重的,对直接负责的主管人员和其他直接责任人员依法给予行政处分(第 33 条)。

(6)其他法律责任。生态环境主管部门或者其他部门的工作人员徇私舞弊,滥用职权,玩忽职守,违法批准建设项目环境影响评价文件的,依法给予行政处分;构成犯罪的,依法追究刑事责任(第34条)。

(三)环境影响的影响后评价和跟踪调查

根据《建设项目环境影响后评价管理办法(试行)》(2015年12月10日颁布,2016年1月1日起施行)的规定,环境影响后评价是指编制环境影响报告书的建设项目在通过环境保护设施竣工验收且稳定运行一定时期后,对其实际产生的环境影响以及污染防治、生态保护和风险防范措施的有效性进行跟踪监测和验证评价,并提出补救方案或者改进措施,提高环境影响评价有效性的方法与制度(第2条)。

1. 建设项目的环境影响的影响后评价和跟踪调查的一般规定

(1)《环境影响评价法》

第一,在项目建设、运行过程中产生不符合经审批的环境影响评价文件的情形的,建设单位应当组织环境影响的后评价,采取改进措施,并报原环境影响评价文件审批部门和建设项目审批部门备案;原环境影响评价文件审批部门也可以责成建设单位进行环境影响的后评价,采取改进措施(第27条)。

第二,生态环境主管部门应当对建设项目投入生产或者使用后所产生的环境影响进行跟踪检查,对造成严重环境污染或者生态破坏的,应当查清原因、查明责任。对属于建设项目环境影响报告书、环境影响报告表存在基础资料明显不实,内容存在重大缺陷、遗漏或者虚假,环境影响评价结论不正确或者不合理等严重质量问题的,依照本法第32条的规定追究建设单位及其相关责任人员和接受委托编制建设项目环境影响报告书、环境影响报告表的技术单位及其相关人员的法律责任;属于审批部门工作人员失职、渎职,对依法不应批准的建设项目环境影响报告书、环境影响报告表予以批准的,依照本法第34条的规定追究其法律责任(第28条)。

(2)《规划环境影响评价条例》

第一,在项目建设、运行过程中产生不符合经审批的环境影响评价文件的情形的,建设单位应当组织环境影响的后评价,采取改进措施,并报原环境影响评价文件审批部门和建设项目审批部门备案;原环境影响评价文件审批部门也可以责成建设单位进行环境影响的后评价,采取改进措施(第27条)。

第二,环境保护行政主管部门应当对建设项目投入生产或者使用后所产生的环境影响进行跟踪检查,对造成严重环境污染或者生态破坏的,应当查清原因、查明责任。对属于为建设项目环境影响评价提供技术服务的机构编制不实的环境影响评价文件的,依照本法第32条的规定追究其法律责任;属于审批部门工作人员失职、渎职,对依法不应批准的建设项目环境影响评价文件予以批准的,依照本法第34条的规定追究其法律责任(第28条)。

2. 开展环境影响后评价的建设项目的范围

下列建设项目运行过程中产生不符合经审批的环境影响报告书情形的,应当开展环境影响后评价:第一,水利、水电、采掘、港口、铁路行业中实际环境影响程度和范围较大,且主要环境影响在项目建成运行一定时期后逐步显现的建设项目,以及其他行业中穿越重要生态环境敏感区的建设项目;第二,冶金、石化和化工行业中有重大环境风险,建设地点敏感,且持续排放重金属或者持久性有机污染物的建设项目;第三,审批环境影响报告书的环境保护主管部门认为应当开展环境影响后评价的其他建设项目(《建设项目环境影响后评价管理办法(试行)》第3条)。

3. 建设项目环境影响后评价的基本原则

环境影响后评价应当遵循科学、客观、公正的原则,全面反映建设项目的实际环境影响,客观评估各项环境保护措施的实施效果(第4条)。

4. 建设项目环境影响后评价的管理主体

建设项目环境影响后评价的管理,由审批该建设项目环境影响报告书的环境保护主管部门负责。环境保护部组织制定环境影响后评价技术规范,指导跨行政区域、跨流域和重大敏感项目的环境影响后评价工作(第5条)。

5. 建设项目环境影响后评价文件的编制和备案

建设单位或者生产经营单位负责组织开展环境影响后评价工作,编制环境影响后评价文件,并对环境影响后评价结论负责。建设单位或者生产经营单位可以委托环境影响评价机构、工程设计单位、大专院校和相关评估机构等编制环境影响后评价文件。编制建设项目环境影响报告书的环境影响评价机构,原则上不得承担该建设项目环境影响后评价文件的编制工作。建设单位或者生产经营单位应当将环境影响后评价文件报原审批环境影响报告书的环境保护主管部门备案,并接受环境保护主管部门的监督检查(第6条)。

6. 建设项目环境影响后评价文件的内容

建设项目环境影响后评价文件应当包括以下内容:第一,建设项目过程回顾,包括环境影响评价、环境保护措施落实、环境保护设施竣工验收、环境监测情况,以及公众意见收集调查情况等;第二,建设项目工程评价,包括项目地点、规模、生产工艺或者运行调度方式,环境污染或者生态影响的来源、影响方式、程度和范围等;第三,区域环境变化评价,包括建设项目周围区域环境敏感目标变化、污染源或者其他影响源变化、环境质量现状和变化趋势分析等;第四,环境保护措施有效性评估,包括环境影响报告书规定的污染防治、生态保护和风险防范措施是否适用、有效,能否达到国家或者地方相关法律、法规、标准的要求等;第五,环境影响预测验证,包括主要环境要素的预测影响与实际影响差异,原环境影响报告书内容和结论有无重大漏项或者明显错误,持久性、累积性和不确定性环境影响的表现等;第六,环境保护补救方案和改进措施;第七,环境影响后评价结论(第7条)。

7. 建设项目环境影响后评价的启动时间

建设项目环境影响后评价应当在建设项目正式投入生产或者运营后3~5年内开展。原审批环境影响报告书的环境保护主管部门也可以根据建设项目的环境影响和环境要素变化特征,确定开展环境影响后评价的时限(第8条)。

8. 建设项目环境影响后评价的启动范围

建设单位或者生产经营单位可以对单个建设项目进行环境影响后评价,也可以对在同一行政区域、流域内存在叠加、累积环境影响的多个建设项目开展环境影响后评价(第9条)。

9. 建设项目环境影响后评价文件的公开

建设单位或者生产经营单位完成环境影响后评价后,应当依法公开环境影响评价文件,接受社会监督(第10条)。

10. 违反建设项目环境影响后评价的法律救济

对未按规定要求开展环境影响后评价,或者不落实补救方案、改进措施的建设单位或者生产经营单位,审批该建设项目环境影响报告书的环境保护主管部门应当责令其限期改正,并向社会公开(第11条)。

六、环境影响评价机构及其权利、义务

(一)环境影响评价机构

由于环境影响评价工作的记述性和专业性,环境影响评价工作通常是由政府有关部门或者专门从事环境影响评价服务的企事业单位完成的。环境影响评价机构,是指接受委托为规划草案或者建设项目环境影响评价提供技术服务的机构。此类机构的设立,一般需要经过国务院环保部门考核审查合格后认定,并颁发资质证书。环境影响评价机构按照资质证书规定的等级和评价范围,从事环境影响评价服务,并对评价结论负责。①

---

①　目前有关法律法规未对规划环境影响评价机构的资质作具体要求。

(二)环境影响评价机构的权利和义务

1.《环境影响评价法》的规定

第一,接受委托为建设单位编制建设项目环境影响报告书、环境影响报告表的技术单位,不得与负责审批建设项目环境影响报告书、环境影响报告表的生态环境主管部门或者其他有关审批部门存在任何利益关系(第19条第4款)。

第二,建设单位应当对建设项目环境影响报告书、环境影响报告表的内容和结论负责,接受委托编制建设项目环境影响报告书、环境影响报告表的技术单位对其编制的建设项目环境影响报告书、环境影响报告表承担相应责任(第20条第1款)。

第三,生态环境主管部门应当对建设项目投入生产或者使用后所产生的环境影响进行跟踪检查,对造成严重环境污染或者生态破坏的,应当查清原因、查明责任。对属于建设项目环境影响报告书、环境影响报告表存在基础资料明显不实,内容存在重大缺陷、遗漏或者虚假,环境影响评价结论不正确或者不合理等严重质量问题的,依照本法第32条的规定追究建设单位及其相关责任人员和接受委托编制建设项目环境影响报告书、环境影响报告表的技术单位及其相关人员的法律责任(第28条)。

第四,接受委托编制建设项目环境影响报告书、环境影响报告表的技术单位违反国家有关环境影响评价标准和技术规范等规定,致使其编制的建设项目环境影响报告书、环境影响报告表存在基础资料明显不实,内容存在重大缺陷、遗漏或者虚假,环境影响评价结论不正确或者不合理等严重质量问题的,由设区的市级以上人民政府生态环境主管部门对技术单位处所收费用3倍以上5倍以下的罚款;情节严重的,禁止从事环境影响报告书、环境影响报告表编制工作;有违法所得的,没收违法所得(第32条第2款)。

编制单位有上述违法行为的,编制主持人和主要编制人员5年内禁止从事环境影响报告书、环境影响报告表编制工作;构成犯罪的,依法追究刑事责任,并终身禁止从事环境影响报告书、环境影响报告表编制工作(第32条第3款)。

2.《环境保护法》的规定

环境影响评价机构、环境监测机构以及从事环境监测设备和防治污染设施维护、运营的机构,在有关环境服务活动中弄虚作假,对造成的环境污染和生态破坏负有责任的,除依照有关法律法规规定予以处罚外,还应当与造成环境污染和生态破坏的其他责任者承担连带责任(第65条)。

3.《规划环境影响评价条例》的规定

规划环境影响评价技术机构弄虚作假或者有失职行为,造成环境影响评价文件严重失实的,由国务院环境保护主管部门予以通报,处所收费用1倍以上3倍以下的罚款;构成犯罪的,依法追究刑事责任(第34条)。

七、环境影响评价与公众参与

环境影响评价的公众参与,是指除开发单位及其审查环境影响评价机关外,其他相关机关、团体、地方政府、学者专家、当地居民等,依照法定程序和方式,参与环境影响报告书的制作、审查与监督等阶段的活动。

(一)外国的环境影响评价公众参与

这里以美国为例进行说明。美国国会通过的《国家环境政策法》第102(c)条将环境影响评价制度宣布为美国的国家政策,不仅规定联邦政府的所有机构的立法建议及其他重大联邦行动建议,在决策之前要进行环境影响评价,编制环境影响评价报告书,而且要征求公众意见,进行公众评议作为编制环境影响评价报告的必经程序和内容。

美国的环境影响评价公众参与制度有下列几个特点。

第一,参与评价对象的广泛性。参与评价对象的广泛性,包括对人类环境质量有重大影响的立法活动、官方政策、正式计划和规划等。

第二,参与评价的现实性。公众基本是在环境影响评价报告书定稿前参与,规定在环境影响评价草案阶段,应当征求具有法定职能或者专门知识的联邦机关的意见;征求被授权制定和实施环境标准的适当的国家和地方机构、任何街道对建议中的行动的环境影响评价报告的机关的意见;征求任何申请人的意见;征求公众意见的利害关系人的意见;在任何情况下,其他机构或个人都可以在90日内对最终的环境影响评价报告主动表示意见。

第三,参与评价的有效性。美国《国家环境政策实施程序条例》(1978年)对公众参与意见的反馈作了非常相近的规定。无论对个人还是集体的意见都给予积极回应,无论意见是否被采纳,都要附在最终的环境影响评价报告书或者写在勘误表中。

(二)我国的环境影响评价公众参与

1. 我国环境影响评价参与的立法过程

为推进和规范环境影响评价的公众参与,国家环保总局于2006年2月颁布的《环境影响评价公众参与办法》第4条规定,国家鼓励公众参与环境影响评价活动。环境影响评价公众参与遵循依法、有序、公开、便利的原则。《环境影响评价法》(2018年修订)第5条规定,国家鼓励有关单位、专家和公众以适当方式参与环境影响评价。

在《环境保护法》(2014年修订)第5章“信息公开与公众参与”中,也对环境影响评价过程中的公众参与问题作出规定。与之前的立法相比,《环境保护法》的规定有下列特点:第一,公众参与的时间提前,明确规定在报批环评前征求公众意见,避免有的项目在做好环境影响评价后才征求公众意见;第二,明确参与公众的范围,只要是可能受到影响的公众,都要征求意见;第三,强调应当充分征求公众意见,对公众的参与程度作出要求;第四,规定环境影响评价报告要全文公开,对没有充分征求意见的,可以退回。

2. 我国环境影响评价公众参与的具体法律规定

《行政许可法》(2019年修订)第47条第1款规定,行政许可直接涉及申请人与他人之间重大利益关系的,行政机关在作出行政许可决定前,应当告知申请人、利害关系人享有要求听证的权利;申请人、利害关系人在被告知听证权利之日起5日内提出听证申请的,行政机关应当在20日内组织听证。

《环境保护法》第56条规定如下。第一,对依法应当编制环境影响报告书的建设项目,建设单位应当在编制时向可能受影响的公众说明情况,充分征求意见。第二,负责审批建设项目环境影响评价文件的部门在收到建设项目环境影响报告书后,除涉及国家秘密和商业秘密的事项外,应当全文公开;发现建设项目未充分征求公众意见的,应当责成建设单位征求公众意见。

对于依法应当征求公众意见的建设项目,建设单位或者其委托的环境影响评价机构应当按照环境影响评价技术导则的规定,在建设项目环境影响报告书中,编制公众参与篇章,否则生态环境主管部门不得受理。《环境影响评价公众参与暂行办法》(2018年)对环境领域公众参与制度作出了全面、系统、明确的规定。

八、环境影响评价制度的实施及其存在的问题

《环境保护法》明文规定了不依法进行环境影响评价的法律后果。

(一)环境影响评价制度的实施

1. 未经环评的规划不得组织实施,未经环评的建设项目不得开工建设

编制有关开发利用规划,建设对环境有影响的项目,应当依法进行环境影响评价。对于未依法进行环境影响评价的规划,不得组织实施。对于未依法进行环境影响评价的建设项目,不得开工建设(第19条)。

2. 对不依法进行环评的责任人进行追究

对建设项目未依法进行环境影响评价,被责令停止建设,拒不执行的行为,除依照有关法律法规规定予以处罚外,由县级以上政府环境保护主管部门或者其他有关部门将案件移送公安机关,对其直接负责的主管人员和其他直接责任人员,处10日以上15日以下拘留;情节较轻的,处5日以上10日以下拘留(第63条)。

3. 对环评机构及其工作人员的责任追究

建立对环境影响评价机构和环境影响评价从业人员的追责惩罚机制,要求环境影响评价机构对环境影响评价文件负全责,实行责任终身制。例如,《环境影响评价法》第32条第2款和第3款规定,对于编制建设项目环境影响报告书、环境影响报告表的技术单位违反国家有关环境影响评价标准和技术规范等规定,致使其编制的建设项目环境影响报告书、环境影响报告表存在基础资料明显不实,内容存在重大缺陷、遗漏或者虚假,环境影响评价结论不正确或者不合理等严重质量问题的,依法追究其行政和刑事责任。《环境保护法》第65条规定,环境影响评价机构在有关环境服务活动中弄虚作假,对造成的环境污染和生态破坏负有责任的,应当与造成环境污染和生态破坏的其他责任人员承担连带责任。

(二)环境影响评价制度实施中存在的问题及其克服

长期以来,我国环境影响评价制度的实施情况堪忧,其中下列问题较突出。

1. "未批先建"的现象比较普遍

其中一个重要原因是,允许事后补办环境影响评价手续,而且没有设置罚款制度。为此,《环境保护法》及其配套法律法规取消了补办环境影响评价手续的制度,规定对违法行为进行处罚,不仅可以科处罚款,还可以责令停止建设。

2. 环境影响评价机构的独立性不强,监管缺位,弄虚作假现象比较普遍

根据原环境保护部的统计,在全国1100多家具有资质的环评机构中,422家曾经有过违法、违规案底,占1/3。为此,原环境保护部于2014年3月3日发布《关于进一步加强环境影响评价机构管理的意见》,又于2015年4月2日修订发布《建设项目环境影响评价资质管理办法》,要求全国各级环保部门与所隶属的环境影响评价机构脱钩,全面强化对环境影响评价机构的监管。

九、"三同时"制度

(一)"三同时"制度的概念

"三同时"制度,是指一切新建、改建和扩建的基本建设项目、技术改造项目以及一切可能对环境造成污染和破坏的工程建设和自然开发项目,都必须严格执行防治污染和生态破坏的措施,与主体工程同时设计、同时施工、同时投产并使用的法律制度。《环境保护法》第41条规定,建设项目中防治污染的设施,应当与主体工程同时设计、同时施工、同时投产使用。防治污染的设施应当符合经批准的环境影响评价文件的要求,不得擅自拆除或者闲置。

"三同时"制度奠基于对我国环境管理实践经验的总结,是我国独创的一项环境

法律制度。“三同时”制度的目的是根据“预防为主”的原则,落实建设活动对环境产生影响的防治措施,防止新污染源或者破坏源的产生;根据“以老带新”的原则,促进老污染源或者破坏源的治理,保证建设项目建成后,所排放的污染物符合规定的排放标准,或者不对周围环境造成新的污染和破坏。①

“三同时”制度是源头与过程控制的有机结合,有利于推进清洁生产制度,是贯彻预防为主原则、防止新污染和生态破坏产生的有效措施,是加强建设项目的环境资源管理的有效手段。它与建设项目的环境影响评价制度相结合,形成我国建设项目环境资源管理的基本制度。

(二)“三同时”制度的沿革

1972 年 6 月,国务院在批转的国家计委、国家建委《关于官厅水库污染情况和解决意见的报告》中,首次提到“工厂建设和三废利用工程要同时设计、同时施工、同时投产”。1973 年 8 月,经国务院批转的,全国第一次环境保护大会通过的《关于保护和改善环境的若干规定(试行)》规定:“一切新建、扩建和改建的企业,防治污染的项目,必须和主体工程同时设计、同时施工、同时投产。正在建设的企业没有采取防止措施的,必须补上。”在 1979 年颁布的《环境保护法(试行)》明确规定了“三同时”制度。

1984 年 5 月,国务院发布的《关于环境保护工作的决定》将“三同时”制度的适用范围扩大到可能对环境造成污染和破坏的一切工程建设项目和自然开发项目。1986 年 3 月,国家计委、国家经委与国务院环保委员会联合发布《建设项目环境保护管理办法》(已失效),扩大了“三同时”制度的适用范围,明确了有关部门和建设单位的职责及管理程序和审查、审批的时限要求,确立了“以新带老”的原则和“建设项目环境保护设施竣工验收报告”制度等。1987 年 3 月,国家计委与国务院环保委员会联合发布《建设项目环境保护设计规定》(已失效),对建设项目各设计阶段的污染和环境管理作出具体规定。1989 年颁布的《环境保护法》重申了“三同时”制度,建设项目中防治污染的设施必须与主体工程同时设计、同时施工、同时投产使用。此外,还规定了违反“三同时”制度的法律责任。

1990 年 6 月,国家环保局发布《建设项目环境保护管理程序》(已失效),对建设项目主要阶段的环境管理及程序作出具体规定。1996 年 8 月,国务院发布《关于环境保护若干问题的决定》,重申必须严格执行“三同时”制度,在建设项目审批和竣工验收过程中,对不符合环境保护标准和要求的建设项目,环境保护行政主管部门不得

---

① 参见韩德培主编:《环境保护法教程》(第 8 版),法律出版社 2018 年版,第 77 页。

批准环境保护设施竣工验收报告,其他各有关审批机关一律不得批准建设或者投产使用,有关银行不得发放贷款。凡违反规定的,必须追究有关审批机关和审批人员的责任。1998 年 11 月,国务院发布《建设项目环境保护管理条例》等法律法规,对"三同时"制度作出明确规定,将"三同时"制度的适用范围从"防治污染的设施"扩大到"环境保护设施"。

2014 年修订的《环境保护法》第 41 条规定,建设项目中防治污染的设施,应当与主体工程同时设计、同时施工、同时投产使用。防治污染的设施应当符合经批准的环境影响评价文件的要求,不得擅自拆除或者闲置。

此外,《水污染防治法》(2017 年修订)、《固体废物污染环境防治法》(2020 年修订)、《环境噪声污染防治法》(2018 年修订)、《水土保持法》(2010 年)等也对"三同时"制度作出明确规定。例如,《水污染防治法》第 19 条第 3 款规定,建设项目的水污染防治设施,应当与主体工程同时设计、同时施工、同时投入使用。水污染防治设施应当符合经批准或者备案的环境影响评价文件的要求。

(三)"三同时"制度的内容与实施

1. "三同时"制度的适用范围

《建设项目环境保护管理条例》(1998 年发布,2017 年修订)对"三同时"制度的适用范围作出了以下规定。第一,建设项目需要配套建设的环境保护设施,必须与主体工程同时设计、同时施工、同时投产使用(第 15 条)。第二,改建、扩建项目和技术改造项目必须采取措施,治理与该项目有关的原有环境污染和生态破坏(第 5 条)。改建、扩建和技术改造项目,未针对项目原有环境污染和生态破坏提出有效防治措施(第11 条第4 项)。第三,分期建设、分期投入生产或者使用的建设项目,其相应的环境保护设施应当分期验收(第 18 条)。

2. "三同时"制度的实施

从环境保护的实践看,"三同时"制度必须与建设项目环境影响评价制度结合实施,才能够为"预防为主"原则的落实提供制度支持。关于我国建设项目的环境影响评价程序与"三同时"制度的关系见表 6-3。

(1)"同时设计"是指在有关建设项目的主体工程进行设计时,设计单位必须按照国家规定的设计程序进行,执行环境影响报告书(表)的编审制度,且环境保护的设施必须与主体工程同时进行设计。与环境影响评价制度相比,"三同时"制度中的同时设计程序与环境影响评价程序基本上重叠。对违反者,可以适用《环境影响评价法》等法律的规定处理。"同时设计"不仅与建设项目的环境影响评价密切相关,而且本身就应该成为建设项目环境影响评价的一个重要内容,这样才能够保证建设项目的选址、设计符合环境保护的要求，避免或者减少环境污染的隐患。

(2)“同时施工”是指建设项目中有关环境保护的设施必须与主体工程同时进行施工。根据《建设项目环境保护管理条例》的规定，对违反者可处以责令停止建设、限制恢复原状，并处以10万元以下罚款。

(3)“同时投产并使用”是指要求建设项目在正式投产或使用前，建设单位必须向负责审批的环保部门提交环境保护设施竣工验收报告。经验收合格并发给相应的合格证后，该环境保护设施才可以正式投产并使用。不仅如此，非经审批部门的许可，该环境保护设施不得停止运营。对于已经实行排污许可管理的，“三同时”验收可以纳入排污许可管理。

表6-3　我国建设项目的环境影响评价程序与“三同时”制度的关系①

<table>
<tr><th colspan="2">基本建设项目</th><th>建设项目管理程序</th><th colspan="2">环境管理程序</th></tr>
<tr><td rowspan="4">确定项目阶段</td><td>1. 项目建议书</td><td>编制项目建议书</td><td>1. 作出简要环境影响说明</td><td>项目建议书阶段</td></tr>
<tr><td>2. 可行性研究</td><td>编制可行性研究报告</td><td>2. 编制环境影响报告书</td><td rowspan="3">环境影响评价阶段</td></tr>
<tr><td>3. 设计任务书</td><td>编制设计任务书</td><td>3. 编制环保说明</td></tr>
<tr><td>4. 选择厂址</td><td>提出选址报告</td><td>4. 落实报告书对策与审批意见</td></tr>
<tr><td rowspan="2">设计阶段</td><td>5. 初步设计</td><td>提交初步设计有关文件</td><td>5. 编制环保篇章</td><td rowspan="6">“三同时”管理阶段</td></tr>
<tr><td>6. 施工图设计</td><td>提交施工图</td><td>6. 落实设计审计的有关环保意见</td></tr>
<tr><td rowspan="2">施工阶段</td><td>7. 施工准备</td><td>编制施工文件和开工报告</td><td>7. 环保部门会签施工执照</td></tr>
<tr><td>8. 施工安装</td><td>完成施工，提出竣工报告</td><td>8. 环保施工检查，环保设施施工</td></tr>
<tr><td rowspan="2">竣工验收阶段</td><td>9. 生产准备</td><td>完成生产准备</td><td>9. 环保设施运行准备</td></tr>
<tr><td>10. 竣工验收</td><td>组织竣工，检查和验收</td><td>10. 环保施工竣工验收，发放合格证</td></tr>
</table>

① 参见陆书玉主编：《环境影响评价》，高等教育出版社2001年版，第26页。

3. 建设项目竣工环境保护验收

根据原国家环保总局2001年12月发布的《建设项目竣工环境保护验收管理办法》(2010年修订)第16条的规定,建设项目竣工环境保护验收的条件共9项,分别是:第一,建设前期环境保护审查、审批手续完备,技术资料与环境保护档案资料齐全;第二,环境保护设施及其他措施等已按批准的环境影响报告书(表)或者环境影响登记表和设计文件的要求建成或者落实,环境保护设施经负荷试车检测合格,其防治污染能力适应主体工程的需要;第三,环境保护设施安装质量符合国家和有关部门颁发的专业工程验收规范、规程和检验评定标准;第四,具备环境保护设施正常运转的条件,包括:经培训合格的操作人员、健全的岗位操作规程及相应的规章制度,原料、动力供应落实,符合交付使用的其他要求;第五,污染物排放符合环境影响报告书(表)或者环境影响登记表和设计文件中提出的标准及核定的污染物排放总量控制指标的要求;第六,各项生态保护措施按环境影响报告书(表)规定的要求落实,建设项目建设过程中受到破坏并可恢复的环境已按规定采取了恢复措施;第七,环境监测项目、点位、机构设置及人员配备,符合环境影响报告书(表)和有关规定的要求;第八,环境影响报告书(表)提出需对环境保护敏感点进行环境影响验证,对清洁生产进行指标考核,对施工期环境保护措施落实情况进行工程环境监理的,已按规定要求完成;第九,环境影响报告书(表)要求建设单位采取措施削减其他设施污染物排放,或要求建设项目所在地地方政府或者有关部门采取"区域削减"措施满足污染物排放总量控制要求的,其相应措施得到落实。凡是符合验收条件的建设项目,经环境保护行政主管部门验收合格,批准该项目竣工环境保护验收申请报告、申请表或者验收登记卡的,该建设项目方可正式投入生产或者使用。

4. 管理机构及其职责

(1)环境保护行政主管部门的职责,主要有:第一,对建设项目初步设计中的环境保护篇章进行审查;第二,对建设施工中的环境保护情况进行检查;第三,对环境保护设施的运转和使用情况进行监督检查;第四,对"三同时"制度的违反者,依法追究行政责任。

(2)建设项目主管部门的职责,主要有:第一,负责对初步设计中环境保护篇章和环保设施竣工验收的预审;第二,监督建设项目的设计与施工中的环境保护措施的落实;第三,监督建设项目竣工验收后环境保护设施的正常运转。

第四节　环境资源许可制度

一、环境资源许可制度概述

（一）环境资源许可制度的概念

许可是指国家行政机关根据当事人的申请，准许其从事某种活动的一种行政行为。许可证制度是指有关许可证的申请、核准、颁发、中止与废止和监督管理等方面所作规定的总称。环境资源许可制度（又称环境行政许可制度）是指由国家环境与资源保护法律法规授权的政府及其主管部门，赋予申请人实施开发利用环境的权利或者资格的行政权力。该制度是国家为加强对环境的保护与管理而采取的一种行政审批和监督管理制度，将可能影响环境的各种规划、开发、建设、排污活动都纳入国家统一管理的轨道，便于对持证者实行有效的行政监督和管理。

（二）环境资源许可（许可证）的类型

在我国，与环境保护有关的许可证主要有：排污许可证、海洋倾废许可证、林业采伐许可证、捕捞许可证、采矿许可证、取水许可证、特许猎捕证、驯养繁殖许可证、建设用地许可证、进出口许可证、核设施建造与运营许可证、化学危险物品生产与经营许可证、危险废物经营与转移许可证、放射性药品生产与经营使用许可证等。

根据所颁发许可证和执照的内容，我国环境资源许可分为三类：第一类是防止环境污染的行政许可，如颁发排污许可证，危险废物收集、贮存、处置许可证等；第二类是防止环境破坏的行政许可，如颁发林木采伐许可证、采矿许可证、渔业捕捞许可证、取水许可证、野生动物特许猎捕证、狩猎证、驯养繁殖许可证等；第三类是针对整体环境保护的行政许可，如颁发建设规划许可证等。①

二、环境资源许可的设置

（一）环境资源许可的设定原则

设计行政许可，应当遵循经济和社会发展规律，有利于发挥公民、法人或者其他组织的积极性、主动性，维护公共利益和社会秩序，促进经济、社会和生态环境协调发展。第一，设定和实施环境资源许可，应当依照法定的权限、范围、条件和程序；第二，设定和实施环境资源许可，应当遵循公开、公平、公正的原则；第三，设定和实施环境

---

① 参见周珂、谭柏平、欧阳杉主编：《环境法》（第5版），中国人民大学出版社2016年版，第50页。

资源许可,应当遵循经济社会发展规律和自然生态规律、环境规律;第四,设定和实施环境资源许可,应当遵循便民原则,提高办事效率,提供优质服务。

(二)环境资源许可的设定事项

1. 环境资源许可的性质分类

根据《行政许可法》的规定,下列事项可以设定行政许可:第一,直接涉及国家安全、公共安全、经济宏观调控、生态环境保护以及直接关系人身健康、生命财产安全等特定活动,需要按照法定条件予以批准的事项;第二,有限自然资源开发利用、公共资源配置以及直接关系公共利益的特定行业的市场准入等,需要赋予特定权利的事项;第三,提供公众服务并且直接关系公共利益的职业、行业,需要确定具备特殊信誉、特殊条件或者特殊技能等资格、资质的事项;第四,直接关系公共安全、人身健康、生命财产安全的重要设备、设施、产品、物品,需要按照技术标准、技术规范,通过检验、检测、检疫等方式进行审定的事项;第五,企业或者其他组织的设立等,需要确定主体资格的事项;第六,法律、行政法规规定可以设定行政许可的其他事项(第12条)。

但是,对上述事项,通过下列方式能够予以规范的,可以不设行政许可:第一,公民、法人或者其他组织能够自主决定的;第二,市场竞争机制能够有效调节的;第三,行业组织或者中介机构能够自律管理的;第四,行政机关采用事后监督等其他行政管理方式能够解决的(第13条)。

2. 环境资源许可的内容分类

2014年,原环境保护部发布行政审批公开项目,共计六类30项,见表6-4。

表6-4 环境资源许可的内容分类

<table>
<tr><th colspan="2">类别</th><th>具体类型</th></tr>
<tr><td rowspan="3">第一类</td><td rowspan="3">环境影响评价许可</td><td>(1)建设项目环境影响评价技术服务机构资质认定</td></tr>
<tr><td>(2)由生态环境部负责的建设项目环境影响评价审批</td></tr>
<tr><td>(3)由生态环境部负责的建设项目竣工环境保护验收</td></tr>
<tr><td rowspan="5">第二类</td><td rowspan="5">环保设施许可</td><td>(4)民用核安全设备设计、制造、安装和无损检验单位许可证核发</td></tr>
<tr><td>(5)民用核设施操纵员执照核发</td></tr>
<tr><td>(6)民用核设施选址、建造、装料、运行、退役等活动审批</td></tr>
<tr><td>(7)民用核安全设备焊工、焊接操作工资格证书核发</td></tr>
<tr><td>(8)销售和使用Ⅰ类射线装置单位许可证核发</td></tr>
</table>

续表

类别		具体类型
		(9)进口民用核安全设备安全检验合格审批
		(10)为境内民用核设施进行核安全设备设计、制造、安装和无损检验活动的境外单位注册登记审批
		(11)民用核安全设备无损检验人员许可
第三类	污染物许可	(12)新化学物质环境管理登记证核发
		(13)危险废物越境转移核准
		(14)危险化学品进出口环境管理登记证核发
		(15)消耗臭氧层物质生产、使用、进出口配额许可及进出口审批
		(16)列入限制进口目录的固体废物进口许可
第四类	放射性物质许可	(17)从事放射性污染防治的专业人员资格认定
		(18)从事放射性污染监测工作的机构资质认定
		(19)民用核材料许可证核准 (20)生产放射性同位素(除生产医疗自用的短半衰期放射性药物)、销售和使用Ⅰ类放射源(除医疗使用的Ⅰ类放射源)、列入限制进出口目录的放射性同位素进口审批
		(21)设立专门从事放射性固体废物贮存、处置单位许可
		(22)可能造成跨省界环境影响的放射性同位素野外示踪试验审批
		(23)Ⅰ类放射性物品运输容器的设计审查批准
		(24)Ⅰ类放射性物品运输容器制造许可证核发
		(25)使用境外单位制造的Ⅰ类放射性物品运输容器审批
		(26)Ⅰ类放射性物品运输的核与辐射安全分析报告书审查批准
第五类	自然保护区许可	(27)国家级自然保护区的建立、范围调整审核
		(28)由生态环境部负责的建设项目环境影响评价审批
第六类	非行政许可类环境审批项目	(29)对地方制定严于国家排放标准的机动车船大气污染物排放标准
		(30)规定对在用机动车实行新的污染物排放标准并对其进行改造的审核

(三)环境资源许可的设定权分配

环境资源许可的设定权分配,是指各种法律渊源形式在设定环境资源许可上的权力配置。根据《立法法》和《行政许可法》的规定,法律可以设定环境资源许可;对于尚未制定法律的,行政法规可以设定环境资源许可。但是,国务院决定、地方性法规以及地方政府规章不能在《行政许可法》第12条规定的五类事项范围以外设定任何环境资源许可。

三、环境资源许可制度的管理程序

(一)环境资源许可的实施主体

环境资源许可的实施主体,是指行使环境资源许可权并承担责任的环境保护行政机关和法律、法规授权的其他组织。根据《行政许可法》和环境法律、法规的规定,我国环境资源许可的实施主体可以分为三类:第一,具有环境资源许可权的行政机关,具体分为四种,即各级环境保护机关、依法对相关方面环境污染防治实施监督管理的部门、对资源保护实施监督管理的部门以及地方各级政府;第二,法律、法规授权的具有环境管理职权的组织,如中国环境保护产业协会、全国石油和化学工业协会、全国煤炭工业协会等;第三,受委托的其他机关。

(二)环境资源许可制度的一般程序

1. 申请

由申请人向主管机关提出书面申请,并附有审查所必需的各种材料,如图表、说明或者其他资料。若这些资料涉及技术秘密或者商业秘密,主管机关有保密义务。

2. 审查

通常是在报刊上公布该申请,在规定时间内征求公众和各个方面的意见。主管机关在听取各个方面的意见后,综合考虑该申请对环境的影响,对申请进行审查。

3. 决定

第一,环境主管机关作出颁发许可证或者拒发许可证的决定。在同意颁发许可证的场合,主管机关可以依法规定持证人应当履行的义务和各种限制条件;在拒发许可证的场合,应当说明拒发的理由。第二,除了可以当场决定的情况,行政机关应当在受理行政许可申请之日起20日内按照规定的程序作出行政许可决定。行政机关作出准予行政许可的决定,应当自作出决定之日起10日内向申请人颁发、送达行政许可证件。第三,对于涉及公共环境利益的重大行政许可事项,行政机关应当向社会公告,并举行听证会。

4. 监督

主管机关对持证人执行许可证的情况随时进行监督检查,包括索取有关资料,检查现场设备、检测排污情况、发出必要的行政命令等。在情况发生变化或者持证人的活动影响周围公众利益的场合,可以修改许可证中原来规定的条件。

5. 处理

根据《行政许可法》第60条的规定,上级行政机关应当加强对下级行政机关实施行政许可的监督检查,及时纠正行政许可实施中的违法行为。如果持证人违反许可证规定的义务或者限制条件,导致环境损害或者发生其他后果的,主管机关可以依法中止、吊销许可证。

(三)我国的环境资源许可制度

1.《行政许可法》的规定

根据《行政许可法》第4条的规定,设定和实施环境资源许可应当依照法定的权限、范围、条件和程序。行政机关违法行使环境资源许可权,应当承担相应的行政法律责任,构成犯罪,应当依照刑法承担刑事责任;对环境资源许可的申请人及其被许可人的法律责任,对程度较轻的,予以行政处罚或者限制申请资格,较重的追究刑事责任。

2. 环境保护法的环境许可规定

《环境保护法》第45条规定,国家依照法律规定实行排污许可管理制度。实行排污许可管理的企业事业单位和其他生产经营者应当按照排污许可证的要求排放污染物;未取得排污许可证的,不得排放污染物。

3. 城乡规划法的环境许可规定

《城乡规划法》有关环境许可规定,主要有以下内容。

(1)在城市、镇规划区内以划拨方式提供国有土地使用权的建设项目的许可。在城市、镇规划区内以划拨方式提供国有土地使用权的建设项目,经有关部门批准、核准、备案后,建设单位应当向城市、县政府城乡规划主管部门提出建设用地规划许可申请,由城市、县政府城乡规划主管部门依据控制性详细规划核定建设用地的位置、面积、允许建设的范围,核发建设用地规划许可证。建设单位在取得建设用地规划许可证后,方可向县级以上地方政府土地主管部门申请用地,经县级以上政府审批后,由土地主管部门划拨土地(第37条)。

(2)在城市、镇规划区内以出让方式提供国有土地使用权的建设项目的许可。第一,在城市、镇规划区内以出让方式提供国有土地使用权的,在国有土地使用权出让前,城市、县政府城乡规划主管部门应当依据控制性详细规划,提出出让地块的位置、使用性质、开发强度等规划条件,作为国有土地使用权出让合同的组成部分。未确定规划条件的地块,不得出让国有土地使用权。第二,以出让方式取得国有土地使用权的建设项目,在签订国有土地使用权出让合同后,建设单位应当持建设项目的批准、核准、备案文件和国有土地使用权出让合同,向城市、县政府城乡规划主管部门领取建设用地规划许可证。第三,城市、县政府城乡规划主管部门不得在建设用地规划许可证中,擅自改变作为国有土地使用权出让合同组成部分的规划条件(第 38 条)。

(3)在城市、镇规划区内进行建筑物、构筑物、道路、管线和其他工程建设的许可。第一,在城市、镇规划区内进行建筑物、构筑物、道路、管线和其他工程建设的,建设单位或者个人应当向城市、县政府城乡规划主管部门或者省级政府确定的镇政府申请办理建设工程规划许可证。第二,申请办理建设工程规划许可证,应当提交使用土地的有关证明文件、建设工程设计方案等材料。需要建设单位编制修建性详细规划的建设项目,还应当提交修建性详细规划。对符合控制性详细规划和规划条件的,由城市、县政府城乡规划主管部门或者省级政府确定的镇政府核发建设工程规划许可证。第三,城市、县政府城乡规划主管部门或者省级政府确定的镇政府应当依法将经审定的修建性详细规划、建设工程设计方案的总平面图予以公布(第 40 条)。

4. 污染防治法的环境许可规定

主要有《大气污染防治法》(2018 年修订)、《水污染防治法》(2017 年修订)、《固体废物污染环境防治法》(2020 年修订)、《放射性污染防治法》(2003 年)。其他法律法规主要有《农药登记规定》(1982 年)、《放射性同位素与射线装置安全和防护条例》(2019 年修订)、《民用核设施安全监督管理条例》(1986 年)、《民用核安全设备监督管理条例》(2019 年修订)等。

5. 自然资源法的环境许可规定

例如,《水法》(2016 年修订)规定,对直接从地下或者江河、湖泊取水的,实行取水许可制度。《森林法》(2019 年修订)规定,采伐林木必须申请采伐许可证。《矿产资源法》(2009 年修订)规定了勘查、开采矿产资源的勘查许可证制度。《野生动物保护法》(2018 年修订)规定,对野生动物采取特许猎捕证、狩猎证、人工繁育许可证和允许进出口证明书。此外,《渔业法》(2013 年修订)、《自然保护区条例》(2017 年修订)也规定了有关许可证的事宜。

四、排污许可制度

(一)排污许可制度的概念

排污许可制度,是指需要向环境排放污染物的单位或者个人,应当依法事先进行污染物排放的登记,经过环境影响评价审批和建设项目竣工环境保护验收合格,申请办理污染物排放许可证，经批准并取得排污许可证后，按照许可证核定的污染物排放种类、数量、浓度、期限和排放标准，排放污染物的环境行政许可规则体系。

排污许可制度的核心是将排污者应当遵守的有关国家环境保护法律法规、政策标准、总量控制目标和环境保护技术规范等方面的要求具体化，有针对性的、具体的、集中的规定在每个排污者的排污许可证上，约束排污者的排污行为，要求其持证排污、按证排污。①

排污许可制度是国家为加强环境管理而采用的一种制度，可以由管理机关针对不同的对象"量身定制""精细化管理"，并且可以实行跟踪管理，因而被认为是环境管理的支柱性制度。排污许可制度贯穿排污单位的建设、生产、污染控制、现场监理等环境管理的全过程，能够从源头上就解决环境保护中的"搭便车"和外部性问题，是环境保护的基础性制度。

(二)排污许可制度的沿革

1. 国外排污许可制度的沿革

排污许可制度是一种对环境进行科学化、目标化和定量化管理的制度，也是被发达国家普遍实行并被证明行之有效的点源管理制度。瑞典是最早实行排污许可证的国家，瑞典在1969年颁布《环境保护法》，其中近一半的条款是关于许可证的规定，包括许可证颁发的条件、申请办法、对申请的审查、决定和纠正等。澳大利亚于1970年实行排污许可证制度，对于被认为会造成重要环境危害的企业，必须取得排污许可证。美国于1972年修订《清洁水法》(The Clean Water Act)，规定所有排入国家通航水体的污染源必须在排放之前取得排污许可证，否则就是违法行为；1990年修订的《清洁空气法》(The Clean Air Act)增设许可证专章，强化了空气污染的排污许可证的规定。

2. 我国排污许可制度的沿革

在我国，最早适用于水环境管理中的污染物排放控制，目前主要适用于水污染防治和大气污染防治。自1987年起，我国开始在水污染防治领域实行排污许可证制度。1988年3月，国家环境保护局在总结全国50城市试点经验的基础上，制定了《水污染排放许可证管理暂行办法》(2007年10月8日失效)，并在上海、北京等18个市(县)开展"水污染排放许可证"试点。1989年7月，经国务院批准，国家环保局发布的《水污染防治法实施细则》(已失效)第9条规定，对企事业单位向水体排放污

① 参见信春鹰主编：《〈中华人民共和国环境保护法〉学习读本》，中国民主法制出版社2014年版，第197页。

染物的,实行排污许可证管理。有关统计数据表明,截至1994年,全国发放大气污染许可证试点的城市有16个;1994年年底,试行水污染物排放许可证的城市达到240个;截至1996年,全国地级以上城市普遍实行了水污染物排放许可证制度。1995年8月,国务院发布的《淮河流域水污染防治暂行条例》第19条规定,淮河流域持有排污许可证的单位,应当保证其排污总量不超过排污许可证规定的排污总量控制指标。1999年12月,第九届全国人大常委会第十三次会议修订的《海洋环境保护法》规定了与排污许可制度相似的海洋倾废许可制度(第7章,“防治倾倒废弃物对海洋环境的污染损害”,第55~61条)。

2000年3月,国务院发布的《水污染防治法实施细则》(已失效)第10条规定,地方环保部门根据总量控制实施方案,发放水污染物排放许可证。2000年4月,第九届全国人大常委会第十五次会议修订的《大气污染物防治法》规定,对总量控制区排放主要大气污染物的企事业单位实行许可证管理(第15条)。2005年12月,国务院发布《关于落实科学发展观加强环境保护的决定》提出“要实施污染物总量控制制度……推行排污许可证制度,禁止无证或超总量排污”。2008年2月,第十届全国人大常委会第三十二次会议修订的《水污染防治法》第20条规定,国家实行排污许可制度。

2016年12月,环境保护部印发《排污许可证管理暂行规定》(已失效)。《大气污染防治法》(2018年修订)、《大气污染防治行动计划》(2013年)等也对排污许可证作出规定或者要求。2018年1月,环境保护部发布《排污许可管理办法(试行)》。

在大气和水污染防治领域实施排污许可证制度后,向环境排放污染物必须取得许可证,按照排污许可证的要求排放污染物,否则属于违法排污。党的十八届三中全会通过的《中共中央关于全面深化改革若干重大问题的决定》指出:“完善污染物排放许可制,实行企事业单位污染物排放总量控制制度。”为此,《环境保护法》第45条规定,国家依照法律规定实行排污许可管理制度。实行排污许可管理的企业事业单位和其他生产经营者应当按照排污许可证的要求排放污染物;未取得排污许可证的,不得排放污染物。

(三)排污许可的管理模式

关于排污许可的管理模式,《排污许可管理办法(试行)》(2019年修订)作出下列规定。

1. 排污许可制度的监督管理体制

环境保护部负责指导全国排污许可制度实施和监督。各省级环境保护主管部门负责本行政区域排污许可制度的组织实施和监督。排污单位生产经营场所所在地设区的市级环境保护主管部门负责排污许可证核发。地方性法规对核发权限另有规定的,从其规定(第6条)。

2. 固定污染源排污许可分类管理名录制度

环境保护部依法制定并公布固定污染源排污许可分类管理名录,明确纳入排污许可管理的范围和申领时限。纳入固定污染源排污许可分类管理名录的企业事业单位和其他生产经营者(以下简称排污单位)应当按照规定的时限申请并取得排污许可证;未纳入固定污染源排污许可分类管理名录的排污单位,暂不需申请排污许可证(第3条)。

3. 排污许可重点管理和排污许可简化管理制度

对污染物产生量大、排放量大或者环境危害程度高的排污单位实行排污许可重点管理,对其他排污单位实行排污许可简化管理。实行排污许可重点管理或者简化管理的排污单位的具体范围,依照固定污染源排污许可分类管理名录规定执行。设区的市级以上地方环境保护主管部门应当将实行排污许可重点管理的排污单位确定为重点排污单位(第5条)。

4. 排污许可证的申请

同一法人单位或者其他组织所属、位于不同生产经营场所的排污单位,应当以其所属的法人单位或者其他组织的名义,分别向生产经营场所所在地有核发权的环境保护主管部门申请排污许可证。生产经营场所和排放口分别位于不同行政区域时,生产经营场所所在地核发环保部门负责核发排污许可证,并应当在核发前,征求其排放口所在地同级环境保护主管部门意见(第7条)。

5. 污染物排放行为的综合许可管理

依据相关法律规定,环境保护主管部门对排污单位排放水污染物、大气污染物等各类污染物的排放行为实行综合许可管理。2015年1月1日及以后取得建设项目环境影响评价审批意见的排污单位,环境影响评价文件及审批意见中与污染物排放相关的主要内容应当纳入排污许可证(第8条)。

6. 污染排放统一编码管理制度

环境保护部对实施排污许可管理的排污单位及其生产设施、污染防治设施和排放口实行统一编码管理(第9条)。

7. 全国排污许可证管理信息平台

环境保护部负责建设、运行、维护、管理全国排污许可证管理信息平台。排污许可证的申请、受理、审核、发放、变更、延续、注销、撤销、遗失补办应当在全国排污许可证管理信息平台上进行。排污单位自行监测、执行报告及环境保护主管部门监管执法信息应当在全国排污许可证管理信息平台上记载,并按照本办法规定在全国排污许可证管理信息平台上公开。全国排污许可证管理信息平台中记录的排污许可证相关电子信息与排污许可证正本、副本依法具有同等效力(第10条)。

8. 环境保护部的有关排污许可的职责范围

环境保护部制定排污许可证申请与核发技术规范、环境管理台账及排污许可证执行报告技术规范、排污单位自行监测技术指南、污染防治可行技术指南以及其他排污许可政策、标准和规范(第11条)。

(四)排污许可证的管理原则

1. 持证排放原则

《排污许可管理办法(试行)》第4条规定,排污单位应当依法持有排污许可证,并按照排污许可证的规定排放污染物。应当取得排污许可证而未取得的,不得排放污染物。

《大气污染防治法》(2018年修订)规定,排放工业废气或者本法第78条规定名录中所列有毒有害大气污染物的企业事业单位、集中供热设施的燃煤热源生产运营单位以及其他依法实行排污许可管理的单位,应当取得排污许可证(第19条)。未依法取得排污许可证排放大气污染物的、超过大气污染物排放标准或超过重点大气污染物排放总量控制指标排放大气污染物的或者通过逃避监管的方式排放大气污染物的,由县级以上政府生态环境主管部门责令改正或者限制生产、停产整治,并处10万元以上100万元以下的罚款;情节严重的,报经有批准权的政府批准,责令停业、关闭(第99条)。

2. 总量控制原则

在实行污染物排放总量控制的地区,对排污者有污染物排放总量控制指标要求的,排污者不得超过国家和地方规定的排放标准和总量控制指标。例如,《大气污染防治法》第21条规定,国家对重点大气污染物排放实行总量控制。重点大气污染物排放总量控制目标,由国务院生态环境主管部门在征求国务院有关部门和各省级政府意见后,会同国务院经济综合主管部门报国务院批准并下达实施。

《水污染防治法》规定,国家对重点水污染物排放实施总量控制制度(第20条第1款)。重点水污染物排放总量控制指标,由国务院生态环境主管部门在征求国务院有关部门和各省级政府意见后,会同国务院经济综合宏观调控部门报国务院批准并下达实施(第20条第2款)。省级政府可以根据本行政区域水环境质量状况和水污染防治工作的需要,对国家重点水污染物之外的其他水污染物排放实行总量控制(第20条第4款)。

3. 持续削减原则

国家鼓励排污者采取可行的经济、技术或者其他手段实施清洁生产，持续削减其污染物排放强度、浓度和总量。例如，《大气污染防治法》规定，地方各级政府应当对本行政区域的大气环境质量负责，制定规划，采取措施，控制或者逐步削减大气污染物的排放量，使大气环境质量达到规定标准并逐步改善（第 3 条第 2 款）。省级政府应当按照国务院下达的总量控制目标，控制或者削减本行政区域的重点大气污染物排放总量（第 21 条第 3 款）。《水污染防治法》第 20 条第 3 款规定，省级政府应当按照国务院的规定削减和控制本行政区域的重点水污染物排放总量。具体办法由国务院环境保护主管部门会同国务院有关部门规定。

（五）排污许可证的内容

关于排污许可证的内容，《排污许可管理办法（试行）》作出下列规定。

1. 排污许可证的正本和副本

（1）排污许可证由正本和副本构成，正本载明基本信息，副本包括基本信息、登记事项、许可事项、承诺书等内容。设区的市级以上地方环境保护主管部门可以根据环境保护地方性法规，增加需要在排污许可证中载明的内容（第 12 条）。

（2）下列基本信息应当同时在排污许可证正本和副本中载明：第一，排污单位名称、注册地址、法定代表人或者主要负责人、技术负责人、生产经营场所地址、行业类别、统一社会信用代码等排污单位基本信息；第二，排污许可证有效期限、发证机关、发证日期、证书编号和二维码等基本信息（第 13 条）。

2. 排污许可证副本中的登记事项

下列登记事项由排污单位申报，并在排污许可证副本中记录：第一，主要生产设施、主要产品及产能、主要原辅材料等；第二，产排污环节、污染防治设施等；第三，环境影响评价审批意见、依法分解落实到本单位的重点污染物排放总量控制指标、排污权有偿使用和交易记录等（第 14 条）。

3. 排污许可证副本中的许可事项

下列许可事项由排污单位申请，经核发环保部门审核后，在排污许可证副本中进行规定：第一，排放口位置和数量、污染物排放方式和排放去向等，大气污染物无组织排放源的位置和数量；第二，排放口和无组织排放源排放污染物的种类、许可排放浓度、许可排放量；第三，取得排污许可证后应当遵守的环境管理要求；第四，法律法规规定的其他许可事项（第 15 条）。

4. 污染物的许可排放浓度

核发环保部门应当根据国家和地方污染物排放标准，确定排污单位排放口或者无组织排放源相应污染物的许可排放浓度。排污单位承诺执行更严格的排放浓度的,应当在排污许可证副本中规定(第16条)。

5. 污染物许可排放量

核发环保部门按照排污许可证申请与核发技术规范规定的行业重点污染物允许排放量核算方法,以及环境质量改善的要求,确定排污单位的许可排放量。对于本办法实施前已有依法分解落实到本单位的重点污染物排放总量控制指标的排污单位,核发环保部门应当按照行业重点污染物允许排放量核算方法、环境质量改善要求和重点污染物排放总量控制指标,从严确定许可排放量。对于2015年1月1日及以后取得环境影响评价审批意见的排污单位,环境影响评价文件和审批意见确定的排放量严于按照本条第1款、第2款确定的许可排放量的,核发环保部门应当根据环境影响评价文件和审批意见要求确定排污单位的许可排放量。地方政府依法制定的环境质量限期达标规划、重污染天气应对措施要求排污单位执行更加严格的重点污染物排放总量控制指标的,应当在排污许可证副本中规定。本办法实施后,环境保护主管部门应当按照排污许可证规定的许可排放量,确定排污单位的重点污染物排放总量控制指标(第17条)。

6. 排污许可证副本中的环境管理要求

下列环境管理要求由核发环保部门根据排污单位的申请材料、相关技术规范和监管需要,在排污许可证副本中进行规定:第一,污染防治设施运行和维护、无组织排放控制等要求;第二,自行监测要求、台账记录要求、执行报告内容和频次等要求;第三,排污单位信息公开要求;第四,法律法规规定的其他事项(第18条)。

7. 自行监测方案

排污单位在申请排污许可证时,应当按照自行监测技术指南,编制自行监测方案。自行监测方案应当包括以下内容:第一,监测点位及示意图、监测指标、监测频次;第二,使用的监测分析方法、采样方法;第三,监测质量保证与质量控制要求;第四,监测数据记录、整理、存档要求等(第19条)。

8. 排污许可证申请材料

排污单位在填报排污许可证申请时,应当承诺排污许可证申请材料是完整、真实和合法的;承诺按照排污许可证的规定排放污染物,落实排污许可证规定的环境管理要求,并由法定代表人或者主要负责人签字或者盖章(第20条)。

9. 排污许可证的有效期

排污许可证自作出许可决定之日起生效。关于排污许可证的有效期:第一,首次发放的排污许可证有效期为3年,延续换发的排污许可证有效期为5年。第二,对列入国务院经济综合宏观调控部门会同国务院有关部门发布的产业政策目录中计划淘汰的落后工艺装备或者落后产品，排污许可证有效期不得超过计划淘汰期限（第21条）。

（六）排污许可证的申请与核发

关于排污许可证的审核与核发，《排污许可管理办法（试行）》具体规定如下。

第一，省级环境保护主管部门应当根据本办法第6条和固定污染源排污许可分类管理名录，确定本行政区域内负责受理排污许可证申请的核发环保部门、申请程序等相关事项，并向社会公告。依据环境质量改善要求，部分地区决定提前对部分行业实施排污许可管理的，该地区省级环境保护主管部门应当报环境保护部备案后实施，并向社会公告（第23条）。

第二，实行重点管理的排污单位在提交排污许可申请材料前，应当将承诺书、基本信息以及拟申请的许可事项向社会公开。公开途径应当选择包括全国排污许可证管理信息平台等便于公众知晓的方式，公开时间不得少于5个工作日（第25条）。

1. 排污许可证的申请

在固定污染源排污许可分类管理名录规定的时限前已经建成并实际排污的排污单位，应当在名录规定时限申请排污许可证；在名录规定的时限后建成的排污单位，应当在启动生产设施或者在实际排污之前申请排污许可证（第24条）。

排污单位应当在全国排污许可证管理信息平台上填报并提交排污许可证申请，同时，向核发环保部门提交通过全国排污许可证管理信息平台印制的书面申请材料。申请材料应当包括：第一，排污许可证申请表，主要内容包括排污单位基本信息，主要生产设施、主要产品及产能、主要原辅材料，废气、废水等产排污环节和污染防治设施，申请的排放口位置和数量、排放方式、排放去向，按照排放口和生产设施或者车间申请的排放污染物种类、排放浓度和排放量，执行的排放标准；第二，自行监测方案；第三，由排污单位法定代表人或者主要负责人签字或者盖章的承诺书；第四，排污单位有关排污口规范化的情况说明；第五，建设项目环境影响评价文件审批文号，或者按照有关国家规定经地方政府依法处理、整顿规范并符合要求的相关证明材料；第六，排污许可证申请前信息公开情况说明表；第七，污水集中处理设施的经营管理单位还应当提供纳污范围、纳污排污单位名单、管网布置、最终排放去向等材料；第八，本办法实施后的新建、改建、扩建项目排污单位存在通过污染物排放等量或者减量替代削减获得重点污染物排放总量控制指标情况的，且出让重点污染物排放总量控制指标的排污单位已经取得排污许可证的，应当提供出让重点污染物排放总量控制指标的排污单位的排污许可证完成变更的相关材料；第九，法律法规规章规定的其他材料。主要生产设施、主要产品产能等登记事项中涉及商业秘密的,排污单位应当进行标注(第26条)。

排污单位隐瞒有关情况或者提供虚假材料申请行政许可的,核发环保部门不予受理或者不予行政许可,并给予警告(第53条)。重点排污单位未依法公开或者不如实公开有关环境信息的,由县级以上环境保护主管部门责令公开,依法处以罚款,并予以公告(第55条)。

2. 排污许可证申请材料的审查、处理

核发环保部门收到排污单位提交的申请材料后,对材料的完整性、规范性进行审查,按照下列情形分别作出处理:第一,依照本办法不需要取得排污许可证的,应当当场或者在5个工作日内告知排污单位不需要办理;第二,不属于本行政机关职权范围的,应当当场或者在5个工作日内作出不予受理的决定,并告知排污单位向有核发权限的部门申请;第三,申请材料不齐全或者不符合规定的,应当当场或者在5个工作日内出具告知单,告知排污单位需要补正的全部材料,可以当场更正的,应当允许排污单位当场更正;第四,属于本行政机关职权范围,申请材料齐全、符合规定,或者排污单位按照要求提交全部补正申请材料的,应当受理。核发环保部门应当在全国排污许可证管理信息平台上作出受理或者不予受理排污许可证申请的决定,同时向排污单位出具加盖本行政机关专用印章和注明日期的受理单或者不予受理告知单。核发环保部门应当告知排污单位需要补正的材料,但逾期不告知的,自收到书面申请材料之日起即视为受理(第27条)。

3. 排污许可证的发放

(1)核发环保部门应当对排污单位的申请材料进行审核,对满足下列条件的排污单位核发排污许可证:第一,依法取得建设项目环境影响评价文件审批意见,或者按照有关规定经地方政府依法处理、整顿规范并符合要求的相关证明材料;第二,采用的污染防治设施或者措施有能力达到许可排放浓度要求;第三,排放浓度符合本办法第16条规定,排放量符合本办法第17条规定;第四,自行监测方案符合相关技术规范;第五,本办法实施后的新建、改建、扩建项目排污单位存在通过污染物排放等量或者减量替代削减获得重点污染物排放总量控制指标情况的,出让重点污染物排放总量控制指标的排污单位已完成排污许可证变更(第29条)。

(2)对存在下列情形之一的,不予核发排污许可证:第一,位于法律法规规定禁止建设区域内的;第二,属于国务院经济综合宏观调控部门会同国务院有关部门发布的产业政策目录中明令淘汰或者立即淘汰的落后生产工艺装备、落后产品的;第三,法律法规规定不予许可的其他情形(第28条)。

(3)对采用相应污染防治可行技术的,或者新建、改建、扩建建设项目排污单位采用环境影响评价审批意见要求的污染治理技术的,核发环保部门可以认为排污单位采用的污染防治设施或者措施有能力达到许可排放浓度要求。不符合前款情形的,排污单位可以通过提供监测数据予以证明。监测数据应当通过使用符合国家有关环境监测、计量认证规定和技术规范的监测设备取得;对于国内首次采用的污染治理技术,应当提供工程试验数据予以证明。环境保护部依据全国排污许可证执行情况,适时修订污染防治可行技术指南(第30条)。

(4)核发环保部门作出准予许可决定的,须向全国排污许可证管理信息平台提交审核结果,获取全国统一的排污许可证编码。核发环保部门作出准予许可决定的,应当将排污许可证正本以及副本中基本信息、许可事项及承诺书在全国排污许可证管理信息平台上公告。核发环保部门作出不予许可决定的,应当制作不予许可决定书,书面告知排污单位不予许可的理由,以及依法申请行政复议或者提起行政诉讼的权利,并在全国排污许可证管理信息平台上公告(第32条)。

4. 排污许可证的变更

在排污许可证有效期内,下列与排污单位有关的事项发生变化的(见表6-5),排污单位应当在规定时间内向核发环保部门提出变更排污许可证的申请(第43条)。

表6-5　排污许可证的变更

序号	变更的内容	提出变更排污许可证申请的时间要求
1	变更排污单位名称、地址、法定代表人或者主要负责人等正本中载明的基本信息	变更之日起30个工作日内
2	因排污单位原因变更许可事项	变更之日前30个工作日内
3	排污单位在原场址内实施新建、改建、扩建项目应当开展环境影响评价的,在取得环境影响评价审批意见后,排污行为发生变更	变更之日前30个工作日内
4	实施新制修订的国家和地方污染物排放标准	实施前30个工作日内
5	依法分解落实的重点污染物排放总量控制指标发生变化	发生变化后30个工作日内

续表

序号	变更的内容	提出变更排污许可证申请的时间要求
6	实施地方政府依法制定的限期达标规划	实施前30个工作日内
7	实施地方政府依法制定的重污染天气应急预案	应急预案实施后30个工作日内
8	法律法规规定需要进行变更的其他情形	
9	第3项规定情形,且通过污染物排放等量或者减量替代削减获得重点污染物排放总量控制指标	在排污单位提交变更排污许可申请前,出让重点污染物排放总量控制指标的排污单位应当完成排污许可证变更

申请变更排污许可证的,应当提交下列申请材料:第一,变更排污许可证申请;第二,由排污单位法定代表人或者主要负责人签字或者盖章的承诺书;第三,与变更排污许可事项有关的其他材料(第44条)。

核发环保部门应当对变更申请材料进行审查,作出变更决定的,在排污许可证副本中载明变更内容并加盖本行政机关印章,同时在全国排污许可证管理信息平台上公告;属于表6-5中第1类情形的,还应当换发排污许可证正本(第45条)。

5. 排污许可证的延续

排污单位需要延续依法取得的排污许可证的有效期的,应当在排污许可证届满30个工作日前向原核发环保部门提出申请(第46条)。申请延续排污许可证的,应当提交下列材料:第一,延续排污许可证申请;第二,由排污单位法定代表人或者主要负责人签字或者盖章的承诺书;第三,与延续排污许可事项有关的其他材料(第47条)。核发环保部门应当按照本办法第29条规定对延续申请材料进行审查,并自受理延续申请之日起20个工作日内作出延续或者不予延续许可决定。作出延续许可决定的,向排污单位发放加盖本行政机关印章的排污许可证,收回原排污许可证正本,同时在全国排污许可证管理信息平台上公告(第48条)。

6. 排污许可证的撤销

有下列情形之一的,核发环保部门或者其上级行政机关,可以撤销排污许可证并在全国排污许可证管理信息平台上公告:第一,超越法定职权核发排污许可证的;第二,违反法定程序核发排污许可证的;第三,核发环保部门工作人员滥用职权、玩忽职守核发排污许可证的;第四,对不具备申请资格或者不符合法定条件的申请人准予行政许可的;第五,依法可以撤销排污许可证的其他情形(第49条)。

对于排污许可证有效期届满，未延续的或者排污单位被依法终止的，以及应当注销的其他情形，核发环保部门应当依法办理排污许可证的注销手续，并在全国排污许可证管理信息平台上公告（第50条）。

（七）排污许可证的实施与监管

关于排污许可证的实施与监管，《排污许可管理办法（试行）》具体规定如下。

1. 排污许可证的实施

（1）禁止涂改、转让许可证（第33条）。禁止涂改排污许可证，或者以出租、出借、买卖等方式非法转让排污许可证。

（2）排污许可证的展示（第33条）。排污单位应当在生产经营场所内方便公众监督的位置悬挂排污许可证正本。

（3）排污记录制度（第34条、第56条）。排污单位应当按照排污许可证规定，安装或者使用符合国家有关环境监测、计量认证规定的监测设备，按照规定维护监测设施，开展自行监测，保存原始监测记录。实施排污许可重点管理的排污单位，应当按照排污许可证规定安装自动监测设备，并与环境保护主管部门的监控设备联网。对未采用污染防治可行技术的，应当加强自行监测，评估污染防治技术达标可行性。

违反上述规定，有下列行为之一的，由县级以上环境保护主管部门依据《大气污染防治法》《水污染防治法》的规定，责令改正，处2万元以上20万元以下的罚款；拒不改正的，依法责令停产整治：第一，未按照规定对所排放的工业废气和有毒有害大气污染物、水污染物进行监测，或者未保存原始监测记录的；第二，未按照规定安装大气污染物、水污染物自动监测设备，或者未按照规定与环境保护主管部门的监控设备联网，或者未保证监测设备正常运行的。

（4）污染物排放记录制度（第35条）。排污单位应当按照排污许可证中关于台账记录的要求，根据生产特点和污染物排放特点，按照排污口或者无组织排放源进行记录。记录主要包括以下内容：第一，与污染物排放相关的主要生产设施运行情况；发生异常情况的，应当记录原因和采取的措施；第二，污染防治设施运行情况及管理信息；发生异常情况的，应当记录原因和采取的措施；第三，污染物实际排放浓度和排放量；发生超标排放情况的，应当记录超标原因和采取的措施；第四，其他按照相关技术规范应当记录的信息。台账记录保存期限不少于3年。

（5）污染物实际排放量的计算方法（第36条）。污染物实际排放量按照排污许可证规定的废气、污水的排污口、生产设施或者车间分别计算，依照下列方法和顺序计算：第一，依法安装使用了符合国家规定和监测规范的污染物自动监测设备的，按照污染物自动监测数据计算；第二，依法不需安装污染物自动监测设备的，按照符合国家规定和监测规范的污染物手工监测数据计算;第三,不能按照上述两种规定的方法计算的,包括依法应当安装而未安装污染物自动监测设备或者自动监测设备不符合规定的,按照环境保护部规定的产排污系数、物料衡算方法计算。

(6)排污许可证执行报告制度(第37条)。排污单位应当按照排污许可证规定的关于执行报告内容和频次的要求,编制排污许可证执行报告。排污许可证执行报告包括年度执行报告、季度执行报告和月执行报告。排污单位应当每年在全国排污许可证管理信息平台上填报、提交排污许可证年度执行报告并公开,同时向核发环保部门提交通过全国排污许可证管理信息平台印制的书面执行报告。书面执行报告应当由法定代表人或者主要负责人签字或者盖章。

季度执行报告和月执行报告至少应当包括以下内容:第一,根据自行监测结果说明污染物实际排放浓度和排放量及达标判定分析;第二,排污单位超标排放或者污染防治设施异常情况的说明。

年度执行报告可以替代当季度或者当月的执行报告,并增加以下内容:第一,排污单位基本生产信息;第二,污染防治设施运行情况;第三,自行监测执行情况;第四,环境管理台账记录执行情况;第五,信息公开情况;第六,排污单位内部环境管理体系建设与运行情况;第七,其他排污许可证规定的内容执行情况等。

建设项目竣工环境保护验收报告中与污染物排放相关的主要内容,应当由排污单位记载在该项目验收完成当年排污许可证年度执行报告中。排污单位发生污染事故排放时,应当依照相关法律法规规章的规定及时报告。

2. 排污许可证的监督检查和管理

第一,环境保护主管部门应当制定执法计划,结合排污单位环境信用记录,确定执法监管重点和检查频次。环境保护主管部门对排污单位进行监督检查时,应当重点检查排污许可证规定的许可事项的实施情况。通过执法监测、核查台账记录和自动监测数据以及其他监控手段,核实排污数据和执行报告的真实性,判定是否符合许可排放浓度和许可排放量,检查环境管理要求落实情况。环境保护主管部门应当将现场检查的时间、内容、结果以及处罚决定记入全国排污许可证管理信息平台,依法在全国排污许可证管理信息平台上公布监管执法信息、无排污许可证和违反排污许可证规定排污的排污单位名单(第39条)。

第二,要建立必要的监督检查制度,包括排污单位定期自行检查和上报排污情况的制度,以及生态环境主管部门的监督检查制度。

第三,上级环境保护主管部门可以对具有核发权限的下级环境保护主管部门的排污许可证核发情况进行监督检查和指导,发现属于本办法第49条规定违法情形的,上级环境保护主管部门可以依法撤销(第41条)。

第四,排污单位应当对提交的台账记录、监测数据和执行报告的真实性、完整性负责,依法接受环境保护主管部门的监督检查(第38条)。鼓励社会公众、新闻媒体等对排污单位的排污行为进行监督。排污单位应当及时公开有关排污信息,自觉接受公众监督。公民、法人和其他组织发现排污单位有违反本办法行为的,有权向环境保护主管部门举报。接受举报的环境保护主管部门应当依法处理,并按照有关规定对调查结果予以反馈,同时为举报人保密(第42条)。

此外,《环境保护法》规定:第一,排放污染物的企业事业单位和其他生产经营者,应当采取措施,防治在生产建设或者其他活动中产生的废气、废水、废渣、医疗废物、粉尘、恶臭气体、放射性物质以及噪声、振动、光辐射、电磁辐射等对环境的污染和危害。第二,排放污染物的企业事业单位,应当建立环境保护责任制度,明确单位负责人和相关人员的责任。第三,重点排污单位应当按照国家有关规定和监测规范安装使用监测设备,保证监测设备正常运行,保存原始监测记录(第42条)。

(八)违反排污许可制度的法律责任

1.《环境保护法》的规定

(1)企业事业单位和其他生产经营者违法排放污染物,受到罚款处罚,被责令改正,拒不改正的,依法作出处罚决定的行政机关可以自责令改正之日的次日起,按照原处罚数额按日连续处罚。前款规定的罚款处罚,依照有关法律法规按照防治污染设施的运行成本、违法行为造成的直接损失或者违法所得等因素确定的规定执行。地方性法规可以根据环境保护的实际需要,增加第1款规定的按日连续处罚的违法行为的种类(第59条)。

(2)企业事业单位和其他生产经营者违反法律规定,未取得排污许可证排放污染物,被责令停止排污,拒不执行的;通过暗管、渗井、渗坑、灌注或者篡改、伪造监测数据,或者不正常运行防治污染设施等逃避监管的方式违法排放污染物的,除依照有关法律法规规定予以处罚外,由县级以上政府生态环境主管部门或者其他有关部门将案件移送公安机关,对其直接负责的主管人员和其他直接责任人员,处10日以上15日以下拘留;情节较轻的,处5日以上10日以下拘留(第63条)。

(3)企业事业单位和其他生产经营者超过污染物排放标准或者超过重点污染物排放总量控制指标排放污染物的,县级以上政府生态环境主管部门可以责令其采取限制生产、停产整治等措施;情节严重的,报经有批准权的政府批准,责令停业、关闭(第60条)。

(4)地方各级政府、县级以上政府生态环境主管部门和其他负有环境保护监督管理职责的部门,对不符合行政许可条件准予行政许可的,对直接负责的主管人员和其他直接责任人员给予记过、记大过或者降级处分;造成严重后果的,给予撤职或者开除处分,其主要负责人应当引咎辞职(第68条)。

2.《排污许可管理办法(试行)》的规定

(1)环境保护主管部门在排污许可证受理、核发及监管执法中有下列行为之一的,由其上级行政机关或者监察机关责令改正,对直接负责的主管人员或者其他直接责任人员依法给予行政处分;构成犯罪的,依法追究刑事责任:第一,符合受理条件但未依法受理申请的;第二,对符合许可条件的不依法准予核发排污许可证或者未在法定时限内作出准予核发排污许可证决定的;第三,对不符合许可条件的准予核发排污许可证或者超越法定职权核发排污许可证的;第四,实施排污许可证管理时擅自收取费用的;第五,未依法公开排污许可相关信息的;第六,不依法履行监督职责或者监督不力,造成严重后果的;第七,其他应当依法追究责任的情形(第52条)。

(2)排污单位存在以下无排污许可证排放污染物情形的,由县级以上环境保护主管部门依据《大气污染防治法》《水污染防治法》的规定,责令改正或者责令限制生产、停产整治,并处10万元以上100万元以下的罚款;情节严重的,报经有批准权的政府批准,责令停业、关闭:第一,依法应当申请排污许可证但未申请,或者申请后未取得排污许可证排放污染物的;第二,排污许可证有效期限届满后未申请延续排污许可证,或者延续申请未经核发环保部门许可仍排放污染物的;第三,被依法撤销排污许可证后仍排放污染物的;第四,法律法规规定的其他情形(第57条)。

(3)排污单位存在以下违反排污许可证行为的,由县级以上环境保护主管部门依据《环境保护法》《大气污染防治法》《水污染防治法》的规定,责令改正或者责令限制生产、停产整治,并处10万元以上100万元以下的罚款;情节严重的,报经有批准权的政府批准,责令停业、关闭:第一,超过排放标准或者超过重点大气污染物、重点水污染物排放总量控制指标排放水污染物、大气污染物的;第二,通过偷排、篡改或者伪造监测数据、以逃避现场检查为目的的临时停产、非紧急情况下开启应急排放通道、不正常运行大气污染防治设施等逃避监管的方式排放大气污染物的;第三,利用渗井、渗坑、裂隙、溶洞,私设暗管,篡改、伪造监测数据,或者不正常运行水污染防治设施等逃避监管的方式排放水污染物的;第四,其他违反排污许可证规定排放污染物的(第58条)。

(4)排污单位违法排放大气污染物、水污染物,受到罚款处罚,被责令改正的,依法作出处罚决定的行政机关组织复查,发现其继续违法排放大气污染物、水污染物或者拒绝、阻挠复查的,作出处罚决定的行政机关可以自责令改正之日的次日起,依法按照原处罚数额按日连续处罚(第59条)。

(5)排污单位发生本办法第35条第1款第2项、第3项或者第37条第4款第2项规定的异常情况,及时报告核发环保部门,且主动采取措施消除或者减轻违法行为危害后果的,县级以上环境保护主管部门应当依据《行政处罚法》相关规定从轻处罚。排污单位应当在相应季度执行报告或者月执行报告中记载本条第1款情况(第60条)。

(九)排污许可制度存在的问题与完善

我国排污许可制度还存在诸多问题,主要有:第一,目前按照水、大气等环境要素分别实行排污许可,不仅加大了企业环境管理的运行成本,而且使环境保护各部门各自为政,分散管理。第二,排污许可制度与环境影响评价制度、"三同时"制度、污染物排放总量控制制度、环境监察制度等存在交叉关系,衔接不够紧密。

为此,应当考虑进一步完善排污许可制度。改革的方向是统筹考虑水污染物、大气污染物、固体废弃物等要素,以排污许可制度为核心,整合环境影响评价、污染物排放标准、污染物排放总量控制制度、排污权交易制度、排污收费制度等环境管理制度,建立统一的固定源环境管理平台,实行排污许可"一证式"管理,形成系统完整、权责清晰、运行合理、监管有效的污染源管控新格局,推进环境治理能力和治理体系的现代化,改善环境质量。①

五、排污权交易制度

(一)排污权交易制度的概念、渊源和功能

1. 排污权交易制度的概念

排污权是指经环保部门许可,排污者以污染物排放或者排放控制标准为限向环境排放污染物的权利。排污权交易(emissions trading)是指在某一区域范围内,在不突破核定的排污总量指标的前提下,在企业内部、企业之间可以相互调剂排污指标、有偿转让。这种制度能够在控制污染物排放总量的前提下,调动企业治理污染的积极性,促使其加强管理、改进工艺、调整产品结构等,以削减排污量支持该地区的经济发展。②

2. 排污权交易的操作方案

对于排污指标有偿转让问题,这里举例说明。例如,甲公司在某地有3家工厂,

---

① 参见孙佑海:《排污许可制度:立法回顾、问题分析与方案建议》,载《环境影响评价》2016年第2期。

② 参见金瑞林主编:《环境法学》(第4版),北京大学出版社2016年版,第99页。

每家工厂每年要排放氮氧化物20吨,共计60吨(20+20+20)。当地环保机关要求减排10%,一种方案是每一家工厂减排2吨来完成指标(18+18+18),另一种方案是其中减排成本最低的工厂多完成减排指标,例如(16+19+19)的减排组合或者(14+20+20)的减排组合。此外,在不增加总减排量的前提下,甚至还可以增加其中部分企业的排放量,同时减少其他企业的相应的排放量来避免或者减少节能减排的成本。例如(13+20+21)的减排组合。

要实现上述排污权交易,必须满足下列几个条件:第一,政府或者环保机构确定某地区、某时间段内某种物质的排污总量;第二,政府在各个排污主体之间分配排污指标(pollution allowance);第三,政府要制定配套的排污权交易规则。减排成本较高的企业可以从其他减排成本较低或者清洁生产技术较高的企业购买额外的排污指标。通过上述排污权交易,最终达到降低排污总量的目的。①

3. 排污权交易制度的渊源

排污权交易制度起源于美国,是在对污染物排放实行浓度控制(cooncerntration control)方式仍然不能满足环境需求的背景下产生的。排污权交易既包含市场调节因素,又有行政管制因素介入,是一种政府间接管制下的不完全的市场行为,是在环境保护领域出现的以市场方法修正法律直接管制方法的现象。② 对污染物排放的控制主要有两种制度:其一,在污染物排放(控制)标准下的浓度控制;其二,总量控制(total emission control)。

4. 排污权交易制度的功能和缺点

排污交易涉及承认环境容量,即环境承纳污染物的能力是一种资源;也涉及排污权(表现为分配到排污单位的排放指标)在同一地区、同一行业的公平分配问题。③ 排污权交易制度具有下列功能:第一,提高资源配置效率。对于治理污染成本较低的企业,可以通过出售多余的排污许可份额,获得收益,激励企业进行技术创新,研发清洁生产技术,提高管理水平,减少排污、提高资源配置效率。第二,降低环境保护部门的管理成本。相对于"命令—控制"管制模式,排污权交易制度将信息搜集成本转移到污染企业身上,降低了环境保护行政主管部门的行政成本,责任分配机制也更为合理。第三,有助于实现总量控制的目标。在排污量过大时,政府可以作为经济主体买

① 参见[美]詹姆斯·萨尔兹曼、巴顿·汤普森:《美国环境法》(第4版),徐卓然、胡慕云译,北京大学出版社2016年版,第93页。

② 参见汪劲:《环境法学》(第3版),北京大学出版社2014年版,第175页。

③ 参见金瑞林主编:《环境法学》(第4版),北京大学出版社2016年版,第99页。

进排污权；反之，政府可以出售部分排污权，以获得一定的收益，有助于实现总量控制目标。

但是，排污权交易制度也可能导致污染过度集中出现在某个区域，引发环境正义方面的担忧。其原因在于，“排污权交易依赖市场而不是政府来分配排污（当然政府确定了排污总量），相邻的污染源更有可能彼此交易，这会导致污染集中在某个区域……排污权交易的设计者可以采取方法来避免污染热灶（hot spot）现象，这并不有利于交易市场的发展”。①

（二）排污权交易制度的类型

从各国排污权交易的实践看，主要有下列几种排污权交易制度。

1. 互补式排污交易制度

该交易方式源于德国。在排污设施或者排污企业所排放的污染物低于许可标准的场合，可以将减排量转移给其他不能达到排污要求的另一设施或者企业，互补设施不要求产权人必须是同一人。对于不将减排量转移给其他设施或者他人使用的，可以由国家收回并通过税费优惠或者环保资金予以补偿。

2. 价格式排污交易制度

该交易方式源于美国。将许可证本身作为可用于市场交易的标的物，从而使许可证具有交易流通性，最终使许可证标明的一定排污量形成市场价格。污染物的实际排放量对交易双方都具有经济价值。

3. 清洁发展机制

该机制是由《京都议定书》（1997 年）确立的在发达国家和发展中国家之间实施的排污交易方式。具体来说，经《气候变化框架公约》秘书处确认，由发达国家出资并在发展中国家设立减排温室气体合作项目，将项目实施后的减排总量的一部分折抵发达国家依照公约应当削减的减排量。

（三）我国环保法律中的排污权交易制度与实践

1. 二氧化硫排放权交易制度与实践

自 1990 年至 1994 年，国家环保局在天津市、上海市、沈阳市、广州市等 16 个城市先后进行了“大气污染物排放许可证制度”的试点，并组织 6 个重点城市（包头市、太原市、贵阳市、柳州市、平顶山市、开远市）实施排污权交易的试点，初步探索大气污染物排放交易政策。

---

① ［美］詹姆斯·萨尔兹曼、巴顿·汤普森：《美国环境法》（第 4 版），徐卓然、胡慕云译，北京大学出版社 2016 年版，第 97 页。

2000年4月,第九届全国人大常委会第十五次会议修订通过《大气污染防治法》,为在总量控制区内实施排放许可证制度提供了法律依据。但是,由于2000年修订前的《大气污染防治法》对污染物排放规定实行浓度控制,并允许企业超标排污,奠基于总量控制基础上的排污交易制度一直没有全面实施。

2001年3月,国家环保总局污染控制司与美国环保协会开始新一轮的试点工作,试点内容包括制定《二氧化硫排放总量指标分配方案》、《二氧化硫排放许可证管理办法》、《二氧化硫排放总量控制监控实施方案》和《二氧化硫排放权交易管理办法》,以及扩大试点的规模和范围。

2002年3月,国家环保总局发布《关于开展"推动中国二氧化硫排放总量控制及排污交易政策实施的研究项目"示范工作的通知》,确定在山东省、山西省、江苏省、河南省、上海市、天津市和柳州市开展二氧化硫排放总量控制及交易政策实施的示范工作,排放交易试点项目进入全面、深入开展阶段。

2005年12月3日,国务院发布《关于落实科学发展观加强环境保护的决定》(国发〔2005〕39号),提出"有条件的地区和单位"可以实行二氧化硫等排污权交易。2014年,国务院办公厅发布《关于进一步推进排污权有偿使用和交易试点工作的指导意见》(国办发〔2014〕38号)。该意见分为总体要求、建立排污权有偿使用制度、加快推进排污权交易、强化试点组织领导和服务保障四个部分,共14条,对排污权有偿使用和交易制度作出了较为全面、系统的规定。

根据《大气污染防治法》的规定,国务院和省级政府对尚未达到规定的大气环境质量标准的区域,以及国务院批准划定的酸雨控制区、二氧化硫污染控制区,可以划定为主要大气污染物排放总量控制区,实行大气污染物的排放总量控制(核定)制度。例如,《大气污染防治法》规定,国家逐步推行重点大气污染物排污权交易(第21条第5款)。

2. 水污染排污权交易制度与实践

1988年3月,国家环保局发布了《水污染物排放许可证管理暂行办法》(已失效),尝试在水污染领域和重点污染物上试行排污许可制度,为逐步实施水污染物排放总量控制制度探索经验。

根据《水污染防治法》和《大气污染防治法》的规定,国务院和省级政府对尚未达到规定的水或者大气环境质量标准的区域,以及国务院批准划定的酸雨控制区、二氧化硫污染控制区,可以划定为主要水或者大气污染物排放总量控制区,实行水或者大气污染物的排放总量控制(核定)制度。

根据《行政许可法》的规定,除了法律、法规有规定者之外,依法取得的行政许可不得转让。2014 年 8 月,国务院办公厅印发了《关于进一步推进排污权有偿使用和交易试点工作的指导意见》,将“排污权”定义为“排污单位经核定、允许其排放污染物的种类和数量”。该意见 2007 年以来在全国 11 个省、自治区和直辖市开展排污权有偿使用和交易试点的基础上,初步确定了全国统一的排污权有偿使用和交易制度。具体方法为:第一,按照国家确定的污染物(应当是国家作为约束性指标进行总量控制的污染物)减排要求,将污染物总量控制指标分解到基层;第二,由地方环保部门按照污染源管理权限核定现有排污单位的排污权,以后原则上每 5 年核定一次;第三,排污单位在缴纳使用费后获得排污权或者通过交易获得排污权,在规定期限内对其拥有使用、转让和抵押等权利;第四,试点地区可以采取定额出让、公开拍卖等方式出让排污权;第五,排污权使用费由地方环保部门按照污染源管理权限收取,全额上缴国库,纳入地方财政预算管理。

但是,目前还未形成全国性的排污权交易市场。在经济发展程度较高的地区,如上海市,在实行排污许可证的过程中,对污染物排放总量指标实行地区综合平衡、调节余额和有偿转让的办法。

六、自然资源许可制度

(一)自然资源许可制度的概念

自然资源许可制度(自然资源许可证制度)是指在从事开发利用自然资源的活动前,必须向有关管理机关提出申请,经审查批准,发给许可证后,才能进行该活动的一系列管理措施。自然资源许可制度是自然资源行政许可的法律化,是自然资源保护管理机关进行自然资源保护监督管理的重要手段。

自然资源许可制度主要有下列功能:第一,可以将各种自然资源开发利用的活动纳入国家统一管理,并将其严格控制在国家规定的范围内;第二,有利于对开发利用自然资源的各种活动进行事先审查和控制,对不符合自然资源可持续发展的活动不予以批准;第三,有利于根据客观情况的变化和需要,对持证人规定限制条件和特殊要求,便于发证机关对持证人实行有效的监督和管理。

(二)自然资源许可证的类别

自然资源许可证可以分为三类:第一类,资源开发许可证,如林木采伐许可证、采矿许可证、捕捞许可证、采集证等;第二类,资源利用许可证,如土地许可证、草原许可证、养殖许可证等;第三类,资源进出口许可证,如野生动物进出口许可证等。

(三)我国的自然资源许可制度

我国在自然资源保护管理制度中普遍实行许可制度。第一,在土地资源方面,有

“土地使用权证”;第二,在草原资源方面,有“草原使用权证”;第三,在森林资源方面,有“林木采伐许可证”“木材运输证”;第四,在矿产资源方面,有“采矿许可证”“勘查许可证”;第五,在渔业资源方面,有“养殖许可证”“捕捞许可证”;第六,在野生动物资源方面,有“特许猎捕证”“狩猎证”“驯养繁殖许可证”“允许进出口证明书”;第七,在水资源方面,有“取水许可证”;第八,在野生植物资源方面,有“采集证”“允许进出口证明书”;等等。

第五节 环境调查与监测制度

一、环境调查与监测制度的概念

(一)环境与资源监督管理权

环境监督管理权,是指由国家环境保护法律法规授权的政府及其主管部门,以及经授权的行政执法机构,通过现场检查与实地调查、实行环境监测等方式,对开发利用环境行为进行监督管理的行政权力。《环境保护法》第 24 条规定,县级以上政府环境保护主管部门及其委托的环境监察机构和其他负有环境保护监督管理职责的部门,有权对排放污染物的企业事业单位和其他生产经营者进行现场检查。

为了克服跨区域环境污染、地方环保机构执法缺乏独立性等问题,原环境保护部自 2006 年起在全国设立了华东、华南、西北、西南、东北和华北 6 个环保督查中心,形成了我国的区域环境监督管理体制。

(二)环境调查与监测制度

环境监测,是指依法从事环境监测的机构及其工作人员,按照环境标准和技术规范的要求,运用物理、化学、生物或者遥感等技术手段,对影响环境质量因素的代表值进行测定,并评价环境质量状况、分析环境影响趋势的活动。环境调查与监测制度是对环境法上的污染源普查制度、自然资源调查和档案制度、环境监测制度的统称。

环境调查与监测制度的目的是了解各类污染源的数量、行业和地区分布情况,以及主要污染物的产生、排放和处理情况,了解自然资源的保育状况、开发利用和分布情况,掌握环境质量、环境与资源承载能力的客观状况及其变化趋势,为制定环境决策、加强执法管理、评价环境成本和跟踪并预警突发环境事件提供重要基础依据和技术手段。环境资源监测调查的类型见表 6-6。

表 6－6　环境资源监测调查的类型

序号	分类标准	具体类型
1	监测调查的内容	环境监测调查和自然资源监测调查
2	监测调查的目的	研究性监测调查、监视性监测调查和特定目的监测调查
3	监测调查的方式Ⅰ	普查、综合调查、单项调查和专门调查
4	监测调查的方式Ⅱ	定点监测调查、流动监测调查、连续性监测调查、间断性监测调查和自动监测调查

二、污染源普查制度

（一）污染源普查制度的概念

污染源普查制度，是指对于因生产、生活和其他活动向环境排放污染物或者对环境产生不良影响的场所、设施、装置以及其他污染发生源，专门组织实施全面调查，建立和完善重点污染源档案、污染源信息数据库和环境统计平台的一系列管理措施和规则体系。实施污染源普查制度的直接目的是，为制定经济社会发展和环境保护政策、规划提供依据。

（二）我国污染源普查制度的沿革

1. 在 20 世纪 80 年代，我国依据《环境保护法（试行）》建立了排污申报和环境统计制度。在此基础上，国家环保局会同有关部门于 1985 年联合开展了第一次全国工业污染源调查，摸清了当时全国规模以上工业企业污染物排放情况。在 1989 年和 1996 年，国家环保局与农业部、财政部和国家统计局联合组织了两次全国乡镇企业工业污染源调查。以上述三次污染物排放调查为基础，国家开展了“以重点调查（抽样调查）为主，科学估算为辅”的年度环境统计工作，由国务院生态环境主管部门会同有关部门每年发布“全国环境状况公报”和“环境统计年报”。

2. 从 1997 年到 1998 年，国家环保总局完成了全国电磁辐射环境污染源调查。2002 年，国家环保总局会同有关部门开展了全国辐射源调查。

3. 2007 年 12 月，国务院通过和发布了《全国污染源普查条例》，规定全国污染源普查每 10 年进行一次，标准时点为普查年份的 12 月 31 日，普查对象是我国境内有污染源的单位和个体经营户。根据《全国污染源普查条例》（2007 年）的规定，全国污染源普查领导小组设在国务院环境保护主管部门，负责领导和协调全国污染源普查工作。污染源普查采用全国统一标准、技术要求和全面调查的方法，必要时可以采取抽样调查的方法。污染源普查范围包括：工业污染源、农业污染源、生活污染源、集中式污染治理设施和其他产生、排放污染物的设施等。

4. 2007 年 5 月,国务院印发《第一次全国污染源普查方案》。根据该方案,于 2007 年 12 月 31 日进行第一次全国污染源普查。普查范围是我国境内所有排放污染物的工业源、农业源、生活源和集中式污染治理设施。第一次全国污染源普查所调查的污染物种类主要有:第一,废水;第二,废气;第三,工业固体废物;第四,脱硫设施产生的的石膏、污水处理厂产生的污泥和危险废物焚烧的残渣;第五,伴生放射性矿物开发利用和民用核技术利用企业产生的放射性污染物、放射源;第六,农业源。2010 年 2 月,环境保护部、国家统计局、农业部根据《全国污染物普查条例》的规定,经国务院批准,发布了《第一次全国污染源普查公报》。

5. 2017 年 9 月,国务院发布《第二次全国污染源普查方案》,组织第二次全国污染源普查。普查时间是 2017 年 12 月 31 日,普查对象为我国境内有污染源的单位和个体经营户。普查范围包括:工业污染源,农业污染源,生活污染源,集中式污染治理设施,移动源及其他产生、排放污染物的设施。要求 2017 年完成前期准备、启动清查建库和普查试点,2018 年完成全面普查,2019 年完成成果总结与发布。

表 6-7 我国污染源普查制度的沿革

序号	时间	调查主体	调查名称
1	1985 年	原国家环保局与有关部门	第一次全国工业污染源调查
2	1989 年	原国家环保局、农业部、财政部、国家统计局	第一次全国乡镇企业工业污染源调查
3	1996 年	原国家环保局、农业部、财政部、国家统计局	第二次全国乡镇企业工业污染源调查
4	1997 年至 1998 年	原国家环保总局	全国电磁辐射环境污染源调查
5	2002 年	原国家环保总局会同有关部门	全国辐射源调查
6	2007 年 5 月	国务院,《第一次全国污染源普查方案》	2007 年 12 月 31 日,第一次全国污染源普查
7	2007 年 12 月	国务院	通过和发布《全国污染源普查条例》

续表

序号	时间	调查主体	调查名称
8	2010 年 2 月	原环境保护部、国家统计局、农业部,经国务院批准	发布《第一次全国污染源普查公报》
9	2017 年 9 月	国务院,《第二次全国污染源普查方案》	2017 年 12 月 31 日,第二次全国污染源普查

三、自然资源调查和档案制度

(一)自然资源调查和自然资源调查制度

1. 自然资源调查的概念和类型

自然资源调查是指由法定机构对于一个国家或者地区的自然资源的分布、数量、质量和开发利用条件等进行全面的野外考察、室内资料分析与必要的座谈访问等工作的总称。自然资源监测是指在一定的经济技术条件下,对某一自然资源或者其整体的分布、数量、质量和开发利用条件等进行的野外考察、室内资料分析与座谈访问等活动的总称。自然资源的具体调查类型见表 6－8。

表 6－8　自然资源调查的类型①

序号	分类标准	具体类型
1	资源调查对象	自然资源综合调查和单项自然资源调查
2	调查任务	自然资源数量调查、质量调查、开发利用条件调查等
3	调查的详略程度	自然资源概查和自然资源详查
4	调查方法	自然资源实地调查和自然资源遥感调查
5	监测调查跟踪时间	自然资源实地监测调查和自然资源动态监测调查

自然资源调查是从事自然资源研究、进行自然资源评价、制定自然资源规划、建立自然资源档案、保护管理和合理开发利用自然资源的基础。对于一个国家发展战略的确定和经济社会发展规划的制定,自然资源调查也具有重要意义。

2. 自然资源调查制度的概念和类型

自然资源调查制度是法律对自然资源调查的主体、对象、范围、内容、程序方法和调查结果的效力所作的规定,是自然资源调查的法制化。自然资源调查制度的目的

---

①　参见金瑞林主编:《环境法学》(第 4 版),北京大学出版社 2016 年版,第 102 页。

是弄清各种自然资源的现状,掌握自然资源的各种数据资料。

自然资源监测调查制度,主要有:土地调查统计、矿产资源普查和区域地质调查、海域使用状况监视和监测、水资源的动态监测与水资源综合科学考察和调查评价、森林资源清查和档案制度、草原资源调查和草原基本状况的动态监测、水土保持监测和水土资源调查、野生动物资源调查等。

我国某些自然资源法律规定了自然资源调查制度。例如,《森林法》(2009 年修订)规定了森林资源清查制度(第 27 条),《草原法》(2013 年修订)规定了草原调查制度(第 22 条)和草原统计制度(第 24 条);《土地管理法》(2019 年修订)规定了土地调查制度(第 26 条、第 27 条),《水法》(2016 年修订)规定了水资源的综合科学考察和调查评价制度(第 16 条);《野生动物保护法》(2018 年修订)规定了野生动物资源调查、监测和评估制度(第 11 条);等等。

自然资源调查必须根据法律规定的程序和方法进行,调查的结果要按照规定报送和建立档案。对属于机密的数据、资料,必须按照保密规定进行管理,未经批准不得擅自对外公布。

(二)自然资源档案

自然资源档案是对自然资源调查所获得的资料、成果按照一定的方式进行汇总、整理、立卷归档并集中保管的各种文件资料的总称。建立自然资源档案,目的在于掌握自然资源的现状和变化趋势,评定自然资源开发利用和保护管理效果,为编制自然资源规划,确定开发利用目标和保护管理措施,提供可靠的根据。自然资源档案制度是法律对自然资源档案的种类、级别、适用对象、内容、范围、资料更新时间、查阅和借阅方法、保管技术和设施与设备、保管机构以及管理要求等所作的规定。

自然资源档案制度是自然资源档案的法制化。我国某些自然资源法律法规规定了自然资源档案制度。例如,《森林法》(2009 年修订)第 12 条规定了森林资源档案制度;《野生动物保护法》(2018 年修订)第 11 条规定了野生动物资源档案制度;《土地管理法》(2019 年修订)第 29 条规定了土地管理信息系统。不过,我国目前还没有关于自然资源档案的统一立法。

四、环境监测制度

(一)环境监测与环境监测制度的概念

1. 环境监测的概念和类型

环境监测(environmental monitoring),是指依法从事环境监测的机构及其工作人员,按照有关技术规范规定的程序和方法,运用物理、化学、生物、遥感等技术,对环境资源各项要素或者污染物的状况进行检测，查找污染物产生的原因以及排放状况，分析环境影响因子对生活环境、生态环境和人体健康的影响，评价环境质量状况的活动过程。环境监测的具体类型见表6－9。

表6－9　环境监测的类型①

序号	分类标准	具体类型
1	监测对象	水质监测、大气监测、土壤监测、固体废物监测、生物监测、生态监测、噪声和振动监测、电磁辐射监测、放射性监测、热监测、光监测等
2	监测方式	定点监测、流动监测、连续性监测、间断性监测、自动监测、手动监测等
3	监测区域	厂区监测和区域监测等
4	监测目的	监视性监测、特定目的监测和研究性监测等

本书重点介绍第四种分类方式。第一，研究性监测是指环境科研工作中研究某种或者某几种污染物对周围环境的污染范围、污染强度及其迁移化的趋势和规律而进行的监测。研究性监测是为了科学研究而进行的监测。第二，监视性监测是指选择有代表性的地点，定点、定时和定期的长期监测，包括污染控制排放监测和污染趋势监测，是对环境污染进行的经常性、监视性的监测。第三，特定目的监测是指为了特定目的而进行的环境监测。例如，为了解决环境纠纷提供技术仲裁结论的临时监测；为了意外的重大环境污染事故发出警报，确定紧急情况下的污染程度和波及范围而进行的临时监测；对可再生资源的监测；等等。

2. 环境监测制度的概念

环境监测制度是关于环境监测的管理和组织机构及其职责、环境监测方法与技术规范、环境监测数据管理和环境监测报告规范的规则体系。环境监测制度是通过立法形成的有关环境监测工作的规范。② 目前，确定我国环境监测制度的法律规范主要是环境法律、法规中有关环境监测的条款和专门性的环境监测法规、行政规章和技术指南。

（二）环境监测制度的沿革

1. 环境监测制度的起步

1972年6月，国务院批转《关于官厅水库污染情况和解决意见的报告》，由卫生部提出建立全国"三废"监测检验系统的规划，拟定必要的监测检验制度。1973年8

① 参见曹明德主编：《环境与资源保护法学》（第3版），中国人民大学出版社2016年版，第66页。

② 参见吕忠梅主编：《环境法学概要》，法律出版社2016年版，第174页。

月,《关于保护和改善环境的若干规定(试行草案)》就“认真开展环境监测工作”作出规定,要求“以现有卫生系统的卫生防疫单位为基础”担负起监测任务,并规定了环境监测机构的职责。1978 年 12 月,国务院原环境保护领导小组第四次会议通过,中共中央批准转发全国的《环境保护法工作汇报要点》第 26 条对“加强环境监测工作”提出具体要求,“国务院环境保护部门设立全国环境监测总站,并加强同卫生、水利、农林、水产、气象、地质、海洋、交通、商业、工业等部门的协作,合理分工,密切配合,组成全国的环境监测网络。”根据《环境保护法(试行)》的规定,设立国务院环境保护机构的重要职责是“统一组织环境监测,调查和掌握全国环境状况和发展趋势,提出改善措施”。①

2.《全国环境监测管理条例》(已失效)的颁布

1981 年 2 月,国务院颁布《关于在国民经济调整时期加强环境保护工作的决定》。1983 年 7 月,城乡建设环境保护部颁布《全国环境监测管理条例》(已失效),规定环境监测的任务是对环境中各项要素进行经常性监测,掌握和评价环境质量状况及发展趋势;对各有关单位排放污染物的情况进行监视性监测;为政府部门执行各项环境法律法规、标准全面开展环境管理工作提供准确、可靠的监测数据和资料;开展环境测试技术研究,促进环境监测技术的发展。

3.《环境监测管理办法》的颁布

2007 年 7 月,国家环保总局发布《环境监测管理办法》,适用于县级以上环境保护部门的环境质量监测、污染源监督性监测、突发环境污染事件应急监测等环境监测活动,以及为环境状况调查和评价等环境管理活动提供监测数据的其他环境监测活动的管理。

4.“环境监测管理条例”的起草

2009 年 1 月,国务院发布《国务院 2009 年立法工作计划》,将“环境监测管理条例”纳入立法项目(委托国务院环境保护主管部门起草)。

5.《环境保护法》等的有关规定

《环境保护法》第 17 条规定,国家建立健全环境监测制度。由国务院环境保护主管部门制定监测规范,会同有关部门组织监测网络,统一规划国家环境质量监测站(点)的设置,建立监测数据共享机制,加强对环境监测的管理。

《大气污染防治法》对大气污染监测问题作出明文规定。第一,企业事业单位和其他生产经营者向大气排放污染物的,应当依照法律法规和国务院生态环境主管部

---

① 蔡守秋:《中国环境监测机制的历史、现状和改革》,载《宏观质量研究》2013 年第 2 期。

门的规定设置大气污染物排放口。禁止通过偷排、篡改或者伪造监测数据、以逃避现场检查为目的的临时停产、非紧急情况下开启应急排放通道、不正常运行大气污染防治设施等逃避监管的方式排放大气污染物(第 20 条)。第二,国务院生态环境主管部门负责制定大气环境质量和大气污染源的监测和评价规范,组织建设与管理全国大气环境质量和大气污染源监测网,组织开展大气环境质量和大气污染源监测,统一发布全国大气环境质量状况信息。县级以上地方政府生态环境主管部门负责组织建设与管理本行政区域大气环境质量和大气污染源监测网,开展大气环境质量和大气污染源监测,统一发布本行政区域大气环境质量状况信息(第 23 条)。

此外,《水污染防治法》《固体废物污染环境防治法》等也对相关领域的环境监测作出规定。但是,国务院后续未正式立法。2019 年 8 月,根据《生态环境部关于废止、修改部分规章的决定》(部令第 7 号),城乡建设环境保护部于 1983 年 7 月 21 日颁布的《全国环境监测管理条例》被废止,导致该领域存在立法缺位。2020 年 2 月,生态环境部部务会议审议并原则通过了《生态环境监测条例(草案)》,将正式报送国务院。制定《生态环境监测条例》是推动完善生态环境监测顶层设计的迫切需要,进一步明确和规范主管部门、监测机构、监测人员、排污单位等相关主体的责任和义务等,有助于推动监测工作依法开展、监测管理依法行政、监测数据合法有效。

6.《生态环境监测网络建设方案》的有关规定

根据《生态环境监测网络建设方案》(2015 年 7 月 26 日,国务院办公厅发布)的规定,国控环境监测站的监测工作由原环境保护部直接管理,省控环境监测站的监测工作原则上由各省或者直辖市的环保部门负责。

(三)环境监测的任务、目的、主体和对象

1. 环境监测的目的和任务

根据《全国环境监测管理条例》(已失效)第 2 条的规定,环境监测的主要任务有四个方面:第一,进行环境质量监测,对组成环境的各项要素进行经常性监测,及时掌握、评价并提供环境质量状况及发展趋势;第二,进行环境污染监测,对有关单位排放污染物的情况进行监视性监测;第三,为政府部门执行各项环境法规、标准全面开展环境管理工作提供准确、可靠的监测数据和资料;第四,进行环境科研和服务监测,发展环境监测技术,为环境科技的发展积累背景数值和分析依据。

2. 环境监测的目的

主要包括下列四个方面:第一,评价环境质量,预测环境质量的发展趋势;第二,积累环境本底值资料,掌握准确的环境容量的数据,为制定环境污染的法律法规、环境标准、环境规划、环境污染的综合性防治对策提供科学依据;第三,促进环境测试技术的研究和发展;第四,预防环境污染和突发公共环境事件;等等。

3. 环境监测的主体

从监管主体的职责和《环境保护法》的规定看,环境监测的主体包括下列三类。

(1)第一类是国务院生态环境主管部门或者各级政府组织的"有关部门"或者附属机构。有关行业、专业等各类环境质量监测站(点)的设置应当符合法律法规规定和监测规范的要求(第17条第2款)。保留了"有关部门"自行开展环境质量监测的权力。结合"国家建立、健全环境监测制度。国务院环境保护主管部门制定监测规范,会同有关部门组织监测网络,统一规划国家环境质量监测站(点)的设置,建立监测数据共享机制,加强对环境监测的管理"(第17条第1款)的规定,环境质量监测的行为主体应当是"有关部门"本身或者其附属机构。此类机构的任务还应当包括"对环境状况进行调查、评价"以及突发环境事故的监测和评估工作(第18条和第47条)。其定位应当是生态环境主管部门或者相关部门的技术支持单位,具备比较明显的公益属性。

(2)第二类是"排污单位"。重点排污单位应当按照国家有关规定和监测规范安装使用监测设备,保证监测设备正常运行,保存原始监测记录(第42条第3款)。该部分内容是对该条第1款规定中"排放污染物的企业事业单位和其他生产经营者"污染防治责任的具体落实措施。

(3)第三类是接受委托的"专业机构"或者提供服务的"环境监测机构"。省级以上政府"对环境状况进行调查、评价"的实施主体可以是"有关部门",也可以是委托的"专业机构"(第18条)。根据"环境影响评价机构、环境监测机构以及从事环境监测设备和防治污染设施维护、运营的机构,在有关环境服务活动中弄虚作假,对造成的环境污染和生态破坏负有责任的,除依照有关法律法规规定予以处罚外,还应当与造成环境污染和生态破坏的其他责任者承担连带责任"(第65条)的规定,开展环境服务的"环境监测机构"也属于环境监测的主体。

4. 环境监测的对象

环境监测主要以污染源和环境质量状况为监测对象。第一,污染源主要包括工业污染源、交通污染源、城市废弃物、医疗废物、废水等;第二,环境质量状况的监测对象主要包括大气、水体、土壤、噪声、农畜产品、水产品、森林植被、土地沙漠化和盐碱化、地面沉降、自然保护区等。

5. 环境监测的内容

环境状况的监测活动应当由国务院或者国务院生态环境主管部门,以及省级政府组织实施,环境污染公共监测预警活动则由县级以上政府负责。企事业单位的监测活动由其自行负责。

（四）环境监测机构和环境监测网

1. 环境监测机构

《环境保护法》规定如下。第一，国家建立、健全环境监测制度。国务院环境保护主管部门制定监测规范，会同有关部门组织监测网络，统一规划国家环境质量监测站（点）的设置，建立监测数据共享机制，加强对环境监测的管理。有关行业、专业等各类环境质量监测站（点）的设置应当符合法律法规规定和监测规范的要求。监测机构应当使用符合国家标准的监测设备，遵守监测规范。监测机构及其负责人对监测数据的真实性和准确性负责（第17条）。第二，省级以上政府应当组织有关部门或者委托专业机构，对环境状况进行调查、评价，建立环境资源承载能力监测预警机制（第18条）。

2. 环境监测网

环境监测网，是指经过科学布局形成的环境质量监测点位（断面）及其数据收集、分析评价系统。根据《环境保护法》的规定，国务院环境保护主管部门会同有关部门组织监测网络，统一规划国家环境质量监测站（点）的设置。有关行业、专业等各类环境质量监测站（点）的设置应当符合法律法规规定和监测规范的要求（第17条）。国家建立、健全环境与健康监测、调查和风险评估制度；鼓励和组织开展环境质量对公众健康影响的研究，采取措施预防和控制与环境污染有关的疾病（第39条）。

根据《国家环境与健康行动计划（2007年－2015年）》的规定，结合我国环境与健康工作的实际需要，应当逐步建立和完善包括环境质量监测与健康影响监测的国家环境与健康监测网络，开展实时、系统的环境污染及其健康危害监测，及时有效地分析环境因素导致的健康影响和危害结果，掌握环境污染与健康影响发展趋势，为国家制定有效的干预对策和措施提供科学依据。具体包括建立饮水安全与健康监测网络、空气污染与健康监测网络、土壤环境与健康监测网络、极端天气气候事件与健康监测网络、公共场所卫生和特殊场所生物安全监测网络等。

（五）环境监测报告制度

为了加强对环境监测报告的管理，实现环境监测数据、资料管理制度化，确保环境监测信息的高效传递，提高环境决策与管理服务的及时性、针对性、准确性和系统性，国家环保局于1991年发布了《全国环境监测报告制度（暂行）》，主要内容如下。

1. 环境监测简报制度

主要包括下列制度设计：第一，县级（含县）以上各级环境监测站负责编制环境监测简报（第4条）。第二，环境监测简报内容为：报告各类监测工作情况、环境质量主要问题、环境污染事故监测情况。报告格式由各地自行规定(第5条)。第三,环境监测简报的报送范围是:各级环境监测简报主送同级环境保护行政主管部门及上一级环境监测站。凡承担有国控测点任务的监测站需同时抄送中国环境监测总站(第6条)。第四,属二级、三级监测网的部门监测站负责编制《××部门监测简报》,内容、格式由部门自行规定,报同级环境保护管理部门及同级网络牵头单位(第7条)。第五,环境监测简报应及时反映当地环境质量和环境污染情况,原则为一月一报(第8条)。

2. 环境监测季报制度

该制度主要包括下列制度设计。第一,参加城市环境综合整治定量考核的城市环境监测站先期执行环境监测季报制度,负责编制本地区环境监测季报,逐步过渡到地、州、市(含地、州、市)以上各级环境监测站普遍编制环境监测季报(第9条)。第二,环境监测季报内容为:当季环境监测工作概况(含监测布点、采样、监测频次、实验室工作概况、数据概况等);环境质量监测结果及结论;城市环境综合整治定量考核有关监测的进展情况;主要环境质量问题及污染事故监测情况(第10条)。第三,季报中的数据处理方法、评价方法等技术问题按《环境质量报告书编写技术规定》执行(第11条)。第四,环境监测季报的编写周期为每季一编,每季第一个月底前报出上季度环境监测季报,季报格式由各省自行规定(第12条)。第五,环境监测季报的报送范围是:主送同级环境保护行政主管部门及上一级环境监测站。参加国家城市环境综合整治定量考核的城市需同时抄报中国环境监测总站(第13条)。第六,属二级网的部门监测站负责编制的季报、内容、格式由各部门自行规定,每季度第一个月底前报上一季度环境监测季报,主送同级环境保护管理部门及同级网络牵头单位(第14条)。

3. 环境质量报告书制度

《环境质量报告书》是环境监测综合成果,是环境管理的重要依据。第一,环境质量报告书由各级环境保护行政主管部门组织,以监测站为主要力量,协调各有关部门共同编写,由各级环境保护行政主管部门定期报送同级政府及上一级环境保护行政主管部门(第16条)。第二,《环境质量报告书》按内容和管理的需要,分年度环境质量报告书和5年环境质量报告书两种,即1年一小编,5年一大编。每年3月底前报出上年度环境质量报告书简本,6月底以前报出详本。每逢报告书大编年只要3月底前编制上年度环境质量报告书简本,不编详本。5年一编的报告书,不编简本,8月底以前报出详本(第17条)。第三,《环境质量报告书》的内容参照《环境质量报告书编写大纲》,《环境质量报告书》编制方法按《环境质量报告书编写技术规定》执行

(第18条)。第四,《环境质量报告书》是环境监测技术成果,应参与科研成果、工作成果评定(第19条)。第五,为保证各级环境质量报告书编报工作的顺利进行,各级环境监测站(含部门环境监测站)须按时向同级环境保护行政主管部门和上一级环境监测站提供符合质量要求的监测数据和资料。各省级环境监测中心站,要按统一规定于每年1月底前,以计算机软盘形式,将省(自治区、直辖市)内各国控测点上年度的监测数据汇总后,报中国环境监测总站(第20条)。第六,《环境质量报告书》的编报工作暂定地(州、市)级以上单位进行,县级环境质量报告书由县(旗、区)环境保护行政主管部门视具体情况自定(第21条)。

4. 环境监测年鉴制度

《环境监测年鉴》是环境监测的重要基础技术资料汇编。第一,地(州、市)级以上环境监测站(含部门环境监测站)负责主编一年一度的环境监测年鉴,所需数据、资料由同级网络成员单位提供,县级环境监测年鉴可根据实际需要自行确定(第23条)。第二,《环境监测年鉴》的基本内容为:监测工作基本情况(含站网人员、装备等自然情况统计数据、测点统计数据、重大监测工作、监测科研活动统计数据、污染事故监测统计数据)等;监测结果(各环境要素监测的原始数据及污染源原始数据)。编制原则:对所有监测数据只分类、筛选、整理,不作评价;编入数据的类别、深度应具有年际可比性;以监测系统本身的监测数据为主,社会调查为辅(第24条)。第三,《环境监测年鉴》编写技术规定由中国环境监测总站负责制定(第25条)。第四,《环境监测年鉴》于每年10月底前编制完毕,根据需要报同级环境保护主管部门及上一级环境监测站。承担国控测点监测任务的监测站需同时报送中国环境监测总站(第26条)。

5. 数据、资料管理制度

该制度主要包括下列制度设计。第一,监测数据、资料、成果均为国家所有,任何个人无权独占。未经主管部门许可,任何人和单位不得引用和发表未经正式公布的监测数据和资料(第27条)。第二,根据有关规定,系统的监测数据资料属秘密级,必须严格按照国家保密的有关规定管理。环境监测系统秘密性数据、资料指:市控、省控、国控测点各环境要素监测的系统原始数据;各级环境监测年鉴、环境质量报告书、市控、省控、国控污染源的系统监测数据及统计数据。任何监测数据、资料、成果向外部提供,均要严格履行审批手续,具体审批程序如下:首先,各级监测站向外部提供监测数据、资料需先填写数据、资料出站报告单(由上级环境保护行政主管部门提供报告单格式),填写数据(资料)量、用途、去向。其次,各级环境保护主管部门负责审查向外提供的必要性,签署审批意见。最后,数据(资料)分有偿及无偿提供两种,不违反国家现行保密制度的条件下,有偿提供的需先办理财务手续后再提供数据、资料(第28条)。第三,中国环境监测总站是全国环境监测网络的数据中心,负责管理按有关规定向国家报送的数据、资料,未经国家环境保护行政主管部门许可无权将这些数据、资料进行转让和向外发布(第29条)。第四,为保证数据的准确性和严肃性,在监测工作的各个环节上都要有质量控制措施。一切出站数据均应以课题(专业)组长、室主任、总工程师(或业务站长)三级审核,并要按规定进行质控数据审核,上级业务主管部门应定期检查审核情况(第30条)。第五,国务院环境保护部门及其他部门所属的各级环境监测站,应按逐级呈报方式,向同级环境保护主管部门及上一级环境监测站呈报监测数据资料。上一级环境监测站有责任向下一级监测站提供汇总后的有关监测数据资料(第31条)。

(六)环境监测信息的发布

根据《环境保护法》的规定:第一,国务院环境保护主管部门统一发布国家环境质量、重点污染源监测信息及其他重大环境信息。省级以上政府环境保护主管部门定期发布环境状况公报。第二,县级以上政府环境保护主管部门和其他负有环境保护监督管理职责的部门,应当依法公开环境质量、环境监测、突发环境事件以及环境行政许可、行政处罚、排污费的征收和使用情况等信息。第三,县级以上地方政府环境保护主管部门和其他负有环境保护监督管理职责的部门,应当将企业事业单位和其他生产经营者的环境违法信息记入社会诚信档案,及时向社会公布违法者名单(第54条)。

目前,我国已经在十大水系布设了水质环境监测网,在沿海近岸海域布设了近岸海域环境监测网。截至2013年,已经在113个国家环境保护重点城市和416个其他城市开展了环境空气质量监测,在113个国家环境保护重点城市和374个其他城市开展了降水监测。对392个城市的区域环境噪声、384个城市道路交通噪声和功能区噪声展开了监测。这些环境监测信息经过整理形成国家环境质量信息。每年对3945家国家废水重点监控企业、3715家国家废气重点监控企业和1296家城镇生活污水处理厂开展了监督性监测。这些污染源监测信息经过整理形成国家重点污染源监测信息。环境状况公报是环境质量的综合性报告,定期公布对全国和各地的环境总体状况。①

---

① 参见信春鹰主编:《〈中华人民共和国环境保护法〉释义》,法律出版社2014年版,第188~189页。

五、环境监察制度

（一）环境监察和环境监察员制度的概念

环境监察是生态环境主管部门依据环境保护法律、法规、规章和其他规范性文件，在环境现场进行的执法活动，是一种具体的、直接的环境执法行为，是生态环境主管部门及其相关部门实施监督、强化执法的主要方法。

环境监察员制度，是指由国家在各级监测站设立的专门从事环境监察工作的人员。监测站的工作人员经过考试合格后授予国家各级环境监察员证书；环境监察员是环境监测站对各单位及个人排放污染物的情况和破坏或者影响环境质量行为进行检测和监督检查的代表。①

（二）环境监察的产生和发展

我国环境监察经历了从环境监测机构设立环境监察员，到生态环境主管部门设立环境监理员，再到生态环境主管部门设立环境监测机构的过程。

1. 环境监测机构设立环境监理员

根据《环境保护法（试行）》第26条关于国务院环境保护机构"统一组织环境监测，调查和掌握全国环境状况和发展趋势，提出改善措施"的规定，以及国务院《关于在国民经济调整时期加强环境保护工作的决定》，原城乡建设环境保护部于1983年7月颁发《全国环境监测管理条例》。该条例规定，环境监察员是环境监测站对各单位及其个人排放污染物情况和破坏或影响环境质量的行为进行监测和监督检查的代表。这一规定明确了环境监测机构的环境监察员具有环境监督检查权。

2. 生态环境主管部门设立环境监理员

随着生态环境主管部门监督检查执法任务日益加重，为了加强对工业污染源、海洋和自然生态环境的监督管理，原国家环保局于1991年8月制定了《环境监理工作暂行办法》（已失效），提出环境监理的任务是，在各级政府生态环境主管部门的领导下，依法对辖区内污染源排放污染物情况和对海洋及其生态破坏事件实施现场监督、检查，并参与处理。

3. 生态环境主管部门设立环境监测机构

为了强化环境执法，查处重大环境违法案件，原国家环保总局于2003年10月专门设立环境监察局，主要职责是进行环境现场执法、环境行政稽查、环境应急处置等，地方各级政府生态环境主管部门也相应地设立了环境监察机构。

---

① 参见曹明德主编：《环境与资源保护法学》（第3版），中国人民大学出版社2016年版，第67页。

由于我国环境污染较严重,环境执法的形势严峻。为加强和规范环境监察工作,加强环境监察队伍建设,提升环境监察效能,原环境保护部于 2012 年 7 月颁布《环境监察办法》。根据《环境保护法》的规定,县级以上人民政府环境保护主管部门及其委托的环境监察机构和其他负有环境保护监督管理职责的部门,有权对排放污染物的企业事业单位和其他生产经营者进行现场检查(第 24 条)。

(三)环境监察的主要内容

《环境监察办法》对环境监察制度作出了具体规定。

1. 环境监察的基本原则

环境监察的基本原则,主要有下列四项:第一,教育和惩戒相结合原则;第二,严格执法和引导自觉守法相结合原则;第三,证据确凿,程序合法,定性准确,处理恰当原则;第四,公正、公开、高效原则(第 3 条)。

2. 环境监察的管理体制

该体制主要包括下列制度设计。第一,环境保护部对全国环境监察工作实施统一监督管理。县级以上地方环境保护主管部门负责本行政区域的环境监察工作。各级环境保护主管部门所属的环境监察机构,负责具体实施环境监察工作(第 4 条)。第二,环境监察机构对本级环境保护主管部门负责,并接受上级环境监察机构的业务指导和监督。各级环境保护主管部门应当加强对环境监察机构的领导,建立健全工作协调机制,并为环境监察机构提供必要的工作条件(第 5 条)。

3. 环境监察机构的主要任务

环境监察机构的主要任务有:第一,监督环境保护法律、法规、规章和其他规范性文件的执行;第二,现场监督检查污染源的污染物排放情况、污染防治设施运行情况、环境保护行政许可执行情况、建设项目环境保护法律法规的执行情况等;第三,现场监督检查自然保护区、畜禽养殖污染防治等生态和农村环境保护法律法规执行情况;第四,具体负责排放污染物申报登记、排污费核定和征收;第五,查处环境违法行为;第六,查办、转办、督办对环境污染和生态破坏的投诉、举报,并按照环境保护主管部门确定的职责分工,具体负责环境污染和生态破坏纠纷的调解处理;第七,参与突发环境事件的应急处置;第八,对严重污染环境和破坏生态问题进行督查;第九,依照职责,具体负责环境稽查工作;第十,法律、法规、规章和规范性文件规定的其他职责(第 6 条)。

4. 环境监察机构和人员

《环境监察办法》第 2 章规定了环境监察机构和人员,主要内容如下。

(1)环境监察机构的名称。各级环境监察机构可以命名为环境监察局。省级、设区的市级、县级环境监察机构，也可以分别以环境监察总队、环境监察支队、环境监察大队命名。县级环境监察机构的分支（派出）机构和乡镇级环境监察机构的名称，可以命名为环境监察中队或者环境监察所（第7条）。

（2）环境监察机构的设置和人员构成。应当根据本行政区域范围大小、经济社会发展水平、人口规模、污染源数量和分布、生态保护和环境执法任务量等因素科学确定（第8条）。

（3）环境监察机构的工作经费、办公条件和执法装备等。第一，工作经费应当按照国家有关规定列入环境保护主管部门预算，由本级财政予以保障（第9条）；第二，办公用房、执法业务用房及执法车辆、调查取证器材等执法装备，应当符合国家环境监察标准化建设及验收要求。环境监察机构的执法车辆应当喷涂统一的环境监察执法标识（第10条）。

（4）环境监察机构的工作人员。第一，工作人员的录用。录用环境监察机构的工作人员（以下简称环境监察人员），应当符合《公务员法》的有关规定。第二，业务培训。生态环境主管部门应当根据工作需要，制定环境监察培训五年规划和年度计划，组织开展分级分类培训。设区的市级、县级环境监察机构的主要负责人和省级以上环境监察人员的岗位培训，由环境保护部统一组织。其他环境监察人员的岗位培训，由省级环境保护主管部门组织。环境监察人员参加培训的情况，应当作为环境监察人员考核、任职的主要依据（第12条）。对参加岗位培训，并经考试取得培训合格证书的环境监察人员，经核准后颁发《中国环境监察执法证》。《中国环境监察执法证》颁发、使用、管理的具体办法，由环境保护部另行制定（第14条）。第三，考核制度。各级环境保护主管部门应当建立健全对环境监察人员的考核制度。对工作表现突出、有显著成绩的环境监察人员，给予表彰和奖励。对在环境监察工作中违法违纪的环境监察人员，依法给予处分，可以暂扣、收回《中国环境监察执法证》；涉嫌构成犯罪的，依法移送司法机关追究刑事责任（第17条）。

（5）环境监察执法工作。从事现场执法工作的环境监察人员进行现场检查时，有权依法采取以下措施：第一，进入有关场所进行勘察、采样、监测、拍照、录音、录像、制作笔录；第二，查阅、复制相关资料；第三，约见、询问有关人员，要求说明相关事项，提供相关材料；第四，责令停止或者纠正违法行为；第五，适用行政处罚简易程序，当场作出行政处罚决定；第六，法律、法规、规章规定的其他措施。实施现场检查时，从事现场执法工作的环境监察人员不得少于2人，并出示《中国环境监察执法证》等行政执法证件，表明身份，说明执法事项（第13条）。此外，从事现场执法工作的环境监察人员，应当持有《中国环境监察执法证》（第14条）。

(6)保密工作。各级环境监察机构应当建立健全保密制度,完善保密措施,落实保密责任,指定专人管理保密的日常工作(第15条)。

5. 环境监察工作

《环境监察办法》第3章规定了环境监察工作,主要内容如下。

(1)制定环境监察工作年度计划。环境监察机构应当根据本行政区域环境保护工作任务、污染源数量、类型、管理权限等,制定环境监察工作年度计划。环境监察工作年度计划报同级环境保护主管部门批准后实施,并抄送上一级环境监察机构(第18条)。

(2)组织现场检查。环境监察机构应当根据环境监察工作年度计划,组织现场检查。现场检查可以采取例行检查或者重点检查的方式进行(第19条)。

(3)依法核定排放污染物的种类、数量。第一,对排污者申报的排放污染物的种类、数量,环境监察机构负责依法进行核定(第20条)。第二,环境监察机构应当按照排污费征收标准和核定的污染物种类、数量,负责向排污者征收排污费。对减缴、免缴、缓缴排污费的申请,环境监察机构应当依法审核(第21条)。

(4)对环境违法案件,督促有关部门限期办理。第一,违反环境保护法律、法规和规章规定的,环境保护主管部门应当责令违法行为人改正或者限期改正,并依法实施行政处罚(第22条)。第二,对违反环境保护法律、法规,严重污染环境或者造成重大社会影响的环境违法案件,环境保护主管部门可以提出明确要求,督促有关部门限期办理,并向社会公开办理结果(第23条)。第三,环境监察机构负责组织实施环境行政执法后督察,监督环境行政处罚、行政命令等具体行政行为的执行(第24条)。

(5)约谈单位人,督促其限期整改。企业事业单位严重污染环境或者造成严重生态破坏的,环境保护主管部门或者环境监察机构可以约谈单位负责人,督促其限期整改。对未完成环境保护目标任务或者发生重大、特大突发环境事件的,环境保护主管部门或者环境监察机构可以约谈下级地方政府负责人,要求地方政府依法履行职责,落实整改措施,并可以提出改进工作的建议(第25条)。

(6)依法受理案件,按照规定的时限和程序依法办理,或者移送有管辖权的部门或者机关处理。对依法受理的案件,属于本机关管辖的,环境保护主管部门应当按照规定的时限和程序依法处理;属于环境保护主管部门管辖但不属于本机关管辖的,受理案件的环境保护主管部门应当移送有管辖权的环境保护主管部门处理;不属于环境保护主管部门管辖的,受理案件的环境保护主管部门应当移送有管辖权的机关处理。环境保护主管部门应当加强与司法机关的配合和协作,并可以根据工作需要,联合其他部门共同执法(第 26 条)。

(7)通报环境监察执法信息。相邻行政区域的环境保护主管部门应当相互通报环境监察执法信息,加强沟通、协调和配合。同一区域、流域内的环境保护主管部门应当加强信息共享,开展联合检查和执法活动。环境监察机构应当加强信息统计,并以专题报告、定期报告、统计报表等形式,向同级环境保护主管部门和上级环境监察机构报告本行政区域的环境监察工作情况。环境保护主管部门应当依法公开环境监察的有关信息(第 27 条)。

(8)对环境监察工作的稽查和年度考核。上级环境保护主管部门应当对下级环境保护主管部门在环境监察工作中依法履行职责、行使职权和遵守纪律的情况进行稽查(第 28 条)。上级环境监察机构应当对下一级环境保护主管部门的环境监察工作进行年度考核(第 30 条)。

(9)对环境监察工作中的有关材料进行整理、立卷归档。对环境监察工作中形成的污染源监察、建设项目检查、排放污染物申报登记、排污费征收、行政处罚等材料,应当及时进行整理,立卷归档(第 29 条)。

此外,《环境保护法》在总结环境监察工作经验的基础上,对环境监察权的授予与行使、环境行政强制手段等作出了系统规定。例如,县级以上政府环境保护主管部门及其委托的环境监察机构和其他负有环境保护监督管理职责的部门,有权对排放污染物的生产经营者进行现场检查(第 24 条)。《大气污染防治法》规定,生态环境主管部门及其环境执法机构和其他负有大气环境保护监督管理职责的部门,有权通过现场检查监测、自动监测、遥感监测、远红外摄像等方式,对排放大气污染物的生产经营者进行监督检查(第 29 条)。

六、环境资源承载能力监测预警制度

(一)环境资源承载能力的概念和意义

1. 环境资源承载能力的概念

环境资源承载能力,是指在一定时间和一定的区域范围内,在确保生态环境良性循环和自然资源合理开发利用的前提下,环境资源能够承载的人口数量以及相应的经济社会活动总量的能力和容量。

2. 环境资源承载能力制度的演变

经济社会的发展离不开生态环境和自然资源。但是,当前我国环境污染严重、资源短缺,环境资源超载现象较为严重和普遍。为此,国务院发布《关于深化改革严格土地管理的决定》(2004 年),提出实行最严格的土地管理制度、最严格水资源管理制度。党的十八大报告等提出,加强生态文明建设,要完善最严格的耕地保护制度、水资源管理制度、环境保护制度。要求建立环境资源超载能力监测预警机制,对水土资源、环境容量和海洋资源超载区域实行限制性措施。

但是,环境资源承载能力处于动态变化过程中,受到人口规模、开发程度、城镇化规模、产业发展、基础设施建设、空间布局、气候和自然条件等多种因素的影响。要实施最严格的生态环境保护制度,必须建立监测预警机制,以便实时掌握当前的环境资源承受能力,制定符合当前环境资源形势的决策部署和相关政策,找准承载力的制约因素和薄弱环节进行补充强化,避免因为过度开发突破环境资源承载力的底线,危及生态环境的自我恢复能力。①

3. 环境资源承载能力监测预警机制及其意义

《环境保护法》第 18 条规定,省级以上政府应当组织有关部门或者委托专业机构,对环境状况进行调查、评价,建立环境资源承载能力监测预警机制。《大气污染防治法》第 93 条规定,国家建立重污染天气监测预警体系。国务院生态环境主管部门会同国务院气象主管机构等有关部门、国家大气污染防治重点区域内有关省级政府,建立重点区域重污染天气监测预警机制,统一预警分级标准。可能发生区域重污染天气的,应当及时向重点区域内有关省级政府通报。省级政府、设区的市政府生态环境主管部门会同气象主管机构等有关部门建立本行政区域重污染天气监测预警机制。

环境资源承载能力是一个动态变化过程,受到人口规模、开发程度、城镇化程度、产业发展、基础设施建设、空间布局、气候和自然条件等多种因素的影响。建立环境资源承载能力监测预警机制,有利于实时掌握当前环境资源承受能力,制定符合当前环境资源现状的措施,找准制约承载力的其他因素和薄弱环节,避免过度开发。②

(二)环境资源承载能力的基本内容

环境资源承载能力是一个涵盖环境和资源要素的综合概念,包括环境承载要素、资源承载要素、能源承载要素等,还可以进一步细分为大气环境、水环境、土壤环境、土地资源、水资源、矿产资源、能源等基本要素。

1. 环境承载能力

环境承载能力主要包括水、大气、土壤等的承载能力,其中大气承载能力是当前社会关注的焦点。环境承载能力是环境资源承载能力体系中最脆弱和敏感的要素。影响某一区域的环境承载能力的因素,主要包括:科技的进步、区域内人类经济活动

① 参见吕忠梅主编:《环境法原理》(第 2 版),复旦大学出版社 2017 年版,第 223 页。

② 参见信春鹰主编:《〈中华人民共和国环境保护法〉释义》,法律出版社 2014 年版,第 64 ~ 65 页。

模式和区域外因素等。环境承载能力监测预警机制的建立，就是要通过引导科技进步、调整产业结构、优化区域经济发展布局等，提高环境承载能力。

2. 资源承载能力

资源承载能力主要包括土地资源承载能力和水资源承载能力等。

第一，土地资源承载能力是指在一定时期和空间范围内，土地资源所能承载的人类活动规模和强度的最高值。土地资源是人类耕地保障、经济建设、生活空间、生态空间的载体。土地资源承载能力具体表现为耕地、建设用地、居住用地、生态用地的适宜面积。

第二，水资源承载能力主要包括水环境容量（纳污能力）和水资源的供给能力。水环境容量（纳污能力）是指在一定的水质或者环境目标内，某一水域能够允许承纳的污染物最大数量，这个环境容量对人类活动的支持能力同样影响水资源承载力的大小。水资源的供给能力主要是指能够被人类生产生活所用的部分，水资源供给能力的大小必须考虑生态平衡问题。建立资源承载能力监测预警机制，就是要通过规范资源开发利用行为，促进节约资源，保护生态平衡，提高资源承载能力。

3. 能源承载能力

能源承载能力，是指城市能源系统满足城市能源负荷需求，所承受的能源系统在规模、强度和速度上的发展能力。能源承载能力与能源资源的丰富程度、能源基础设施的完善程度、能源系统的效率等因素息息相关。一般来说，人民群众生活水平越高、社会经济发展程度越高，其支撑力越大，所需要的能源消耗越大，造成的环境压力就越大。建立能源承载能力监测预警机制，可以更好地处理环境、资源、能源承载能力之间的关系，促进可持续发展，保障生态安全。①

（三）环境资源承载能力监测预警机制的建构

1. 落实主体功能区战略，划定生态红线

严格落实《全国主体功能区规划》和各省（自治区、直辖市）制定的主体功能区规划，建立国土空间开发保护制度，严格按照主体功能区定位推进发展。落实最严格的资源环境管理制度，牢固树立生态红线观念，划定并严守生态红线，扩大森林、湖泊、湿地等绿色生态空间，增强水源涵养能力和环境容量。

2. 确定环境资源承载能力测定方法

科学测算区域的环境资源承载能力，是国土空间规划的基础，也是划定主体功能区定位的基本依据。环境资源承载能力测算结果应当成为确定合理的人口规模、产

① 参见吕忠梅主编：《环境法原理》（第2版），复旦大学出版社2017年版，第223～224页。

业规模、建设用地供应商、资源开采量、能源消费总量、污染物排放总量的依据。

3. 建立环境资源承载能力统计监测工作体系

要合理布局,建设覆盖区域范围内所有敏感区、敏感点的主要污染物监测网络,完善环境资源信息采集工作体系,建立环境资源承载能力动态数据库和计量、仿真分析以及预警系统。深入研究不同发展情境下的资源压力、环境影响及其时空特征,使资源环境承载能力的动态性特征在评价过程中加以体现。加强资源环境承载能力监测评价的规范化和标准化工作,积极开展区域承载力监测评价与示范。

4. 建立环境资源承载能力预警响应机制

开展定期监控,设立环境资源承载能力综合指数,设置预警控制线和响应线。建立环境资源承载能力公示制度。做好与之相关的环境资源制度政策的配套和衔接。充分发挥环境资源承载能力的指标作用,以承载能力为依据,合理确定产业规模,对国土规划目标、任务和主要内容进行适当调整。做好预警应对工作,及时落实好限产、限排等污染防控措施。大力加强环境执法监管,严格问责,在环境污染重点区域,有效开展污染联防联控工作,逐步建立协作长效机制。①

第六节 环境资源激励制度

一、环境资源激励制度概述

(一)环境资源激励制度的概念

1. 环境资源激励机制

政府既可以通过收费阻止环境污染和资源破坏行为,也可以通过补贴等鼓励环保行为。环境资源激励机制是运用市场机制进行环境保护的一种措施,是指国家根据生态规律和经济规律,综合运用价格、成本、利润、信贷、利息和税收等经济杠杆以及环境责任制等经济方法,向各相关利益主体提供的一种非强迫性的、具有灵活选择性的手段,以限制破坏环境资源的经济活动,激励有利于保护和改善环境资源的经济活动。在我国环境法学领域,通常称为环境资源税费制度。

2. 环境资源税费制度

环境资源税费是国家或者其他公法人团体以治理污染和改善环境为目的,依法

① 参见吕忠梅主编:《环境法原理》(第2版),复旦大学出版社2017年版,第224~225页。

向环境利用行为人收取的与其行为相对等的金钱。环境资源税费是各类环境税、资源税、环境费和自然资源费的集合概念(统称)。环境资源税费制度通过向废弃物的排放者、资源开发者收税、收费或者追究其他财产性责任,促使外部性行为得以内部化。

(二)我国环境资源激励制度的立法历程

1. 有关政策性文件中关于环境资源激励制度的规定

在我国环境保护实践中,广泛应用激励机制。例如,1978 年 12 月 31 日,中共中央批转国务院环境保护领导小组的《环境保护法工作汇报要点》,明确提出要实行排污收费制度。1982 年,国务院颁布《征收排污费暂行办法》(已失效)。1996 年 8 月,国务院发布的《关于环境保护若干问题的决定》确立了"污染者付费、利用者补偿、开发者保护、破坏者恢复"的原则。这就要求环境污染者、自然资源的开发利用者和破坏者,应当为环境污染、资源利用和环境破坏等承担相应的环境责任,缴纳排污费(税)、资源费(税)等。2007 年 12 月,国务院发布《关于促进资源型城市可持续发展的若干意见》。2010 年 5 月,国务院发布的《关于进一步加大工作力度确保实现"十一五"节能减排目标的通知》(已失效)。2011 年 4 月,环境保护部发布《关于环保系统进一步推动环保产业发展的指导意见》。2011 年 7 月,财政部、国家发改委发布《关于开展节能减排财政政策综合示范工作的通知》等。

2. 环境法律法规关于环境资源激励制度的规定

2002 年颁布的《清洁生产促进法》(2012 年修订)和 2008 年颁布的《循环经济促进法》(2018 年修订)均规定了激励机制。《环境保护法》在总结过去激励政策成功经验的基础上,按照全面深化改革的要求,在法律制度层面完善激励机制。

(三)环境资源激励制度的内容

1. 环境资源税和环境资源费制度

(1)环境资源税制度。环境资源税制度包括广义和狭义两个层面。前者是对以环境保护为目的向开发利用环境和自然资源的行为征税的简称;后者则是指对排放污染物的行为进行的征税,主要包括对排放二氧化碳(碳排放税)、二氧化硫(二氧化硫排放税)、废水和固体废物的征税。

(2)环境资源费制度。环境资源费制度是指为保护环境资源,改善环境质量,对开发利用环境和自然资源的行为征收排污费、环境赔偿费、资源补偿费等污染控制费用和损害填补费用的管理措施。环境资源费制度主要包括自然资源费制度和环境费制度两类。其中,自然资源费制度与自然资源有偿使用制度的主要内容是重复的。目前我国征收的环境费主要是排污费。

该制度主要有以下特点。第一,环境资源费的主体具有特定性。征收者是依法代表国家或者地方专门行使环境管理的公权力机关或者其他公法人团体;缴纳者是特定的、基于公权力关系从环境受益的环境利用行为人。第二,环境资源费具有补偿性。根据“公平原则”和“原因者负担原则”,环境利用行为人所支付的金钱属于补偿其利用环境而造成环境利益损失的恢复和治理成本。第三,环境资源税费的用途具有特定性。环境资源费只能适用于以环境保护为目的的相关领域。①

(3)环境资源税与环境资源费的关系。二者存在下列不同:第一,二者的征收依据不同。环境资源费大多以行政管理权为依据,而环境资源税则以国家的政治权力为依据。第二,性质不同。环境资源费具有补偿性,是缴费人在获得环境资源使用权的同时向国家支付的一种成本;而环境资源税是无常的,不需要考虑征税数额与提供的公共服务和公共物品的成本是否等值。第三,征收的范围不同。环境资源费是针对环境资源这种公共物品的使用者征收的,对象具有特定性;而环境资源税的征收范围较为广泛,可以覆盖生产、流通、分配、销售的各个领域。第四,立法权限不同。环境资源费的征收,既可以由中央政府决定,也可以由地方政府决定,具有灵活性;相对而言,环境资源税本身具有法定性,只能由最高国家权力机关决定。

根据《环境保护法》第 43 条第 2 款和《环境保护税法》第 27 条的规定,依法征收环境保护税的,不再征收排污费。

2. 其他制度

除上述环境税费制度外,《环境保护法》在总结以往激励政策成功经验的基础上,按照全面深化体制改革的要求,完善了激励机制。

第一,激励环保产业发展。国家采取财政、税收、价格、政府采购等方面的政策和措施,鼓励和支持环境保护技术装备、资源综合利用和环境服务等环境保护产业的发展(第 21 条)。

第二,激励市场主体节能减排。企业事业单位和其他生产经营者,在污染物排放符合法定要求的基础上,进一步减少污染物排放的,政府应当依法采取财政、税收、价格、政府采购等方面的政策和措施予以鼓励和支持(第 22 条)。

第三,支持市场主体为改善环境而转产、搬迁、关闭。企业事业单位和其他生产经营者,为改善环境,依照有关规定转产、搬迁、关闭的,政府应当予以支持(第 23 条)。

---

① 参见汪劲:《环境法学》(第 3 版),北京大学出版社 2014 年版,第 147 页。

（四）环境资源激励制度的具体措施

《环境保护法》《循环经济促进法》等规定了政府对市场主体进行激励的措施，主要有财政方法、税收手段、价格工具、政府采购和退还押金等。

1. 财政方法

财政方法是对政府财政收入和支出水平所作的决策，其主要手段包括预算、国债、购买性支出和财政转移支付等。为支持和鼓励环保产业的发展，鼓励企业节能减排或者转产、关停、搬迁，政府可以综合运用多种财政方法：第一，引导环保资金的投入，完善相关金融政策，形成节能减排的激励和约束机制，对生产环保产品的企业、节能减排企业提供财政补贴；第二，加大对环保企业的无偿资金援助，采取财政贴息、财政担保等形式，支持民营环保企业的发展，支持污染企业自愿转产、搬迁、关闭；第三，发行国债增加对环境保护的投入，发行中长期环保建设债券；第四，鼓励外资企业、地方政府、民营企业进入环保产业，使投资主体逐渐多元化，扩大环保产业融资渠道；等等。①

例如，《环境保护法》第 8 条规定，各级政府应当加大保护和改善环境、防治污染和其他公害的财政投入，提高财政资金的使用效益。《大气污染防治法》第 50 条第 2 款规定，国家采取财政、税收、政府采购等措施推广应用节能环保型和新能源机动车船、非道路移动机械，限制高油耗、高排放机动车船、非道路移动机械的发展，减少化石能源的消耗。《循环经济促进法》（2018 年修订）第 46 条第 4 款规定，省级政府可以根据本行政区域经济社会发展状况，实行垃圾排放收费制度。收取的费用专项用于垃圾分类、收集、运输、贮存、利用和处置，不得挪作他用。

2. 税收手段

税收是基于法律规定，由政府专门机构向居民和非居民就其财产或者特定行为实施强制、非处罚与不直接偿还的金钱或者实物课征，是国家最主要的财政收入形式。税收除能够组织财政收入外，还具有调控社会经济、监督经济活动的功能。利用税收支持和鼓励环境保护，可以采取下列方法：第一，对企业免征或者减征税收；第二，设立较长的特许期和宽限期，在宽限期内免征或者减征所得税；第三，建立环保税；等等。

《循环经济促进法》第 44 条规定，国家对促进循环经济发展的产业活动给予税收优惠，并运用税收等措施鼓励进口先进的节能、节水、节材等技术、设备和产品，限制在生产过程中耗能高、污染重的产品的出口。企业使用或者生产列入国家清洁生

---

① 参见吕忠梅主编：《环境法原理》（第 2 版），复旦大学出版社 2017 年版，第 240 页。

产、资源综合利用等鼓励名录的技术、工艺、设备或者产品的,按照国家有关规定享受税收优惠。《清洁生产促进法》第 7 条第 1 款规定,国务院应当制定有利于实施清洁生产的财政税收政策。第 33 条规定,依法利用废物和从废物中回收原料生产产品的,按照国家规定享受税收优惠。

3. 价格工具

价格是指进行交易时,买方所需要付出的代价(对价)。由于价格具有标度、调解、信息和分配等多种功能,所以价格可以发挥多重作用。国家可以通过制定政策,对某些商品价格进行干预,以此参与国民收入的分配和再分配,从而鼓励和支持环境保护:第一,提高够买资源的价格,从源头上抑制资源的购买数量;第二,制定鼓励节约资源能源消费的价格政策;第三,制定鼓励企业节能减排的价格政策;第四,对环境污染产品实行价格限制;等等。①

《循环经济促进法》第 46 条规定:第一,国家实行有利于资源节约和合理利用的价格政策,引导单位和个人节约和合理使用水、电、气等资源性产品。第二,国务院和省级政府的价格主管部门应当按照国家产业政策,对资源高消耗行业中的限制类项目,实行限制性的价格政策。第三,对利用余热、余压、煤层气以及煤矸石、煤泥、垃圾等低热值燃料的并网发电项目,价格主管部门按照有利于资源综合利用的原则确定其上网电价。

4. 政府采购

政府采购是各级国家机关、事业单位和团体组织,为了从事日常的政务活动或者为了满足公共服务的目的,使用财政性资金采购依法制定的集中采购目录以内的或者采购限额标准以上的货物、工程和服务的行为。在政府采购中推行"环保优先",实施"绿色采购",是鼓励环境保护的重要举措和路径,有利于带动整个社会形成环境友好、资源节约的良好风气。②

例如,《环境保护法》第 36 条规定,国家鼓励和引导公民、法人和其他组织使用有利于保护环境的产品和再生产品,减少废弃物的产生。国家机关和使用财政资金的其他组织应当优先采购和使用节能、节水、节材等有利于保护环境的产品、设备和设施。《循环经济促进法》第 47 条规定,国家实行有利于循环经济发展的政府采购政策。使用财政性资金进行采购的,应当优先采购节能、节水、节材和有利于保护环境的产品及再生产品。《清洁生产促进法》第 16 条第 1 款规定,各级政府应当优先采

① 参见吕忠梅主编:《环境法原理》(第 2 版),复旦大学出版社 2017 年版,第 240 页。

② 同上书,第 241 页。

购节能、节水、废物再生利用等有利于环境与资源保护的产品。

5. 退还押金

退还押金的实质是，对可能造成污染的产品在销售阶段征收附加费。在符合某种条件时，如将用过的或者废弃的物品送到集中存放地，从而避免污染环境的，可以向生产商、销售商退还该费用。①

自 20 世纪 60 年代以来，随着罐装、瓶装饮料的推广，废旧汽车轮胎和废旧汽车电池等的大量产生，固体废物污染问题日益严重，各国开始寻求治理这一问题的经济手段。美国、加拿大、瑞典、挪威、法国等都对金属容器、塑料容器和玻璃瓶等实行押金返还制度。我国《循环经济促进法》第 46 条第 5 款也规定，国家鼓励通过以旧换新、押金等方式回收废物。

二、环境税制度

（一）环境税制度的概念

1993 年，世界经济与合作组织的一份关于税收与环境的报告指出，环境税包括两个方面：第一，为实现特定环境目的而设立和征收的税收，如排污税等；第二，并非出于环境保护的目标而设立，但客观上有利于保护生态环境，如能源税、燃料税等。

我国的环境税分为两种：狭义的环境税是指基于污染者付费原则向污染者征收的税收；广义的环境税是指由污染者付费原则扩展到使用者付费原则，由环境保护行政管理机关向受益者或者使用者征收的税收，以促进消费者减少潜在的污染产品的消费数量。

环境税制度是指通过采取税收政策来节约社会资源，保护生态环境的一系列法律法规和规章制度的总称。

（二）外国环境税制度的立法和司法实践

1909 年，英国首次将环境税加入汽油价格。在 20 世纪 70 年代，欧美发达国家注意通过税收制度鼓励治理污染，抑制对环境不利的经济活动。

1. 国外环境税制度的发展阶段

国外环境税制度的发展，大致经历了三个阶段。第一阶段，从 20 世纪 70 年代到 80 年代初期，环境税主要体现为补偿成本的收费，要求排污者监控排污行为的成本，这是环境税的雏形。第二阶段，从 20 世纪 80 年代到 90 年代中期的各类货物税，环境税种类日益增多，如排污税、产品税、能源税、碳税等。这一时期的排污税主要是用

---

① 参见吕忠梅主编：《环境法原理》（第 2 版），复旦大学出版社 2017 年版，第 241 页。

于引导公众的生产、生活方式,而各种能源税主要用于增加财政收入。第三阶段,20世纪90年代以来,环境税发展非常迅速,为了实施可持续发展战略,各国纷纷推出绿色财政、税收政策,环境税已经在多个国家成为环境政策的主要手段。

2. 欧美各国环境税制度的基本情况。

(1)美国。1970年,尼克松政府提议对汽油中的铅征税。1972年,美国国会提议对二氧化硫排放征税。1986年,美国国会通过立法开始实施环境收入税。到20世纪90年代,美国在联邦层面形成了以货物税和收入税为主的环境税收体系,还有一部分体现在各项环境税收减免中,主要涉及美国国内税收法令(Internal Revenue Code,IRC)第一部分"所得税"和第四部分"各类货物税"的部分条款。美国的环境税主要包括机动车税(消费税、购置税等)、燃料税、环境税、环境收入税、税收抵免等。根据2004年的税收数据,能源货物税收占66%,机动车与交通类税收占33%,其他占1%。①

(2)加拿大。加拿大的环境税主要包括碳税、特定消费税、特定产品税等。第一,碳税。不列颠哥伦比亚省征收碳税。碳税与汽车燃油税、省消费税等类似,所有企业、个人和在不列颠哥伦比亚省的游客,在该省购买或者使用燃料,或者为了取暖和获取能量而燃烧易燃品的,都需要支付碳税。第二,特定消费税。基于石油、天然气等化石燃料征收的消费税主要包括对汽油、柴油和航空燃料征收的联邦消费税、阿尔伯塔省和魁北克省等的动力燃料税等。特定消费税的计税依据、征收方式等与碳税类似,但征收范围略窄。第三,特定产品税。基于特定产品的税收,主要包括安大略省的酒精饮料容器税,萨斯喀彻温省的石油、过滤器、容器回收计划费用,不列颠哥伦比亚省的轮胎税等。

(3)德国。德国从1981年开始征收水污染税,以废水的"污染单位"(相当于一个居民一年的污染负荷)为基准,在全国范围内实行统一税率。开征第一年的税率为每一"污染单位"12马克,之后不断提高税率。截至2007年,税率已经提高到每一污染单位35.9欧元,并规定进行污水处理设施投资的企业可以减税。目前,该税收年收入在20亿欧元以上,全部作为地方收入用于改善水质。

德国从1999年到2003年进行环境税的改革。一方面,分步骤和阶段提高矿物油税和天然气税的税率,开征电力税;另一方面,将征收环境税所形成的收入的大部分用于减少雇主和雇员承担的法定社会保险金、可更新能源的开发和使用以及联邦

---

① 参见吴健:《从美国环境税收体系看税收与环境保护》,载《环境保护》2013年第11期。

预算等。①

(4)日本。为了鼓励企业向环境方向投资,对于法定必须设置的大气和水体公害防治设备,不征收任何固定的不动产税。对于低公害车辆减免产品税,为了迁移人口稠密地区而购买土地建造建筑物的,免于征税。相反,根据《防止公害事业费企业主负担法》的规定,对污染企业征税,用于环境恢复和排除积累性污染。

(三)我国环境税制度的发展历程

在我国,早在20世纪90年代,就有学者呼吁征收环境税。自2007年起,财政部、国家税务总局和原环保部等开始着手进行征收环境税的研究,对我国开征环境税的必要性和可行性进行了论证,提出了环境税收制度设计方案和配套改革措施。自2008年起,启动专项性环境税研究工作。

2010年10月,中共中央《关于制定国民经济和社会发展第十二个五年计划的建议》正式提出"开征环境保护税"。2011年8月,国务院发布的《关于印发"十二五"节能减排综合性工作方案的通知》明确指出,积极推进环境税费改革,选择防治任务重、技术标准成熟的税目开征环境保护税。2011年10月,国务院《关于加强环境保护重点工作的意见》明确提出,实施有利于环境保护的经济政策,积极推进环境税费改革,研究开征环境保护税;加强主要污染物总量减排的具体措施,大力发展环境保护产业,将环境保护列入各级财政年度预算并逐步增加投入和其他财税优惠措施。

2016年12月25日,第十二届全国人大常委会第二十五次会议审议通过了《环境保护税法》,该法分为5章,共28条,对环境保护税的计税依据、应纳税额、税收减免和征收管理等作出了具体规定。2018年10月26日,第十三届全国人大常委会第六次会议对《环境保护税法》作出修改。

2014年,修订后的《环境保护法》就环境保护税和排污收费制度之间的衔接作出规定,对于依照法律规定征收环境保护税的,不再征收排污费。

(四)我国环境税的种类和优惠政策

1. 我国环境税的种类

在我国现行税制中,消费税、车船税、城市维护建设税、资源税、城镇土地使用税、耕地占用税等客观上起到了节约资源和保护环境的作用。② 具体征收种类、范围和税率见表6－10。

---

① 参见童锦治、朱斌:《欧洲五国环境税改革的经验研究与借鉴》,载《财政研究》2009年第3期。

② 参见魏光明:《我国环境税收问题研究》,中国海洋大学2010年博士学位论文,第29～30页。

表 6－10　我国环境税的种类、征收范围和税率

税种名称	征收范围和用途	税率
消费税	征收范围包括:第一,高能耗以及高档消费品,如小汽车、摩托车等;第二,不可再生和替代的石油类消费品,如汽油、柴油等;第三,木制一次性筷子、实木地板等	—
车船税	征收范围是在我国境内公共道路行驶的车辆,在我国境内河流、湖泊以及领海航行的船舶。具体包括机动车和非机动车、机动船和非机动船	—
城市维护建设税	以纳税人实际缴纳的增值税、消费税、营业税税额为计税依据,税金用于城市公用事业和公共设施的维护建设	纳税人所在地在市区的,税率为7%;纳税人所在地为县城、镇的,税率为5%;纳税人所在地不在市区、县城、镇的,税率为1%
资源税	对我国境内开采应税矿产品和生产盐的单位和个人,就其应税数量征收的一种税	原油8~30元/吨;天然气2~15元/km^3;煤炭0.3~5元/吨或者m^3;其他非金属矿原矿0.5~20元/吨;黑色金属矿原矿2~30元/吨;有色金属矿原矿0.4~30元/吨;固体盐10~60元/吨;液体盐2~10元/吨
城镇土地使用税	以实际占用的土地为计税依据;同时,将外商投资企业和外国企业纳入城镇土地使用税的征收范围	城镇土地使用税适用地区幅度差别定额税率。大城市1.5~30元/m^2;中等城市1.2~24元/m^2;小城市0.9~18元/m^2;县城、建制镇、工矿区0.6~12元/m^2
耕地占用税	以纳税人实际占用的耕地面积为计税依据,按照规定的使用税额一次性征收	人均耕地不超过1亩的地区(以县级行政区划为单位,以下同),10~50元/m^2;人均耕地超过1亩但不超过2亩的地区,8~40元/m^2;人均耕地面积超过2亩但不超过3亩的地区,6~30元/m^2;人均耕地面积超过3亩的地区,5~25元/m^2

2. 我国增值税中的优惠政策

(1)免征增值税优惠政策。根据财政部、国家税务总局发布的《关于污水处理费有关增值税政策的通知》(财税〔2001〕97 号),为了切实加强和改进城市供水、节水和水污染防治工作,促进社会经济的可持续发展,加快城市污水处理设施的建设步伐,根据国务院《关于加强城市供水节点和水污染防治工作的通知》(国发〔2000〕36 号)的规定,对各级政府及主管部门委托自来水厂(公司)随水费收取的污水处理费,免征增值税。

根据财政部、国家税务总局发布的《关于再生资源增值税政策的通知》(财税〔2008〕157 号)的规定,为了促进再生资源的回收利用,促进再生资源回收行业的健康有序发展,节约资源,保护环境,促进税收公平和税制规范,个人(不含个体工商户)销售自己使用过的废旧物品免征增值税。

(2)即征即退政策。根据财政部、国家税务总局发布的《关于再生资源增值税政策的通知》(财税〔2008〕157 号)的规定,为了促进再生资源的回收利用,促进再生资源回收行业的健康有序发展,节约资源,保护环境,促进税收公平和税制规范,个人(不含个体工商户)销售自己使用过的废旧物品免征增值税。根据财政部、国家税务总局《关于印发〈资源综合利用产品和劳务增值税优惠目录〉的通知》(2015 年)的规定,纳税人销售自产的资源综合利用产品和提供资源综合利用劳务(以下称销售综合利用产品和劳务),可享受增值税即征即退政策。但是,纳税人应当满足下列前提条件:纳税人从事目录所列的资源综合利用项目,其申请享受本通知规定的增值税即征即退政策时,应同时符合下列条件:①属于增值税一般纳税人。②销售综合利用产品和劳务,不属于国家发展改革委《产业结构调整指导目录》中的禁止类、限制类项目。③销售综合利用产品和劳务,不属于环境保护部《环境保护综合名录》中的"高污染、高环境风险"产品或者重污染工艺。④综合利用的资源,属于环境保护部《国家危险废物名录》列明的危险废物的,应当取得省级及以上环境保护部门颁发的《危险废物经营许可证》,且许可经营范围包括该危险废物的利用。⑤纳税信用等级不属于税务机关评定的 C 级或 D 级。以上通知还对不得享受本通知规定的增值税即征即退政策的情形作出了明文规定。

(3)先征后退政策。根据财政部、国家税务总局发布的《关于加快煤层气抽采有关税收政策问题的通知》(财税〔2007〕16 号),为加快推进煤层气资源的抽采利用,鼓励清洁生产、节约生产和安全生产,对煤层气抽采企业的增值税一般纳税人抽采销售煤层气实行增值税先征后退政策。其中,煤层气(也称煤矿瓦斯)是指赋存于煤层及其围岩中与煤炭资源伴生的非常规天然气。煤层气抽采企业应将享受增值税先征后退政策的业务和其他业务分别核算,不能分别准确核算的,不得享受增值税先征后退政策。煤层气抽采企业增值税先征后退政策,由财政部驻各地财政监察专员办事处根据财政部、国家税务总局、中国人民银行《关于税制改革后对某些企业实行"先征后退"有关预算管理问题的暂行规定的通知》(〔94〕财预字第55号)的规定办理。

3. 我国所得税中的优惠政策

(1)企业所得税部分。根据有关法律法规的规定,第一,对于以利用废水、废气、废渣等废弃物为主要原料进行生产的企业,在5年内减征或者免征企业所得税。第二,在我国境内投资的负荷国家产业政策的技术改造项目,其所需国产设备投资的40%,可以从设备购置当年比前一年新增的企业所得税中抵免;企业环境保护设备投资符合条件的,也可以抵免。

《关于加快煤层气抽采有关税收政策问题的通知》(财税〔2007〕16号)规定:第一,煤层气抽采企业先征后退税款由企业专项用于煤层气技术的研究和扩大再生产,不征收企业所得税。第二,对独立核算的煤层气抽采企业利用银行贷款或自筹资金从事技术改造项目国产设备投资,其项目所需国产设备投资的40%可从企业技术改造项目设备购置当年比前一年新增的企业所得税中抵免。第三,对财务核算制度健全、实行查账征税的煤层气抽采企业研究开发新技术、新工艺发生的技术开发费,在按规定实行100%扣除基础上,允许再按当年实际发生额的50%在企业所得税税前加计扣除。

(2)个人所得税部分。根据《个人所得税法》的规定,对省级政府、国务院部委和解放军军级以上单位,以及外国组织、国际组织办法的科学、教育、技术、文化、卫生、体育、环境保护等方面的奖金,免征个人所得税(第4条第1款第1项)。

(3)其他税收优惠政策。

第一,目前已经将企业上缴利润制度修改为纳税制度("利改税")。国家注重通过税收制度鼓励企业治理污染。例如,国务院《关于环境保护工作的决定》规定,采取鼓励综合利用的政策。工矿企业为防治污染、开展综合利用所生产的产品利润5年不上交,留给企业继续治理污染,开展综合利用。这项规定在实行利改税后不变,仍继续执行。工矿企业用自筹资金和环境保护补助资金治理污染的工程项目,以及因污染搬迁另建的项目,免征建筑税(第6条)。

第二,根据《关于开展资源综合利用若干问题的暂行规定》(1985年)的规定,由企业自筹资金建设的综合利用项目生产的产品,可以减免产品税(第9条)。

第三,根据财政部《关于充分发挥财政职能,进一步加强环境保护工作的通知》(1995年)的规定,企业开展资源综合利用的项目,在5年内减征或者免征所得税。

对废旧物资加工、污水处理、治理污染、保护环境、节能项目和资源综合利用等投资项目,按固定资产投资方向调节税目,实行零税率。

第四,根据《节约能源法》第62条的规定,国家实行有利于节约能源资源的税收政策,健全能源矿产资源有偿使用制度,促进能源资源的节约及其开采利用水平的提高。根据《循环经济促进法》第44条第1款的规定,国家对促进循环经济发展的产业活动给予税收优惠,并运用税收等措施鼓励进口先进的节能、节水、节材等技术、设备和产品,限制在生产过程中耗能高、污染重的产品的出口。具体办法由国务院财政、税务主管部门制定。企业使用或者生产列入国家清洁生产、资源综合利用等鼓励名录的技术、工艺、设备或者产品的,按照国家有关规定享受税收优惠。根据《清洁生产促进法》第33条的规定,依法利用废物和从废物中回收原料生产产品的,按照国家规定享受税收优惠。

(五)我国《环境保护税法》的基本内容

为了保护和改善环境,减少污染物排放,推进生态文明建设,我国制定了《环境保护税法》(2016年12月25日通过,2018年1月1日起施行;2018年10月26日修订)。

1. 征收环境保护税的基本原则

其基本原则主要有下列四项:第一,税收法定原则。税收法定原则包括征税要素法定原则、征税要素明确原则和程序保障原则。根据税收法定原则,只能由法律规定征税主体的征税权和纳税主体的纳税义务。第二,税收效率原则。根据税收效率原则,环境保护税的制定和执行必须有利于提高经济运行的效率和税收行政的效率,其调整必须有利于减少纳税主体的奉行成本和额外负担,以降低社会成本。第三,税收公平原则。税收公平原则要求税收负担必须在依法负有纳税义务的主体之间进行公平分配,在各种税收法律关系中,纳税主体的地位必须平等。根据这一原则,必须普遍征税、平等征税和量能课税。第四,环境保护税收国际协调原则。环境保护税既要考虑国内环境保护、资源节约和生态平衡的资金需要,又要考虑与西方发达国家和其他发展中国家规定的环境税负担水平相适应,避免因各国征税范围不同而产生重复征税,避免其他国家转嫁污染,促使本国产品达到低污染、无污染的要求,以应对当前国际贸易体系中的绿色壁垒问题。

2. 环境保护税的征税对象和征税范围

根据《环境保护税法》的规定,环境保护税的征税对象是大气污染物、水污染物、固体废物和噪声(第3条)。具体税目、税额依照本法所附的《环境保护税税目税额表》执行(第6条第1款)。

环境保护税的征税范围是指《环境保护税法》给征税对象划定的具体范围。征税对象与征税范围通常是一致的。在中国领域和中国管辖的其他海域,直接向环境排放应税污染物的企业事业单位和其他生产经营者为环境保护税的纳税人,应当依照本法规定缴纳环境保护税(第2条)。

下列情形不属于直接向环境排放污染物,不缴纳相应污染物的环境保护税:第一,企业事业单位和其他生产经营者向依法设立的污水集中处理、生活垃圾集中处理场所排放应税污染物的;第二,企业事业单位和其他生产经营者在符合国家和地方环境保护标准的设施、场所贮存或者处置固体废物的(第4条)。

但是,下列情形应当缴纳环境保护税:第一,依法设立的城乡污水集中处理、生活垃圾集中处理场所超过国家和地方规定的排放标准向环境排放应税污染物的;第二,企业事业单位和其他生产经营者贮存或者处置固体废物不符合国家和地方环境保护标准的(第5条)。

3. 环境保护税的计税依据和应纳税额

《环境保护税法》第7~11条规定了环境保护税的计税依据和应纳税额。

(1)环境保护税的计税依据。第一,应税大气污染物按照污染物排放量折合的污染当量数确定;第二,应税水污染物按照污染物排放量折合的污染当量数确定;第三,应税固体废物按照固体废物的排放量确定;第四,应税噪声按照超过国家规定标准的分贝数确定(第7条)。

应税大气污染物、水污染物的污染当量数,以该污染物的排放量除以该污染物的污染当量值计算。每种应税大气污染物、水污染物的具体污染当量值,依照本法所附《应税污染物和当量值表》执行(第8条)。

每一排放口或者没有排放口的应税大气污染物,按照污染当量数从大到小排序,对前三项污染物征收环境保护税。每一排放口的应税水污染物,按照本法所附《应税污染物和当量值表》,区分第一类水污染物和其他类水污染物,按照污染当量数从大到小排序,对第一类水污染物按照前五项征收环境保护税,对其他类水污染物按照前三项征收环境保护税。省级政府根据本地区污染物减排的特殊需要,可以增加同一排放口征收环境保护税的应税污染物项目数,报同级人大常委会决定,并报全国人大常委会和国务院备案(第9条)。

应税大气污染物、水污染物、固体废物的排放量和噪声的分贝数,按照下列方法和顺序计算:第一,纳税人安装使用符合国家规定和监测规范的污染物自动监测设备的,按照污染物自动监测数据计算。第二,纳税人未安装使用污染物自动监测设备的,按照监测机构出具的符合国家有关规定和监测规范的监测数据计算。第三,因排放污染物种类多等原因不具备监测条件的，按照国务院生态环境主管部门规定的排污系数、物料衡算方法计算。第四，不能按照本条第1项至第3项规定的方法计算的，按照省级政府生态环境主管部门规定的抽样测算的方法核定计算（第10条）。依照前述第4项的规定核定计算污染物排放量的，由税务机关会同生态环境主管部门核定污染物排放种类、数量和应纳税额（第21条）。

（2）环境保护税的应纳税额。该税额按照下列方法计算：第一，应税大气污染物的应纳税额为污染当量数乘以具体适用税额；第二，应税水污染物的应纳税额为污染当量数乘以具体适用税额；第三，应税固体废物的应纳税额为固体废物排放量乘以具体适用税额；第四，应税噪声的应纳税额为超过国家规定标准的分贝数对应的具体适用税额（第11条）。

4. 环境保护税的税收减免

税收优惠是一种减免纳税人负担的制度安排，是税收宏观调控政策的重要手段。下列情形暂予免征环境保护税：第一，农业生产（不包括规模化养殖）排放应税污染物的；第二，机动车、铁路机车、非道路移动机械、船舶和航空器等流动污染源排放应税污染物的；第三，依法设立的城乡污水集中处理、生活垃圾集中处理场所排放相应应税污染物，不超过国家和地方规定的排放标准的；第四，纳税人综合利用的固体废物，符合国家和地方环境保护标准的；第五，国务院批准免税的其他情形（由国务院报全国人大常委会备案）（第12条）。纳税人排放应税大气污染物或者水污染物的浓度值低于国家和地方规定的污染物排放标准30%的，减按75%征收环境保护税。纳税人排放应税大气污染物或者水污染物的浓度值低于国家和地方规定的污染物排放标准50%的，减按50%征收环境保护税（第13条）。

5. 环境保护税的征收管理

税收管理，是指国家税务机关根据税收征管法律的规定，对税款征收过程进行的组织、管理、检查等一系列工作的总称。

（1）环境保护税由税务机关依照《税收征收管理法》和本法的有关规定征收管理。生态环境主管部门依照本法和有关环境保护法律法规的规定负责对污染物的监测管理。县级以上地方政府应当建立税务机关、生态环境主管部门和其他相关单位分工协作工作机制，加强环境保护税征收管理，保障税款及时足额入库（第14条）。

（2）生态环境主管部门和税务机关应当建立涉税信息共享平台和工作配合机制。生态环境主管部门应当将排污单位的排污许可、污染物排放数据、环境违法和受行政处罚情况等环境保护相关信息，定期交送税务机关。税务机关应当将纳税人的纳税申报、税款入库、减免税额、欠缴税款以及风险疑点等环境保护税涉税信息，定期交送生态环境主管部门(第15条)。

(3)纳税义务发生时间。纳税义务发生时间为纳税人排放应税污染物的当日(第16条)。纳税人应当向应税污染物排放地的税务机关申报缴纳环境保护税(第17条)。

(4)环境保护税的缴纳方法。环境保护税按月计算,按季申报缴纳。不能按固定期限计算缴纳的,可以按次申报缴纳。纳税人申报缴纳时,应当向税务机关报送所排放应税污染物的种类、数量,大气污染物、水污染物的浓度值,以及税务机关根据实际需要要求纳税人报送的其他纳税资料(第18条)。

(5)环境保护税的缴纳时间。纳税人按季申报缴纳的,应当自季度终了之日起15日内,向税务机关办理纳税申报并缴纳税款。纳税人按次申报缴纳的,应当自纳税义务发生之日起15日内,向税务机关办理纳税申报并缴纳税款(第19条)。

(6)税务机关应当将纳税人的纳税申报数据资料与生态环境主管部门交送的相关数据资料进行比对。税务机关发现纳税人的纳税申报数据资料异常或者纳税人未按照规定期限办理纳税申报的,可以提请生态环境主管部门进行复核,生态环境主管部门应当自收到税务机关的数据资料之日起15日内向税务机关出具复核意见。税务机关应当按照生态环境主管部门复核的数据资料调整纳税人的应纳税额(第20条)。

三、资源税制度

(一)资源税制度概况

关于自然资源的有偿使用,通常采取征收资源税或者征收资源费两种方式。发达国家大多采取征收资源税的方式,而发展中国家和经济转型国家则通常采取征收资源费的方式。当然,大多数国家是既征税也收费。

(二)我国的资源税制度

我国的自然资源税(资源税)主要是矿产资源税。此外,还征收土地使用税、耕地占用税、土地增值税、林特产品税、水产品税等资源税。2011年9月30日,国务院修订了《资源税暂行条例》(1993年12月25日发布),该条例对资源税的纳税人、应税范围、税目、数额、减免条件等作出了比较具体的规定。同年,财政部和国税总局修订通过了《资源税暂行条例实施细则》。

1. 资源税的纳税人

根据《资源税暂行条例》第1条、第11条和《资源税暂行条例实施细则》第3条、第12条的规定,在我国境内开采规定的矿产品和生产盐的单位和个人,为资源税的纳税人,应当缴纳资源税。收购未税矿产品的单位为资源税的扣缴义务人。其中,单位包括企业、行政单位、事业单位、军事单位、社会团体及其他单位;个人包括个体工商户和其他个人;扣缴义务人是指独立矿山、联合企业及其他收购未税矿产品的单位。

2. 资源税的纳税范围

根据《资源税暂行条例实施细则》第2条的规定,资源税的应税范围包括以下内容:第一,原油,是指开采的天然原油,不包括人造石油。第二,天然气,是指专门开采或者与原油同时开采的天然气。第三,煤炭,是指原煤,不包括洗煤、选煤及其他煤炭制品。第四,其他非金属矿原矿,是指上列产品和井矿盐以外的非金属矿原矿。第五,固体盐,是指海盐原盐、湖盐原盐和井矿盐。液体盐是指卤水。

3. 资源税的计征

根据《资源税暂行条例》第4条的规定,资源税的应纳税额,按照“从价定率”或者“从量定额”的办法,分别以应税产品的销售额乘以纳税人具体适用的比率税率,或者以应税产品的销售数量乘以纳税人具体适用的定额税率计算。其中,销售额为纳税人销售应税产品向购买方收取的全部价款和价外费用,但不包括收取的增值税销项税额;销售数量包括纳税人开采或者生产应税产品的实际销售数量和视同销售的自用数量。

4. 资源税的减征和免征

根据《资源税暂行条例》的规定,有下列情形之一的,减征或者免征资源税:第一,开采原油过程中用于加热、修井的原油,免税。第二,纳税人在开采或者生产应税产品过程中,因意外事故或者自然灾害等原因遭受重大损失的,由省级政府酌情决定减税或者免税。第三,国务院规定的其他减税、免税项目(第7条)。纳税人的减税、免税项目,应当单独核算课税数量;未单独核算或者不能准确提供课税数量的,不予减税或者免税(第8条)。

5. 资源税的纳税地点和期限

《资源税暂行条例》规定如下:第一,纳税地点。纳税人应纳的资源税,应当向应税产品的开采或者生产所在地主管税务机关缴纳。纳税人在本省、自治区、直辖市范围内开采或者生产应税产品,其纳税地点需要调整的,由省、自治区、直辖市税务机关决定(第12条)。第二,纳税期限。纳税人的纳税期限为1日、3日、5日、10日、15日或者1个月,由主管税务机关根据实际情况具体核定。不能按照固定期限计算纳税的,可以按照次数纳税。纳税人以1个月为一期纳税的,自期满之日起10日内申报纳税;以1日、3日、5日、10日或者15日为一期纳税的,自期满之日起5日内预缴税款,于次月 1 日起 10 日内申报纳税并结清上月税款。扣缴义务人的解缴税款期限,比照前两款的规定执行(第 13 条)。

四、排污收费制度

(一)排污收费制度的概念

1. 排污收费制度的概念

排污收费制度(emission charges system)是对于直接向环境排放污染物的排污者,按照污染物的种类、数量和浓度,根据规定征收一定的费用,用于环境污染防治,改善环境质量的规则体系。《环境保护法》(2014 年修订)第 43 条第 1 款规定,排放污染物的企业事业单位和其他生产经营者,应当按照国家有关规定缴纳排污费。排污费应当全部专项用于环境污染防治,任何单位和个人不得截留、挤占或者挪作他用。

2. 排污收费制度的性质

关于这个问题,存在不同观点。[①] 第一种观点认为,排污收费制度是排污者对污染损失的一种补偿。但是,与我国对排污者实际缴纳的排污费和治理费、污染损失费相比,两者差距太大。第二种观点认为,排污收费制度是为环境保护筹集资金的一种形式。排污费作为环境保护专项资金,是环境保护资金来源之一,但是排污费并不是也不应该是环境保护资金来源的主要渠道。第三种观点认为,排污收费制度是税收的一种。但是,我国的排污费并未纳入税收的范围,对于拒不缴纳排污费者也不按照逃税、漏税或者抗税追究责任。第四种观点认为,排污收费制度是企业之间的环境互助金。

本书认为,第一,排污收费制度属于国家强制性征收,通过运用法律手段,使得排污者承担一定经济责任,目的在于促进污染的治理。第二,排污收费制度既是一种限制污染的手段,也是一种筹集环境保护资金的方式,征收的排污费纳入国家财政预算,作为环境保护专项资金使用,可以促进企业加强管理,改进技术,节约资源,治理污染。第三,对排污者而言,缴纳排污费不能免除其治理环境污染的责任,也不能免除对于因污染造成损失的赔偿责任和法律规定的其他责任,更不是用排污费购买企业的"污染权"。

(二)排污收费制度的建立和完善

我国的排污收费制度经历了一个从"超标排污收费"到"达标收费、超标违法"思

---

① 参见金瑞林主编:《环境法学》(第 4 版),北京大学出版社 2016 年版,第 106 页。

路的转变。

1. 1978 年 12 月，中共中央批转的国务院原环境保护领导小组《环境保护工作汇报要点》，首次提出在我国实行“排放污染物收费制度”。1979 年 9 月颁布的《环境保护法（试行）》第 18 条规定，超过国家规定的标准排放污染物，要按照排放污染物的数量和浓度，根据规定收取排污费。其立法背景是，当时国有企业事业单位的生产工艺和设备普遍陈旧、落后，法律若规定要求污染物全面实行达标排放则不符合国情。因此，作为法律上的过渡措施，规定了超标准排污收费制度。

2. 1982 年 12 月，国务院颁布了《征收排污费暂行办法》，对征收排污费的目的、范围、标准、加收和减收的条件、费用的管理与使用等做了具体规定。1984 年 5 月，第六届全国人大常委会第五次会议通过的《水污染防治法》规定，向水体排放污染物的，按照国家规定缴纳排污费，超过国家或者地方规定的污染物排放标准的，按照国家规定缴纳超标准排污费。亦即，无论是超标还是不超标，凡是向水体排放污染物的，都要收费。修订后的《环境保护法》（1989 年）规定，排放污染物超过国家或者地方规定的污染物排放标准的企业事业单位，依照国家规定缴纳超标准排污费，并负责治理。《水污染防治法》另有规定的，依照其规定处理。

3. 1990 年，财政部、国家环保局印发《环境保护排污费预算会计制度》。1991 年，国家环保局、财政部和原国家物价局联合发布了《关于调整超标污水和统一超标噪声排污费征收标准的通知》。在 1996 年 8 月，国务院发布《关于环境保护若干问题的决定》，确立了“污染者付费、利用者补偿、开发者保护、破坏者恢复”的原则，要求环境污染者、自然资源的开发利用者和破坏者，应当为环境污染、资源利用和环境破坏等承担相应的环境责任，缴纳排污费（税）、资源费（税）等。

4. 鉴于超标排污费征收标准很低，实际上起到鼓励企业超标排污的作用，为此，在之后修订颁布的《海洋环境保护法》（1999 年修订）、《大气污染防治法》（2000 年修订）和《水污染防治法》（1996 年修订）等法律法规均确立了“达标排放收费、超标排污违法”的排污收费制度，《海洋环境保护法》（1999 年修订）规定了与排污收费性质相同的海洋废弃物倾倒费制度（第 11 条）。

5. 为加强对排污费征收、使用的管理，国务院在 2003 年公布了新的《排污费征收使用管理条例》（自 2003 年 7 月 1 日起施行）。该条例对排污费的征收、使用和管理作出具体规定：第一，征收内容和征收标准。征收内容由超标收费向排污收费转变，由单一浓度收费向浓度与总量结合转变，由单因子收费向多因子收费转变。第二，征收对象。征收对象由对超标排污的企业事业单位收费，到直接向环境排放污染物的单位或者个体工商户收费。第三，征收程序。排污费的收取、使用，必须严格实行收支两条线,征收的排污费一概上缴财政,排污费全部用于污染防治。第四,征收排污费的惩罚性。该条例加大了对违法行为的处罚力度,增强了执法的权威性。

同年,国家环保总局制定《排污费征收标准管理办法》,并与财政部联合发布了《排污费资金收缴使用管理办法》。

6. 2014 年修订的《环境保护法》第 43 条再次强调,排放污染物的企业事业单位和其他生产经营者,应当按照国家有关规定缴纳排污费。排污费应当全部专项用于环境污染防治,任何单位和个人不得截留、挤占或者挪作他用。

(三)排污费与环境保护税的关系

排污费制度是筹集环境保护资金的重要途径,为我国生态环境的保护和改善筹集了较为丰富的资金;同时,排污费制度也是一项有效的经济激励制度,有利于鼓励排污企业进行技术改造,加强对污染源的管理。

但是,排污费制度也存在诸多问题,主要是:第一,当前排污费制度中超标排污费与排污费并存,排污费的征收比例较低,不能对企业排污行为发挥抑制作用。有些企业宁愿缴纳排污费,也不进行技术改造,减少污染物的排放。第二,当前排污费的征收范围主要是废气、废水、固体废物、噪声等,范围比较狭窄,没有涵盖诸如电磁辐射、光污染、恶臭气体等。同时,仅对生产经营者征收排污费,不对消费性污染物征收。第三,排污费实行"属地"征收,地方保护主义现象较为严重,管理不够规范、严格,"依罚代收"、少收、短收现象较为严重。第四,列支和使用安排不合理,目前企业缴纳的排污费计入产品成本中,具有转嫁性,违背了"污染者负担"原则。企业缴纳的排污费中有部分被发放给企业,用于污染治理,难以保证排污费的正常使用。第五,对于拒不缴纳排污费的排污者,执法力度不够。例如,《排污费征收使用管理条例》(2003 年)规定,对于逾期拒不缴纳排污费的,处以应缴纳排污费数额 1 倍以上 3 倍以下的罚款,并报经有批准权的政府批准,责令停产停业整顿。但是,对于排污税,税务部门可以通过责成提供纳税担保、冻结纳税人的存款账户和扣押、查封纳税人的商品、货物等采取税收保全措施和强制性措施。

为此,国务院 2007 年 6 月颁布《节能减排综合性工作方案》,其中一项具体措施就是"研究开征环境税"。2013 年 5 月,时任国务院副总理马凯提出,要按照价、税、费、租联动机制,适当提高资源税税负,加快开征环境税、完善计税方式。2016 年 12 月,第十二届全国人大常委会第二十五次会议审议通过《环境保护税法》,确立了我国的环境保护税制度。

由于排污费与环境保护税具有一定的重合性,因此原则上不能重复征收。对此,《环境保护法》(2014 年修订)第 43 条第 2 款和《环境保护税法》(2016 年)第 27 条明文规定,依照法律规定征收环境保护税的,不再征收排污费。

五、自然资源费制度

自然资源费,是指开发利用自然资源或自然环境者,应当依照自然资源或生态保护法律法规的规定,按其对自然资源与环境要素的利用程度向法律授权的行政主管部门缴纳一定费用的行为规范。

(一)自然资源费制度概述

1. 国外征收自然资源费的方式

在国外,有的采取门票形式,如通过对在国家公园等保护区域旅游者出售门票,收取自然资源使用费;有的通过出售自然资源开发利用特殊权而收费,如向申请某种自然资源开发利用许可证者收费;有的向受益者收费,如保护上游水源林的单位的地区向下游享用优质水源的单位和个人收取资源保护费。

2. 我国征收自然资源费的方式

“自然资源费”是我国学者对于各种自然资源开发、利用和保护管理收费的统称。对于不同的自然资源种类,收费种类也存在差异。第一,《森林法》(2009 年修订)规定的森林资源费有育林费、森林生态效益补偿基金费、森林植被恢复费。第二,《土地管理法》(2019 年修订)、《土地复垦规定》(1988 年颁布,已经失效)、《土地复垦条例》(2011 年)和《基本农田保护条例》(2011 年修订)等法律法规规定的土地资源费有耕地开垦费、基本农田保护区耕地造地费、耕地闲置费、土地复垦费、征用土地补偿费、新菜地开发建设基金、国有土地有偿使用费、土地损失补偿费等。第三,《水法》(2016 年修订)、《河道管理条例》(2018 年修订)规定了水资源费、河道工程修建维护费、河道采砂取土管理费等;《水土保持法》(2010 年修订)规定的水土流失防治费。第四,《野生动物保护法》(2018 年修订)规定的野生动物资源保护管理费。第五,《森林和野生动物类型自然保护区管理办法》(1985 年)规定的自然保护区保护管理费。第六,《矿产资源法》(2009 年修订)、《矿产资源补偿费征收管理规定》(1997 年修订)规定的矿产资源勘探费、开采费、矿产资源补偿费。第七,《对外合作开采海洋石油资源条例》(2013 年修订)、《对外合作开采陆上石油资源条例》(2013 年修订)规定的矿区使用费。此外,《渔业法》(2013 年修订)规定的渔业资源增殖保护费,《海域使用管理法》(2001 年)规定的海域使用金,《草原法》(2013 年修订)规定的草原植被恢复费等。①

---

① 参见金瑞林主编:《环境法学》(第 4 版),北京大学出版社 2016 年版,第 109 ~ 110 页。

(二)自然资源费制度的具体展开

1.开发使用费

开发使用费是在单位或者个人直接开发、占用、利用、使用自然资源时所缴纳的费用。例如,水资源费、土地使用费、海域使用费、矿区使用费等。如《水法》(2016年修订)规定,国家对水资源依法实行取水许可制度和有偿使用制度(第7条)。直接从江河、湖泊或者地下取用水资源的单位和个人,应当按照国家取水许可制度和水资源有偿使用制度的规定,向水行政主管部门或者流域管理机构申请领取取水许可证,并缴纳水资源费,取得取水权。但是,家庭生活和零星散养、圈养畜禽饮用等少量取水的除外(第48条)等。这种费用直接源于自然资源的使用价值,与是否有人类劳动的凝结或管理投入等无关。具体费用的多寡,通常根据开发使用的资源数量、面积以及稀缺程度、可获利益的大小确定。

2.保护管理费

保护管理费是为解决培育、维护、管理自然资源的费用支出而向开发利用自然资源者征收的费用。例如,河道工程修建维护费、河道采沙取土管理费、野生动物资源保护管理费、自然保护区保护管理费、渔业资源增值保护费、森林公园门票费等。这类收费主要是为了弥补国家或者有关单位为保护、管理自然资源所支出的费用,对于所消耗的自然资源也有一定的补偿作用。

3.惩罚性收费

惩罚性收费,是指行政管理机关在自然资源开发利用者不按照规定开发利用自然资源时,强制其缴纳的具有制裁性质的费用。例如,耕地闲置费是在用地单位办理各项审批手续、缴纳各项正常的费用之后,在其非农业建设占用的耕地上超过一年未动工建设,按照规定缴纳的费用。此类收费的目的是,促使自然资源的开发利用者按照规定的条件利用自然资源,防止资源的浪费。

六、生态补偿制度

由于生态环境具有公共物品的性质,在制度缺位的情况下,保护环境的行为可能无法得到应有的利益补偿。相反,由于保护环境而获益的其他群体在获得优质生态环境的同时并未支付任何对价,保护环境的行为可能由于缺乏相应的激励机制而不再保护环境,甚至可能走向反面。[①] 为此,环境法确立了生态补偿制度。

---

① 参见吕忠梅主编:《环境法原理》(第2版),复旦大学出版社2017年版,第257页。

(一)生态补偿制度的概念和种类

1. 生态补偿制度的概念

生态补偿,是指为弥补生态系统的消耗和损失,恢复生态平衡和生态功能,实现环境公平,在综合考虑生态保护成本、发展机会成本和生态服务价值的基础上,采用行政、市场等方式,由生态环境破坏者和生态效益受益者通过向生态保护者或因生态损害而受损者以支付金钱、物质或者提供其他非物质利益等方式,弥补其成本支出以及其他相关损失的行为。

作为一种环境资源保护的经济手段,生态补偿根据生态系统服务价值、生态保护成本、发展机会成本,运用政府和市场手段,通过由生态环境的受益者向生态环境保护着支付恢复和重建生态系统的费用,使外部成本内部化,调节生态保护利益相关者之间利益关系,是一种外部化的生态环境成本的负担机制,也是一种促进环境保护的利益驱动机制、激励机制和协调机制。生态补偿通过重新分配环境资源,重新调整经济社会发展中的社会生产关系,实现经济、社会、自然生态符合系统的整体可持续生存和发展。

2. 生态补偿制度的内容和种类

生态补偿主要是指对生态系统和自然资源保护所获得效益的奖励或破坏生态系统和自然资源所造成损失的赔偿。其主要包括四个方面:第一,对生态系统本身保护(恢复)或者破坏的成本进行补偿;第二,通过经济手段将经济效益的外部性内部化;第三,对个人或者区域保护生态系统和环境的投入或者放弃发展机会的损失进行经济补偿;第四,对具有重大生态价值的区域或者对象进行保护性投入。①

生态补偿制度可以分为狭义和广义两类。狭义的生态补偿制度,是指对由人类社会经济活动对生态系统和自然资源造成的破坏,以及对环境造成的污染的补偿、恢复、综合治理等一系列活动的总称。广义的生态补偿制度,还包括对于因环境保护而丧失发展机会的区域内的居民进行的资金、技术、实物等的补偿、政策上的优惠,以及为增进环境保护意识,提高环境保护水平而进行的教育、科研开支。②

---

① 参见信春鹰:《〈中华人民共和国环境保护法〉学习读本》,中国民主法制出版社 2014 年版,第 154 页。

② 参见吕忠梅:《超越与保守——可持续发展视野下的环境法创新》,法律出版社 2003 年版,第 355 页。

(二)生态补偿制度的体系化建构

1.我国生态补偿制度的体系化建构

我国从20世纪50年代就开始重视生态补偿问题。1953年,建立了育林基金制度。1981年3月,国务院发布《关于保护森林发展林业若干问题的决定》指出,建立国家林业基金制度,适当提高集体林区和国有林区(除黑龙江、吉林、内蒙古林区外)育林基金和更新改造资金的征收标准,扩大育林基金征收范围。1984年9月,第六届全国人大常委会第七次会议通过《森林法》(2009年修订)。该法第8条(已于2019年修订时删除该条)第1款规定:"国家对森林资源实行以下保护性措施:……(二)根据国家和地方人民政府有关规定,对集体和个人造林、育林给予经济扶持或者长期贷款;……(四)征收育林费,专门用于造林育林;(五)煤炭、造纸等部门,按照煤炭和木浆纸张等产品的产量提取一定数额的资金,专门用于营造坑木、造纸等用材林;(六)建立林业基金制度。"此外,还规定,国家设立森林生态效益补偿基金,用于提供生态效益的防护林和特种用途林的森林资源、林木的营造、抚育、保护和管理(第8条第2款)。

1993年2月,国务院发布《关于进一步加强造林绿化工作的通知》(2016年失效)指出:"要改革造林绿化资金投入机制,逐步实行征收生态效益补偿费制度。"1997年,提出积极探索"生态环境补偿机制",之后生态补偿机制和类似表达多次在相关法律法规和文件中出现。1998年,国务院发布的《全国生态环境建设规划》规定:"加强已建立的林业基金、牧区育草基金的使用管理,切实用于水土保持、植树种草等生态环境建设,积极开辟新的投资渠道。按照'谁受益、谁补偿,谁破坏、谁恢复'的原则,建立生态补偿制度。"

2002年12月,为保证"退耕还林"工作的顺利进行,国务院通过《退耕还林条例》(从2003年1月20日起施行),对退耕还林的资金和粮食补助等作出明确规定。2005年12月,为实现经济社会与环境的全面、协调、可持续发展,国务院颁布的《关于落实科学发展观加强环境保护的决定》明确指出:"要完善生态补偿政策,尽快建立生态补偿机制。中央和地方财政转移支付应考虑生态补偿因素,国家和地方可分别开展生态补偿试点。"

2007年8月,原国家环保总局下发《关于开展生态补偿试点工作的指导意见》,决定在自然保护区、重要生态功能区、矿产资源和流域水环境保护四个重点领域开展生态补偿试点。2007年,财政部和原国家林业局对《中央森林生态效益补偿基金管理办法》(财农〔2004〕169号)进行了修订,发布了《中央财政森林生态效益补偿基金管理办法》(已失效)。

2007 年 10 月,党的十七大报告明确提出:“实行有利于科学发展的财税制度,建立健全资源有偿使用制度和生态环境补偿机制。”2008 年 2 月,第十届全国人大常委会第三十二次会议修订的《水污染防治法》第一次以法律的形式规定了生态补偿机制,该法规定,国家通过财政转移支付等方式,建立健全对位于饮用水水源保护区区域和江河、湖泊、水库上游地区的水环境生态保护补偿机制(第 7 条)。

根据有关建立健全生态补偿机制的战略部署,国务院在 2010 年将制定生态补偿条例列入立法工作计划。2010 年 12 月 25 日,第十一届全国人大常委会第十八次会议修订通过《水土保持法》。该法规定,国家加强江河源头区、饮用水水源保护区和水源涵养区水土流失的预防和治理工作,多渠道筹集资金,将水土保持生态效益补偿纳入国家建立的生态效益补偿制度(第 31 条)。2013 年,国家提出“完善对重点生态功能区的生态补偿机制,推动地区间建立横向生态补偿制度”。2014 年,水利部提出要“建立流域上下游不同区域的生态补偿协商机制,推动地区间横向生态补偿”。

《环境保护法》《水污染防治法》等规定国家建立、健全生态保护补偿制度。例如,《环境保护法》第 31 条规定,国家建立、健全生态保护补偿制度。国家加大对生态保护地区的财政转移支付力度。有关地方政府应当落实生态保护补偿资金,确保其用于生态保护补偿。国家指导受益地区和生态保护地区政府通过协商或者按照市场规则进行生态保护补偿。《水污染防治法》第 8 条规定,国家通过财政转移支付等方式,建立健全对位于饮用水水源保护区区域和江河、湖泊、水库上游地区的水环境生态保护补偿机制。

2016 年 3 月 22 日,中共中央全面深化改革领导小组第二十二次会议审议通过《关于健全生态保护补偿机制的意见》。该意见认为,实施生态保护补偿是调动各方面积极性,保护好生态环境的重要手段,是生态文明制度建设的重要内容,必须进一步健全生态保护补偿机制。该意见提出,要完善转移支付制度,探索建立多元化生态保护补偿机制,扩大补偿范围,合理提高补偿标准,逐步实现森林、草原、湿地、荒漠、海洋、水流、耕地等重点领域和禁止开发领域、重点生态功能区等重要区域生态保护补偿全覆盖。

2. 森林生态补偿制度的体系化建构

早在 1953 年,我国就已经建立育林基金制度,对于用材林的发展起到积极的促进作用。《关于保护森林发展林业若干问题的决定》指出,建立国家林业基金制度,适当提高集体林区和国有林区(除黑龙江、吉林、内蒙古林区外)育林基金和更改资金的征收标准,扩大育林基金征收范围。

1992 年 9 月,《关于出席联合国环境与发展大会的情况及有关对策的报告》(中办发〔1992〕7号)第7条“运用经济手段保护环境”指出:“按自愿有偿使用的原则,要逐步开征资源利用补偿费,并开展对环境税的研究”。1993年,国务院发布《关于进一步加强造林绿化工作的通知》(2016年失效)。

1998年7月颁布实施的《森林法》(2009年修订)第8条(该条于2019年修订时删除)第2款规定,国家设立森林生态效益补偿基金,用于提供生态效益的防护林和特种用途林的森林资源、林木的营造、抚育、保护和管理。森林生态效益补偿基金必须专款专用,不得挪作他用。2000年颁布实施的《森林法实施条例》(2018年修订)第15条第3款规定,防护林和特种用途林的经营者,有获得森林生态效益补偿的权利。

(三)生态补偿的基本原则

一般认为,生态补偿的基本原则包括下列几个方面。①

1. 开发者保护、受益者补偿、损害者修复原则

“开发者保护”是指进行开发活动对生态环境造成影响的单位或者个人,应当采取有效措施,减轻或者抵消其活动对于生态系统造成的不良影响;“受益者补偿”是指政府或者生态系统服务功能的具体受益者,应当为生态保护作出贡献者提供补偿;“损害者修复”是指造成生态环境损害或者损失者,应当对生态环境进行修复和治理,以保护生态系统的服务功能和生态系统价值。

2. 统筹协调、共同发展原则

无论是生态保护地区和部门,还是生态受益地区和部门,都具有生存权和发展权。生态补偿就是通过经济补偿来弥补生态保护地区和部门因为生态保护而丧失的发展机会,并优先考虑最不利地区(部门)基本生存和发展权的需要,受益者不能用生态保护来限制生态保护地区(部门)的经济发展,而是要扶持该地区(部门)的经济发展。

3. 生态效益与经济效益相结合原则

生态环境不仅具有生态效益,而且能够产生经济效益。生态环境的生态效益是经济效益的基础和前提,只有维护好生态效益,才能实现经济效益;经济效益又能够为提高生态效益创造有利条件,为生态补偿提供经济基础。

4. 政府主导、市场运作原则

各级政府是生态补偿工作的组织者、管理者和推动者。政府通过加大对生态保护地区的财政转移支付力度,为生态补偿的实施提供资金来源。在发挥政府作用的

---

① 参见韩德培主编:《环境保护法教程》(第8版),法律出版社2018年版,第90页。

同时,还要积极调动市场主体参与生态补偿。通过市场化运作,从多方面筹集生态补偿资金,扩大生态补偿经费来源,缓解国家财政压力。

（四）生态补偿的主体、内容和对象

1. 生态补偿的主体

生态补偿的主体,是指依照法律规定,有进行生态补偿的权利和能力或者负有生态补偿职责的国家、国家机关、企事业单位及其工作人员等。从补偿主体看,根据"谁开发,谁保护;谁破坏,谁恢复;谁受益,谁补偿;谁污染,谁付费"的基本原则,环境资源的受益者、开发者、破坏者、污染者都可以成为生态补偿的主体。从立法角度看,生态补偿的主体应当包括两类:第一,为了实施生态保护措施补偿受损失者的中央政府或者地方各级政府;第二,向政府缴纳治理、恢复生态系统费用或者向保护该自然资源的其他主体支付费用的合法开发利用自然资源的主体。

第一类补偿主体:政府主体。生态补偿通常具有延续时间长、耗费巨大等特点,政府作为补偿主体,具有组织人力、资金和技术等优势。政府主要从提供公共产品和服务的角度出发实施补偿,其实质是依靠国家的强制力依法对生态环境和自然资源的利益收入进行再分配,间接干预市场经济活动,重在维持社会公平,实现社会经济的可持续发展。[①] 例如,《环境保护法》第 31 条第 2 款规定,国家加大对生态保护地区的财政转移支付力度。有关地方政府应当落实生态保护补偿资金,确保其用于生态保护补偿。

第一,中央政府主要负责全国性的具有全局意义的补偿。例如,全国性的重要生态功能区——三江源自然保护区;全国性的大型生态环境工程建设——退耕还林工程;大型生态环境修复工程——淮河流域的水污染治理;等等。第二,地方政府主要负责对辖区范围内或者由于中央政府与地方政府的分工而进行的有关相对较小的生态功能区的保护、生态环境修复和生态环境污染治理等补偿活动。

第二类补偿主体:合法开发利用自然资源的主体是自然资源的直接受益者,如开采矿产资源的企业通过生产、加工、销售矿产获得经济利益,河流下游的企事业单位或者居民享受河流上游森林和湿地所提供的清洁水源。因此,由企事业单位或者居民等合法开发利用自然资源者向自然资源的所有者或者生态系统服务功能的提供者支付相应的费用,不仅可以避免企业将本应当由自己承担的污染成本转嫁给社会,从而实现企业外部不经济性的内部化,还可以实现环境正义,激励更多主体进行生态

---

① 参见吕忠梅主编:《环境法原理》(第 2 版),复旦大学出版社 2017 年版,第 258 页。

保护。[①]

2. 生态补偿的内容

从补偿内容看,生态补偿可以分为政府的生态补偿和企业、社会团体和个人的生态补偿。前者是指政府为了履行生态环境责任的事权所必需的财权;后者是指企业、社会团体和个人为履行环境社会责任所必须承担的成本。

3. 生态补偿的对象

生态补偿的对象是生态环境的保护者、恢复者、受损者。生态补偿的最终受益者是生态系统。生态补偿的环境社会责任,首先是通过税收、非税收入等形式,由政府承担,其次是政府通过转移支付、补贴等手段,使生态系统所在地的居民承担,最后是通过生态系统所在地居民对生态环境影响行为的变化,体现到生态系统中。

(五)生态补偿的类型、范围和方式

1. 生态补偿的类型

根据不同标准,生态补偿的标准可以分为以下几类。

(1)基础性补偿和激励性补偿。生态保护补偿转移支付资金由财政根据财力情况,每年确定分配总额,分为基础性补偿和激励性补偿两部分。其中,基础性补偿部分是根据基本财力保障需求辅以调整系数,按照不同类别计算确定,以增强基本公共服务保障能力为目标的补偿。激励性补偿部分是根据基础性补偿和相关生态指标考核情况计算确定的补偿。

(2)自行补偿和委托补偿。既可以由破坏环境与资源者直接对环境进行修复补偿,也可以委托专门机构进行生态修复补偿,并由前者承担全部补偿费用。

(3)等量补偿和加倍补偿。为了从总体上保持生态平衡,区分不同的情况,可以实行等量补偿或者加倍补偿。其中,等量补偿是补偿量与破坏量相同,加倍补偿则是补偿量大于破坏量。

2. 生态补偿的范围

生态补偿主要涉及四个方面:第一,以森林生态系统服务为核心的生态补偿;第二,农业相关生态补偿;第三,流域生态补偿;第四,与矿产资源开发相关的生态补偿。

生态补偿的范围主要包括:第一,主体功能区规划中的生态发展区域;第二,属于国家级或者省级重点生态功能区;第三,经济欠发达地区;等等。

3. 生态补偿的方式

生态补偿的方式主要有以下几种:第一,资金补偿,如补偿金、补贴、贴息、减免税

---

① 参见吕忠梅主编:《环境法原理》(第2版),复旦大学出版社2017年版,第258页。

收、财政转移支付等；第二，实物补偿，如粮食补助、种苗补助、生产生活资料补助等；第三，政策补偿，如中央政府对地方政府的补偿，上级政府对下级政府的补偿等；第四，智力补偿，如提供免费技术咨询、指导和转让，进行免费技术培训等；第五，项目补偿。补偿者在受补偿地区进行开发项目，从而解决该地区或者受补偿人的就业和发展问题。

（六）生态补偿的计算标准

生态补偿的标准，是指进行生态补偿时参照的条件，主要涉及生态补偿客体的自然资本、生态服务功能价值及环境治理成本或者生态恢复成本。生态补偿通常是经济补偿，以货币价值方式进行衡量。

1. 生态补偿费的概念

生态补偿费是指为弥补、恢复、更新自然资源的减少、流失或者破坏而向开发利用自然资源的人收取的费用。生态补偿费的概念包括下列含义：第一，生态补偿的目的是明确界定生态保护者与受益者权利义务关系，使生态保护经济外部性内部化；第二，生态补偿的方法是采取财政转移支付或者市场交易等方式；第三，确立生态补偿应当综合生态保护成本、发展机会成本和生态服务价值。[①]

2. 生态补偿费的计算标准

生态补偿费通常根据恢复、更新所消耗、破坏的资源的实际费用征收。在有些场合，也会按照开发利用自然资源所得的一定比例或者数量征收，如育林费、森林生态效益补偿基金、生态环境补偿费等。在确定补偿标准时要充分考虑生态建设与保护过程中的各项成本、费用及收益，与经济社会发展状况相适应，反映人对生态环境影响的程度和因素，考虑内控机制层面的因素和外部约束机制层面的因素，促进形成绿色生产方式和生活方式。但是，生态补偿的对象范围不包括破坏生态环境给国家造成重大损失或者侵害当事人合法权益依法应当承担民事赔偿责任的情形。

根据生态补偿标准的确定方式，可以分为核算法和协商法两种。《环境保护法》规定，国家指导受益地区和生态保护地区政府通过协商或者按照市场规则进行生态保护补偿（第 31 条第 3 款）。第一，核算法是指以生态环境治理成本（生态环境保护投入）和生态环境损失（生态服务功能价值）评估核算为基础，确定补偿标准的方法。第二，协商法是指生态补偿法律关系中的利益相关者之间就生态补偿的范围和数额进行磋商、谈判从而确定其标准的方法。

从各地生态补偿的实践看，形成了一些各具特色的方法。第一，浙江省、江西省、

---

① 参见汪劲：《环境法学》（第 3 版），北京大学出版社 2014 年版，第 153 页。

江苏省、湖北省和福建省针对水生态功能区,在一些主要流域分别开展了流域生态补偿,在断面水质超标时由上游给予下游补偿,在断面水质指标值优于控制指标值时由下游给予上游补偿。第二,江西省政府印发的《江西省流域生态补偿办法(试行)》(2015 年 11 月 1 日印发,已失效)包括实施范围、主要原则、资金筹集、资金分配等内容。在资金分配方法,为达到精准考核、公平公正的目的,补偿办法采用统一的因素法公式结合补偿系数,对流域生态补偿资金进行分配,并选取水环境质量、森林生态质量、水资源管理等因素统筹分配补偿资金至流域范围内的县市区。第三,根据各地实施的大气质量生态补偿办法,如《山东省环境空气质量生态补偿暂行办法》(2014 年 2 月 26 日起实施)规定,各地每季度或者半年以国控、省控空气自动检测站空气质量综合指数为基准对各县区进行排名,排名靠后的给予处罚,排名前列的给予奖励。①

(七)生态补偿的财政机制

现行的生态补偿的财政机制主要包括纵向财政转移支付、横向财政转移支付、政府性基金及生态税费等四类。从生态补偿实践的财政转移支付体制看,我国已经建立了中央财政对省级转移支付体制以及省级财政对省以下转移支付体制。

1. 纵向财政转移支付

纵向财政转移支付主要是指中央政府给予地方政府指定用途的资金补助、奖励。例如,根据财政部公布的《2012 年中央对地方国家重点生态功能区转移支付办法》,中央财政设立国家重点生态功能区转移支付的范围包括:第一,《全国主体功能区规划》(2010 年)中限制开发的国家重点生态功能区所属县(县级市、市辖区、旗)和禁止开发区域;第二,青海三江源自然保护区、南水北调中线水源地湿地保护区、海南国际旅游岛中部山区生态保护核心区等生态功能重要区域所属县。对于原环境保护部制定的《全国生态功能区划》(2008 年通过,2015 年修编)、《全国主体功能区规划》(2010 年)中不在上述范围的其他重要生态功能区域所属县给予引导性补助,对开展生态文明示范工程试点的市、县给予工作经费补助,对生态环境保护较好的地区给予奖励性补助。

中央对地方的财政转移,可以分为一般性转移支付和专项转移支付。第一,一般性转移支付是指中央政府对有财力缺口的地方政府(主要是中西部地区地方政府),按照规定的办法给予的补助。其中,涉及生态补偿的财政支出科目有资源枯竭城市转移支付,以及均衡性转移支付中的重点生态功能区转移支付。第二,专项转移支付

① 参见吕忠梅主编:《环境法原理》(第 2 版),复旦大学出版社 2017 年版,第 259 页。

是指中央政府对承担委托事务、共同事务的地方政府，给予的具有指定用途的资金补助，以及对承担特定事务的下级政府给予的具有指定用途的奖励或补助。

除中央对地方的财政转移支付外，还存在地方自筹资金、自主安排的财政转移支付。例如，浙江省在2004年颁布了《浙江省生态建设财政激励机制暂行办法》，将财力补贴、环境整治与保护补助、生态公益林补助和生态省建设作为财政补偿和激励的重点，将重要生态功能区作为补助的重点地区。

2. 横向财政转移支付

横向财政转移支付，是指同级地方政府之间财政资金的相互转移。例如，福建省闽江、九龙江流域水环境保护项目，新安江流域水环境补偿试点项目，京冀两地水资源合作项目等。

3. 政府性基金

与生态补偿有关的政府性基金，主要包括育林基金、森林植被恢复费等。

4. 生态税费

我国目前还没有建立独立的生态补偿税收制度，仅存在体现生态补偿原则的收费项目，主要包括排污费、海域使用金、草原植被恢复费、水资源费、砂石资源费、水土保持补偿费、矿产资源补偿费、草原植被恢复费等制度。

第七节　环境污染的全过程治理制度

一、物质循环全过程管理

（一）物质循环的概念

1. 传统的经济发展模式及其存在的问题

传统的经济发展模式主要有两种：第一，传统经济模式。在这种模式下，人类从自然界获取资源与能源，生产、消耗产品，并向环境排放废弃物，这是一种“资源与能源——产品——污染排放”的单向线性开放式经济过程。随着人口数量的增长、工业化的发展和生产规模的日益扩大，资源与能源日益枯竭，环境自净能力日益低下，这种发展模式带来的环境问题日益突出。第二，“生产过程末端治理”模式。在这种模式下，人类开始采取措施整治环境，通常采取“先污染，后治理”的方法，强调在生产过程的末端采取措施治理污染。但是，由于治理环境污染的技术难度较大，成本高昂，成效不够显著，这种模式的弊端日益显现。

2. 物质循环分析论的提出

1970年,克尼斯(Kneese)等基于生态系统的危机,即物质代谢结构的崩溃,提出“物质循环分析论”(生态经济理论),认为人类的经济活动包括“资源和能源的投入——生产加工——分配流通——最终消费——排放废弃物”的全过程。① 这是首次在经济学理论中提出经济循环与物质循环相适应的思想。

循环经济本质上是一种生态经济,运用生态学规律来指导人类的经济活动。循环经济模式是在继传统经济模式和生产过程末端治理模式之后的一种新的经济发展模式,它是一种建立在物质和能源不断循环利用基础上的经济发展模式,将经济活动按照自然生态系统的模式,组织成为“资源与能源——产品——消费——再生资源”的物质反复循环流动的过程,使整个经济系统以及生产和消费的过程基本上不产生或者很少产生废弃物和污染物。

物质循环理论所要解决的是人类与自然之间的物质代谢问题,其特点在于将生态系统和自然体系与人类的经济活动结合起来,认为环境问题的根源是经济活动违背了生态系统的物质代谢结构。主张脱离传统的仅以财产、服务的市场交换经济贸易为主题的经济体系,在能源的转化、最终消费、废弃物加工处理等开放体制中开展人类的经济活动,以全部收支的观点来看待环境污染及其控制。

(二)物质循环全过程管理法律制度

1. 物质循环管理法的概念

物质循环管理法,是指以对废弃物实施物质循环管理为中心,以促进循环经济为目的的法律规范的总称。它是在通过法律手段保障和促进废物再生利用的基础上发展起来的环境法的分支领域。物质循环管理立法的目的,主要是控制现代社会大量生产、大量消费和大量废弃的经济活动造成的环境负荷增加的行为。②

在国外,对物质循环的管理可以分为四类,分别是“物质投入的管理”、“物质排放的管理”、“物质再使用、再利用和再资源化的促进”及“物质处理的管理”。有关物质循环管理的法律也奠基于污染防治和废弃物处理的基础上。③

从各国物质循环管理立法的内容看,通过法律实行控制的废弃物主要有五类:容器包装废弃物、机动车废弃物、废旧家电与电子仪器、食品废弃物和建设废弃物。控

---

① Ayes, R. U., A. V. Kneese and R. C. d'Age, *Aspects of Environmental Economics, A Materials Balance-General Equilibrium Approach*, Baltimore, Md.: Johns Hopkins University Press, 1970.

② 参见汪劲:《环境法学》(第3版),北京大学出版社2014年版,第212～213页。

③ 参见[日]大冢直:《环境法》,有斐阁2002年版,第354页。

制的对象主要包括伴随燃烧处理废弃物过程产生的有毒废气、废弃物最终处分场所的污染防治管理、非法丢弃废弃物行为及有害废弃物处理等。①

2. 物质循环管理法的制度基础——延伸生产者责任制度。

(1)延伸生产者责任的概念。延伸生产者责任(extended producer responsibility, EPR)是指将消费、使用完毕的产品回收、再利用和最终处分的责任由消费者转移到产品的生产者,促使生产者在产品的设计和生产环节就考虑减量化、再利用等一系列废弃后的产品处理问题。延伸生产者责任制度最早在德国的包装废弃物法律中得到确认,美国、日本等国已经确立该制度。

与环境税费制度不同的是,延伸生产者责任制度被认为是“污染者负担原则”的具体体现,核心仅与产品废弃物管理有关系,目的在于减轻政府对有关产品消费后所发生处理费用的财政负担。

(2)延伸生产者责任的模式和范围。延伸生产者责任制度主要着眼于责任,即生产者到底应当承担何种责任。1992 年,瑞典基于产品的生命周期原理确定了延伸生产者责任制度的模式和范围。该模式从保护自然资源、降低有害物质的产生和使用,以及能源利用,到削减最终处分的废弃物等环节出发,主要确立了下列四类生产者的责任。第一,补偿责任(liability to compensation),是指生产者应当基于产品的环境影响对环境损失进行补偿的责任。补偿责任的范围包括产品生命周期的各个阶段的使用与最终处分等环节。第二,经济责任(economic responsiblity),是指生产者应当全部或者部分负担产品使用之后的收集、再利用与最终处分等费用的责任。第三,物理责任(physical responsiblity),是指生产者应当对产品或者产品所带来的影响,从物理上采取实际管理制度的责任。第四,情报提供责任(informative responsiblity),是指生产者应当就该产品的环境影响以及在性能方面提供情报的责任。②

3. 物质循环管理法律制度的规制环节

从各国的物质循环管理法律看,主要从下列环节进行规制:第一,在生产环节,采取生产抑制措施,即依法直接由政府管制或者采取政府与产业界之间签署自愿协定的方式;第二,在消费环节,采取再生和回收利用措施,包括经济刺激措施(产品费或者产品税、生态税、事前处理手续费、保证金);第三,在废弃物处理环节,明确企业对资源、容器包装、家电等的回收责任,以及对不能回收利用废弃物的分类、处置等处理

① 参见汪劲:《环境法学》(第 3 版),北京大学出版社 2014 年版,第 213 页。

② 参见[日]植田和弘等监修:《循环型社会手册》,有斐阁 2001 年版,第 259 ~ 260 页。

责任,并明确费用与财政分担制度。①

我国《环境保护法》第 40 条规定,国家促进清洁生产和资源循环利用。但是,目前我国在环境与资源监督管理体制上仍然采取“各管一块”的职能划分模式,实际上未能摆脱传统的“污染防治”的末端治理结构和方法。

二、清洁生产促进制度

在治理环境的过程中,“末端治理”无论是经济成本还是环境保护都存在诸多问题,“源头治理”和“全过程管理”的理念逐渐得到认同。在环境污染治理实务中,“源头治理”的主要体现是“清洁生产”,“全过程治理”的主要体现是“循环经济”。

(一)清洁生产促进制度的概念

清洁生产,是指将综合预防的环境策略持续性的应用于生产过程和产品中,以减少其对人类和环境的风险性。1989 年,联合国环境规划署提出了清洁生产(clean production)的概念,即“将污染预防战略持续的应用于生产过程、产品和服务中,通过不断地改善管理和推进技术进步,提高资源利用效率,减少污染物产生和排放,以降低对人类和环境的危害。清洁生产通过应用专门技术,改进流程和改善管理来实现。就生产过程而言,清洁生产包括节约原材料和能源,淘汰有毒原材料并在全部排放物和废物产生之前就减少它们的数量和毒性。对产品而言,清洁生产策略旨在减少产品在整个生命周期过程(包括从原料提炼到产品的最终处置)中对人类和环境资源的影响。清洁生产应通过专门技术、改进工艺和改善管理来实现”。1996 年,联合国环境规划署进一步将其概括为“为增加生态效率并减少对人类和环境的风险,持续应用于生产过程、产品和服务中的综合的预防性环境战略”。

我国《清洁生产促进法》(2002 年通过,2012 年修订)第 2 条规定,清洁生产是指不断采取改进设计、使用清洁的能源和原料、采用先进的工艺技术与设备、改善管理、综合利用等措施,从源头削减污染,提高资源利用效率,减少或者避免生产、服务和产品使用过程中污染物的产生和排放,以减轻或者消除对人类健康和环境的危害。

实施清洁生产,主要有下列意义:第一,实施清洁生产,可以节约资源、减少污染、降低污染治理设施的建设和运行费用,提高企业的经济效益和竞争力;第二,实施清洁生产,将污染物消除在源头和生产过程中,可以有效解决污染转移问题;第三,实施清洁生产,可以从根本上减轻因为经济迅速发展给环境带来的巨大压力,降低生产和服务活动对环境的破坏。

---

① 参见汪劲:《环境法学》(第 3 版),北京大学出版社 2014 年版,第 215 页。

(二)清洁生产制度的立法

1. 国外的清洁生产立法

第一,欧洲。在20世纪七八十年代,欧洲许多国家制定了以预防环境污染为目标的"清洁工艺"和"清洁生产"的法律法规。在此基础上,欧共体理事会在1979年4月,正式宣布推行清洁生产的政策。1979年11月,召开开展国际合作的全欧高级会议,通过了《关于少废无废工艺和废料利用的宣言》。在1984年和1987年,又制定了促进清洁生产的两个法规,明确对清洁生产的工业示范工程提供财政支持。

第二,美国。1984年,美国国会通过了《资源保护与恢复法——固体有害废物修正案》,1990年又通过了《污染预防法》,从而以预防污染政策取代末端治理的污染控制政策,以法律的形式确定污染预防作为国家治理污染的基本战略。

第三,日本。日本自1991年以来制定了多部促进实施清洁生产的专门法律,例如《资源有效利用促进法》《推动建立循环社会基本法》《容器包装再利用法》等。

2. 我国的清洁生产立法

我国自1993年第二次全国工业污染防治工作会议正式提出要积极推进"清洁生产"之后,先后颁布或者修订的《大气污染防治法》(1987年制定,1995年、2000年、2015年、2018年修订)、《固体废物污染环境防治法》(1995年制定,2004年、2013年、2015年、2016年、2019年修订)、《淮河流域水污染防治暂行条例》(1995年颁布,2011年修订)和《水污染防治法》(1984年制定,1996年、2008年、2017年修订)等增加了有关清洁生产的规定。

1994年3月,国务院颁布了《中国21世纪议程》,将"清洁生产"界定为:"既可满足人们的需要又可合理使用自然资源和能源,并保护环境的实用生产方法和措施。"提出"为了实施可持续发展战略,要采用清洁技术,实施清洁生产",并且将推行清洁生产作为优先实施的重点领域。1999年11月,正式颁布第一部清洁生产地方性法规——《太原市清洁生产条例》。国家环保部门于1997年4月核定了《关于推行清洁生产的若干意见》,于2004年8月制定了《清洁生产审核暂行办法》(已失效)。

2002年6月29日,第九届全国人大常委会第二十八次会议修订通过了《清洁生产促进法》(自2003年1月1日起施行)。这是我国第一部以推行清洁生产为目的的法律。该法共6章42条,对促进清洁生产的一般原则、管理体制、清洁生产的推行、清洁生产的实施、鼓励措施以及法律责任等作出了规定。根据该法第2条的规定,清洁生产是指"不断采取改进设计、使用清洁的能源和原料、采用先进的工艺技术与设备、改善管理、综合利用等措施,从源头削减污染,提高资源利用效率,减少或者避免生产、服务和产品使用过程中污染物的产生和排放,以减轻或者消除对人类健康和环境的危害”。清洁生产的实质是从源头着手,预防为主,对产品的设计、生产和消费进行保护环境、节约资源的全过程控制,实现经济效益和环境效益的统一。与《固体废物污染环境防治法》相比,该法更强调物质的循环管理要求。

《环境保护法》(2014 年修订)第 40 条规定,国家促进清洁生产和资源循环利用。国务院有关部门和地方各级政府应当采取措施,推广清洁能源的生产和使用。企业应当优先使用清洁能源,采用资源利用率高、污染物排放量少的工艺、设备以及废弃物综合利用技术和污染物无害化处理技术,减少污染物的产生。2016 年 5 月 16 日,为了落实 2012 年修订的《清洁生产促进法》,国家发改委、原环境保护部对《清洁生产审核暂行办法》进行了修订,颁布了《清洁生产审核办法》。

(三)清洁生产的监督管理体制

国家鼓励和促进清洁生产。国务院和县级以上地方政府,应当将清洁生产促进工作纳入国民经济和社会发展规划、年度计划以及环境保护、资源利用、产业发展、区域开发等规划(《清洁生产促进法》第 4 条)。

清洁生产的监督管理,采取“两级多元”体制。“两级”是指国家级和地方级;“多元”是指包括清洁生产综合协调部门和其他有关部门。其具体工作主要有以下两点。第一,国务院清洁生产综合协调部门负责组织、协调全国的清洁生产促进工作。国务院环境保护、工业、科学技术、财政部门和其他有关部门,按照各自的职责,负责有关的清洁生产促进工作。第二,县级以上地方政府负责领导本行政区域内的清洁生产促进工作。县级以上地方政府确定的清洁生产综合协调部门负责组织、协调本行政区域内的清洁生产促进工作。县级以上地方政府其他有关部门,按照各自的职责,负责有关的清洁生产促进工作(《清洁生产促进法》第 5 条)。

(四)政府及其主管部门的职权与责任

各级政府及其行政主管部门是支持、促进清洁生产的行政管理主体,依照《清洁生产促进法》规定,其职权和责任主要有下列几点。

1. 实施清洁生产的财政税收政策、产业政策、技术开发和推广政策

各级政府在清洁生产的推行中主要负责政策制定、规划布局与清洁产品的采购与使用的责任。国务院应当制定有利于实施清洁生产的财政税收政策。国务院及其有关部门和省级政府,应当制定有利于实施清洁生产的产业政策、技术开发和推广政策(第 7 条)。

2. 国家清洁生产推行规划

国务院清洁生产综合协调部门会同国务院环境保护、工业、科学技术部门和其他有关部门,根据国民经济和社会发展规划及国家节约资源、降低能源消耗、减少重点

污染物排放的要求,编制国家清洁生产推行规划,报经国务院批准后及时公布。

国家清洁生产推行规划应当包括:推行清洁生产的目标、主要任务和保障措施,按照资源能源消耗、污染物排放水平确定开展清洁生产的重点领域、重点行业和重点工程。国务院有关行业主管部门根据国家清洁生产推行规划确定本行业清洁生产的重点项目,制定行业专项清洁生产推行规划并组织实施。县级以上地方政府根据国家清洁生产推行规划、有关行业专项清洁生产推行规划,按照本地区节约资源、降低能源消耗、减少重点污染物排放的要求,确定本地区清洁生产的重点项目,制定推行清洁生产的实施规划并组织落实(第8条)。

3. 清洁生产资金

中央预算应当加强对清洁生产促进工作的资金投入,包括中央财政清洁生产专项资金和中央预算安排的其他清洁生产资金,用于支持国家清洁生产推行规划确定的重点领域、重点行业、重点工程实施清洁生产及其技术推广工作,以及生态脆弱地区实施清洁生产的项目。中央预算用于支持清洁生产促进工作的资金使用的具体办法,由国务院财政部门、清洁生产综合协调部门会同国务院有关部门制定。县级以上地方政府应当统筹地方财政安排的清洁生产促进工作的资金,引导社会资金,支持清洁生产重点项目(第9条)。

4. 清洁生产信息系统和技术咨询服务体系

国务院和省级政府的有关部门,应当组织和支持建立促进清洁生产信息系统和技术咨询服务体系,向社会提供有关清洁生产方法和技术、可再生利用的废物供求以及清洁生产政策等方面的信息和服务(第10条)。

5. 清洁生产技术、工艺、设备和产品导向目录制度

国务院清洁生产综合协调部门会同国务院环境保护、工业、科学技术、建设、农业等有关部门定期发布清洁生产技术、工艺、设备和产品导向目录。国务院清洁生产综合协调部门、环境保护部门和省级政府负责清洁生产综合协调的部门、环境保护部门会同同级有关部门,组织编制重点行业或者地区的清洁生产指南,指导实施清洁生产(第11条)。

6. 落后生产技术、工艺、设备和产品实行限期淘汰制度

国家对浪费资源和严重污染环境的落后生产技术、工艺、设备和产品实行限期淘汰制度。国务院有关部门按照职责分工,制定并发布限期淘汰的生产技术、工艺、设备以及产品的名录(第12条)。

(五)具体行业的清洁生产义务

《清洁生产促进法》对具体行业的清洁生产义务作出了明确规定。

1. 新建、改建和扩建项目与清洁生产

新建、改建和扩建项目应当进行环境影响评价,对原料使用、资源消耗、资源综合利用以及污染物产生与处置等进行分析论证,优先采用资源利用率高以及污染物产生量少的清洁生产技术、工艺和设备(第 18 条)。

2. 企业技术改造与清洁生产

企业在进行技术改造过程中,应当采取以下清洁生产措施:第一,采用无毒、无害或者低毒、低害的原料,替代毒性大、危害严重的原料;第二,采用资源利用率高、污染物产生量少的工艺和设备,替代资源利用率低、污染物产生量多的工艺和设备;第三,对生产过程中产生的废物、废水和余热等进行综合利用或者循环使用;第四,采用能够达到国家或者地方规定的污染物排放标准和污染物排放总量控制指标的污染防治技术(第 19 条)。

3. 产品和包装物与清洁生产

产品和包装物的设计,应当考虑其在生命周期中对人类健康和环境的影响,优先选择无毒、无害、易于降解或者便于回收利用的方案。企业对产品的包装应当合理,包装的材质、结构和成本应当与内装产品的质量、规格和成本相适应,减少包装性废物的产生,不得进行过度包装(第 20 条)。

4. 大型机电设备、机动运输工具等与清洁生产

生产大型机电设备、机动运输工具以及国务院工业部门指定的其他产品的企业,应当按照国务院标准化部门或者其授权机构制定的技术规范,在产品的主体构件上注明材料成分的标准牌号(第 21 条)。违反前述规定,未标注产品材料的成分或者不如实标注的,由县级以上地方政府质量技术监督部门责令限期改正;拒不改正的,处以 5 万元以下的罚款(第 37 条)。

5. 农业生产与清洁生产

农业生产者应当科学地使用化肥、农药、农用薄膜和饲料添加剂,改进种植和养殖技术,实现农产品的优质、无害和农业生产废物的资源化,防止农业环境污染。禁止将有毒、有害废物用作肥料或者用于造田(第 22 条)。

6. 服务型行业与清洁生产

餐饮、娱乐、宾馆等服务性企业,应当采用节能、节水和其他有利于环境保护的技术和设备,减少使用或者不使用浪费资源、污染环境的消费品(第 23 条)。

7. 建筑行业与清洁生产

建筑工程应当采用节能、节水等有利于环境与资源保护的建筑设计方案、建筑和装修材料、建筑构配件及设备。建筑和装修材料必须符合国家标准。禁止生产、销售

和使用有毒、有害物质超过国家标准的建筑和装修材料(第 24 条)。

8. 矿业与清洁生产

矿产资源的勘查、开采,应当采用有利于合理利用资源、保护环境和防止污染的勘查、开采方法和工艺技术,提高资源利用水平(第 25 条)。

9. 废物、余热等的回收利用

企业应当在经济技术可行的条件下对生产和服务过程中产生的废物、余热等自行回收利用或者转让给有条件的其他企业和个人利用(第 26 条)。

10. 强制性清洁生产审核

(1)企业应当对生产和服务过程中的资源消耗以及废物的产生情况进行监测,并根据需要对生产和服务实施清洁生产审核(第 27 条第 1 款)。有下列情形之一的企业应当实施强制性清洁生产审核:第一,污染物排放超过国家或者地方规定的排放标准,或者虽未超过国家或者地方规定的排放标准,但超过重点污染物排放总量控制指标的;第二,超过单位产品能源消耗限额标准构成高耗能的;第三,使用有毒、有害原料进行生产或者在生产中排放有毒、有害物质的(第 27 条第 2 款)。

上述规定以外的企业,可以自愿与清洁生产综合协调部门和环境保护部门签订进一步节约资源、削减污染物排放量的协议。该清洁生产综合协调部门和环境保护部门应当在本地区主要媒体上公布该企业的名称以及节约资源、防治污染的成果(第 28 条)。

(2)实施强制性清洁生产审核的企业,应当将审核结果向所在地县级以上地方政府负责清洁生产综合协调的部门、环境保护部门报告,并在本地区主要媒体上公布,接受公众监督,但涉及商业秘密的除外(第 27 条第 4 款)。

(3)县级以上地方政府有关部门应当对企业实施强制性清洁生产审核的情况进行监督,必要时可以组织对企业实施清洁生产的效果进行评估验收,所需费用纳入同级政府预算。承担评估验收工作的部门或者单位不得向被评估验收企业收取费用(第 27 条第 5 款)。

(4)法律责任。第一,违反第 27 条第 2 款、第 4 款规定,不实施强制性清洁生产审核或者在清洁生产审核中弄虚作假的,或者实施强制性清洁生产审核的企业不报告或者不如实报告审核结果的,由县级以上地方政府负责清洁生产综合协调的部门、环境保护部门按照职责分工责令限期改正;拒不改正的,处以 5 万元以上 50 万元以下的罚款。第二,违反第 27 条第 5 款规定,承担评估验收工作的部门或者单位及其工作人员向被评估验收企业收取费用的,不如实评估验收或者在评估验收中弄虚作假的,或者利用职务上的便利谋取利益的,对直接负责的主管人员和其他直接责任人员依法给予处分;构成犯罪的,依法追究刑事责任(第 39 条)。

11. 清洁生产认证

企业可以根据自愿原则,按照国家有关环境管理体系等认证的规定,委托经国务院认证认可监督管理部门认可的认证机构进行认证,提高清洁生产水平(第 29 条)。

(六)清洁生产的激励机制与鼓励措施

国家鼓励开展有关清洁生产的科学研究、技术开发和国际合作,组织宣传、普及清洁生产知识,推广清洁生产技术。国家鼓励社会团体和公众参与清洁生产的宣传、教育、推广、实施及监督(第 6 条)。《清洁生产促进法》第 4 章"鼓励措施"确立了清洁生产的激励机制。

第一,国家建立清洁生产表彰奖励制度。对在清洁生产工作中做出显著成绩的单位和个人,由政府给予表彰和奖励(第 30 条)。第二,对从事清洁生产研究、示范和培训,实施国家清洁生产重点技术改造项目和本法第 28 条规定的自愿节约资源、削减污染物排放量协议中载明的技术改造项目,由县级以上政府给予资金支持(第 31 条)。第三,在依照国家规定设立的中小企业发展基金中,应当根据需要安排适当数额用于支持中小企业实施清洁生产(第 32 条)。第四,依法利用废物和从废物中回收原料生产产品的,按照国家规定享受税收优惠(第 33 条)。第五,企业用于清洁生产审核和培训的费用,可以列入企业经营成本(第 34 条)。

三、循环经济促进制度

(一)循环经济的概念

循环经济(circular economy)是指在经济发展过程中,遵循生态学规律,将清洁生产、资源综合利用、生态设计和可持续消费等融为一体,实现废物减量化、资源化和无害化,使经济系统和自然生态系统的物质实现循环,以维护自然生态健康的经济发展模式。①

根据《循环经济促进法》第 2 条的规定,循环经济是指在生产、流通和消费等过程中进行的减量化、再利用、资源化活动的总称。"减量化"是指在生产、流通和消费等过程中减少资源消耗和废物产生。"再利用"是指将废物直接作为产品或者经修复、翻新、再制造后继续作为产品使用,或者将废物的全部或者部分作为其他产品的部件予以使用。"资源化"是指将废物直接作为原料进行利用或者对废物进行再生利用。

---

① 参见蔡守秋主编:《环境资源法教程》(第 3 版),高等教育出版社 2017 年版,第 228 页。

(二)有关循环经济的立法

1. 国外有关循环经济的立法

这里以德国为例进行说明。1972年,德国制定了废弃物的末端处理法;1986年,颁布了《限制废弃物及废弃物处理法》,将重点从“如何处理废弃物”转向“如何避免产生废弃物”强调通过节省资源的工艺和可循环的包装系统将避免产生废弃物作为废弃物管理的首要目标。

1991年,德国首次按照“资源—产品—资源”的循环经济思路制定了《包装条例》(2000年、2001年修订),将各类包装物的回收作为国民的法定义务,要求德国的生产商和销售商对于用过的商品的包装,首先要避免其产生,其次要对其回收再利用,从而大幅度减少包装废弃物的填埋和焚烧的数量。1992年,德国颁布《限制废车条例》,规定汽车制造商有回收废旧车辆的义务。1996年,德国颁布《循环经济与废物管理法》,这是世界上第一部系统促进循环经济发展的法律,旨在倡导在资源循环利用的基础上发展经济。

2. 我国有关循环经济的立法

我国历来重视循环经济立法。20世纪90年代,我国开始提出发展循环经济的战略目标。在1997年4月,原国家环境保护局印发了《关于推行清洁生产的若干意见》。2005年7月,国务院公布了《关于加快发展循环经济的若干意见》,为发展循环经济提供了明确的政策依据。2008年8月29日,第十一届全国人大常委会第四次会议审议通过了《循环经济促进法》。该法规定,发展循环经济是国家经济社会发展的一项重大战略,应当遵循统筹规划、合理布局,因地制宜、注重实效,政府推动、市场引导,企业实施、公众参与的方针(第3条)。

(三)促进循环经济的基本原则和监督管理机制

《循环经济促进法》对促进循环经济的监督管理体制等作出了具体规定。

1. 促进循环经济的基本原则

发展循环经济应当在技术可行、经济合理和有利于节约资源、保护环境的前提下,按照减量化优先的原则实施。在废物再利用和资源化过程中,应当保障生产安全,保证产品质量符合国家规定的标准,并防止产生再次污染(第4条)。

2. 循环经济的监督管理机制

循环经济采取“两级多元”监督管理机制,“两级”是指包括国家级和地方级;“多元”是指包括循环经济发展综合管理部门和其他有关部门。具体来说有以下两点。第一,国务院循环经济发展综合管理部门负责组织协调、监督管理全国循环经济发展工作;国务院生态环境等有关主管部门按照各自的职责负责有关循环经济的监督管理工作。第二,县级以上地方政府循环经济发展综合管理部门负责组织协调、监督管理本行政区域的循环经济发展工作;县级以上地方政府生态环境等有关主管部门按照各自的职责负责有关循环经济的监督管理工作(第5条)。

3. 产业政策、国民经济和社会发展规划及年度计划、环境保护、科学技术等规划与循环经济

国家制定产业政策,应当符合发展循环经济的要求。县级以上政府编制国民经济和社会发展规划及年度计划,县级以上政府有关部门编制环境保护、科学技术等规划,应当包括发展循环经济的内容(第6条)。

4. 循环经济激励措施

国家鼓励和支持开展循环经济科学技术的研究、开发和推广,鼓励开展循环经济宣传、教育、科学知识普及和国际合作(第7条)。

5. 发展循环经济的目标责任制

县级以上政府应当建立发展循环经济的目标责任制,采取规划、财政、投资、政府采购等措施,促进循环经济发展(第8条)。

6. 节约资源和减少污染

《环境保护法》第36条规定,国家鼓励和引导公民、法人和其他组织使用有利于保护环境的产品和再生产品,减少废弃物的产生。国家机关和使用财政资金的其他组织应当优先采购和使用节能、节水、节材等有利于保护环境的产品、设备和设施。

《循环经济促进法》第9条和第10条规定:第一,企业事业单位应当建立健全管理制度,采取措施,降低资源消耗,减少废物的产生量和排放量,提高废物的再利用和资源化水平。第二,公民应当增强节约资源和保护环境意识,合理消费,节约资源。国家鼓励和引导公民使用节能、节水、节材和有利于保护环境的产品及再生产品,减少废物的产生量和排放量。公民有权举报浪费资源、破坏环境的行为,有权了解政府发展循环经济的信息并提出意见和建议。

《清洁生产促进法》第20条规定,产品和包装物的设计,应当考虑其在生命周期中对人类健康和环境的影响,优先选择无毒、无害、易于降解或者便于回收利用的方案。企业对产品的包装应当合理,包装的材质、结构和成本应当与内装产品的质量、规格和成本相适应,减少包装性废物的产生,不得进行过度包装。

7. 行业协会、中介机构、学会和其他社会组织与循环经济发展

国家鼓励和支持行业协会在循环经济发展中发挥技术指导和服务作用。县级以上政府可以委托有条件的行业协会等社会组织开展促进循环经济发展的公共服务。国家鼓励和支持中介机构、学会和其他社会组织开展循环经济宣传、技术推广和咨询

服务,促进循环经济发展(第 11 条)。

(四)促进循环经济的法律规定

1. 发展循环经济的管理制度

《循环经济促进法》(2008 年)对发展循环经济的管理制度作出了明确规定。

(1)发展循环经济的规划制度和指标体系。第一,循环经济发展规划的编制和内容。国务院循环经济发展综合管理部门会同国务院生态环境等有关主管部门编制全国循环经济发展规划,报国务院批准后公布施行。设区的市级以上地方政府循环经济发展综合管理部门会同本级政府生态环境等有关主管部门编制本行政区域循环经济发展规划,报本级政府批准后公布施行。循环经济发展规划应当包括规划目标、适用范围、主要内容、重点任务和保障措施等,并规定资源产出率、废物再利用和资源化率等指标(第 12 条)。第二,循环经济评价指标体系。国务院循环经济发展综合管理部门会同国务院统计、生态环境等有关主管部门建立和完善循环经济评价指标体系。上级政府根据前款规定的循环经济主要评价指标,对下级政府发展循环经济的状况定期进行考核,并将主要评价指标完成情况作为对地方政府及其负责人考核评价的内容(第 14 条)。

(2)主要污染物排放、建设用地和用水总量控制指标制度。县级以上地方政府应当依据上级政府下达的本行政区域主要污染物排放、建设用地和用水总量控制指标,规划和调整本行政区域的产业结构,促进循环经济发展。新建、改建、扩建建设项目,必须符合本行政区域主要污染物排放、建设用地和用水总量控制指标的要求(第 13 条)。

(3)产品或者包装物强制回收名录制度。第一,生产列入强制回收名录的产品或者包装物的企业,必须对废弃的产品或者包装物负责回收;对其中可以利用的,由各该生产企业负责利用;对因不具备技术经济条件而不适合利用的,由各该生产企业负责无害化处置。第二,对前款规定的废弃产品或者包装物,生产者委托销售者或者其他组织进行回收的,或者委托废物利用或者处置企业进行利用或者处置的,受托方应当依照有关法律、行政法规的规定和合同的约定负责回收或者利用、处置。第三,对列入强制回收名录的产品和包装物,消费者应当将废弃的产品或者包装物交给生产者或者其委托回收的销售者或者其他组织。第四,强制回收的产品和包装物的名录及管理办法,由国务院循环经济发展综合管理部门规定(第 15 条)。

(4)能耗、水耗监督管理制度。国家对钢铁、有色金属、煤炭、电力、石油加工、化工、建材、建筑、造纸、印染等行业年综合能源消费量、用水量超过国家规定总量的重点企业,实行能耗、水耗的重点监督管理制度。重点能源消费单位的节能监督管理,依照《节约能源法》的规定执行。重点用水单位的监督管理办法,由国务院循环经济发展综合管理部门会同国务院有关部门规定(第16条)。

(5)循环经济统计制度、循环经济标准体系和产品资源消耗标识制度。第一,国家建立健全循环经济统计制度,加强资源消耗、综合利用和废物产生的统计管理,并将主要统计指标定期向社会公布。第二,国务院标准化主管部门会同国务院循环经济发展综合管理和生态环境等有关主管部门建立健全循环经济标准体系,制定和完善节能、节水、节材和废物再利用、资源化等标准。第三,国家建立健全能源效率标识等产品资源消耗标识制度(第17条)。

2. 有关"减量化"的法律规定

《循环经济促进法》第18~28条详细规定了"减量化"措施。

(1)国务院循环经济发展综合管理部门会同国务院生态环境等有关主管部门,定期发布鼓励、限制和淘汰的技术、工艺、设备、材料和产品名录。禁止生产、进口、销售列入淘汰名录的设备、材料和产品,禁止使用列入淘汰名录的技术、工艺、设备和材料(第18条)。

(2)从事工艺、设备、产品及包装物设计,应当按照减少资源消耗和废物产生的要求,优先选择采用易回收、易拆解、易降解、无毒无害或者低毒低害的材料和设计方案,并应当符合有关国家标准的强制性要求。对在拆解和处置过程中可能造成环境污染的电器电子等产品,不得设计使用国家禁止使用的有毒有害物质。禁止在电器电子等产品中使用的有毒有害物质名录,由国务院循环经济发展综合管理部门会同国务院生态环境等有关主管部门制定。设计产品包装物应当执行产品包装标准,防止过度包装造成资源浪费和环境污染(第19条)。

(3)工业企业应当采用先进或者适用的节水技术、工艺和设备,制定并实施节水计划,加强节水管理,对生产用水进行全过程控制。工业企业应当加强用水计量管理,配备和使用合格的用水计量器具,建立水耗统计和用水状况分析制度。新建、改建、扩建建设项目,应当配套建设节水设施。节水设施应当与主体工程同时设计、同时施工、同时投产使用。国家鼓励和支持沿海地区进行海水淡化和海水直接利用,节约淡水资源(第20条)。

(4)国家鼓励和支持企业使用高效节油产品。电力、石油加工、化工、钢铁、有色金属和建材等企业,必须在国家规定的范围和期限内,以洁净煤、石油焦、天然气等清洁能源替代燃料油,停止使用不符合国家规定的燃油发电机组和燃油锅炉。内燃机和机动车制造企业应当按照国家规定的内燃机和机动车燃油经济性标准,采用节油技术,减少石油产品消耗量(第21条)。

(5)开采矿产资源,应当统筹规划,制定合理的开发利用方案,采用合理的开采顺序、方法和选矿工艺。采矿许可证颁发机关应当对申请人提交的开发利用方案中的开采回采率、采矿贫化率、选矿回收率、矿山水循环利用率和土地复垦率等指标依法进行审查;审查不合格的,不予颁发采矿许可证。采矿许可证颁发机关应当依法加强对开采矿产资源的监督管理。矿山企业在开采主要矿种的同时,应当对具有工业价值的共生和伴生矿实行综合开采、合理利用;对必须同时采出而暂时不能利用的矿产以及含有有用组分的尾矿,应当采取保护措施,防止资源损失和生态破坏(第22条)。

(6)建筑设计、建设、施工等单位应当按照国家有关规定和标准,对其设计、建设、施工的建筑物及构筑物采用节能、节水、节地、节材的技术工艺和小型、轻型、再生产品。有条件的地区,应当充分利用太阳能、地热能、风能等可再生能源。国家鼓励利用无毒无害的固体废物生产建筑材料,鼓励使用散装水泥,推广使用预拌混凝土和预拌砂浆。禁止损毁耕地烧砖。在国务院或者省级政府规定的期限和区域内,禁止生产、销售和使用粘土砖(第23条)。

(7)县级以上政府及其农业等主管部门应当推进土地集约利用,鼓励和支持农业生产者采用节水、节肥、节药的先进种植、养殖和灌溉技术,推动农业机械节能,优先发展生态农业。在缺水地区,应当调整种植结构,优先发展节水型农业,推进雨水集蓄利用,建设和管护节水灌溉设施,提高用水效率,减少水的蒸发和漏失(第24条)。

(8)国家机关及使用财政性资金的其他组织应当厉行节约、杜绝浪费,带头使用节能、节水、节地、节材和有利于保护环境的产品、设备和设施,节约使用办公用品。国务院和县级以上地方政府管理机关事务工作的机构会同本级政府有关部门制定本级国家机关等机构的用能、用水定额指标,财政部门根据该定额指标制定支出标准。城市政府和建筑物的所有者或者使用者,应当采取措施,加强建筑物维护管理,延长建筑物使用寿命。对符合城市规划和工程建设标准,在合理使用寿命内的建筑物,除为了公共利益的需要外,城市政府不得决定拆除(第25条)。

(9)餐饮、娱乐、宾馆等服务性企业,应当采用节能、节水、节材和有利于保护环境的产品,减少使用或者不使用浪费资源、污染环境的产品。本法施行后新建的餐饮、娱乐、宾馆等服务性企业,应当采用节能、节水、节材和有利于保护环境的技术、设备和设施(第26条)。

(10)国家鼓励和支持使用再生水。在有条件使用再生水的地区,限制或者禁止将自来水作为城市道路清扫、城市绿化和景观用水使用(第27条)。

(11)国家在保障产品安全和卫生的前提下,限制一次性消费品的生产和销售。具体名录由国务院循环经济发展综合管理部门会同国务院财政、生态环境等有关主管部门制定。对列入前款规定名录中的一次性消费品的生产和销售,由国务院财政、税务和对外贸易等主管部门制定限制性的税收和出口等措施(第28条)。

3. 有关"再利用和资源化"的法律规定

《循环经济促进法》第29~41条规定了"再利用和资源化"的具体措施。

(1)县级以上政府应当统筹规划区域经济布局,合理调整产业结构,促进企业在资源综合利用等领域进行合作,实现资源的高效利用和循环使用。各类产业园区应当组织区内企业进行资源综合利用,促进循环经济发展。国家鼓励各类产业园区的企业进行废物交换利用、能量梯级利用、土地集约利用、水的分类利用和循环使用,共同使用基础设施和其他有关设施。新建和改造各类产业园区应当依法进行环境影响评价,并采取生态保护和污染控制措施,确保本区域的环境质量达到规定的标准(第29条)。

(2)企业应当按照国家规定,对生产过程中产生的粉煤灰、煤矸石、尾矿、废石、废料、废气等工业废物进行综合利用(第30条)。

(3)企业应当发展串联用水系统和循环用水系统,提高水的重复利用率。企业应当采用先进技术、工艺和设备,对生产过程中产生的废水进行再生利用(第31条)。

(4)企业应当采用先进或者适用的回收技术、工艺和设备,对生产过程中产生的余热、余压等进行综合利用。建设利用余热、余压、煤层气以及煤矸石、煤泥、垃圾等低热值燃料的并网发电项目,应当依照法律和国务院的规定取得行政许可或者报送备案。电网企业应当按照国家规定,与综合利用资源发电的企业签订并网协议,提供上网服务,并全额收购并网发电项目的上网电量(第32条)。

(5)建设单位应当对工程施工中产生的建筑废物进行综合利用;不具备综合利用条件的,应当委托具备条件的生产经营者进行综合利用或者无害化处置(第33条)。

(6)国家鼓励和支持农业生产者和相关企业采用先进或者适用技术,对农作物秸秆、畜禽粪便、农产品加工业副产品、废农用薄膜等进行综合利用,开发利用沼气等生物质能源(第34条)。

(7)县级以上政府及其林业草原主管部门应当积极发展生态林业,鼓励和支持林业生产者和相关企业采用木材节约和代用技术,开展林业废弃物和次小薪材、沙生灌木等综合利用,提高木材综合利用率(第35条)。

(8)国家支持生产经营者建立产业废物交换信息系统,促进企业交流产业废物信息。企业对生产过程中产生的废物不具备综合利用条件的,应当提供给具备条件的生产经营者进行综合利用(第 36 条)。

(9)国家鼓励和推进废物回收体系建设。地方政府应当按照城乡规划,合理布局废物回收网点和交易市场,支持废物回收企业和其他组织开展废物的收集、储存、运输及信息交流。废物回收交易市场应当符合国家环境保护、安全和消防等规定(第 37 条)。

(10)对废电器电子产品、报废机动车船、废轮胎、废铅酸电池等特定产品进行拆解或者再利用,应当符合有关法律、行政法规的规定(第 38 条)。

(11)回收的电器电子产品,经过修复后销售的,必须符合再利用产品标准,并在显著位置标识为再利用产品。回收的电器电子产品,需要拆解和再生利用的,应当交售给具备条件的拆解企业(第 39 条)。

(12)国家支持企业开展机动车零部件、工程机械、机床等产品的再制造和轮胎翻新。销售的再制造产品和翻新产品的质量必须符合国家规定的标准,并在显著位置标识为再制造产品或者翻新产品(第 40 条)。

(13)县级以上政府应当统筹规划建设城乡生活垃圾分类收集和资源化利用设施,建立和完善分类收集和资源化利用体系,提高生活垃圾资源化率。县级以上政府应当支持企业建设污泥资源化利用和处置设施,提高污泥综合利用水平,防止产生再次污染(第 41 条)。

4. 发展循环经济的激励措施

《循环经济促进法》第 5 章规定了发展循环经济的激励措施。

(1)国务院和省级政府设立发展循环经济的有关专项资金,支持循环经济的科技研究开发、循环经济技术和产品的示范与推广、重大循环经济项目的实施、发展循环经济的信息服务等。具体办法由国务院财政部门会同国务院循环经济发展综合管理等有关主管部门制定(第 42 条)。

(2)国务院和省级政府及其有关部门应当将循环经济重大科技攻关项目的自主创新研究、应用示范和产业化发展列入国家或者省级科技发展规划和高技术产业发展规划,并安排财政性资金予以支持。利用财政性资金引进循环经济重大技术、装备的,应当制定消化、吸收和创新方案,报有关主管部门审批并由其监督实施;有关主管部门应当根据实际需要建立协调机制,对重大技术、装备的引进和消化、吸收、创新实行统筹协调,并给予资金支持(第 43 条)。

(3)国家对促进循环经济发展的产业活动给予税收优惠,并运用税收等措施鼓励进口先进的节能、节水、节材等技术、设备和产品,限制在生产过程中耗能高、污染重的产品的出口。具体办法由国务院财政、税务主管部门制定。企业使用或者生产列入国家清洁生产、资源综合利用等鼓励名录的技术、工艺、设备或者产品的,按照国家有关规定享受税收优惠(第44条)。

(4)县级以上政府循环经济发展综合管理部门在制定和实施投资计划时,应当将节能、节水、节地、节材、资源综合利用等项目列为重点投资领域。对符合国家产业政策的节能、节水、节地、节材、资源综合利用等项目,金融机构应当给予优先贷款等信贷支持,并积极提供配套金融服务。对生产、进口、销售或者使用列入淘汰名录的技术、工艺、设备、材料或者产品的企业,金融机构不得提供任何形式的授信支持(第45条)。

(5)国家实行有利于资源节约和合理利用的价格政策,引导单位和个人节约和合理使用水、电、气等资源性产品。国务院和省级政府的价格主管部门应当按照国家产业政策,对资源高消耗行业中的限制类项目,实行限制性的价格政策。对利用余热、余压、煤层气以及煤矸石、煤泥、垃圾等低热值燃料的并网发电项目,价格主管部门按照有利于资源综合利用的原则确定其上网电价。省级政府可以根据本行政区域经济社会发展状况,实行垃圾排放收费制度。收取的费用专项用于垃圾分类、收集、运输、贮存、利用和处置,不得挪作他用。国家鼓励通过以旧换新、押金等方式回收废物(第46条)。

(6)国家实行有利于循环经济发展的政府采购政策。使用财政性资金进行采购的,应当优先采购节能、节水、节材和有利于保护环境的产品及再生产品(第47条)。

(7)县级以上政府及其有关部门应当对在循环经济管理、科学技术研究、产品开发、示范和推广工作中做出显著成绩的单位和个人给予表彰和奖励。企业事业单位应当对在循环经济发展中做出突出贡献的集体和个人给予表彰和奖励(第48条)。

第八节　突发环境事件应急处理机制

一、突发环境事件的概念

突发事件(emergent incident),是指突然发生,造成或者可能造成严重社会危害,需要采取应急处置措施予以应对的自然灾害、事故灾难、公共卫生事件和社会安全事件。这类事件的主要特点有:突然发生,形式具有多样性,具有严重的危害性,处置难度非常大。

突发环境事件(emergent environmental incident)是指由于违反环境保护法律法规的经济、社会活动与行为,以及由于意外因素的影响或者不可抗拒的自然灾害等原因,突然发生,造成或者可能造成重大人员伤亡、重大财产损失和对全国或者某一地区的经济社会稳定、政治安定构成重大威胁和损害,有重大社会影响的涉及公共安全的环境事件。①

根据《国家突发环境事件应急预案》的规定,突发环境事件是指由于污染物排放或自然灾害、生产安全事故等因素,导致污染物或放射性物质等有毒有害物质进入大气、水体、土壤等环境介质,突然造成或可能造成环境质量下降,危及公众身体健康和财产安全,或造成生态环境破坏,或造成重大社会影响,需要采取紧急措施予以应对的事件。这主要包括大气污染、水体污染、土壤污染等突发性环境污染事件和辐射污染事件。

二、突发环境事件应急处理机制及其建立和完善

(一)突发环境事件应急处理机制

从引起突发环境事件的原因看,大多数源于企事业单位和其他生产经营者在生产经营活动中发生的生产安全事故灾难。但是,突发环境事件的发生,“很大程度是在突发公共事件发生之际由于政府各部门之间缺乏统一协调的应对机制而延误了最佳处理时机所致”。② 为此,《环境保护法》第47条第2款规定,县级以上政府应当建立环境污染公共监测预警机制,组织制定预警方案;环境受到污染,可能影响公众健康和环境安全时,依法及时公布预警信息,启动应急措施。

突发环境事件应急处理机制是指为了及时应对突发环境事件,由政府事先编制突发环境事件的应急预案,在发生或者可能发生突发环境事件时,启动该应急预案以最大限度地预防和减少其可能造成的危害等一系列法律法规确立的制度的总称。主要包括突发环境事件的预测预警、应急处置、恢复与重建、信息发布以及应急组织体系、运行机制、应急保障、监督管理等方面的内容。

(二)2004年之前的突发环境事件应急处理机制

原国家环境保护局于1987年发布《报告环境污染与破坏事故的暂行办法》(2006年失效),对环境事故报告处理制度作出了具体规定。

1989年修订的《环境保护法》规定如下。第一,因发生事故或者其他突然性事件,造成或者可能造成污染事故的单位,必须立即采取措施处理,及时通报可能受到

① 参见周珂、谭柏平、欧阳杉主编:《环境法》(第5版),中国人民大学出版社2016年版,第66页。

② 汪劲:《环境法学》(第3版),北京大学出版社2014年版,第157页。

污染危害的单位和居民,并向当地环境保护行政主管部门和有关部门报告,接受调查处理。可能发生重大污染事故的企业事业单位,应当采取措施,加强防范(第31条)。第二,县级以上地方政府环境保护行政主管部门,在环境受到严重污染威胁居民生命财产安全时,必须立即向地方政府报告,由政府采取有效措施,解除或者减轻危害(第32条)。

此外,这一时期颁布或者修改的《海洋环境保护法》(1982年通过,1999年修订)、《水污染防治法》(1984年通过,1996年修订)、《大气污染防治法》(1987年通过,1995年修订)、《固体废物污染环境防治法》(1995年通过)、《放射性污染防治法》(2003年通过)等也对突发环境事件应急处理机制作了规定。

(三)2004年之后的突发环境事件应急处理机制

2004年,修订后的《宪法》增设了紧急状态的条款,为建立突发环境事件应急机制提供了宪法依据。

2005年,根据《环境保护法》、《海洋环境保护法》、《安全生产法》和《国家突发公共事件总体应急预案》及相关的法律、法规,经国务院批准,国务院办公厅印发《国家突发环境事件应急预案》(2006年发布,2014年修订),将环境污染和生态破坏事件纳入事故灾难类突发公共事件的范畴,目的是建立健全突发环境事件应急机制,提高政府应对涉及公共危及的突发环境事件的能力。

2007年8月,第十届全国人大常委会第二十九次会议通过了《突发事件应对法》,提出建立"统一领导、综合协调、分类管理、分级负责、属地管理为主的应急管理体制",适用于突发事件的预防和应急准备、监测与预警、应急处置与救援、事后恢复与重建等活动。

2010年9月,原环境保护部制定了《突发环境事件应急预案管理暂行办法》(已部分失效)。在2011年3月,原环境保护部根据《突发事件应对法》《国家突发公共事件总体应急预案》《国家突发环境事件应急预案》和相关法律法规,制定并公布《突发环境事件信息报告办法》,适用于生态环境主管部门对突发环境事件的信息报告。在2013年8月,原环境保护部印发了《突发环境事件应急处置阶段污染损害评估工作程序规定》。

2014年12月,国务院办公厅修订并重新印发《国家突发环境事件应急预案》,原环境保护部公布《突发环境事件调查处理办法》(自2015年3月1日起施行)。《环境保护法》第47条规定,各级政府及其有关部门和企业事业单位,应当依照《突发事件应对法》的规定,做好突发环境事件的风险控制、应急准备、应急处置和事后恢复等工作。县级以上政府应当建立环境污染公共监测预警机制,组织制定预警方案;环境受到污染,可能影响公众健康和环境安全时,依法及时公布预警信息,启动应急措施。企业事业单位应当按照国家有关规定制定突发环境事件应急预案,报环境保护主管部门和有关部门备案。在发生或者可能发生突发环境事件时,企业事业单位应当立即采取措施处理,及时通报可能受到危害的单位和居民,并向环境保护主管部门和有关部门报告。突发环境事件应急处置工作结束后,有关政府应当立即组织评估事件造成的环境影响和损失,并及时将评估结果向社会公布。

2015 年 4 月,环境保护部发布《突发环境事件应急管理办法》(自 2015 年 6 月 5 日起施行),适用于各级生态环境主管部门和企业、事业单位组织开展的突发环境事件的风险控制、应急准备、应急处置、事后恢复等工作。

三、突发环境事件的适用范围和工作原则

(一)突发事件应急预案的适用范围

1.《国家突发公共事件总体应急预案》的适用范围

《国家突发公共事件总体应急预案》(2006 年 1 月,颁布即施行)是我国应急预案体系的总体预案。根据突发公共事件的发生过程、性质和机理,可以将突发公共事件分为四类:第一,自然灾害,主要包括水旱灾害、气象灾害、地震灾害、地质灾害、海洋灾害、生物灾害和森林草原火灾等。第二,事故灾难,主要包括工矿商贸等企业的各类安全事故、交通运输事故、公共设施和设备事故、环境污染和生态破坏事件等。第三,公共卫生事件,主要包括传染病疫情、群体性不明原因疾病、食品安全和职业危害、动物疫情,以及其他严重影响公众健康和生命安全的事件。第四,社会安全事件,主要包括恐怖袭击事件、经济安全事件和涉外突发事件等。

2.《国家突发环境事件应急预案》的适用范围

《国家突发环境事件应急预案》(2014 年修订)适用于我国境内突发环境事件应对工作。突发环境事件是指由于污染物排放或自然灾害、生产安全事故等因素,导致污染物或放射性物质等有毒有害物质进入大气、水体、土壤等环境介质,突然造成或可能造成环境质量下降,危及公众身体健康和财产安全,或造成生态环境破坏,或造成重大社会影响,需要采取紧急措施予以应对的事件,主要包括大气污染、水体污染、土壤污染等突发性环境污染事件和辐射污染事件。

此外,核设施及有关核活动发生的核事故所造成的辐射污染事件、海上溢油事件、船舶污染事件的应对工作按照其他相关应急预案规定执行。重污染天气应对工作按照国务院《大气污染防治行动计划》等有关规定执行。

(二)突发环境事件的工作原则

1.《突发事件应对法》的规定

《突发事件应对法》(2007年)规定如下。第一,国家建立统一领导、综合协调、分类管理、分级负责、属地管理为主的应急管理体制(第4条)。第二,突发事件应对工作实行预防为主、预防与应急相结合的原则。国家建立重大突发事件风险评估体系,对可能发生的突发事件进行综合性评估,减少重大突发事件的发生,最大限度地减轻重大突发事件的影响(第5条)。

2.《国家突发环境事件应急预案》的规定

根据《国家突发环境事件应急预案》(2014年)的规定,突发环境事件应对工作坚持统一领导、分级负责,属地为主、协调联动,快速反应、科学处置,资源共享、保障有力的原则。突发环境事件发生后,地方政府和有关部门立即自动按照职责分工和相关预案开展应急处置工作。

四、突发环境事件的管理体制

(一)《突发事件应对法》规定的突发事件的管理体制

《突发事件应对法》明确规定了突发事件的管理体制,主要包括应急管理体制和领导体制两个方面。

1.突发环境事件的应急管理体制

该体制主要包括下列几个方面。第一,县级政府对本行政区域内突发事件的应对工作负责;涉及两个以上行政区域的,由有关行政区域共同的上一级政府负责,或者由各有关行政区域的上一级政府共同负责。第二,突发事件发生后,发生地县级政府应当立即采取措施控制事态发展,组织开展应急救援和处置工作,并立即向上一级政府报告,必要时可以越级上报。第三,突发事件发生地县级政府不能消除或者不能有效控制突发事件引起的严重社会危害的,应当及时向上级政府报告。上级政府应当及时采取措施,统一领导应急处置工作。第四,法律、行政法规规定由国务院有关部门对突发事件的应对工作负责的,从其规定;地方政府应当积极配合并提供必要的支持(第7条)。

2.突发环境事件的领导体制

该体制主要包括下列几个方面。第一,国务院在总理领导下研究、决定和部署特别重大突发事件的应对工作;根据实际需要,设立国家突发事件应急指挥机构,负责突发事件应对工作;必要时,国务院可以派出工作组指导有关工作。第二,县级以上地方各级政府设立由本级政府主要负责人、相关部门负责人、驻当地解放军和武警部队有关负责人组成的突发事件应急指挥机构,统一领导、协调本级政府各有关部门和下级政府开展突发事件应对工作;根据实际需要,设立相关类别突发事件应急指挥机构,组织、协调、指挥突发事件应对工作。第三,上级政府主管部门应当在各自职责范围内,指导、协助下级政府及其相应部门做好有关突发事件的应对工作(第8条)。第四,国务院和县级以上地方各级政府是突发事件应对工作的行政领导机关,其办事机构及具体职责由国务院规定(第9条)。

(二)《国家突发环境事件应急预案》规定的组织指挥体系

《国家突发环境事件应急预案》确立的突发环境事件的组织指挥体系,主要包括国家层面的组织指挥机构、地方层面的组织指挥机构和现场指挥机构。

1. 国家层面组织指挥机构

根据突发环境事件的发展态势及影响,生态环境部负责重特大突发环境事件应对的指导协调和环境应急的日常监督管理工作。第一,生态环境部或省级政府可报请国务院批准,或根据国务院领导同志指示,成立国务院工作组,负责指导、协调、督促有关地区和部门开展突发环境事件应对工作。第二,必要时,可成立国家环境应急指挥部,由国务院领导同志担任总指挥,统一领导、组织和指挥应急处置工作;国务院办公厅履行信息汇总和综合协调职责,发挥运转枢纽作用。

2. 地方层面组织指挥机构

县级以上地方政府负责本行政区域内的突发环境事件应对工作,明确相应组织指挥机构。跨行政区域的突发环境事件应对工作,由各有关行政区域政府共同负责,或由有关行政区域共同的上一级地方政府负责。对需要国家层面协调处置的跨省级行政区域突发环境事件,由有关省级政府向国务院提出请求,或由有关省级生态环境主管部门向生态环境部提出请求。地方有关部门按照职责分工,密切配合,共同做好突发环境事件应对工作。

3. 现场指挥机构

负责突发环境事件应急处置的政府根据需要成立现场指挥部,负责现场组织指挥工作。参与现场处置的有关单位和人员要服从现场指挥部的统一指挥。

五、突发环境事件的分级和预案分类

《突发事件应对法》对突发环境事件进行分级,并对国家和地方突发事件专项应急预案作出了明确规定。

(一)国家和地方突发事件专项应急预案

1. 国家突发事件总体应急预案

国务院制定国家突发事件总体应急预案,组织制定国家突发事件专项应急预案;国务院有关部门根据各自的职责和国务院相关应急预案,制定国家突发事件部门应急预案(第17条第2款)。

2. 地方突发事件总体应急预案

地方各级政府和县级以上地方各级政府有关部门,根据有关法律、法规、规章、上级政府及其有关部门的应急预案以及本地区的实际情况,制定相应的突发事件应急预案(第17条第3款)。

(二)突发环境事件的级别(分级)

根据《突发事件应对法》的规定,按照社会危害程度、影响范围等因素,自然灾害、事故灾难和公共卫生事件等突发事件可以分为特别重大、重大、较大和一般四级(第3条)。按照突发事件严重性和紧急程度,《国家突发环境事件应急预案》将突发环境事件分为特别重大环境事件(Ⅰ级)、重大环境事件(Ⅱ级)、较大环境事件(Ⅲ级)和一般环境事件(Ⅳ级)四级(见表6-11)。

表6-11 突发环境事件的级别(分级)①

突发环境事件级别	具体情形
特别重大环境事件	第一,因环境污染直接导致30人以上死亡或100人以上中毒或重伤的。 第二,因环境污染疏散、转移人员5万人以上的。 第三,因环境污染造成直接经济损失1亿元以上的。 第四,因环境污染造成区域生态功能丧失或该区域国家重点保护物种灭绝的。 第五,因环境污染造成设区的市级以上城市集中式饮用水水源地取水中断的。 第六,Ⅰ、Ⅱ类放射源丢失、被盗、失控并造成大范围严重辐射污染后果的;放射性同位素和射线装置失控导致3人以上急性死亡的;放射性物质泄漏,造成大范围辐射污染后果的。 第七,造成重大跨国境影响的境内突发环境事件

① 注:分级标准有关数量的表述中,"以上"含本数,"以下"不含本数。

续表

突发环境事件级别	具体情形
重大环境事件	第一,因环境污染直接导致10人以上30人以下死亡或50人以上100人以下中毒或重伤的。 第二,因环境污染疏散、转移人员1万人以上5万人以下的。 第三,因环境污染造成直接经济损失2000万元以上1亿元以下的。 第四,因环境污染造成区域生态功能部分丧失或该区域国家重点保护野生动植物种群大批死亡的。 第五,因环境污染造成县级城市集中式饮用水水源地取水中断的。 第六,Ⅰ、Ⅱ类放射源丢失、被盗的;放射性同位素和射线装置失控导致3人以下急性死亡或者10人以上急性重度放射病、局部器官残疾的;放射性物质泄漏,造成较大范围辐射污染后果的。 第七,造成跨省级行政区域影响的突发环境事件
较大环境事件	第一,因环境污染直接导致3人以上10人以下死亡或10人以上50人以下中毒或重伤的。 第二,因环境污染疏散、转移人员5000人以上1万人以下的。 第三,因环境污染造成直接经济损失500万元以上2000万元以下的。 第四,因环境污染造成国家重点保护的动植物物种受到破坏的。 第五,因环境污染造成乡镇集中式饮用水水源地取水中断的。 第六,Ⅲ类放射源丢失、被盗的;放射性同位素和射线装置失控导致10人以下急性重度放射病、局部器官残疾的;放射性物质泄漏,造成小范围辐射污染后果的。 第七,造成跨设区的市级行政区域影响的突发环境事件
一般环境事件	第一,因环境污染直接导致3人以下死亡或10人以下中毒或重伤的。 第二,因环境污染疏散、转移人员5000人以下的。 第三,因环境污染造成直接经济损失500万元以下的。 第四,因环境污染造成跨县级行政区域纠纷,引起一般性群体影响的。 第五,Ⅳ、Ⅴ类放射源丢失、被盗的;放射性同位素和射线装置失控导致人员受到超过年剂量限值的照射的;放射性物质泄漏,造成厂区内或设施内局部辐射污染后果的;铀矿冶、伴生矿超标排放,造成环境辐射污染后果的。 第六,对环境造成一定影响,尚未达到较大突发环境事件级别的

六、突发环境事件的应急组织体系

根据《国家突发环境事件应急预案》的规定,突发环境事件的组织指挥体系包括国家层面组织指挥机构、地方层面组织指挥机构和现场指挥机构。

（一）突发环境事件的国家层面组织指挥机构

1. 突发环境事件的国家层面组织指挥机构

在国家层面，生态环境部负责重特大突发环境事件应对的指导协调和环境应急的日常监督管理工作。根据突发环境事件的发展态势及影响，生态环境部或省级政府可报请国务院批准，或根据国务院领导同志指示，成立国务院工作组，负责指导、协调、督促有关地区和部门开展突发环境事件应对工作。必要时，成立国家环境应急指挥部，由国务院领导同志担任总指挥，统一领导、组织和指挥应急处置工作；国务院办公厅履行信息汇总和综合协调职责，发挥运转枢纽作用。

2. 国家环境应急指挥部的组成及其职责

国家环境应急指挥部主要由生态环境部、中宣部（国务院新闻办）、中央网信办、外交部、发展改革委、工业和信息化部、公安部、民政部、财政部、住房城乡建设部、交通运输部、水利部、农业部、商务部、卫生计生委、新闻出版广电总局、安全监管总局、食品药品监管总局、林业局、气象局、海洋局、测绘地信局、铁路局、民航局、总参作战部、总后基建营房部、武警总部、中国铁路总公司等部门和单位组成，根据应对工作需要，增加有关地方政府和其他有关部门。国家环境应急指挥部设立相应工作组，各工作组设置、组成和职责，可根据工作需要作适当调整，具体工作组设置、组成和职责见表6－12。

表6－12　国家环境应急指挥部各工作组的设置、组成和职责

工作组	参加部门	主要职责
污染处置组	生态环境部牵头，公安部、交通运输部、水利部、农业部、应急管理总局、林业局、海洋局、总参作战部、武警总部等参加	第一，收集汇总相关数据，组织进行技术研判，开展事态分析； 第二，迅速组织切断污染源，分析污染途径，明确防止污染物扩散的程序； 第三，组织采取有效措施，消除或减轻已经造成的污染； 第四，明确不同情况下的现场处置人员须采取的个人防护措施； 第五，组织建立现场警戒区和交通管制区域，确定重点防护区域，确定受威胁人员疏散的方式和途径，疏散转移受威胁人员至安全紧急避险场所； 第六，协调军队、武警有关力量参与应急处置

续表

工作组	参加部门	主要职责
应急监测组	生态环境部牵头，住房城乡建设部、水利部、农业部、气象局、海洋局、总参作战部、总后基建营房部等参加	第一，根据突发环境事件的污染物种类、性质以及当地气象、自然、社会环境状况等，明确相应的应急监测方案及监测方法； 第二，确定污染物扩散范围，明确监测的布点和频次，做好大气、水体、土壤等应急监测，为突发环境事件应急决策提供依据； 第三，协调军队力量参与应急监测
医学救援组	卫生健康委牵头，生态环境部、食药监局等参加	第一，组织开展伤病员医疗救治、应急心理援助； 第二，指导和协助开展受污染人员的去污洗消工作； 第三，提出保护公众健康的措施建议； 第四，禁止或限制受污染食品和饮用水的生产、加工、流通和食用，防范因突发环境事件造成集体中毒等
应急保障组	发展改革委牵头，工信部、公安部、民政部、财政部、生态环境部、住房城乡建设部、交通运输部、水利部、商务部、测绘地信局、铁路局、民航局、中国铁路总公司等参加	第一，指导做好事件影响区域有关人员的紧急转移和临时安置工作； 第二，组织做好环境应急救援物资及临时安置重要物资的紧急生产、储备调拨和紧急配送工作； 第三，及时组织调运重要生活必需品，保障群众基本生活和市场供应； 第四，开展应急测绘
新闻宣传组	中宣部（国务院新闻办）牵头，中央网信办、工信部、生态环境部、新闻出版广电总局等参加	第一，组织开展事件进展、应急工作情况等权威信息发布，加强新闻宣传报道； 第二，收集分析国内外舆情和社会公众动态，加强媒体、电信和互联网管理，正确引导舆论； 第三，通过多种方式，通俗、权威、全面、前瞻地做好相关知识普及； 第四，及时澄清不实信息，回应社会关切
社会稳定组	公安部牵头，中央网信办、工信部、生态环境部、商务部等参加	第一，加强受影响地区社会治安管理，严厉打击借机传播谣言制造社会恐慌、哄抢物资等违法犯罪行为； 第二，加强转移人员安置点、救灾物资存放点等重点地区治安管控； 第三，做好受影响人员与涉事单位、地方政府及有关部门矛盾纠纷化解和法律服务工作，防止出现群体性事件，维护社会稳定； 第四，加强对重要生活必需品等商品的市场监管和调控，打击囤积居奇行为
涉外事务组	外交部牵头，生态环境部、商务部、海洋局等参加	根据需要向有关国家和地区、国际组织通报突发环境事件信息，协调处理对外交涉、污染检测、危害防控、索赔等事宜，必要时申请、接受国际援助

(二)突发环境事件的地方层面组织指挥机构

在地方层面,县级以上地方政府负责本行政区域内的突发环境事件应对工作,明确相应组织指挥机构。跨行政区域的突发环境事件应对工作,由各有关行政区域政府共同负责,或由有关行政区域共同的上一级地方政府负责。对需要国家层面协调处置的跨省级行政区域突发环境事件,由有关省级政府向国务院提出请求,或由有关省级生态环境主管部门向生态环境部提出请求。

(三)突发环境事件的现场指挥机构

负责突发环境事件应急处置的政府根据需要成立现场指挥部,负责现场组织指挥工作。参与现场处置的有关单位和人员要服从现场指挥部的统一指挥。

七、突发环境事件应急处理机制的执行

《环境保护法》规定如下。第一,各级政府及其有关部门和企业事业单位,应当依照《突发事件应对法》的规定,做好突发环境事件的风险控制、应急准备、应急处置和事后恢复等工作。第二,县级以上政府应当建立环境污染公共监测预警机制,组织制定预警方案;环境受到污染,可能影响公众健康和环境安全时,依法及时公布预警信息,启动应急措施。第三,企业事业单位应当按照国家有关规定制定突发环境事件应急预案,报环境保护主管部门和有关部门备案。在发生或者可能发生突发环境事件时,企业事业单位应当立即采取措施处理,及时通报可能受到危害的单位和居民,并向环境保护主管部门和有关部门报告。第四,突发环境事件应急处置工作结束后,有关政府应当立即组织评估事件造成的环境影响和损失,并及时将评估结果向社会公布(第47条)。

根据《突发事件应对法》的规定,国务院建立全国统一的突发事件信息系统(第37条第1款)、健全突发事件监测制度(第41条第1款)和健全突发事件预警制度(第42条第1款)。《国家突发环境事件应急预案》规定了监测预警和信息报告、应急响应、后期工作及应急保障等四项机制。

(一)公共监测预警和信息报告机制

1. 预警的级别

对可以预警的突发环境事件,按照事件发生的可能性大小、紧急程度和可能造成的危害程度,将预警分为四级,由低到高依次用蓝色、黄色、橙色和红色表示。

2. 预警信息的发布

地方生态环境主管部门研判可能发生突发环境事件时,应当及时向本级政府提出预警信息发布建议,同时通报同级相关部门和单位。地方政府或其授权的相关部

门，及时通过电视、广播、报纸、互联网、手机短信、当面告知等渠道或方式向本行政区域公众发布预警信息，并通报可能影响到的相关地区。上级生态环境主管部门要将监测到的可能导致突发环境事件的有关信息，及时通报可能受影响地区的下一级生态环境主管部门。

3. 其他措施

预警信息发布后，当地政府及其有关部门视情况采取以下措施。

第一，分析研判。组织有关部门和机构、专业技术人员及专家，及时对预警信息进行分析研判，预估可能的影响范围和危害程度。

第二，防范处置。迅速采取有效处置措施，控制事件苗头。在涉险区域设置注意事项提示或事件危害警告标志，利用各种渠道增加宣传频次，告知公众避险和减轻危害的常识、需采取的必要的健康防护措施。

第三，应急准备。提前疏散、转移可能受到危害的人员，并进行妥善安置。责令应急救援队伍、负有特定职责的人员进入待命状态，动员后备人员做好参加应急救援和处置工作的准备，并调集应急所需物资和设备，做好应急保障工作。对可能导致突发环境事件发生的相关企业事业单位和其他生产经营者加强环境监管。

第四，舆论引导。及时准确发布事态最新情况，公布咨询电话，组织专家解读。加强相关舆情监测，做好舆论引导工作。

（二）突发环境事件的应急响应机制

1. 按照属地为主的原则，实行分级响应机制

根据突发环境事件的严重程度和发展态势，《国家突发环境事件应急预案》将应急响应设定为Ⅰ级、Ⅱ级、Ⅲ级和Ⅳ级四个等级。初判发生特别重大、重大突发环境事件，分别启动Ⅰ级、Ⅱ级应急响应，由事发地省级政府负责应对工作；初判发生较大突发环境事件，启动Ⅲ级应急响应，由事发地设区的市级政府负责应对工作；初判发生一般突发环境事件，启动Ⅳ级应急响应，由事发地县级政府负责应对工作。

突发环境事件发生在易造成重大影响的地区或重要时段时，可适当提高响应级别。应急响应启动后，可视事件损失情况及其发展趋势调整响应级别，避免响应不足或响应过度。

2. 对突发环境事件的报告实行1小时报告制

其具体规定如下：第一，突发环境事件责任单位和责任人，以及负有监管责任的单位发现突发环境事件后，应当在1小时内向所在地县级以上政府和上一级主管部门报告。紧急情况时可越级上报。第二，负责确认环境事件的单位，在确认重大（Ⅱ级）环境事件后，1小时内报告省级相关专业主管部门，特别重大（Ⅰ级）环境事件立

即报告国务院相关专业主管部门,并通报其他相关部门。第三,地方各级政府应当在接到报告后1小时内向上一级政府报告。第四,省级政府在接到报告后1小时内,向国务院及国务院有关部门报告。第五,重大(Ⅱ级)、特别重大(Ⅰ级)突发环境事件,国务院有关部门应立即向国务院报告。

3. 突发环境事件报告的类别

突发环境事件报告分为初报、续报和处理结果报告三类。关于上报时间,初报从发现事件后1小时内上报;续报在查清有关基本情况后随时上报;处理结果报告在事件处理完毕后立即上报,具体报告方式见表6-13。

表6-13 对突发环境事件报告的方式、时间、形式和内容

报告方式	报告时间	报告形式	报告内容
初报	从发现事件后1小时内上报	电话报告	环境事件的类别、发生时间、地点、污染源、主要污染物、人员受害情况、捕杀或砍伐国家重点保护野生动植物的名称和数量、自然保护区受害面积及程度、事件潜在的危害程度、转化方式趋向等初步情况
续报	在查清有关基本情况后随时上报	网络或者书面报告	在初报的基础上,报告有关确切数据,事件发生的原因、过程、进展情况及采取的应急措施等基本情况
处理结果报告	在事件处理完毕后立即上报	书面报告	在初报和续报的基础上,报告处理事件的措施、过程和结果,事件潜在或间接的危害、社会影响、处理后的遗留问题,参加处理工作的有关部门和工作内容,出具有关危害与损失的证明文件等详细情况

4. 应对突发环境事件的措施

突发环境事件发生后,各有关地方、部门和单位根据工作需要,组织采取下列措施:现场污染处置、转移安置人员、医学救援、应急监测、市场监管和调控、信息发布和舆论引导、维护社会稳定、国际通报和援助等。

(三)突发环境事件的应急保障机制

环境污染事件的应急保障机制包括队伍保障、物资与资金保障,通信、交通与运输保障,以及技术保障。

1. 队伍保障

国家环境应急监测队伍、公安消防部队、大型国有骨干企业应急救援队伍及其他相关方面应急救援队伍等力量,要积极参加突发环境事件应急监测、应急处置与救援、调查处理等工作任务。发挥国家环境应急专家组作用，为重特大突发环境事件应急处置方案制订、污染损害评估和调查处理工作提供决策建议。县级以上地方政府要强化环境应急救援队伍能力建设，加强环境应急专家队伍管理，提高突发环境事件快速响应及应急处置能力。

2. 物资与资金保障

国务院有关部门按照职责分工，组织做好环境应急救援物资紧急生产、储备调拨和紧急配送工作，保障支援突发环境事件应急处置和环境恢复治理工作的需要。县级以上地方政府及其有关部门要加强应急物资储备，鼓励支持社会化应急物资储备，保障应急物资、生活必需品的生产和供给。生态环境主管部门要加强对当地环境应急物资储备信息的动态管理。突发环境事件应急处置所需经费先由事件责任单位承担。县级以上地方政府对突发环境事件应急处置工作提供资金保障。

3. 通信、交通与运输保障

地方各级政府及其通信主管部门要建立健全突发环境事件应急通信保障体系，确保应急期间通信联络和信息传递需要。交通运输部门要健全公路、铁路、航空、水运紧急运输保障体系，保障应急响应所需人员、物资、装备、器材等的运输。公安部门要加强应急交通管理，保障运送伤病员、应急救援人员、物资、装备、器材车辆的优先通行。

4. 技术保障

支持突发环境事件应急处置和监测先进技术、装备的研发。依托环境应急指挥技术平台，实现信息综合集成、分析处理、污染损害评估的智能化和数字化。

（四）突发环境事件的后期处置机制

突发环境事件的后期处置工作包括损害评估、事件调查和善后处理。根据《环境保护法》第47条第4款的规定，突发环境事件应急处置工作结束后，有关政府应当立即组织评估事件造成的环境影响和损失，并及时将评估结果向社会公布。

1. 损害评估

突发环境事件应急响应终止后，要及时组织开展污染损害评估，并将评估结果向社会公布。评估结论作为事件调查处理、损害赔偿、环境修复和生态恢复重建的依据。根据《突发环境事件应急处置阶段污染损害评估工作程序规定》，损害评估主要包括下列几个方面。

第一，污染损害评估范围包括人身损害、财产损害、应急处置费用，以及应急处置阶段可以确定的其他直接经济损失（第2条第2款）。

第二，应急处置阶段应当对突发环境事件造成的人身损害和经济损失进行评估，经济损失评估范围包括财产损害、应急处置费用、调查评估费用,以及应急处置阶段可以确定的其他损害。

第三,县级以上环境保护主管部门应当遵循分级负责、及时反应、科学严谨、公正公开的原则,组织开展污染损害评估工作。有关单位和个人应当积极配合开展污染损害评估工作(第 4 条)。

第四,污染损害评估所依据的环境监测报告及其他书证、物证、视听资料、当事人陈述、鉴定意见、调查笔录、调查表等有关材料应当符合相关规定(第 5 条)。

第五,对于初步认定为特别重大和重大、较大、一般突发环境事件的,分别由所在地省级、地市级、县级环境保护主管部门组织开展污染损害评估工作。对于初步认定为一般突发环境事件的,可以不开展污染损害评估工作。跨行政区域突发环境事件的污染损害评估,由相关地方环境保护主管部门协调解决(第 7 条)。

第六,县级以上环境保护主管部门可以委托有关司法鉴定机构或者环境污染损害鉴定评估机构开展污染损害评估工作,编制评估报告,并组织专家对评估报告进行技术审核(第 8 条)。

第七,污染损害评估应当于应急处置工作结束后 30 个工作日内完成。情况特别复杂的,经省级环境保护主管部门批准,可以延长 30 个工作日(第 9 条)。

第八,组织开展污染损害评估的环境保护主管部门应当于评估报告技术审核通过后 20 个工作日内,将评估报告报送同级政府和上一级环境保护主管部门,并将评估结论向社会公开(第 10 条)。省级环境保护主管部门应当每年对污染损害评估工作开展情况以及评估报告的应用情况进行监督检查,并将检查情况报同级政府和环境保护部(第 11 条)。

2. 事件调查

根据有关规定,突发环境事件发生后,由生态环境主管部门牵头,可会同监察机关及相关部门,组织开展事件调查,查明事件原因和性质,提出整改防范措施和处理建议。

3. 善后处理

事发地政府要及时组织制订补助、补偿、抚慰、抚恤、安置和环境恢复等善后工作方案并组织实施。应当建立突发环境事件社会保险机制。保险机构要及时开展相关理赔工作。

(五)突发环境事件的责任追究机制

对各种违反突发环境污染事件应急预案要求的行为,应当按照《环境保护法》、《突发事件应对法》和有关法律法规对有关责任人员追究法律责任。

第七章　环境损害的民事法律救济、公益诉讼与刑事制裁

第一节　环境损害及其民事法律救济

一、环境损害的概念

（一）环境损害的概念

环境损害有广义和狭义之分。广义的环境损害，是指任何原因导致环境质量下降、物种减少或者灭绝以及生态系统功能损坏的不良影响或不利改变。狭义的环境损害，则是指开发利用环境资源行为导致的环境污染、生态破坏，由此造成人体健康的损害、财产损失以及社会公益损害等后果。

广义的环境损害除包括人为原因所导致的环境损害外，还涵盖地震、火山爆发、海啸等纯粹自然原因所导致的环境损害。就这些环境损害而言，已经超出了环境法调整的能力范围。本书原则上采取狭义的环境损害概念。

（二）环境损害的特点

1. 损害结果的广泛性和保护法益的局限性

环境损害结果的广泛性主要体现在，环境污染物质可以在环境或者各种生物体内长期蓄积，即便对污染源头进行有效治理，蓄积在环境或者各种生物体内的污染物质也将在一个较长时期内逐渐释放，导致环境或者各种生物体持续不断地遭受侵害。

环境损害的法益可以分为两类：第一类是传统上的法益，包括因为环境污染或者环境破坏所导致的他人人身权益或者财产权益遭到侵害，在我国还包括对国家所有、集体所有的环境与资源的损害和破坏；第二类是对社会环境法益（公众环境权益）的侵害，或者对无法通过传统民法上的所有权方法界定的人类共有生态系统的破坏，主要包括对公众本能环境利用行为的侵害，或者环境污染与环境破坏对公众的眺望、观瞻、静谧、清洁等亲近自然、利用自然和享受自然等基本权利的侵害。[①] 由于传统上

---

① 参见汪劲：《环境法学》（第3版），北京大学出版社2014年版，第298页。

民法和环境法仅注重保护上述第一类法益,导致出现保护法益的局限性。

2. 加害主体的多元性与被害人的不确定性

加害主体的多元性,是指人们通常难以甚至无法从行为与危害结果之间的"引起与被引起"的关系判断环境侵害行为的加害人。被害人的不确定性,则是指环境侵害范围内的被害人及其被害程度通常难以准确认定。

以环境污染侵害为例,可以分为特定的污染侵害与不特定的污染侵害。特定的污染侵害是指某种侵害只能由某种特定的原因物质引起,如人类血液中铅含量升高只能由摄入含铅类物质较多导致。不特定的污染侵害则可能由多种物质引起(多因一果),例如多个企业排放同类物质,或者多个企业排放的不同污染物质在环境中发生化学反应,形成复合污染物或者二次污染物,导致难以区分谁是真正的加害者;在加害者是复数的情况下,应该如何分配责任。在某些环境污染致害案件中,还有可能介入了被害人自身的原因,或者不可抗力等因素。这进一步提高了认定加害主体和责任分配的难度。

3. 侵害行为的行政合法性与追究民事责任的主观过失性

就违法排放污染物或者违法进行环境资源开发行为而言,环境污染或者环境破坏是较为容易认定的。但是,对于事先获得行政许可进行的排污行为或者资源开发行为,即便导致环境污染或者环境侵害,排污者也会以已经获得行政许可为由推卸原本应当承担的法律责任。

有关环境法律法规规定,排污者应当缴纳排污费或者排污税,对于超过排污许可规定的数量、浓度等进行排污,并导致环境侵害的,还应当依法承担相应的法律责任。但是,除非法律有特别规定,对于没有实施违法行为的排污者,不能超越现行环境法律法规的规定追究其法律责任。

4. 侵害行为的单一性与因果关系的复杂性

从环境利用行为的角度看,导致发生环境侵害的行为往往是排污行为、项目建设行为、资源开发行为、引入外来生物物种等。但是,倘若从环境侵害结果向环境侵权行为逆推,就会发现环境侵害领域大量存在"多因一果"的现象。在这种场合,要认定侵权主体及其法律责任,不仅涉及法律上的责任分配问题,还涉及大量的专业技术问题。

二、环境民事责任的概念

(一)环境民事责任的概念

环境民事责任,是指行为人违反环境法律法规的规定,污染环境或破坏生态导致他人人身、财产损害,应当承担的民事责任。环境民事责任是一种特殊的民事责任,既要适用民法的一般规定与原理,又要适用环境法的规定与原理。

(二)环境民事责任的特点

1. 环境民事责任是一种特殊侵权责任

第一,民事法律责任包括侵权责任和违约责任两类,目前环境民事责任仅限于侵权责任。第二,环境民事责任是行为人污染环境或者破坏环境所导致的。第三,环境民事责任可分为传统环境民事责任和新型环境民事责任,前者是指侵犯人身权和财产权的环境民事责任,后者是指仅侵犯环境权益的民事责任。第四,环境民事责任是一种特殊侵权责任。

2. 环境民事责任与侵犯人身权、财产权的普通民事责任存在差异

从发生危害的过程和责任追究看,环境民事责任往往借助污染环境和通过环境介质的间接侵权行为导致民事责任。侵害是否通过"污染物"和"污染环境"这一媒介的作用,是环境民事责任与普通民事责任的主要区别。

3. 环境民事责任主要是以补偿为目的的财产责任

环境民事责任的主要目的是对已经造成的权利损害和财产损失给予填补和救济,使其恢复到遭受损害前的状态。相反地,环境行政责任和刑事责任主要是通过惩罚方法来达到一般预防和特殊预防的目的。

4. 环境民事责任坚持社会本位价值观

与传统的民法等注重保护个人自由和个人权利相比,环境民事责任力图避免通过牺牲社会整体利益来保全个人利益,实现从个人本位向社会本位的转变。相对来讲,民法强调个人本位,环境法强调的是整体主义理念以及对自然环境的尊重或价值承认。

二、环境民事责任的构成要件

环境民事责任主要是侵权责任。环境侵权责任,是指因为产业活动或者其他人为的活动,导致环境污染、生态环境遭到破坏,造成或者可能造成他人的生命、身体健康、财产乃至于环境权益等遭到损害,依法应当承担的民事责任。关于环境侵权民事责任的规定,主要规定在《民法典》中。

(一)污染或者破坏环境的行为

认定环境侵权责任,以行为人实施污染环境或者破坏生态环境的行为为前提。

1. 环境污染行为或者破坏生态环境行为的违法性的要否?

就违法排放污染物或者违法进行环境资源开发的行为而言,环境污染或者环境破坏是较为容易认定的。但是,对于事先获得行政许可进行的排污行为或者资源开

发行为,即便导致环境污染或者环境侵害,排污者也会以已经获得行政许可为由推卸原本应当承担的法律责任。[①] 这涉及环境污染行为或者环境破坏行为要否具有违法性。

对此,我国侵权法和环境法理论的通说认为,环境污染者破坏行为不以具有违法性为前提。对于排污者以排污行为符合国家或者地方污染物排放标准为由不承担侵权责任的,法院不予以支持。"只要行为人实施了污染或破坏环境的行为,即便这种行为是合法的,且具备了环境民事责任构成的其他要件,环境民事责任即可构成。即承担环境侵权民事责任不以行为的'违法性'为要件。"[②]其主要理由是,国家或者地方制定的污染物排放标准只是环保部门决定排污单位是否需要缴纳超标排污费和进行环境管理的依据,而不是确定排污单位是否承担赔偿责任的界限。

2. 环境污染行为或者破坏生态环境行为的违法性的判断

关于违法性的判断,一种方法侧重于被侵害利益的性质、程度,另一种方法侧重于侵害行为的样态。前者注重结果(负价值),后者注重行为(负价值)。在环境损害赔偿案件中,对违法性的判断主要是按照被侵害利益的种类进行的。

关于违法性的判断标准,主要有忍受限度理论和环境权理论。

第一,忍受限度理论。日本学者于1968年在"四大公害"诉讼中提出了以忍受限度作为违法性判断标准的理论。[③] 该理论认为,在公害等场合,当对于被侵害利益的性质、程度与侵害行为的实态的衡量结果超过了社会生活上可以忍受的限度,该行为就具有违法性。判断忍受限度的因素包括被侵害利益的性质与程度、地域性、受害者预先有无专业知识背景、土地利用先后关系、最妥当的实际方法或者相当的防止措施、事业活动的社会价值与必要性、受害者方面的特殊情况、政府行政许可、标准的遵守等,需要根据实际情况进行综合判断。

第二,环境权理论。在20世纪80年代,日本学者开始倡导环境权理论。该理论认为,只要权利(利益)受到侵害,原则上应认为加害行为具有违法性。与忍受限度理论相比,环境权理论认可各种环境损害或者干扰妨害现象具有违法性的可能性更大。

---

① 参见汪劲:《环境法学》(第3版),北京大学出版社2014年版,第298~299页。

② 吕忠梅主编:《环境法原理》(第2版),复旦大学出版社2017年版,第152页。

③ 在20世纪六七十年代,日本相继发生了熊本水俣病事件(1973年判决)、新潟水俣病事件(1971年判决)、四日市哮喘病事件(1972年判决)和富山疼痛病事件(1971年判决)等,被称为四大公害事件。

3. 环境污染行为或者破坏生态环境行为认定的专业性或者技术性

从环境利用行为的角度看，导致发生环境侵害的行为往往是排污行为、项目建设行为、资源开发行为、引入外来生物物种等。但是，若从环境侵害结果向环境侵权行为逆推，可以发现环境侵害领域大量存在"多因一果"的现象。在这种场合，要认定侵权行为主体，不仅涉及法律上的责任分配，还涉及大量的专业技术问题。

（二）损害结果

损害结果，是指污染环境或者破坏环境行为对环境权益造成的不利后果。《环境保护法》第64条规定，承担环境侵权责任的条件是"因污染环境和破坏生态造成损害"。《民法典》第1229条规定，因污染环境、破坏生态造成他人损害的，侵权人应当承担侵权责任。

1. 损害结果的范围

关于环境损害结果的范围，不仅包括环境资源的经济价值损害，而且包括生态性价值以及其他非生态性价值损害，表现为财产损失、人的身心健康损害、当代人和后代人的生存条件损害等。具体来说，环境民事责任中的损害结果可以分为下列三类：第一，财产损害。根据侵害行为与受损害财产的关系，财产损害可以分为直接财产损害和间接财产损害。前者是指环境污染直接导致财产的毁损或者灭失，后者是指财产毁损导致受害人期待利益的损失。第二，人身损害，包括对生命权的侵害、对健康权的损害和对一般人格权的损害。第三，环境损害（生态环境损害、自然资源损害、环境污染损害）。由于直接计算生态损害比较困难，各国均将生态破坏的损失以可以量化为恢复环境质量直至污染破坏前状态的治理恢复成本或者相关投入进行计算。①

2. 环境损害的鉴定评估

2011年5月25日，原环境保护部发布的《关于开展环境污染损害鉴定评估工作的若干意见》（环发〔2011〕60号）指出：开展环境污染损害鉴定评估工作，对环境污染损害进行定量化评估，将污染修复与生态恢复费用纳入环境损害赔偿范围，科学、合理的确定损害赔偿数额与行政罚款数额，有助于真实体现企业生产的环境成本，强化企业环境责任，增强企业的环境风险意识，从而在根本上有利于解决"违法成本低，守法成本高"的突出问题，改变以牺牲环境为代价的经济增长方式。

（三）因果关系

环境民事侵权责任中的因果关系，是指加害行为与损害后果之间具有引起与被

---

① 参见汪劲：《环境法学》（第3版），北京大学出版社2014年版，第306页。

引起的关系,即被害人遭受的损害是行为人的污染环境或者破坏环境的行为引起的。根据《民法典》第1230条的规定,因污染环境、破坏生态发生纠纷,行为人应当就法律规定的不承担责任或减轻责任的情形及其行为与损害之间不存在因果关系承担举证责任。但是,在环境污染损害中,证明损害行为与损害后果之间的因果关系比较困难。

1. 关于因果关系的学说

关于因果关系问题,国内外主要有下列学说。

(1)盖然性说(事实推定说)。该说认为,盖然性是指对于环境侵权行为与损害结果之间的关系而言,如果不存在前行为,就不会发生后果的一种较大可能性。该说认为,受害人只需要证明侵害行为具有引起侵害结果的较大可能性,就可以推定存在因果关系。被害人的举证责任仅限于提供下列两种事实:第一,企业排放的污染物达到被害人所在的地区,并产生一定的影响;第二,该地区发生的受害现象数量较大,并且具有同质性。

(2)优势证据说(优势规则说)。该说认为,在民事诉讼中,只要一方当事人提出的证据比对方的证据具有更大的证明力,证明程度超过50%就可以胜诉。该说显著降低了环境侵权受害人的证明责任。

(3)比例规则说(比例赔偿理论)。该说认为,根据侵权行为人对受害人造成损失的原因力的大小来认定承担赔偿责任的比例。

(4)间接反证说。该说认为,在侵权损害的因果关联因素具有多个的场合,如果原告能够证明部分关联事实,则由被告一方承担证明该事实不存在的责任,否则被告承担败诉的不利后果。

(5)疫学因果关系理论。该说认为,疫学因果关系是医学上普遍采用的确认流行病、传染病的发病原因、机理、途径以及易感人群及其发病率等的科学和方法。证明疫学的因果关系,必须满足下列四个要件:首先,该因素(因子)在发病的一定时期以前就发挥作用;其次,该因素的作用表现显著时,该疾病的发病率升高;再次,减少或者消除该因素时,该疾病的发病率降低,并且在不具有该因素的场合,发病率非常低;最后,该因素作为疾病的病因、机制能够得到生物学上的合理的说明。但是,该说仅适用于环境污染所导致的疾病的损害。

2. 环境因果关系的特点

就环境污染等而言,其因果关系认定具有下列特点。第一,污染损害具有间接性,需要通过“环境”这一载体作用于人体和财产,在这一过程中往往介入多种因素。例如,多家工厂向同一条河流排放污水,导致河流严重污染,难以判断损害是由哪一家工厂的污染物所致。第二,污染认定具有很强的技术性。对于各种化学物质的性能、毒性及其在环境中的迁移、扩散等,以及它们在人体和其他生物体中产生危害的机理,现有科学技术还不能非常准确、清楚的加以说明。第三,环境污染损害周期较长。由于污染物在环境中具有潜伏性和累积性,污染行为与损害后果之间往往历时久远,导致因果关系认定极为困难。第四,企业占有技术资料和生产信息,导致被害人举证非常困难。

3. 各国关于环境因果关系的判断标准

在大陆法系国家,通常采用"因果关系推定",受害人只需要证明受害人遭受的侵害与行为人的行为有关即可,不需要达到高度盖然性的标准。例如,日本《关于危害人体健康的公害犯罪处罚法》(1970 年 12 月 16 日颁布)第 5 条采取了因果关系推定法则:"如果行为人在其工厂企业的经营活动中排放了可能严重危害公众健康的物质,并且其单独排放量已达到足以危害公众健康的程度,公众的健康在该排放发生后受到或者正在受到危害,此时便可以推定,此种危害是由该排放者的污染所引起的。"

在我国,环境侵权受害人只需要证明加害行为与损害后果之间具有关联性即可。另外,对于环境侵权致害采取"举证责任倒置"。"只要受害者提供初步证据证明自己受到损害的事实,举证责任就转移到加害人一方,如果加害人不能证明损害事实不是自己造成的,那么就可以推定加害人的行为与损害事实之间存在因果关系,加害人应当承担民事责任。"[①]《水污染防治法》第 98 条规定,因水污染引起的损害赔偿诉讼,由排污方就法律规定的免责事由及其行为与损害结果之间不存在因果关系承担举证责任。

此外,最高人民法院 2001 年 12 月 21 日《关于民事诉讼证据的若干规定》(2002 年 4 月 1 日起施行)第 4 条(该条已于 2019 年修订后删除)第 3 项规定:"因环境污染引起的损害赔偿诉讼,由加害人就法律规定的免责事由及其行为与损害结果之间不存在因果关系承担举证责任。"

(四)环境民事责任(侵权责任)的归责原则

1. 各国相关立法例及其评析

(1)德国。《德国民法典》(1900 年)第 906 条将环境损害称为"不可量物损害",适用物权请求权规定。所谓"不可量物损害",是指烟雾、音响、振动以及声、光、电、热、辐射等不可称量的物质侵入邻地所造成的干扰性妨害和损害。德国《资源法》

① 吕忠梅主编:《环境法原理》(第 2 版),复旦大学出版社 2017 年版,第 153 页。

(1960 年)规定,非经批准的造成水污染者对其造成的损害承担严格的民事责任。德国《环境责任法》(1990 年)对环境产生风险的工业实施的运转规定了综合的严格的民事责任制度。德国《联邦环境法典》(1993 年)第 31 条规定,任何经法律指定营业的工厂或者制造、使用、运输、废弃危险物并向环境排放,应当依法向受害人承担赔偿责任。

(2)日本。对于污染环境造成人身损害的,适用污染防治立法有关无过失责任的特别规定。例如,日本的大气污染和水污染法律规定,污染者即便没有过错,也应当对其造成的任何人体健康损害承担民事责任。对于污染财产造成损害的,则适用民法典的规定。

(3)英美法系国家。将侵权法上的"妨害行为"引入到环境污染侵害之中。妨害行为分为公益妨害和私益妨害。公益妨害,是指因为不法行为或者不履行法律规定的行为,导致社会一般人的生命健康、财产、自由、利益、便利等遭受侵害,或者对公共权利的行使和供给产生的妨害。私益妨害,是指因为不法行为或者不履行法律规定的行为,导致私人的利益遭受侵害。环境污染侵害主要是私益妨害。①

(4)中国。根据《民法典》(2020 年)第 7 编"侵权责任"第 7 章"环境污染和生态破坏责任"的规定,第一,因污染环境、破坏生态造成他人损害的,侵权人应当承担侵权责任(第 1229 条)。第二,因污染环境、破坏生态发生纠纷,行为人应当就法律规定的不承担责任或者减轻责任的情形及其行为与损害之间不存在因果关系承担举证责任(第 1230 条)。第三,两个以上侵权人污染环境、破坏生态的,承担责任的大小,根据污染物的种类、浓度、排放量,破坏生态的方式、范围、程度,以及行为对损害后果所起的作用等因素确定(第 1231 条)。

2. 环境侵权的严格责任或者无过错责任原则

在民法上,通常采取过错责任原则。对于破坏环境的行为,与普通民事责任大致相同,也采取过错责任原则。此处不再赘言。但是,对于污染环境行为,则倾向于采取严格责任或者无过错责任原则。

(1)严格责任、无过错责任原则的概念和立法例。严格责任是指在判断行为人是否承担民事责任时,不需要考察行为人主观上是否有过错。无过错责任是指无论行为人主观上是否有过错,只要行为人的行为破坏了环境,就要依法承担相应的民事责任。可以说,无过错责任也是一种严格责任。

我国《环境保护法》《固体废物污染环境防治法》《水污染防治法》《环境噪声污

---

① 参见汪劲:《环境法学》(第 3 版),北京大学出版社 2014 年版,第 300 页。

染防治法》等,都没有将故意或者过失作为环境污染损害赔偿的成立条件。例如,《环境保护法》第 6 条规定,企业事业单位和其他生产经营者应当防止、减少环境污染和生态破坏,对所发生的损害依法承担责任。该法第 64 条规定,因污染环境和破坏生态造成损害的,应当依照《侵权责任法》(现因《民法典》颁布,则应依据《民法典》第 7 章的相关规定)的有关规定承担侵权责任。《环境噪声污染防治法》第 61 条规定,受到环境噪声污染危害的单位和个人,有权要求加害人排除危害;造成损失的,依法赔偿损失。

此外,最高人民法院 2015 年 6 月颁布的《环境侵权责任司法解释》规定,因污染环境造成损害,不论污染者有无过错,污染者应当承担侵权责任。污染者以排污符合国家或者地方污染物排放标准为由主张不承担责任的,法院不予支持(第 1 条)。本解释适用于审理因污染环境、破坏生态造成损害的民事案件,但法律和司法解释对环境民事公益诉讼案件另有规定的除外(第 18 条第 1 款)。

为了“免除受害人证明加害人过错的举证责任,使受害人易于获得损害赔偿,使加害人不能逃脱侵权责任”,使我国侵权民事责任立法更符合“现代侵权法规定无过错责任原则的政策目的”,《民法典》规定,因污染环境、破坏生态发生纠纷,行为人应当就法律规定的不承担责任或者减轻责任的情形及其行为与损害之间不存在因果关系承担举证责任(第 1230 条)。两个以上侵权人污染环境、破坏生态的,承担责任的大小,根据污染物的种类、浓度、排放量,破坏生态的方式、范围、程度,以及行为对损害后果所起的作用等因素确定(第 1231 条)。这些规定对于保护环境污染受害人的合法权益,明确污染环境者的侵权责任,预防并制裁环境污染侵权行为具有重要作用。

(2)环境民事责任采取严格责任或者无过错责任原则的原因。当代环境民事责任之所以采取严格责任或者无过错责任,主要是因为以下几点。第一,无论是工业还是农业以及其他领域的生产活动本身通常具有一定的危险性,人类目前的科技水平还不能完全杜绝发生环境污染和生态环境的破坏。第二,环境侵害具有特殊性,例如环境污染具有一定程度的合法性、侵害的间接性、致害原因的复杂性、科学技术性以及当事人地位的不平等性,使得认定侵权行为人的主观过错非常困难。如果采用过错责任原则,受害人将难以胜诉并获得补偿,难以实现公平正义。相反地,实行无过错责任原则,有利于保护受害者的合法权益。第三,环境污染的后果非常严重,环境侵权与其他民事侵权相比,具有更强的公共性和社会性。采取严格责任或者无过错责任,有利于推动排污单位积极治理污染。①

3. 公平责任

《民法典》第1231条规定,两个以上侵权人污染环境、破坏生态的,承担责任的大小,根据污染物的种类、浓度、排放量,破坏生态的方式、范围、程度,以及行为对损害后果所起的作用等因素确定。这就是公平分担责任或者公平责任。公平责任不是指对侵权人与受害人都没有过错造成环境污染时平均承担赔偿责任,而是应当"根据实际情况",考虑侵权人与受害人的行为手段、情节、损害程度、双方经济状况等,力求做到公平合理。

公平责任与无过错责任的不同之处,主要有下列几个方面:②第一,法律根据不同。公平责任的法律根据是《民法典》第1172条的规定;无过错责任的法律根据是《民法典》第1166条和《环境保护法》(2014年修订)第64条,以及各种污染防治单行法律法规的有关条款。第二,立法宗旨不同。公平责任着眼于公平合理分担责任;无过错责任则着眼于更好的保护无辜受害者的环境权益,只要存在环境污染损害事实,致害者就要承担赔偿责任。第三,适用对象不同。公平责任只能适用于当事人双方都没有过错的情形,以及对无民事行为能力人、限制民事行为能力人适用;无过错责任可适用于双方无过错、一方(致害者)有过错的情形。第四,赔偿范围不同。公平责任的赔偿范围由行政部门或者审判机关根据当事人的实际情况确定;无过错责任赔偿范围是实际损失数额,未经受害人同意,行政机关和司法机关不得变更。

4. 环境民事责任免责事由

环境民事责任的免责事由(抗辩事由、正当化事由)是指民法或者环境法规定的环境侵权行为人因为污染或者破坏环境侵犯他人环境权益,造成他人人身或者财产损失,但不需要承担民事法律责任的事由。从我国民法和环境法律法规的规定看,环境侵权民事责任的免责事由主要包括不可抗拒的自然灾害(不可抗力)、正当防卫和紧急避险、被害人的过错、第三人的过错、战争行为等。③

---

① 参见蔡守秋主编:《环境资源法教程》(第3版),高等教育出版社2017年版,第333页;韩德培主编:《环境保护法教程》(第8版),法律出版社2018年版,第310页;陈泉生主编:《环境法学》,厦门大学出版社2008年版,第193页。

② 参见韩德培主编:《环境保护法教程》(第8版),法律出版社2018年版,第313页。

③ 但是,下列两种情形适用绝对无过错责任,即便在不可抗力的情况下也要承担赔偿责任。第一,根据《侵权责任法》、《民用航空法》第160条的规定,太空运载物造成污染损害的,适用绝对无过错责任。第二,根据《侵权责任法》第70条、国务院《关于核事故损害赔偿责任问题的批复》第6条的规定,核事故污染损害适用绝对无过错责任。

(1)不可抗拒的自然灾害(不可抗力)。不可抗力是指独立于行为人之外,且不以人的主观意志为转移的客观情况。例如,《民法典》第180条规定,因不可抗力不能履行民事义务的,不承担民事责任。法律另有规定的,依照其规定。不可抗力是指不能预见、不能避免且不能克服的客观情况。《海洋环境保护法》第91条规定,对于不可抗拒的自然灾害,经过及时采取合理措施,仍然不能避免对海洋环境造成污染损害的,造成污染损害的有关责任者免予承担责任。

(2)紧急避险。《侵权责任法》第182条规定,因紧急避险造成损害的,由引起险情发生的人承担责任。危险由自然原因引起的,紧急避险人不承担责任,可以给予适当补偿。紧急避险采取措施不当或者超过必要的限度,造成不应有的损害的,紧急避险人应当承担适当的责任。

(3)被害人的过错。被害人过错是指损害的发生或者扩大并非因为加害人的过错引起,而是由受害人的故意或者过失造成。例如,《民法典》第1173条规定,被侵权人对同一损害的发生或者扩大有过错的,可以减轻侵权人的责任。第1174条规定,损害是因受害人故意造成的,行为人不承担责任。《水污染防治法》第96条第3款规定,水污染损害是由受害人故意造成的,排污方不承担赔偿责任。水污染损害是由受害人重大过失造成的,可以减轻排污方的赔偿责任。

(4)第三人的过错。在普通民事侵权案件中,如果侵害结果是由第三人故意或者过失造成的,行为人不承担责任,应当由造成损害的第三人承担责任。《民法典》第1175条规定,损害是因第三人造成的,第三人应当承担侵权责任。第1233条规定,因第三人的过错污染环境、破坏生态的,被侵权人可以向侵权人请求赔偿,也可以向第三人请求赔偿。侵权人赔偿后,有权向第三人追偿。

由于环境污染的特殊性和因果关系的复杂性,《水污染防治法》第96条第4款规定,水污染损害是由第三人造成的,排污方承担赔偿责任后,有权向第三人追偿。《海洋环境保护法》第91条第3项规定,负责灯塔或者其他助航设备的主管部门,在执行职责时的疏忽,或者其他过失行为,经过及时采取合理措施,仍然不能避免对海洋环境造成污染损害的,免予承担责任。

(5)战争行为和其他免责事由。《海洋环境保护法》第91条规定,"战争"以及"负责灯塔或者其他助航设备的主管部门,在执行职责时的疏忽,或者其他过失行为",经过及时采取合理措施,仍然不能避免对海洋环境造成污染损害的,造成污染损害的有关责任人员免予承担责任。

需要注意的是,第一,在不可抗力或者紧急避险引起环境侵权的场合,可以免除行为人对发生环境侵权事故的责任,但是行为人在发生环境侵权事故后有责任、有义务启动应急机制、及时有效的救助被害人,并采取其他有效措施避免危害后果进一步加剧。如果行为人存在渎职或者滥用职权的行为,应当承担相应的法律责任。第二,在由于被害人或者第三人过错引起环境侵权的场合,需要进一步考察、判断被害人或者第三人的过错的严重程度、过错的大小等,对要否由行为人承担全部责任作出准确判断。

(五)共同环境侵权及其责任承担

共同环境侵权,又称环境共同侵权,是指两个以上的行为主体,实施污染环境或者破坏生态行为,由行为人承担连带责任。例如,日本四日市和川崎市因大气污染造成的哮喘病事件,就是多家工厂同时排放的硫化物相互重合蓄积导致浓度升高,使大气遭受严重污染,成为呼吸器官衰竭的原因。

1. 共同环境侵权的类型

共同环境侵权可以分为环境共同致害行为和环境共同危险行为。第一,环境共同致害行为,是指行为人排放的污染物共同造成他人损害,一种情形是每个行为人的行为均可以独立导致发生损害后果,另一种情形是单个行为人的行为不足以导致发生损害后果,但组合在一起则能够导致发生损害后果。第二,环境共同危险行为,是指损害后果与实施环境污染行为的多个主体的一个或者数个具有因果关系,但不能准确判断是哪一个或者几个主体造成的。①

2. 共同环境侵权的责任承担

在共同侵权的场合,厘清各侵权人的责任是非常困难的。为此,《德国民法典》第 830 条规定:“数人因共同实施侵权行为造成损害的,各人对损害均负责任。”《日本民法典》第 719 条第 1 款规定:“数人因共同的侵权行为给他人造成损害时,各自连带承担赔偿责任。在不能确定共同行为人中谁是施加损害行为的加害人时,也各自负连带责任。”第 2 款规定:“教唆者、帮助者视为共同行为者。”《意大利民法典》第 2055 条第 1 款规定:“如果损害行为可归责于多人,则所有的人要承担连带赔偿的责任。”

(1)我国《民法典》关于共同环境侵权的责任承担的规定。例如,《民法典》规定,第一,二人以上共同实施侵权行为,造成他人损害的,应当承担连带责任(第 1168 条)。第二,二人以上分别实施侵权行为造成同一损害,每个人的侵权行为都足以造成全部损害的,行为人承担连带责任(第 1171 条)。第三,二人以上分别实施侵权行为造成同一损害,能够确定责任大小的,各自承担相应的责任;难以确定责任大小的,

---

① 参见蔡守秋主编:《环境资源法教程》(第 3 版),高等教育出版社 2017 年版,第 336 页。

平均承担责任(第 1172 条)。第四,两个以上侵权人污染环境、破坏生态的,承担责任的大小,根据污染物的种类、浓度、排放量,破坏生态的方式、范围、程度,以及行为对损害后果所起的作用等因素确定(第 1231 条)。两个以上污染者污染环境,污染者承担责任的大小,根据污染物的种类、排放量等因素确定(第 67 条)。

通过上述规定,有效降低了被害人的证明责任和环境司法、执法机关的证明难度,但对于企业特别是中小企业而言,未免过于苛刻。对此,日本《水质污染防止法》第 20 条规定,法院在适用共同侵权制度时,要斟酌考虑作用度明显较小的排污者的赔偿责任额。

(2)我国环境法上的共同侵权与连带责任。《环境保护法》第 65 条对环境保护行政主管部门审批环境影响评价等工作的连带责任作出具体规定。

第一,环境影响评价机构的连带责任。环评机构在接受环评工作的委托之后,与委托人串通起来,弄虚作假,致使环评结果严重失实,从中渔利;或者虽然并未与委托机构勾结,但为了徇私情、谋私利,对于委托机构提供的严重失实的数据未经查证就为其进行环评,造成严重环境污染或者生态破坏等危害后果;或者环评机构明知甚至已经发现委托机构提供的材料是虚假的,为了徇私情、谋私利,继续作出有利于委托人的评价,造成严重环境污染或者生态破坏等危害后果的,除了根据有关法律法规对环评机构作出行政处罚外,环评机构还应当与委托单位对造成的危害结果承担连带责任。

第二,环境监测机构的连带责任。重点排污单位依法应当装备、使用监测设备,企业也应当依照有关规定自行监测,有困难者可委托经省级环境保护行政主管部门批准的监测机构进行监测。如果监测机构为了徇私情、谋私利,为委托人隐瞒超标排污行为,造成严重环境污染或者生态破坏等危害后果的,除依法对排污单位给予行政处罚外,监测机构还应当与委托人对所造成的环境危害承担连带责任。

第三,从事环境监测,防治污染设备维修、运营单位的连带责任。环境监测机构与防止污染设备维修、运营单位相互勾结,编造虚假数据或者监测结果,造成严重环境污染或者生态破坏的,除依法给予行政处罚外,环境监测机构与防止污染设备维修、运营单位还应当对所造成的环境污染或者生态破坏承担连带责任。

3. 环境共同侵权与连带责任的判断

第一,对于共同侵权,数个加害人之间应当承担连带责任。对于分别侵权造成同一侵害,如果数个加害人分别足以造成全部损害,则相互承担连带责任;如果均不足以造成全部损害,则其贡献大小可以区分的实行按份责任,不能区分的平均承担责任;如果数个加害人中部分足以造成全部损害,则足以造成全部损害的加害人承担连带责任。

第二,关于连带责任的责任划分,应当根据污染物的种类、排放量、危害性以及有无排污许可证、是否超过污染物排放标准、是否超过重点污染物排放总量控制指标等因素确定。①

四、环境民事责任的承担方式

(一)有关环境民事责任承担方式的法律规定

1.《民法通则》和《民法总则》的规定

《民法通则》(1986年4月12日通过,1987年1月1日起施行,2009年8月修订)第134条规定,承担民事责任的方式主要有:(1)停止侵害;(2)排除妨害;(3)消除危险;(4)返还财产;(5)恢复原状;(6)修理、重作、更换;(7)赔偿损失;(8)支付违约金;(9)消除影响、恢复名誉;(10)赔礼道歉。

《民法总则》(2017年)第179条规定,承担民事责任的方式主要有:(1)停止侵害;(2)排除妨碍;(3)消除危险;(4)返还财产;(5)恢复原状;(6)修理、重作、更换;(7)继续履行;(8)赔偿损失;(9)支付违约金;(10)消除影响、恢复名誉;(11)赔礼道歉。法律规定惩罚性赔偿的,依照其规定。上述承担民事责任的方式,可以单独适用或者合并适用。

与《民法通则》的规定相比,《民法总则》(2017年)第179条新增了"继续履行"这一民事责任的承担方式,并且将"排除妨害"修改为"排除妨碍"。

2.《侵权责任法》和《环境保护法》的规定

《环境保护法》第64条规定,因污染环境和破坏生态造成损害的,应当依照《民法典》等有关规定承担侵权责任。《民法典》第179条规定,承担民事责任的方式主要有:停止侵害、排除妨碍、消除危险、返还财产、恢复原状、修理、重作、更换,继续履行、赔偿损失、支付违约金、消除影响、恢复名誉,赔礼道歉。以上承担侵权责任的方式,可以单独适用或者合并适用。此外,《民法典》(2020年)第1179条至第1187条还就侵害他人造成人身损害的、侵害他人致人死亡、侵害他人财产等的民事责任承担作出了具体规定,此处不再赘言。

例如,根据《民法典》的规定,侵害他人人身权益造成财产损失的,按照被侵权人因此受到的损失或者侵权人因此获得的利益赔偿;被侵权人因此受到的损失以及侵权人因此获得的利益难以确定,被侵权人和侵权人就赔偿数额协商不一致,向人民法

① 参见吕忠梅主编:《环境法学概要》,法律出版社2016年版,第206页。

院提起诉讼的,由人民法院根据实际情况确定赔偿数额(第 1182 条)。侵害他人财产的,财产损失按照损失发生时的市场价格或者其他合理方式计算(第 1184 条)。

《民法典》规定,侵害他人造成人身损害的,应当赔偿医疗费、护理费、交通费、营养费、住院伙食补助费等为治疗和康复支出的合理费用,以及因误工减少的收入。造成残疾的,还应当赔偿辅助器具费和残疾赔偿金;造成死亡的,还应当赔偿丧葬费和死亡赔偿金(第 1179 条)。因同一侵权行为造成多人死亡的,可以以相同数额确定死亡赔偿金(第 1180 条)。被侵权人死亡的,其近亲属有权请求侵权人承担侵权责任。被侵权人为组织,该组织分立、合并的,承继权利的组织有权请求侵权人承担侵权责任。被侵权人死亡的,支付被侵权人医疗费、丧葬费等合理费用的人有权请求侵权人赔偿费用,但是侵权人已经支付该费用的除外(第 1181 条)。

(二)环境民事责任的承担方式

1. 赔偿损失

赔偿损失(损害赔偿)是指在发生环境侵权损害后,由受害人基于损害赔偿请求权向加害人提出的赔偿损失要求的民事救济方法。

(1)赔偿损失的范围。根据《民法典》第 1179 ~ 1184 条的规定,环境侵权损害主要有财产损害、人身损害(包括人身损害和精神损害)和环境损害(生态环境损害)三种形式。

第一,财产损害赔偿。就财产损害而言,采取全部赔偿原则,赔偿范围包括直接损失和间接损失。直接损失,是指环境侵权行为导致的受害人现有财产的毁损或者灭失;间接损失,是指受害人原本可以得到,但因为环境侵权而丧失的利益。

第二,人身损害赔偿。就人身损害而言,原则上只赔偿因为人身伤害所导致的财产损失。主要是医疗费、误工费、抚养费、抚恤金、丧葬费等。

第三,精神损害赔偿。关于精神损害赔偿,《民法通则》(1986 年,已废止)第 120 条规定,对于精神损害可以要求经济赔偿,但仅限于对姓名权、肖像权、名誉权等部分人格权的侵害。最高人民法院 2001 年 3 月 10 日《关于确定民事侵权精神损害赔偿责任若干问题的解释》扩大了精神损害赔偿的范围,将对生命权、健康权、身体权、人格尊严权、人身自由权等权利的侵害以及违反社会公共利益、社会公德侵害他人隐私或者其他人格利益的情形纳入精神损害赔偿的范围。最高人民法院 2004 年 5 月 1 日《关于审理人身损害赔偿案件适用法律若干问题的解释》规定,因生命、健康、身体遭受侵害,赔偿权利人起诉请求赔偿义务人赔偿财产损失和精神损害的,法院应予受理。

第四,环境损害赔偿。当环境污染等未侵害公民等的人身权益和财产权益,仅导致环境损害的,公众可以环境公益或者公众环境权受到侵害为理由,要求污染者治理或者恢复受到污染的环境,或者赔偿用于治理和恢复受到污染的环境的费用。《民法典》第1235条规定,违反国家规定造成生态环境损害的,国家规定的机关或者法律规定的组织有权请求侵权人赔偿下列损失和费用:①生态环境受到损害至修复完成期间服务功能丧失导致的损失;②生态环境功能永久性损害造成的损失;③生态环境损害调查、鉴定评估等费用;④清除污染、修复生态环境费用;⑤防止损害的发生和扩大所支出的合理费用。

根据《公益诉讼实施办法》的规定,检察院发现污染环境等损害社会公共利益的行为,可以向法院提起民事公益诉讼,提出要求被告赔偿损失等诉讼请求。

(2)赔偿损失的原则。第一,对财产损失全部赔偿原则。环境损害赔偿的范围取决于致害者造成他人损失的大小,损失多少就应当赔偿多少,没有损失就没有赔偿。是否赔偿、赔偿多少,与致害者主观上有无过错、过错形式无关,与致害者是否获利无关,与排污是否超过标准无关。第二,对人体健康、生命的伤害,赔偿由此引起的财产损失的原则。对于污染环境行为造成他人身体伤残、死亡导致的财产损失,排污者承担全部赔偿责任。第三,考虑当事人状况的原则。如果致害者的经济状况较好,具有全部赔偿能力,应当承担全部赔偿;如果致害者的经济状况欠佳,全部赔偿将严重影响企业的生存发展和职工的生活的,可在征得受害人同意之后,酌情减缴、缓缴或者分期缴纳赔偿金。

(3)赔偿损失与责令赔偿损失的区别。责令赔偿损失是指由于行为人的开发利用资源行为违反环境保护法,造成资源破坏,致使国家或者他人财产遭受损失,由县级以上环境保护监督管理部门(主要是自然资源监督管理部门)强令其赔偿被害人财产损失的一种行政处罚方式。

责令赔偿损失与赔偿损失主要有下列不同之处。第一,法律性质不同。责令赔偿损失属于行政处罚,赔偿损失属于民事责任承担方式。第二,适用条件不同。责令赔偿损失以行为人违反环境法律法规破坏环境、污染环境,并且有过错为前提;环境污染损害中的赔偿损失则不以致害者的行为违法和主观有过错为前提。第三,赔偿对象不同。责令赔偿损失的对象是因环境、自然资源遭受破坏导致财产损失的受害人;赔偿损失的对象是受环境污染危害而遭受财产损失的受害人。第四,适用程序不同。责令赔偿损失根据行政处罚程序进行;赔偿损失则根据《民法典》第25条、第1179~1187条规定的程序进行。

2. 排除危害(停止侵害、排除妨害、消除危险)。排除危害,是指国家强令造成或者可能造成环境污染者,排除可能发生的环境污染危害,或者停止已经发生并消除继续发生环境污染的一种民事责任形式。排除危害包括停止侵害、排除妨害、消除危险等三种形式。《民法典》第 1167 条规定，侵权行为危及他人人身、财产安全的，被侵权人有权请求侵权人承担停止侵害、排除妨碍、消除危险等侵权责任。根据《公益诉讼实施办法》的规定，检察院发现污染环境等损害社会公共利益的行为，可以向法院提起民事公益诉讼，提出要求被告停止侵害、排除妨害、消除危险等诉讼请求。

3. 恢复原状

恢复原状，是指将被侵害的财产或者权利恢复到被侵害前的原有状态。例如，《固体废物污染环境防治法》（2020 年修订）第 85 条规定，造成固体废物污染环境的，应当排除危害，依法赔偿损失，并采取措施恢复环境原状。最高人民法院《关于审理环境民事公益诉讼案件适用法律若干问题的解释》（法释〔2015〕1 号）第 20 条第 1 款规定，原告请求恢复原状的，法院可以依法判决被告将生态环境修复到损害发生之前的状态和功能。第 2 款则明确提到“修复生态环境”。最高人民法院《关于审理环境侵权责任纠纷案件适用法律若干问题的解释》（法释〔2015〕12 号）第 14 条规定，被侵权人请求恢复原状的，法院可以依法裁判污染者承担环境修复责任。根据《公益诉讼实施办法》的规定，检察院发现污染环境等损害社会公共利益的行为，可以向法院提起民事公益诉讼，提出要求被告恢复原状等诉讼请求。

不过，适用“恢复原状”或者“修复生态环境”，必须满足下列要件：第一，具有修复的可能性；第二，具有修复的必要性。如果环境污染或者环境破坏在现有技术条件下难以修复，或者修复的成本过于高昂，就应当采取其他责任方式。①

五、环境民事诉讼

环境民事诉讼是指法院对平等主体之间有关环境权利义务的争议，根据民事诉讼程序进行审理和裁判的活动。最高人民法院于 2015 年 6 月颁布的《关于审理环境侵权责任纠纷案件适用法律若干问题的解释》，共 19 个条文，对诸如环境侵权的调整范围、归责原则、违法性、举证责任、责任划分等作出了明确规定。

（一）环境民事诉讼的类型

根据民事纠纷的性质和原告的诉讼请求，可以将环境民事诉讼分为下列类型：第一，停止侵害之诉，是指要求已经从事或者正在从事环境污染或者破坏环境资源活动的行为人停止其侵害行为。第二，排除妨碍之诉，是由财产权或者环境权受到他人开发利用环境资源活动的不利影响的人提起的民事诉讼。第三，消除危险之诉，是对于

① 参见吕忠梅主编：《环境法原理》（第 2 版），复旦大学出版社 2017 年版，第 156 页。

准备从事某种活动,可能对自己的环境权造成危害的人提起的民事诉讼。第四,恢复原状之诉,是在环境侵权行为已经造成环境资源质量的恶化或者环境资源因素的损害的情况下提起的民事诉讼。提起该诉讼以被恶化或者损害的环境资源的质量或者环境因素能够得到恢复为前提。第五,损害赔偿之诉,是在环境侵权行为已经对自己的财产权或者人身权造成实际损害,但又无法恢复原状的情况下提起的民事诉讼。

(二)环境民事诉讼的特点

总体上看,环境民事诉讼具有下列几个特点:第一,起诉资格进一步放宽;第二,实行举证责任倒置的证明责任分配方式;第三,延长诉讼时效;第四,拓展鉴定制度;第五,规定了集团诉讼制度;第六,实行环境民事公益诉讼制度(本书第七章第二节中已对相关内容进行了系统阐述,此处不再赘言)。

1. 放宽起诉资格

在传统的民事诉讼中,原告必须是与该案件有直接利害关系的公民、法人或者其他组织。具体参见《民事诉讼法》(2017 年修订)第 3 条、第 119 条等关于原告的主体资格的规定。为了更好地保护和改善环境,客观上需要扩大原告的范围。为此,《民事诉讼法》规定,对污染环境、侵害众多消费者合法权益等侵害社会公共利益的行为,法律规定的机关和有关组织可以向法院提起诉讼(第 55 条)。

《环境保护法》规定,一切单位和个人都有保护环境的义务(第 6 条),并有权对污染和破坏环境的单位和个人进行检举和控告。① 对污染环境、破坏生态,损害社会公共利益的行为,符合下列条件的社会组织可以向法院提起诉讼:第一,依法在设区的市级以上政府民政部门登记;第二,专门从事环境保护公益活动连续 5 年以上且无违法记录。符合前款规定的社会组织向法院提起诉讼,法院应当依法受理。提起诉讼的社会组织不得通过诉讼牟取经济利益(第 58 条)。

此外,最高人民法院《关于审理环境民事公益诉讼案件适用法律若干问题的解释》《公益诉讼实施办法》等也对此作了规定。

2. 通过举证责任倒置和因果关系推定,降低被害人的证明难度

举证责任包括两个方面:第一,谁负有举证责任?第二,举证证明的内容有哪些,需要达到何种程度?

(1)实行举证责任倒置,降低被害人的证明难度。在民事诉讼中,原则上实行

---

① 不能将这里的"控告"一概理解为"起诉"。换言之,"控告"的范围大于"起诉",或者说,并非所有人对环境侵权案件都有诉权。

"谁主张,谁举证"的证明责任分配方式。但是,在环境污染、动物致害、专利侵权等特殊领域,由于被害人通常缺乏举证能力,为了保护其合法权益,采取"举证责任导致",赋予原告较低的义务。所谓举证责任倒置,是指只要原告能够证明自己提出的事实和诉讼请求是客观存在的,除非被告能够证明该事实不存在,否则将承担败诉的不利后果。

最高人民法院2015年6月1日《关于审理环境侵权责任纠纷案件适用法律若干问题的解释》第6条规定,被侵权人请求赔偿损失的,必须提供证据证明下列事实:第一,污染者排放了污染物;第二,被侵权人的损害;第三,污染者排放的污染物或者其次生污染物与损害之间具有关联性。但具有下列四种情形之一的,可以排除关联性:第一,排放的污染物没有造成该损害的可能的;第二,排放的可造成该损害的污染物未到达该损害发生地;第三,该损害发生在排放污染物之前;第四,其他可以认定污染行为与损害之间不存在因果关系的情形。

(2)实行因果关系推定,降低被害人的证明难度。因果关系推定是指在发生损害结果之后,数个行为都有可能造成损害,在不能确定谁是加害人,或者因果关系难以确定时,从维护公平正义和被害人利益的角度出发,推定某一或者某几个行为人的行为与损害结果之间具有因果关系。

《民法典》第1230条规定,因污染环境、破坏生态发生纠纷,行为人应当就法律规定的不承担责任或者减轻责任的情形及其行为与损害之间不存在因果关系承担举证责任。《固体废物污染环境防治法》(2019年修订)第86条规定,因固体废物污染环境引起的损害赔偿诉讼,由加害人就法律规定的免责事由及其行为与损害结果之间不存在因果关系承担举证责任。《固体废物污染环境防治法》第86条(该条已于2020年修法时删除)规定,因固体废物污染环境引起的损害赔偿诉讼,由加害人就法律规定的免责事由及其行为与损害结果之间不存在因果关系承担举证责任。

(3)举证责任倒置与因果关系推定的差异。第一,举证责任倒置是对证明责任的重新分配,证明是否存在因果关系不是被害人的义务,换言之,即便被害人无法证明是否存在因果关系,也不会因此承担不利后果;因果关系推定未改变证明责任,仅仅是降低了证明标准。第二,从适用效果看,举证责任倒置属于立法者的推定,被害人不需要就因果关系承担证明责任,但是加害人必须证明不存在因果关系,否则将承担不利后果;因果关系推定则属于司法推定,需要经历"被害人举证满足某种盖然性——推定因果关系成立——加害人反证"三个阶段,法官对于是否满足这种盖然性要求进行自由心证。①

3. 延长诉讼时效(追诉时效)

诉讼时效是民事法律规定的关于保障权利人通过诉讼方式实现其请求权的有效期限。诉讼时效届满后,权利人仍然可以向法院提出诉讼请求,但该诉讼请求将不能得到法律的保护。在环境侵权领域,多数环境污染从行为人排放污染物到发生损害结果,中间往往经历了很长一个过程。如果诉讼时效过于短暂,难以有效保护被害人的合法权益。为此,《民法典》第 188 条规定,向法院请求保护民事权利的诉讼时效期间为 3 年。法律另有规定的,依照其规定。诉讼时效期间自权利人知道或者应当知道权利受到损害以及义务人之日起计算。法律另有规定的,依照其规定。但是,自权利受到损害之日起超过 20 年的,法院不予保护,有特殊情况的,法院可以根据权利人的申请决定延长。《环境保护法》第 66 条规定,提起环境损害赔偿诉讼的时效期间为 3 年,从当事人知道或者应当知道其受到侵害时起计算。

4. 拓展鉴定制度

环境问题具有专业性和高技术性,环境诉讼高度依赖科学证据,无论是对加害人的甄别、因果关系的判断,还是对损害的认定,都离不开科学证据和专家鉴定。

最高人民法院 2015 年 6 月 1 日《关于审理环境侵权责任纠纷案件适用法律若干问题的解释》第 8 条规定:"对查明环境污染案件事实的专门性问题,可以委托具备相关资格的司法鉴定机构出具鉴定意见或者由国务院环境保护主管部门推荐的机构出具检验报告、检测报告、评估报告或者监测数据。"该规定表明,由国务院环境保护主管部门推荐的机构出具的检验报告、检测报告、评估报告或者监测数据,与司法鉴定机构出具的鉴定意见具有相同的法律效力。此外,该解释还规定了专家证人出具的意见,以及其他负有环境保护监督管理职责的部门或者其委托的机构出具的环境污染事件调查报告、检验报告、检测报告、评估报告或者监测数据的证据效力,即这些证据经过当事人质证,可以作为认定案件事实的根据。

2015 年 12 月,最高人民法院、最高人民检察院、司法部联合发布《关于将环境损害司法鉴定纳入统一登记管理范围的通知》,环境损害司法鉴定成为全国人大常委会《关于司法鉴定管理问题的决定》颁布 10 年来第一个实行登记管理的鉴定事项。司法部、原环境保护部也联合印发《关于规范环境损害司法鉴定管理工作的通知》,就规范管理环境损害司法鉴定工作作出明确规定。

---

① 参见张宝:《环境侵权诉讼中受害人举证义务研究——对〈侵权责任法〉第 66 条的解释》,载《政治与法律》2015 年第 2 期。

最高人民法院、最高人民检察院《关于办理环境污染刑事案件适用法律若干问题的解释》第 14 条规定："对案件所涉的环境污染专门性问题难以确定的，依据司法鉴定机构出具的鉴定意见，或者国务院环境保护主管部门、公安部门指定的机构出具的报告，结合其他证据作出认定。"

最高人民法院、最高人民检察院、公安部、司法部、生态环境部于 2019 年 2 月 20 日联合发布的《关于办理环境污染刑事案件有关问题座谈会纪要》第 14 条"关于鉴定的问题"，对环境污染刑事案件中的鉴定问题作出了规定。

5. 实行集团诉讼或者共同诉讼

环境污染的影响范围较广泛，被害人较多。例如，在 1984 年 12 月 3 日，位于印度中央邦博帕尔市的美国联合碳化物公司印度公司的农药厂泄漏 30 吨剧毒气体异氰酸甲酯（MIC），造了 2.5 万人直接致死，55 万人间接致死，另有 20 多万人永久残疾。2010 年 4 月 20 日，英国石油公司位于墨西哥湾的一座深海钻井平台发生爆炸，截至 7 月 15 日封堵成功，共有约 2 亿加仑原油泄漏到墨西哥湾。2015 年 10 月 5 日，美国联邦法院新奥尔良地方法院判决，认定英国石油公司在钻井平台爆炸及原油泄漏事故中有"重大疏忽"，处以 208 亿美元的罚款。如果任由每一个被害人及其家属向法院提起诉讼，一方面，会增加法院审理的数量，形成诉累；另一方面，个人的诉讼能力较低，不利于案件的解决。为此，各国对于环境污染导致多人受害的案件，大多采取集团诉讼或者共同诉讼方式。

（1）集团诉讼与共同诉讼的概念。集团诉讼是指对于相同或者相似案件，由共同利害关系人临时组成集合体，作为诉讼主体，并选任部分人员或者聘任他人进行诉讼活动，该诉讼判决对所有共同利害关系人都具有法律效力。集团诉讼制度首创于美国，《美国联邦民事诉讼规则》（1966 年）对此作出了详细规定。之后，集团诉讼制度为日本等国借鉴，并在民事诉讼中得到进一步发展。大阪西淀川公害诉讼、仓敷公害诉讼、尼埼大气公害诉讼等都是集团诉讼的典型案例。①

共同诉讼是指一方或者双方当事人为 2 人以上，具有共同的诉讼标的，或者诉讼标的是同一类，法院认为可以合并审理并经当事人同意的诉讼。共同诉讼的一方当事人对诉讼标的具有共同的权利义务的，其中一人的诉讼行为经其他共同诉讼人承认，对其他共同诉讼人发生法律效力；对诉讼标的没有共同权利义务的，其中一人的诉讼行为对其他共同诉讼人不发生法律效力。

（2）我国法律关于集团诉讼与共同诉讼的规定。《民事诉讼法》对集团诉讼和共

---

① 参见曹明德：《环境侵权法》，法律出版社 2000 年版，第 240 ~ 243 页。

同诉讼作出规定。

第一,当事人一方或者双方为2人以上,其诉讼标的是共同的,或者诉讼标的是同一种类、法院认为可以合并审理并经当事人同意的,为共同诉讼。共同诉讼的一方当事人对诉讼标的有共同权利义务的,其中一人的诉讼行为经其他共同诉讼人承认,对其他共同诉讼人发生效力;对诉讼标的没有共同权利义务的,其中一人的诉讼行为对其他共同诉讼人不发生效力(第52条)。

第二,当事人一方人数众多的共同诉讼,可以由当事人推选代表人进行诉讼。代表人的诉讼行为对其所代表的当事人发生效力,但代表人变更、放弃诉讼请求或者承认对方当事人的诉讼请求,进行和解,必须经被代表的当事人同意(第53条)。

第三,诉讼标的是同一种类、当事人一方人数众多在起诉时人数尚未确定的,法院可以发出公告,说明案件情况和诉讼请求,通知权利人在一定期间向法院登记。向法院登记的权利人可以推选代表人进行诉讼;推选不出代表人的,法院可以与参加登记的权利人商定代表人。代表人的诉讼行为对其所代表的当事人发生效力,但代表人变更、放弃诉讼请求或者承认对方当事人的诉讼请求,进行和解,必须经被代表的当事人同意。法院作出的判决、裁定,对参加登记的全体权利人发生效力。未参加登记的权利人在诉讼时效期间提起诉讼的,适用该判决、裁定(第54条)。

(三)环境民事诉讼的程序性规定

1.环境民事诉讼案件的管辖

《民事诉讼法》对环境民事诉讼案件的级别管辖和地域管辖作出了明确的规定。

(1)级别管辖。级别管辖是确定由哪一级法院负责审理第一审环境民事案件(见表7-1)。

表7-1　级别管辖的法院与案件范围

	管辖法院	案件范围
级别管辖	基层人民法院	管辖第一审民事案件,但本法另有规定的除外(第17条)
	中级人民法院	管辖下列第一审民事案件:第一,重大涉外案件;第二,在本辖区有重大影响的案件;第三,最高人民法院确定由中级人民法院管辖的案件(第18条)
	高级人民法院	管辖在本辖区有重大影响的第一审民事案件(第19条)
	最高人民法院	管辖下列第一审民事案件:第一,在全国有重大影响的案件;第二,最高人民法院认为应当由其审理的案件(第20条)

(2)地域管辖。环境民事诉讼案件涉及的地域管辖主要包括一般地域管辖、特

殊地域管辖和专属管辖(见表7－2)。

表7－2 地域管辖的种类与法院

	管辖种类	管辖法院
地域管辖	一般地域管辖	第一,对公民提起的民事诉讼,由被告住所地法院管辖;被告住所地与经常居住地不一致的,由经常居住地法院管辖。 第二,对法人或者其他组织提起的民事诉讼,由被告住所地法院管辖。 第三,同一诉讼的几个被告住所地、经常居住地在两个以上法院辖区的,各该法院都有管辖权(第21条)
	特殊地域管辖	因侵权行为提起的诉讼,由侵权行为地或者被告住所地法院管辖(第28条)
	专属管辖	第一,因船舶碰撞或者其他海事损害事故请求损害赔偿提起的诉讼,由碰撞发生地、碰撞船舶最先到达地、加害船舶被扣留地或者被告住所地法院管辖(第30条)。 第二,因港口作业中发生纠纷提起的诉讼,由港口所在地法院管辖(第33条第2项)

2. 环境民事纠纷的调解

对环境民事纠纷的调解,《民事诉讼法》作出明确的规定。第一,法院审理民事案件,根据当事人自愿的原则,在事实清楚的基础上,分清是非,进行调解(第93条)。第二,法院进行调解,可以由审判员一人主持,也可以由合议庭主持,并尽可能就地进行。法院进行调解,可以用简便方式通知当事人、证人到庭(第94条)。第三,法院进行调解,可以邀请有关单位和个人协助。被邀请的单位和个人,应当协助法院进行调解(第95条)。第四,调解达成协议,法院应当制作调解书。调解书应当写明诉讼请求、案件的事实和调解结果。调解书由审判人员、书记员署名,加盖法院印章,送达双方当事人。调解书经双方当事人签收后,即具有法律效力(第97条)。

对于环境民事纠纷,法院进行调解必须遵循下列原则:第一,当事人起诉到法院的民事纠纷,适宜调解的,先行调解,但当事人拒绝调解的除外(第122条)。第二,双方当事人自愿接受调解,包括接受调解方式和调解结果,不得强迫达成协议(第96条)。第三,调解协议的内容不得违反法律规定(第96条)。第四,调解应当建立在查清案件事实的基础上。第五,调解未达成协议或者调解书送达前当事人反悔的,法院应当及时判决(第99条)。

3. 环境民事诉讼第一审程序

对于环境民事诉讼第一审程序,《民事诉讼法》作出了明确规定。

(1)起诉和受理。起诉必须符合下列条件:第一,原告是与本案有直接利害关系的公民、法人和其他组织;第二,有明确的被告;第三,有具体的诉讼请求和事实、理由;第四,属于法院受理民事诉讼的范围和受诉法院管辖(第119条)。

起诉状应当记明下列事项:第一,原告的姓名、性别、年龄、民族、职业、工作单位、住所、联系方式,法人或者其他组织的名称、住所和法定代表人或者主要负责人的姓名、职务、联系方式;第二,被告的姓名、性别、工作单位、住所等信息,法人或者其他组织的名称、住所等信息;第三,诉讼请求和所根据的事实与理由;第四,证据和证据来源,证人姓名和住所(第121条)。

(2)审查和受理。法院应当保障当事人依照法律规定享有的起诉权利。对符合《民事诉讼法》第119条的起诉,必须受理。符合起诉条件的,应当在7日内立案,并通知当事人;不符合起诉条件的,应当在7日内作出裁定书,不予受理;原告对裁定不服的,可以提起上诉(第123条)。

(3)审理前的准备。法院应当在立案之日起5日内将起诉状副本发送被告,被告应当在收到之日起15日内提出答辩状。答辩状应当记明被告的姓名、性别、年龄、民族、职业、工作单位、住所、联系方式;法人或者其他组织的名称、住所和法定代表人或者主要负责人的姓名、职务、联系方式。法院应当在收到答辩状之日起5日内将答辩状副本发送原告。被告不提出答辩状的,不影响法院审理(第125条)。法院对决定受理的案件,应当在受理案件通知书和应诉通知书中向当事人告知有关的诉讼权利义务,或者口头告知(第126条)。法院受理案件后,当事人对管辖权有异议的,应当在提交答辩状期间提出。法院对当事人提出的异议,应当审查。异议成立的,裁定将案件移送有管辖权的法院;异议不成立的,裁定驳回。当事人未提出管辖异议,并应诉答辩的,视为受诉法院有管辖权,但违反级别管辖和专属管辖规定的除外(第127条)。审判人员必须认真审核诉讼材料,调查收集必要的证据(第129条)。

(4)开庭审理。开庭审理的顺序,包括开庭前的准备、审理开始、法庭调查、法庭辩论、合议庭评议等。

第一,公开审判原则。法院审理民事案件,除涉及国家秘密、个人隐私或者法律另有规定的以外,应当公开进行(第134条第1款)。

第二,法庭调查的顺序。法庭调查按照下列顺序进行:①当事人陈述;②告知证人的权利义务,证人作证,宣读未到庭的证人证言;③出示书证、物证、视听资料和电子数据;④宣读鉴定意见;⑤宣读勘验笔录(第138条)。

第三,法庭辩论的顺序。法庭辩论按照下列顺序进行:①原告及其诉讼代理人发言;②被告及其诉讼代理人答辩;③第三人及其诉讼代理人发言或者答辩;④互相辩论。法庭辩论终结,由审判长按照原告、被告、第三人的先后顺序征询各方最后意见(第141条)。

(5)调解或者判决。第一,法庭辩论终结,应当依法作出判决。判决前能够调解的,还可以进行调解,调解不成的,应当及时判决(第142条)。第二,法院对公开审理或者不公开审理的案件,一律公开宣告判决。当庭宣判的,应当在10日内发送判决书;定期宣判的,宣判后立即发给判决书。宣告判决时,必须告知当事人上诉权利、上诉期限和上诉的法院(第148条)。第三,法院适用普通程序审理的案件,应当在立案之日起6个月内审结。有特殊情况需要延长的,由本院院长批准,可以延长6个月;还需要延长的,报请上级法院批准(第149条)。

4. 环境民事诉讼第二审程序

(1)上诉的条件和方式。第一,当事人不服地方法院第一审判决的,有权在判决书送达之日起15日内向上一级法院提起上诉。当事人不服地方法院第一审裁定的,有权在裁定书送达之日起10日内向上一级法院提起上诉(第164条)。第二,上诉应当递交上诉状。上诉状的内容,应当包括当事人的姓名,法人的名称及其法定代表人的姓名或者其他组织的名称及其主要负责人的姓名;原审法院名称、案件的编号和案由;上诉的请求和理由(第165条)。第三,上诉状应当通过原审法院提出,并按照对方当事人或者代表人的人数提出副本。当事人直接向第二审法院上诉的,第二审法院应当在5日内将上诉状移交原审法院(第166条)。

(2)上诉的审理方式和程序。第一,原审法院收到上诉状,应当在5日内将上诉状副本送达对方当事人,对方当事人在收到之日起15日内提出答辩状。法院应当在收到答辩状之日起5日内将副本送达上诉人。对方当事人不提出答辩状的,不影响法院审理。原审法院收到上诉状、答辩状,应当在5日内连同全部案卷和证据,报送第二审法院(第167条)。第二,第二审法院应当对上诉请求的有关事实和适用法律进行审查(第168条)。第三,第二审法院对上诉案件,应当组成合议庭,开庭审理。经过阅卷、调查和询问当事人,对没有提出新的事实、证据或者理由,合议庭认为不需要开庭审理的,可以不开庭审理。第二审法院审理上诉案件,可以在本院进行,也可以到案件发生地或者原审法院所在地进行(第169条)。

(3)裁判。第二审法院对上诉案件,经过审理,按照下列情形,分别处理:第一,原判决、裁定认定事实清楚,适用法律正确的,以判决、裁定方式驳回上诉,维持原判决、裁定;第二,原判决、裁定认定事实错误或者适用法律错误的,以判决、裁定方式依法改判、撤销或者变更;第三,原判决认定基本事实不清的,裁定撤销原判决,发回原审法院重审,或者查清事实后改判;第四,原判决遗漏当事人或者违法缺席判决等严重违反法定程序的,裁定撤销原判决,发回原审法院重审。原审法院对发回重审的案件作出判决后,当事人提起上诉的,第二审法院不得再次发回重审(第170条)。

第二审法院的判决、裁定是终审的判决、裁定(第175条)。法院审理对判决的上诉案件,应当在第二审立案之日起3个月内审结。有特殊情况需要延长的,由本院院长批准。法院审理对裁定的上诉案件,应当在第二审立案之日起30日内作出终审裁定(第176条)。

5. 执行程序

《民事诉讼法》第236条对执行程序作出了明确规定。发生法律效力的民事判决、裁定,当事人必须履行。一方拒绝履行的,对方当事人可以向法院申请执行,也可以由审判员移送执行员执行。调解书和其他应当由法院执行的法律文书,当事人必须履行。一方拒绝履行的,对方当事人可以向法院申请执行。

第一,被执行人未按执行通知履行法律文书确定的义务,法院有权向有关单位查询被执行人的存款、债券、股票、基金份额等财产情况。法院有权根据不同情形扣押、冻结、划拨、变价被执行人的财产。法院查询、扣押、冻结、划拨、变价的财产不得超出被执行人应当履行义务的范围(第242条第1款)。第二,被执行人未按执行通知履行法律文书确定的义务,法院有权扣留、提取被执行人应当履行义务部分的收入。但应当保留被执行人及其所扶养家属的生活必需费用(第243条第1款)。第三,被执行人未按执行通知履行法律文书确定的义务,法院有权查封、扣押、冻结、拍卖、变卖被执行人应当履行义务部分的财产,但应当保留被执行人及其所扶养家属的生活必需品(第244条第1款)。第四,被执行人不履行法律文书确定的义务,并隐匿财产的,法院有权发出搜查令,对被执行人及其住所或者财产隐匿地进行搜查(第248条第1款)。第五,在执行中,需要办理有关财产权证照转移手续的,法院可以向有关单位发出协助执行通知书,有关单位必须办理(第251条)。第六,对判决、裁定和其他法律文书指定的行为,被执行人未按执行通知履行的,法院可以强制执行或者委托有关单位或者其他人完成,费用由被执行人承担(第252条)。第七,被执行人未按判决、裁定和其他法律文书指定的期间履行给付金钱义务的,应当加倍支付迟延履行期间的债务利息。被执行人未按判决、裁定和其他法律文书指定的期间履行其他义务的,应当支付迟延履行金(第253条)。第八,法院采取本法第242条、第243条、第244条规定的执行措施后,被执行人仍不能偿还债务的,应当继续履行义务。债权人发现被执行人有其他财产的,可以随时请求法院执行(第254条)。第九,被执行人不履行法律文书确定的义务的,法院可以对其采取或者通知有关单位协助采取限制出境,在征信系统记录、通过媒体公布不履行义务信息以及法律规定的其他措施(第

255 条)。

6. 当事人的诉讼权利和义务

关于当事人的诉讼权利和义务,《民事诉讼法》规定:第一,公民、法人和其他组织可以作为民事诉讼的当事人。法人由其法定代表人进行诉讼。其他组织由其主要负责人进行诉讼(第 48 条)。第二,当事人有权委托代理人,提出回避申请,收集、提供证据,进行辩论,请求调解,提起上诉,申请执行。当事人可以查阅本案有关材料,并可以复制本案有关材料和法律文书。查阅、复制本案有关材料的范围和办法由最高人民法院规定。当事人必须依法行使诉讼权利,遵守诉讼秩序,履行发生法律效力的判决书、裁定书和调解书(第 49 条)。

7. 涉外环境民事诉讼

《民事诉讼法》对涉外民事诉讼作出了规定,这些规定同样适用于涉外环境民事诉讼,具体规定如下。第一,在我国领域内进行涉外民事诉讼,适用本编规定。本编没有规定的,适用本法其他有关规定(第 259 条)。第二,我国缔结或者参加的国际条约同本法有不同规定的,适用该国际条约的规定,但我国声明保留的条款除外(第 260 条)。第三,对享有外交特权与豁免的外国人、外国组织或者国际组织提起的民事诉讼,应当依照我国有关法律和我国缔结或者参加的国际条约的规定办理(第 261 条)。第四,外国人、无国籍人、外国企业和组织在法院起诉、应诉,需要委托律师代理诉讼的,必须委托中国律师(第 263 条)。第五,在我国领域内没有住所的外国人、无国籍人、外国企业和组织委托中国律师或者其他人代理诉讼,从我国领域外寄交或者托交的授权委托书,应当经所在国公证机关证明,并经我国驻该国使领馆认证,或者履行我国与该所在国订立的有关条约中规定的证明手续后,才具有效力(第 264 条)。

六、环境损害赔偿的行政调解

(一)行政调解处理程序的概念

行政调解是与法院在民事诉讼程序中的法院调解、人民调解委员进行的人民调解等相对应的概念。行政调解程序是指环境保护监督管理部门根据当事人的请求,对环境污染危害造成损失引起的赔偿责任和赔偿金额争议进行调解处理的步骤的总称。其中,"环境保护监督管理部门"是指《环境保护法》第 10 条第 1 款、第 2 款规定的对资源保护和环境污染防治实施监督管理的部门。

之所以通过行政调解的方式解决纠纷,前提是所处理的纠纷是平等主体之间就民事权利义务问题产生的争议,当事人对自己的民事权益具有自由处分的权利。但是,《环境保护法》并未对行政调解处理程序作出明文规定。

行政调解达成的协议没有法律强制力,如果达成调解协议的一方当事人不履行协议内容的,另一方当事人或者主持调解的行政机关都无权申请法院强制执行,只能由当事人向法院提起民事诉讼。之所以在环境领域有很多公害赔偿纠纷通过行政调解加以解决,主要是因为:第一,作为调解主体的环境保护监督管理部门具有很高的威信,获得了公众特别是当事人的信任;第二,环境保护监督管理部门具备取证、鉴定的手段和专业技术;第三,与诉讼方式相比,由环境保护监督管理部门进行行政调解较为快捷。

(二)行政调解处理的一般程序

一般认为,可以将行政调解处理程序概括为五个阶段:申请、受理、调查、调解和执行。

1. 申请

申请,是指公害民事赔偿纠纷的当事人向环境保护监督管理部门提出,请求该行政机关调解其争议的行为。申请的条件如下。第一,当事人是与本案有利害关系的公民、法人或者其他组织,环境污染受害者有受到损害的事实。第二,有明确的加害人。受害人必须在申请时明确提出实施污染环境或者损害环境的加害人。第三,有具体的请求和理由。第四,必须向有权调解处理该案件的环境保护监督管理部门提出。

2. 受理

受理,是指有管辖权的环境保护监督管理部门,接受公害民事赔偿纠纷当事人调解处理请求的一种行政决定。具体的做法如下:第一,对申请的审查。审查的内容主要是围绕着申请条件进行。如果认为申请符合条件,也属于本行政部门监督管理范围和管辖范围,应当作出受理决定;反之,如果认为不符合申请条件,或者不属于本部门管辖的,则作出不予受理的决定,然后告知当事人,并说明理由。第二,成立调解处理小组。调查处理小组由 2 人以上执法人员组成。与本案有利害关系的人员应当回避。从收到申请之日起,环境保护监督管理部门应当在 7 ~ 10 日内作出受理或者不予受理的决定;如果受理,即可展开调查工作。

3. 调查

调查,是指调解处理小组对当事人提出的申请书中列举的证据、提出的要求等进行现场勘验、收集证据、讯问当事人和证人、进行专业鉴定、分析判断等活动的总称。在公害民事赔偿纠纷中,实行举证责任倒置原则。亦即,对于受害人所提出的损害事实,如果加害人予以否认,必须提出反证。当然,为了使调解能够公正地进行,作为调解主体的环境监督管理部门应当全面掌握案情。

4. 调解

调解的主要程序如下。

第一,调解开始。调解处理小组经过调查查明案情之后,可主动开始调解,也可以根据当事人的请求开始调解。调解原则上应当公开举行,由调解处理小组负责人主持,双方当事人亲自参加或者由其代理人参加,当面进行协商。调解可以在行政机关办公场所进行,也可以就地调解,以便双方当事人、证人等参加。

第二,进行协商。由于调解达成的协议必须符合《环境保护法》的宗旨和精神,因此协商工作必须建立在查清环境污染危害事实的基础上。为此,需要充分听取双方当事人的陈述,由其提供有关的证据和理由,并且进行充分的质证和申辩,调解处理小组应当进行有关法律、法规和政策的宣传和说服工作,并在分清是非曲直和明确赔偿责任的基础上,由双方当事人就赔偿金额、赔偿方式进行协商,必要时还可以邀请双方当事人的单位或者上级领导机关派员参加。如果双方僵持不下,难以达成妥协,调解处理小组可以提出调解意见供双方当事人参考借鉴。

第三,调解结案。经过对具体案件事实的充分质证和当事人的充分协商,在自愿互让的基础上达成调解协议。调解小组还应当对协议的内容进行认真审查,如果有关内容认定事实符合具体案情,符合法律法规的规定和有关政策的精神,应当予以认可并制作调解书,双方当事人查阅后无异议的,签字确认。主持人也应当在协议书上签字并加盖单位公章。调解书即日生效。

5. 执行

由于调解协议是双方当事人自愿达成的,通常能够顺利得到执行。但是,如果双方当事人未能达成协议,主持人应当宣布调解失败,并告知当事人可以在时效期限内向法院提起民事诉讼。此外,如果一方当事人不履行所达成的调解协议,另一方当事人或者主持调解的行政机关均无权申请法院强制执行。此时,主持调解的行政机关应当告知当事人可以向法院提起民事诉讼。

第二节　环境公益诉讼

一、环境公益诉讼的概念与渊源

(一)环境公益诉讼的概念

由于生态环境是一种公共利益,可能出现虽然环境侵权行为对生态环境具有较高的威胁或者危害,但是与个人没有直接利害关系,导致个人难以提起诉讼以保护公共利益。在这种情况下,民事诉讼和行政诉讼等均难以启动。为此,需要在传统的诉讼理论之外,创造新的诉讼类型。

环境公益诉讼(environmental public interest litigation),是指由于自然人、法人或者其他组织的违法行为或者不作为使环境公共利益遭受侵害或即将遭受侵害时,允许与争议案件无直接利害关系的原告出于保护环境公益的目的、以行政机关或者环境利用行为人为被告向法院起诉的行政诉讼或者民事诉讼。环境公益诉讼是"以促进公共利益为目的和诉讼条件,利害关系人甚至任何人均能提起,诉讼目的是督促政府机构或其管理相对人履行法定义务"。①

环境公益诉讼可以分为环境行政公益诉讼和环境民事公益诉讼。在损害环境的行为是行政机关及其工作人员实施的场合,针对此类主体提起的环境公益诉讼是环境行政公益诉讼。在损害环境的行为是个人、企业事业单位或者社会团体等实施的场合,针对此类主体提起的环境公益诉讼是环境民事公益诉讼。

(二)环境公益诉讼的渊源

环境公益诉讼制度的产生与现代国家公权力的扩张和公众对政府为谋求经济利益而牺牲环境利益的不信任密切相关。② 在20世纪70年代,最早产生于美国的《联邦清洁空气法》(The Clean Air Act)。该法第304条规定,任何人都可以自己的名义对任何人(包括美国政府、行政机关、公司和个人),就该法规定的事项提起诉讼条款。据此,对于原告并非出于自身利益受到侵害,而是以环境的社会公益可能受到侵害为目的,以环境与资源的开发利用者或者许可开发利用环境与资源的政府机关为被告,向法院提起的请求判决停止开发利用行为或者宣布行政许可无效的诉讼为环境公益诉讼。

二、环境公益诉讼的特点

一般认为,环境公益诉讼有下列几个特点。

(一)环境公益诉讼的非利益相关性

在传统的民事诉讼中,要求提起诉讼的原告与所起诉的案件有直接的利害关系,也就是"没有利益就没有诉权"。但是,环境公益诉讼的原告不要求必须是法益受到侵害的个人。提起环境公益诉讼的社会成员,既可以是直接的被害人,也可以是没有直接利害关系的人。可以说,环境公益诉讼是一种扩大原告资格范围的诉讼方式和手段。

---

① 吕忠梅主编:《环境法学概要》,法律出版社2016年版,第259页。

② 参见汪劲:《环境法学》(第3版),北京大学出版社2014年版,第329页。

（二）环境公益诉讼起诉权的法定性

环境公益诉讼是由诉讼案件无直接利害关系的主体提起，为保障诉讼的顺利进行，各国均通过立法明确规定环境公益诉讼案件的范围和案件起诉人的主体资格。

（三）环境公益诉讼的目的具有公益性

原告之所以提起诉讼，不是因个人法益受到侵害，而是希望保护因为政府不当决策或者企业事业单位等的开发利用行为可能导致的环境侵害。通过环境公益诉讼，受益的不是少数与案件具有直接利害关系的个人，而是公众或者特定区域的多数人。

（四）环境公益诉讼具有预防性

与其他诉讼相比，环境公益诉讼具有显著的预防作用。只要有充分的证据证明某种行为具有侵害环境的危险，就可以提起诉讼。这是考虑到，环境侵害一旦发生，难以恢复原状或者恢复原状的成本高昂，时间非常漫长。环境公益诉讼具有预防作用，使环境侵害在发生之初就得到遏制。

（五）环境公益诉讼的对象具有特殊性

传统的诉讼严格地区分为民事诉讼、行政诉讼和刑事诉讼，与此不同，环境公益诉讼不是独立的诉讼领域，只是一种与原告资格认定相关的诉讼方式和手段，既可以针对民事主体（环境民事公益诉讼），也可以针对行政主体（环境行政公益诉讼）。

三、外国环境公益诉讼的类型

（一）美国“公民诉讼”

自1970年颁布《清洁空气法》以来，美国几乎所有重要的联邦环境法律都规定了公民诉讼（citizen suits）条款。例如，《清洁水法》第55条、《噪声控制法》第12条、《深水港口法》第16条、《安全饮用水法》第149条、《环境综合性反应、补偿和责任法》第310条等。唯一的例外，是美国国会通过的《联邦杀虫剂、杀真菌剂和灭鼠剂法》。

根据公民诉讼条款，个人和组织可以提起两类未获得《联邦行政法》授权的诉讼：第一，可以不遵守环境法为由，对个人或者组织提起诉讼。第二，可以起诉环保署的官员或者政府其他有关机构的不作为。①

之所以采取公民诉讼制度，是因为执法资源有限、信息不充分以及政治上的压力，经常使政府环境执法不力，而居住在污染源附近的公民是对违法排污行为的最经

① 参见［美］詹姆斯·萨尔兹曼、巴顿·汤普森：《美国环境法》（第4版），徐卓然、胡慕云译，北京大学出版社2016年版，第73页。

济、最有效的监控者,可以通过公民诉讼激励责任机构积极执法,如果这些机构未能认真履职则可提供另外的执行机制。[①] “公民诉讼的目的不是对原告的伤害索赔,而是为了保证环境法更有效的实施。”[②]

为了鼓励公民诉讼,美国国会授权法院可以判决被告承担获胜原告的诉讼成本,包括原告的律师费。诉讼费用的计算方法为:原告律师在此公民诉讼中合理的工作小时数量,乘以合理的律师费率,得出一个基准费用。根据联邦最高法院的意见,公益律师的合理费率为该律师在一般私人业务中收取的费率,而不是环保组织支付的更低的费率。

基于各种考虑,也对公民诉讼进行了限制。第一,公民诉讼条款没有授权个人针对所有的环境违法行为进行起诉,立法者甚至有意将某些违法行为排除在公民诉讼的范围之外,如《清洁空气法》不允许公民起诉强制执行汽车尾气排放标准。第二,大多数公民诉讼条款只授权针对“当前涉嫌违反环境法”的行为人的诉讼。第三,在政府已经就某一违法行为启动行政执法程序或者司法程序的场合,公民不得再就同一违法行为提起公民诉讼。第四,设置提前告知程序,要求个人或者组织在提起公民诉讼之前,至少提前60天告知联邦政府、案件涉及的州政府和被指控的违规企业。[③]

(二)德国“团体诉讼”

德国“团体诉讼”将原告限定为满足特定条件的社会法人,实质上是将具有共同利益的众多法律主体提起诉讼的权利“信托”给具有公益性质的社会团体,由该社会团体提起符合其章程和设立目的的诉讼。[④] 但是,与其他领域的“团体诉讼”可以针对平等主体不同,环境保护“团体诉讼”只能针对环保部门提出,目的在于督促政府履行职责。

(三)日本“民众诉讼”

在日本,主要通过“民众诉讼”来维护环境公共利益。“民众诉讼”主要针对行政机关提出,是国民请求纠正国家或者公共团体不符合法律规定的行为,并以选举人的资格或者自己在法律上的利益无关的其他资格提起的诉讼。[⑤] “民众诉讼”的目的是保护法律秩序,使普通国民通过诉讼手段制约国家机关或者公共权力机关行使职权

---

① 参见吕忠梅主编:《环境法学概要》,法律出版社2016年版,第260页。

② [美]詹姆斯·萨尔兹曼、巴顿·汤普森:《美国环境法》(第4版),徐卓然、胡慕云译,北京大学出版社2016年版,第73页。

③ 同上书,第74页。

④ 参见谢伟:《德国环境团体诉讼制度的发展及其启示》,载《法学评论》2013年第2期。

⑤ 参见王太高:《论行政公益诉讼》,载《法学研究》2002年第5期。

行为,监督法律的正确适用。典型的“民众诉讼”主要有选举无效诉讼、当选无效诉讼和住民诉讼等方式,与环境公益诉讼有关的主要是地方自治法规定的住民诉讼制度。

四、我国的环境公益诉讼的发展变迁

我国环境公益诉讼可以分为环境行政公益诉讼和环境民事公益诉讼。

1. 2002 年,《环境影响评价法》第 11 条肯定了“直接涉及公众环境权益的规划”。国务院 2005 年 12 月 3 日发布的《关于落实科学发展观加强环境保护的决定》第 27 条提出:“发挥社会团体的作用,鼓励检举和揭发各种环境违法行为,推动环境公益诉讼。”

2. 2007 年,贵州省贵阳市清镇市成立环保法庭,被称为“为公益诉讼而生”。贵州、江苏、云南、福建、海南等省以地方立法或者高级法院发布司法规则的方式,推动公益诉讼的发展。2014 年,最高人民法院成立环境资源审判庭,并发布多项有关环境资源审判的司法解释。

3. 2012 年,《民事诉讼法》首次规定“对污染环境、侵害众多消费者合法权益等损害社会公共利益的行为,法律规定的机关和有关组织可以向人民法院提起诉讼”(第 55 条),为环境民事公益诉讼提供了程序法依据。2014 年修改的《行政诉讼法》关于受案范围的规定中,将侵犯“人身权、财产权”和“其他人身权、财产权”修改为“人身权、财产权等合法权益”(第 12 条)。但是,并未将“公益诉讼”写入《行政诉讼法》。

4. 2014 年,新修订的《环境保护法》明确规定了环境公益诉讼制度,对污染环境、破坏生态,损害社会公共利益的行为,符合下列条件的社会组织可以向法院提起诉讼:第一,依法在设区的市级以上政府民政部门登记;第二,专门从事环境保护公益活动连续 5 年以上且无违法记录。符合前款规定的社会组织向法院提起诉讼,法院应当依法受理。提起诉讼的社会组织不得通过诉讼牟取经济利益(第 58 条)。

5. 最高人民法院于 2015 年 1 月 6 日发布《关于审理环境民事公益诉讼案件适用法律若干问题的解释》,对社会组织提起环境公益诉讼的条件与程序进行了明确的解释,为社会组织提起环境公益诉讼提供了可操作的规范。

6. 2015 年 7 月 1 日,全国人大常委会通过了《关于授权最高人民检察院在部分地区开展公益诉讼试点工作的决定》,授权 13 个地方检察院开展提起公益诉讼试点。同年 7 月 2 日,中央全面深化改革领导小组第十二次会议审议通过《检察机关提起公益诉讼试点方案》,在北京、内蒙古、江苏等 13 个省、自治区和直辖市开展提起公益诉讼的试点工作。2015 年 12 月 24 日,通过《公益诉讼实施办法》。

7. 2015 年 1 月 6 日,最高人民法院发布《关于审理环境民事公益诉讼案件适用法律若干问题的解释》,共35条,对环境民事公益诉讼的起诉主体、管辖法院、公益诉讼和其他诉讼的关系、行政监管与公益诉讼的衔接、举证责任分配、被告人的责任承担方式、生态环境修复费用款项的管理以及司法救助等作出了规定。2016年2月25日,最高人民法院发布《人民法院审理人民检察院提起公益诉讼案件试点工作实施办法》,对检察院提起公益诉讼案件作出了明确的、详尽的规定。

8.2018年3月1日,最高人民法院、最高人民检察院联合发布《关于检察公益诉讼案件适用法律若干问题的解释》(以下简称《检察公益诉讼案件解释》)。该解释共四部分27条,根据民事诉讼法和行政诉讼法的规定,对办理检察公益诉讼案件的程序,检察机关的诉讼权利义务,检察公益诉讼的诉前程序,检察公益诉讼的受理、审判、执行程序和二审程序等作出规定,提供了办理检察公益诉讼案件的统一规范。

五、环境行政公益诉讼

环境行政公益诉讼是指公民、法人或者其他组织认为行政机关及其工作人员的行政行为侵犯其环境权益或者环境公益,向法院提起的行政诉讼。

(一)《检察机关提起公益诉讼改革试点方案》

根据全国人大常委会通过的《关于授权最高人民检察院在部分地区开展公益诉讼试点工作的决定》(2015年7月1日)和中央全面深化改革领导小组第十二次会议审议通过的《检察机关提起公益诉讼改革试点方案》(2015年7月2日)的规定,将"针对生态环境和资源保护等领域侵害国家和社会公共利益的情况,及时提起民事或行政公益诉讼,加强对国家和社会公共利益的保护"作为检察机关提起公益诉讼改革试点方案的目标和原则。将"提起行政公益诉讼"作为检察机关提起公益诉讼改革试点方案的主要内容,并就行政公益诉讼的案件范围、诉讼参加人、诉前程序、提起诉讼、诉讼请求等重要事项提出了初步要求。

该方案强调下列几个方面:第一,在试点期间,重点是对生态环境和资源保护领域的案件提起行政公益诉讼;第二,检察机关以公益诉讼人身份提起行政公益诉讼;第三,行政公益诉讼的被告是生态环境和资源保护、国有资产保护、国有土地使用权出让等领域违法行使职权或者不作为的行政机关,以及法律、法规、规章授权的组织;第四,检察机关可以向法院提出撤销或者部分撤销违法行政行为、在一定期限内履行法定职责、确认行政行为违法或者无效等诉讼请求。

(二)《公益诉讼实施办法》

《公益诉讼实施办法》(2015年12月24日通过)对检察机关如何提起环境行政公益诉讼作出了具体规定。

1. 受案范围

检察院履行职责中发现生态环境和资源保护、国有资产保护、国有土地使用权出让等领域负有监督管理职责的行政机关违法行使职权或者不作为,造成国家和社会公共利益受到侵害,公民、法人和其他社会组织由于没有直接利害关系,没有也无法提起诉讼的,可以向法院提起行政公益诉讼。检察院履行职责包括履行职务犯罪侦查、批准或者决定逮捕、审查起诉、控告检察、诉讼监督等职责(第28条)。

2. 管辖

检察院提起环境行政公益诉讼的案件,一般由违法行使职权或者不作为的行政机关所在地的基层检察院管辖。违法行使职权或者不作为的行政机关是县级以上政府的案件,由市(分、州)检察院管辖。有管辖权的检察院由于特殊原因,不能行使管辖权的,应当由上级检察院指定本区域其他试点地区检察院管辖。上级检察院认为确有必要的,可以办理下级检察院管辖的案件。下级检察院认为需要由上级检察院办理的,可以报请上级检察院办理(第29条)。

关于检察机关内部对环境公益诉讼案件的办理机构和程序如下。第一,检察院提起环境行政公益诉讼案件的办理,由民事行政检察部门负责(第30条)。第二,检察院各业务部门在履行职责中,发现可能属于环境行政公益诉讼案件范围的案件线索,应当将有关材料移送民事行政检察部门(第31条)。

3. 诉讼程序

(1)立案。经审查认为生态环境和资源保护等领域负有监督管理职责的行政机关违法行使职权或者不作为可能损害国家和社会公共利益的,应报请检察长批准决定立案,并到案件管理部门登记。检察院决定立案的行政公益诉讼案件,应当制作《立案决定书》(第32条)。

(2)调查。检察院可以采取以下方式调查核实有关行政机关违法行使职权或者不作为的相关证据及有关情况:第一,调阅、复制行政执法卷宗材料;第二,询问行政机关相关人员以及行政相对人、利害关系人、证人等;第三,收集书证、物证、视听资料等证据;第四,咨询专业人员、相关部门或者行业协会等对专门问题的意见;第五,委托鉴定、评估、审计;第六,勘验物证、现场;第七,其他必要的调查方式。调查核实不得采取限制人身自由以及查封、扣押、冻结财产等强制性措施。检察院调查核实有关情况,行政机关及其他有关单位和个人应当配合。(第33条)

(3)环境行政公益诉讼案件与刑事案件的衔接。民事行政检察部门在办理环境行政公益诉讼案件过程中,发现国家工作人员涉嫌贪污贿赂、渎职侵权等职务犯罪线索的,应当及时移送职务犯罪侦查部门;发现其他刑事犯罪线索的,应当及时移送侦查监督部门(第 34 条)。

(4)集体讨论机制。办理环境行政公益诉讼案件应当经集体讨论。参加集体讨论的人员应当对案件事实、适用法律、处理建议等发表明确的意见并说明理由。集体讨论意见应当在全面、客观地归纳讨论意见的基础上形成。集体讨论形成的处理意见,由民事行政检察部门负责人提出审核意见后报检察长批准。检察长认为必要的,可以提请检委会讨论决定(第 36 条)。

(5)审查终结。检察院提起环境行政公益诉讼案件审查终结,承办人应当制作审查终结报告。审查终结报告应当全面、客观、公正地叙述案件事实,依据法律规定提出处理建议(第 35 条)。

对审查终结的环境行政公益诉讼案件,检察院应当区分情况作出下列决定:第一,终结审查;第二,提出检察建议;第三,提起环境行政公益诉讼(第 37 条)。检察院办理环境行政公益诉讼案件,拟作出前述第一、第二决定的,应当自决定立案之日起 3 个月内办理终结;拟作出前述第三决定的,应当自决定立案之日起 6 个月内办理终结。有特殊情况需要延长的,报经检察长批准(第 38 条)。

有下列情形之一的,检察院应当终结审查:第一,经审查不存在行政机关违法行使职权或者不作为,造成国家和社会公共利益受到侵害情形的;第二,行政机关在检察院向其提出检察建议前已纠正环境行政违法行为或依法履行职责的;第三,其他应当终结审查的情形。终结审查的,应当制作《终结审查决定书》(第 39 条)。

(6)检察建议制度。在提起环境行政公益诉讼前,检察院应当先行向相关行政机关提出检察建议,督促其纠正违法行为或者依法履行职责。行政机关应当在收到检察建议书后 1 个月内依法办理,并将办理情况及时书面回复检察院(第 40 条)。经过诉前程序,行政机关拒不纠正违法行为或者不履行法定职责,国家和社会公共利益仍处于受侵害状态的,检察院可以提起环境行政公益诉讼(第 41 条)。

(7)原告与被告。检察院以环境公益诉讼人身份提起环境行政公益诉讼。环境行政公益诉讼的被告是生态环境和资源保护等领域违法行使职权或者不作为的行政机关,以及法律、法规、规章授权的组织(第 42 条)。

(8)诉讼请求。检察院可以向法院提出撤销或者部分撤销环境违法行政行为、在一定期限内履行法定职责、确认行政行为违法或者无效等诉讼请求(第 43 条)。环境在行政公益诉讼审理过程中,被告纠正违法行为或者依法履行职责而使检察院的诉讼请求全部实现的,检察院可以变更诉讼请求,请求判决确认行政行为违法,或者撤回起诉(第 49 条)。

(9)诉讼材料与证明责任。检察院提起环境行政公益诉讼应当提交行政公益诉讼起诉书、国家和社会公共利益受到侵害的初步证明材料(第 44 条)。检察院提起行政公益诉讼,对下列事项承担举证责任:第一,证明起诉符合法定条件;第二,检察院履行诉前程序提出检察建议且行政机关拒不纠正违法行为或者不履行法定职责的事实;第三,其他应当由检察院承担举证责任的事项(第 45 条)。

(10)检察人员出席法庭及其任务。法院开庭审理检察院提起的环境行政公益诉讼案件,检察院应当派员出席法庭(第 46 条)。检察人员出席法庭的任务有:第一,宣读行政公益诉讼起诉书;第二,对检察院调查核实的证据予以出示和说明,对相关证据进行质证;第三,参加法庭调查,进行辩论并发表出庭意见;第四,依法从事其他诉讼活动。检察人员发现庭审活动违法的,应当待休庭或者庭审结束之后,以检察院的名义提出检察建议(第 47 条)。

(11)和解。对于环境行政公益诉讼案件,不适用调解(第 48 条)。

(12)抗诉。地方各级检察院认为同级法院未生效的第一审判决、裁定确有错误,应当向上一级法院提出抗诉(第 50 条)。地方各级检察院对同级法院未生效的第一审判决、裁定的抗诉,应当通过原审法院提出抗诉书,并且将抗诉书抄送上一级检察院。上级检察院认为抗诉不当的,可以向同级法院撤回抗诉,并且通知下级检察院(第 51 条)。对检察院提出抗诉的二审案件或者法院决定开庭审理的上诉案件,同级检察院应当派员出席第二审法庭(第 52 条)。

(三)《检察公益诉讼案件解释》

2018 年 3 月 2 日,最高人民法院、最高人民检察院联合发布的《检察公益诉讼解释》结合检察、审判实际,对检察院提起环境公益诉讼制度作出了具体规定。

1. 关于环境公益诉讼的一般性规定

(1)办理环境公益诉讼案件的主要任务。法院、检察院办理环境公益诉讼案件主要任务是充分发挥司法审判、法律监督职能作用,维护宪法法律权威,维护社会公平正义,维护国家利益和社会公共利益,督促适格主体依法行使公益诉权,促进依法行政、严格执法(第 2 条)。

(2)检察院提起环境公益诉讼的诉讼权利和义务。检察院以公益诉讼起诉人身份提起环境公益诉讼,依照民事诉讼法、行政诉讼法享有相应的诉讼权利,履行相应的诉讼义务,但法律、司法解释另有规定的除外(第 4 条)。

(3)管辖。第一,市(分、州)检察院提起的第一审民事环境公益诉讼案件,由侵权行为地或者被告住所地中级人民法院管辖(第 5 条第 1 款)。第二,基层人民检察院提起的第一审行政环境公益诉讼案件,由被诉行政机关所在地基层人民法院管辖(第 5 条第 2 款)。

(4)取证。检察院办理公益诉讼案件,可以向有关行政机关以及其他组织、公民调查收集证据材料;有关行政机关以及其他组织、公民应当配合;需要采取证据保全措施的,依照民事诉讼法、行政诉讼法相关规定办理(第6条)。

(5)审判组织形式。法院审理检察院提起的第一审环境公益诉讼案件,可以适用陪审制(第7条)。

(6)送达。法院开庭审理检察院提起的环境公益诉讼案件,应当在开庭3日前向检察院送达出庭通知书(第8条第1款)。检察院应当派员出庭,并应当自收到法院出庭通知书之日起3日内向法院提交派员出庭通知书。派员出庭通知书应当写明出庭人员的姓名、法律职务以及出庭履行的具体职责(第8条第2款)。

(7)出庭检察人员的职责。第一,宣读环境公益诉讼起诉书;第二,对检察院调查收集的证据予以出示和说明,对相关证据进行质证;第三,参加法庭调查,进行辩论并发表意见;第四,依法从事其他诉讼活动(第9条)。

(8)上诉、二审和执行。第一,检察院不服法院第一审判决、裁定的,可以向上一级法院提起上诉(第10条)。第二,法院审理第二审案件,由提起公益诉讼的检察院派员出庭,上一级检察院也可以派员参加(第11条)。第三,检察院提起公益诉讼案件判决、裁定发生法律效力,被告不履行的,法院应当移送执行(第12条)。

2. 关于环境行政公益诉讼的规定

(1)检察建议制度。检察院在履行职责中发现生态环境和资源保护等领域负有监督管理职责的行政机关违法行使职权或者不作为,致使国家利益或者社会公共利益受到侵害的,应当向行政机关提出检察建议,督促其依法履行职责(第21条第1款)。行政机关应当在收到检察建议书之日起2个月内依法履行职责,并书面回复检察院。出现国家利益或者社会公共利益损害继续扩大等紧急情形的,行政机关应当在15日内书面回复(第21条第2款)。行政机关不依法履行职责的,检察院依法向法院提起诉讼(第21条第3款)。

(2)提起环境行政公益诉讼的材料。检察院提起环境行政公益诉讼应当提交下列材料:①环境行政公益诉讼起诉书,并按照被告人数提出副本;②被告违法行使职权或者不作为,致使国家利益或者社会公共利益受到侵害的证明材料;③检察机关已经履行诉前程序,行政机关仍不依法履行职责或者纠正违法行为的证明材料(第22条)。

(3)立案标准。检察院依据《行政诉讼法》第25条第4款的规定提起环境行政公益诉讼,符合《行政诉讼法》第49条第2项、第3项、第4项及本解释规定的起诉条件的,法院应当登记立案(第23条)。

(4)撤诉和变更诉讼请求。在环境行政公益诉讼案件审理过程中,被告纠正违法行为或者依法履行职责而使检察院的诉讼请求全部实现,检察院撤回起诉的,法院应当裁定准许;检察院变更诉讼请求,请求确认原行政行为违法的,法院应当判决确认违法(第24条)。

(5)判决。第一,被诉行政行为具有《行政诉讼法》第74条、第75条规定情形之一的,判决确认违法或者确认无效,并可以同时判决责令行政机关采取补救措施;第二,被诉行政行为具有《行政诉讼法》第70条规定情形之一的,判决撤销或者部分撤销,并可以判决被诉行政机关重新作出行政行为;第三,被诉行政机关不履行法定职责的,判决在一定期限内履行;第四,被诉行政机关作出的行政处罚明显不当,或者其他行政行为涉及对款额的确定、认定确有错误的,判决予以变更;第五,被诉行政行为证据确凿,适用法律、法规正确,符合法定程序,未超越职权,未滥用职权,无明显不当,或者检察院诉请被诉行政机关履行法定职责理由不成立的,判决驳回诉讼请求(第25条第1款)。法院可以将判决结果告知被诉行政机关所属的政府或者其他相关的职能部门(第25条第2款)。

六、环境民事公益诉讼

(一)环境民事公益诉讼的概念

环境民事公益诉讼,是指公民、法人或者其他组织认为其具有公益性的环境权或者环境公益受到侵害时,以自然人或者单位(包括法人组织和非法人组织)为被告向法院提起的民事诉讼。环境公益,是指不特定的多数人所能直接感受、享受的环境利益。环境公益民事诉讼的出现,是环境民事诉讼放宽原告起诉资格的产物。

(二)《民事诉讼法》和《环境保护法》等的规定

1. 检察机关提起环境行政、民事公益诉讼

《民事诉讼法》第55条第2款规定,对于破坏生态环境和资源保护等损害社会公共利益的行为,没有法律规定的机关和有关组织或者法律规定的机关和有关组织不提起民事诉讼的,检察院可以向法院提起诉讼;法律规定的机关或者有关组织提起民事诉讼的,检察院可以支持起诉。

2. 社会组织提起环境民事公益诉讼

《民事诉讼法》第55条第1款规定,对污染环境、侵害众多消费者合法权益等损害社会公共利益的行为,法律规定的机关和有关组织可以向法院提起诉讼。《环境保护法》第58条规定,对污染环境、破坏生态,损害社会公共利益的行为,依法在设区的市级以上政府民政部门登记,专门从事环境保护公益活动连续5年以上且无违法

记录的社会组织向法院提起诉讼的,法院应当依法受理。但是,提起诉讼的社会组织不得通过诉讼牟取经济利益。

从《民事诉讼法》关于起诉条件的规定和设立社会组织提起公益诉讼制度的宗旨看,社会组织提起环境民事公益诉讼必须满足下列条件:第一,被告的行为已经或者将要污染环境、破坏生态环境;第二,被告的行为与危害结果之间具有因果关系;第三,法院能够提供某种程度的救济;第四,该社会组织提起民事诉讼的目的与其组织的宗旨有密切关系,并且不能从诉讼中谋取经济利益。

(三)有关司法解释关于环境民事公益诉讼的规定

1. 最高人民法院《关于审理环境民事公益诉讼案件适用法律若干问题的解释》

根据有关法律法规的规定,结合审判实践,最高人民法院于 2014 年 12 月出台了《关于审理环境民事公益诉讼案件适用法律若干问题的解释》,共 35 条,对下列事项作出了具体规定:第一,环境民事公益诉讼的原告资格条件,主要是社会组织提起环境民事公益诉讼需要具备的条件;第二,案件管辖,包括级别管辖、地域管辖、指定管辖和跨行政区划集中管辖;第三,诉讼程序,包括立案、受理、法庭辩论、和解协议、调解协议、裁判、裁判的执行等内容;第四,承担环境民事责任的方式,包括停止侵害、排除妨碍、消除危险、恢复原状、赔偿损失、赔礼道歉等;第五,举证责任;第六,证据和鉴定,包括鉴定人、鉴定意见和鉴定费用等;第七,诉讼费用、生态环境修复费用等,包括环境修复资金和服务功能损失等款项,调查取证、专家咨询、检验、鉴定、诉讼等必要费用,如何减轻社会组织的诉讼成本等;第八,环境行政执法和环境司法的衔接、环境民事公益诉讼和私益诉讼之间的协调等。

2. 最高人民法院《关于审理环境民事公益诉讼案件适用法律若干问题的解释》

(1)合理认定原告资格,鼓励诉讼,同时防止滥用诉讼。该解释对原告资格的认定持开放性态度,鼓励具备能力的社会组织积极参与和推动民事公益诉讼。

(2)公益诉讼与普通民事诉讼有序衔接。针对同一污染环境、破坏生态的行为,既可以由法律规定的机关和社会组织提起环境民事公益诉讼,也可以由人身、财产等受到侵害的公民、法人或者其他组织提起普通民事诉讼。二者尽管在诉讼目的、诉讼请求等方面存在差异,但是在审理对象、事实认定和法律适用等方面又有紧密联系。

(3)适当强化公益诉讼的职权主义色彩。在环境民事公益诉讼中,有社会公共利益的事项存在,要求当事人不得任意处分自己的诉讼权利。在坚持司法中立的前提下,该解释适度强化法院的能动作用,以便充分保护环境公共利益。同时,该解释还规定了法院在调查取证、委托鉴定、移送执行等方面的主动性,并对原告的自认、撤诉和和解等进行限制。

(4)加大司法救助力度,合理设置诉讼成本负担机制。环境民事公益诉讼的目的是维护环境公共利益,但是,公益诉讼成本较高,[①]已经成为制约社会组织提起公益诉讼的主要障碍。为减轻原告的诉讼费用负担,鼓励社会组织提起诉讼,该解释加大了原告的司法救助力度,设置了合理的诉讼成本负担机制。例如,该解释第24条规定,应当由原告负担的调查取证、专家咨询、检验、鉴定等必要费用,可以酌情从生态环境修复费用以及服务功能损失赔偿款项中支付。

3. 最高人民法院《关于审理环境民事公益诉讼案件适用法律若干问题的解释》

(1)环境民事公益诉讼的界定。法律规定的机关和有关组织依据《民事诉讼法》和《环境保护法》等的规定,对已经损害社会公共利益或者具有损害社会公共利益重大风险的污染环境、破坏生态的行为提起诉讼,符合《民事诉讼法》规定的起诉条件的,法院应予受理(第1条)。

(2)原告。第一,依照法律、法规的规定,在设区的市级以上政府民政部门登记的社会团体、民办非企业单位以及基金会等,可以认定为《环境保护法》第58条规定的社会组织(第2条)。第二,设区的市,自治州、盟、地区,不设区的地级市,直辖市的区以上政府民政部门,可以认定为《环境保护法》第58条规定的"设区的市级以上政府民政部门"(第3条)。第三,社会组织章程确定的宗旨和主要业务范围是维护社会公共利益,且从事环境保护公益活动的,可以认定为《环境保护法》第58条规定的"专门从事环境保护公益活动"。社会组织提起的诉讼所涉及的社会公共利益,应与其宗旨和业务范围具有关联性(第4条)。第四,社会组织在提起诉讼前5年内未因从事业务活动违反法律、法规的规定受过行政、刑事处罚的,可以认定为《环境保护法》第58条规定的"无违法记录"(第5条)。

(3)管辖。第一,第一审环境民事公益诉讼案件由污染环境、破坏生态行为发生地、损害结果地或者被告住所地的中级以上法院管辖。中级人民法院认为确有必要的,可以在报请高级人民法院批准后,裁定将本院管辖的第一审环境民事公益诉讼案件交由基层人民法院审理。同一原告或者不同原告对同一污染环境、破坏生态行为分别向两个以上有管辖权的法院提起环境民事公益诉讼的,由最先立案的法院管辖,必要时由共同上级法院指定管辖(第6条)。第二,经最高人民法院批准,高级人民法院可以根据本辖区环境和生态保护的实际情况,在辖区内确定部分中级人民法院受理第一审环境民事公益诉讼案件(第7条)。

(4)起诉状和诉讼请求。提起环境民事公益诉讼应当提交下列材料:第一,符合

① 环境公益诉讼的诉讼成本,主要是诉讼费和各种鉴定费。

《民事诉讼法》规定的起诉状,并按照被告人数提出副本;第二,被告的行为已经损害社会公共利益或者具有损害社会公共利益重大风险的初步证明材料;第三,社会组织提起诉讼的,应当提交社会组织登记证书、章程、起诉前连续 5 年的年度工作报告书或者年检报告书,以及由其法定代表人或者负责人签字并加盖公章的无违法记录的声明(第 8 条)。原告提出的诉讼请求不足以保护社会公共利益的,可以向其释明变更或者增加停止侵害、恢复原状等诉讼请求(第 9 条)。

(5)诉讼的受理。法院受理环境民事公益诉讼后,应当在立案之日起 5 日内将起诉状副本发送被告,并公告案件受理情况。有权提起诉讼的其他机关和社会组织在公告之日起 30 日内申请参加诉讼,经审查符合法定条件的,应将其列为共同原告;逾期申请的,不予准许。公民、法人和其他组织以人身、财产受到损害为由申请参加诉讼的,告知其另行起诉(第 10 条)。

(6)检察机关等参加环境民事公益诉讼。第一,检察机关、负有环境保护监督管理职责的部门及其他机关、社会组织、企业事业单位依据《民事诉讼法》的有关规定,可以通过提供法律咨询、提交书面意见、协助调查取证等方式支持社会组织依法提起环境民事公益诉讼(第 11 条)。第二,法院受理环境民事公益诉讼后,应当在 10 日内告知对被告行为负有环境保护监督管理职责的部门(第 12 条)。

(7)证明责任分配和证据收集。第一,原告请求被告提供其排放的主要污染物名称、排放方式、排放浓度和总量、超标排放情况以及防治污染设施的建设和运行情况等环境信息,法律、法规、规章规定被告应当持有或者有证据证明被告持有而拒不提供,如果原告主张相关事实不利于被告的,法院可以推定该主张成立(第 13 条)。第二,对于审理环境民事公益诉讼案件需要的证据,法院认为必要的,应当调查收集。对于应当由原告承担举证责任且为维护社会公共利益所必要的专门性问题,法院可以委托具备资格的鉴定人进行鉴定(第 14 条)。第三,当事人申请通知有专门知识的人出庭,就鉴定人作出的鉴定意见或者就因果关系、生态环境修复方式、生态环境修复费用以及生态环境受到损害至恢复原状期间服务功能的损失等专门性问题提出意见的,法院可以准许。前述规定的专家意见经质证,可以作为认定事实的根据(第 15 条)。第四,原告在诉讼过程中承认的对己方不利的事实和认可的证据,法院认为损害社会公共利益的,应当不予确认(第 16 条)。

(8)环境民事公益诉讼禁止反诉。环境民事公益诉讼案件审理过程中,被告以反诉方式提出诉讼请求的,法院不予受理(第 17 条)。

(9)诉讼请求。第一,对污染环境、破坏生态,已经损害社会公共利益或者具有损害社会公共利益重大风险的行为,原告可以请求被告承担停止侵害、排除妨碍、消除危险、恢复原状、赔偿损失、赔礼道歉等民事责任(第 18 条)。第二,原告为防止生态环境损害的发生和扩大,请求被告停止侵害、排除妨碍、消除危险的,法院可以依法予以支持。原告为停止侵害、排除妨碍、消除危险采取合理预防、处置措施而发生的费用,请求被告承担的,可以依法予以支持(第 19 条)。第三,原告请求恢复原状的,法院可以依法判决被告将生态环境修复到损害发生之前的状态和功能。无法完全修复的,可以准许采用替代性修复方式。可以在判决被告修复生态环境的同时,确定被告不履行修复义务时应承担的生态环境修复费用;也可以直接判决被告承担生态环境修复费用。生态环境修复费用包括制定、实施修复方案的费用和监测、监管等费用(第 20 条)。第四,原告请求被告赔偿生态环境受到损害至恢复原状期间服务功能损失的,可以依法予以支持(第 21 条)。

(10)诉讼成本控制。第一,原告请求被告承担检验、鉴定费用,合理的律师费以及为诉讼支出的其他合理费用的,可以依法予以支持(第 22 条)。第二,原告交纳诉讼费用确有困难,依法申请缓交的,法院应予准许。败诉或者部分败诉的原告申请减交或者免交诉讼费用的,依照《诉讼费用交纳办法》的规定,视原告的经济状况和案件的审理情况决定是否准许(第 33 条)。

(11)生态修复费用及其管理。第一,生态环境修复费用难以确定或者确定具体数额所需鉴定费用明显过高的,可以结合污染环境、破坏生态的范围和程度、生态环境的稀缺性、生态环境恢复的难易程度、防治污染设备的运行成本、被告因侵害行为所获得的利益以及过错程度等因素,并可以参考负有环境保护监督管理职责的部门的意见、专家意见等,予以合理确定(第 23 条)。第二,判决被告承担的生态环境修复费用、生态环境受到损害至恢复原状期间服务功能损失等款项,应当用于修复被损害的生态环境。其他环境民事公益诉讼中败诉原告所需承担的调查取证、专家咨询、检验、鉴定等必要费用,可以酌情从上述款项中支付(第 24 条)。

(12)调解与和解。环境民事公益诉讼当事人达成调解协议或者自行达成和解协议后,法院应当将协议内容公告,公告期间不少于 30 日。公告期满后,法院审查认为调解协议或者和解协议的内容不损害社会公共利益的,应当出具调解书。当事人以达成和解协议为由申请撤诉的,不予准许。调解书应当写明诉讼请求、案件的基本事实和协议内容,并应当公开(第 25 条)。

(13)撤诉。第一,负有环境保护监督管理职责的部门依法履行监管职责而使原告诉讼请求全部实现,原告申请撤诉的,应予准许(第 26 条)。第二,法庭辩论终结后,原告申请撤诉的,不予准许,但本解释第 26 条规定的情形除外(第 27 条)。

(14)环境民事公益诉讼与普通民事诉讼的关系。第一,环境民事公益诉讼案件的裁判生效后,有权提起诉讼的其他机关和社会组织就同一污染环境、破坏生态行为另行起诉,前案原告的起诉被裁定驳回的,或者前案原告申请撤诉被裁定准许的,应予受理。环境民事公益诉讼案件的裁判生效后,有证据证明存在前案审理时未发现的损害,有权提起诉讼的机关和社会组织另行起诉的,法院受理(第28条)。第二,法律规定的机关和社会组织提起环境民事公益诉讼的,不影响因同一污染环境、破坏生态行为受到人身、财产损害的公民、法人和其他组织依据《民事诉讼法》的有关规定提起诉讼(第29条)。

已为环境民事公益诉讼生效裁判认定的事实,因同一污染环境、破坏生态行为依据《民事诉讼法》的有关规定提起诉讼的原告、被告均无须举证证明,但原告对该事实有异议并有相反证据足以推翻的除外。对于环境民事公益诉讼生效裁判就被告是否存在法律规定的不承担责任或者减轻责任的情形、行为与损害之间是否存在因果关系、被告承担责任的大小等所作的认定,因同一污染环境、破坏生态行为依据《民事诉讼法》的有关规定提起诉讼的原告主张适用的,法院应予支持,但被告有相反证据足以推翻的除外。被告主张直接适用对其有利的认定的,法院不予支持,被告仍应举证证明(第30条)。

(15)执行。第一,被告因污染环境、破坏生态在环境民事公益诉讼和其他民事诉讼中均承担责任,其财产不足以履行全部义务的,应当先履行其他民事诉讼生效裁判所确定的义务,但法律另有规定的除外(第31条)。第二,发生法律效力的环境民事公益诉讼案件的裁判,需要采取强制执行措施的,应当移送执行(第32条)。

(16)对提起环境民事公益诉讼的社会组织的管控。社会组织有通过诉讼违法收受财物等牟取经济利益行为的,法院可以根据情节轻重依法收缴其非法所得、予以罚款;涉嫌犯罪的,依法移送有关机关处理。社会组织通过诉讼牟取经济利益的,法院应当向登记管理机关或者有关机关发送司法建议,由其依法处理(第34条)。

(四)最高人民检察院和最高人民法院其他有关司法解释的规定

最高人民检察院根据全国人大常委会《关于授权最高人民检察院在部分地区开展公益诉讼试点工作的决定》(2015年)和《检察机关提起公益诉讼试点方案》(2015年7月2日),结合检察工作实际,制定了《公益诉讼实施办法》(2015年12月24日)。2018年3月2日,最高人民法院、最高人民检察院联合发布《检察公益诉讼案件解释》。这几个法律文件明确规定,对于损害社会公共利益或者具有损害社会公共利益重大风险的污染环境、破坏环境行为,法律规定的机关和有关组织以及检察院可以依法提起环境民事公益诉讼。

1. 检察院提起民事公益诉讼的职责

《公益诉讼实施办法》规定，检察院履行职责中发现污染环境、食品药品安全领域侵害众多消费者合法权益等损害社会公共利益的行为，在没有适格主体或者适格主体不提起诉讼的情况下，可以向法院提起民事公益诉讼。检察院履行职责包括履行职务犯罪侦查、批准或者决定逮捕、审查起诉、控告检察、诉讼监督等职责（第1条）。

2. 民事公益诉讼案件的管辖

《公益诉讼实施办法》的具体规定如下。第一，检察院提起民事公益诉讼的案件，一般由侵权行为地、损害结果地或者被告住所地的市（分、州）检察院管辖。第二，有管辖权的检察院由于特殊原因，不能行使管辖权的，应当由上级检察院指定本区域其他试点地区检察院管辖。第三，上级检察院认为确有必要，可以办理下级检察院管辖的案件。第四，下级检察院认为需要由上级检察院办理的，可以报请上级检察院办理。第五，有管辖权的检察院认为有必要将本院管辖的民事公益诉讼案件交下级检察院办理的，应当报请其上一级检察院批准（第2条）。

3. 检察院提起民事公益诉讼案件的办案机构、材料移送与立案

（1）办案机构。《公益诉讼实施办法》规定，检察院提起民事公益诉讼案件的办理，由民事行政检察部门负责（第3条）。

（2）公告机制。《检察公益诉讼案件解释》规定，检察院在履行职责中发现破坏生态环境和资源保护、食品药品安全领域侵害众多消费者合法权益等损害社会公共利益的行为，拟提起公益诉讼的，应当依法公告，公告期间为30日。公告期满，法律规定的机关和有关组织不提起诉讼的，检察院可以向法院提起诉讼（第13条）。

（3）材料移送。《公益诉讼实施办法》规定，检察院各业务部门在履行职责中，发现可能属于民事公益诉讼案件范围的案件线索，应当将有关材料移送民事行政检察部门（第4条）。

根据《检察公益诉讼案件解释》的规定，检察院提起民事公益诉讼应当提交下列材料：第一，民事公益诉讼起诉书，并按照被告人数提出副本；第二，被告的行为已经损害社会公共利益的初步证明材料；第三，检察机关已经履行公告程序的证明材料（第14条）。

（4）立案。《公益诉讼实施办法》规定，经审查认为污染环境、食品药品安全领域侵害众多消费者合法权益等行为可能损害社会公共利益的，应当报请检察长批准决定立案，并到案件管理部门登记。检察院决定立案的民事公益诉讼案件，应当制作《立案决定书》（第5条）。

《检察公益诉讼案件解释》规定,检察院依据《民事诉讼法》第55条第2款的规定提起民事公益诉讼,符合《民事诉讼法》第119条第2项、第3项、第4项及本解释规定的起诉条件的,法院应当登记立案(第15条)。

4. 检察院调查核实证据

《公益诉讼实施办法》规定,检察院可以采取以下方式调查核实污染环境等违法行为、损害后果涉及的相关证据及有关情况:第一,调阅、复制有关行政执法卷宗材料;第二,询问违法行为人、证人等;第三,收集书证、物证、视听资料等证据;第四,咨询专业人员、相关部门或者行业协会等对专门问题的意见;第五,委托鉴定、评估、审计;第六,勘验物证、现场;第七,其他必要的调查方式。调查核实不得采取限制人身自由以及查封、扣押、冻结财产等强制性措施。检察院调查核实有关情况,行政机关及其他有关单位和个人应当配合(第6条)。

5. 检察院办理民事公益诉讼案件与其他案件的衔接

《公益诉讼实施办法》规定,民事行政检察部门在办理民事公益诉讼案件过程中,发现国家工作人员涉嫌贪污贿赂、渎职侵权等职务犯罪线索的,应当及时移送职务犯罪侦查部门;发现其他刑事犯罪线索的,应当及时移送侦查监督部门(第7条)。

6. 检察院办理民事公益诉讼案件的集体讨论机制

《公益诉讼实施办法》规定,参加集体讨论的人员应当对案件事实、适用法律、处理建议等发表明确的意见并说明理由。集体讨论意见应当在全面、客观地归纳讨论意见的基础上形成。集体讨论形成的处理意见,由民事行政检察部门负责人提出审核意见后报检察长批准。检察长认为必要的,可以提请检察委员会讨论决定(第9条)。

7. 检察院提起民事公益诉讼案件的审查终结

对于案件审查终结,《公益诉讼实施办法》作出了具体规定。

(1)审查终结报告。检察院提起民事公益诉讼案件审查终结,承办人应当制作审查终结报告。审查终结报告应当全面、客观、公正地叙述案件事实,依据法律规定提出处理建议(第8条)。

(2)审查终结的结论。检察院对审查终结的民事公益诉讼案件,应当区分情况作出下列决定:第一,终结审查;第二,依法督促或者支持法律规定的机关和有关组织提起民事公益诉讼;第三,提起民事公益诉讼(第10条)。

(3)审查终结的期限。检察院办理民事公益诉讼案件,拟作出第10条第1项、第2项决定的,应当自决定立案之日起3个月内办理终结;拟作出第10条第3项决定的,应当自决定立案之日起6个月内办理终结。有特殊情况需要延长的,报经检察长批准(第11条)。

(4)终结审查。有下列情形之一的,检察院应当终结审查:第一,经审查不存在损害社会公共利益需要追究民事法律责任情形的;第二,损害社会公共利益的情形在依法督促或者支持法律规定的机关和有关组织提起民事公益诉讼之前已经消除且社会公共利益已经获得有效救济的;第三,其他应当终结审查的情形。终结审查的,应当制作《终结审查决定书》(第12条)。

8. 检察院办理民事公益诉讼案件的诉前程序

《公益诉讼实施办法》规定,检察院在提起民事公益诉讼之前,应当履行以下诉前程序:第一,依法督促法律规定的机关提起民事公益诉讼;第二,建议辖区内符合法律规定条件的有关组织提起民事公益诉讼。有关组织提出需要检察院支持起诉的,可以依照相关法律规定支持其提起民事公益诉讼。法律规定的机关和有关组织应当在收到"督促起诉意见书"或者"检察建议书"后1个月内依法办理,并将办理情况及时书面回复检察院(第13条)。

《公益诉讼实施办法》规定,经过诉前程序,法律规定的机关和有关组织没有提起民事公益诉讼,或者没有适格主体提起诉讼,社会公共利益仍处于受侵害状态的,检察院可以提起民事公益诉讼(第14条)。

9. 检察院提起民事公益诉讼的起诉主体、被告、诉讼请求、起诉材料和送达

(1)原告和被告。《公益诉讼实施办法》规定,检察院以公益诉讼人身份提起民事公益诉讼。民事公益诉讼的被告是实施损害社会公共利益行为的公民、法人或者其他组织(第15条)。

(2)诉讼请求。《公益诉讼实施办法》规定,检察院可以向法院提出要求被告停止侵害、排除妨碍、消除危险、恢复原状、赔偿损失、赔礼道歉等诉讼请求(第16条)。《检察公益诉讼案件解释》规定,法院认为检察院提出的诉讼请求不足以保护社会公共利益的,可以向其释明变更或者增加停止侵害、恢复原状等诉讼请求(第18条)。

(3)起诉材料。《公益诉讼实施办法》规定,检察院提起民事公益诉讼应当提交下列材料:其一,民事公益诉讼起诉书;其二,被告的行为已经损害社会公共利益的初步证明材料(第17条)。

(4)送达。《检察公益诉讼案件解释》规定,法院受理检察院提起的民事公益诉讼案件后,应当在立案之日起5日内将起诉书副本送达被告。检察院已履行诉前公告程序的,法院立案后不再进行公告(第17条)。

10. 反诉

《公益诉讼实施办法》规定,对于检察院提起民事公益诉讼的案件,被告没有反

诉权(第18条)。《检察公益诉讼案件解释》也规定,检察院提起的民事公益诉讼案件中,被告以反诉方式提出诉讼请求的,法院不予受理(第16条)。

11. 举证责任

《公益诉讼实施办法》规定,检察院提起民事公益诉讼,应当对下列实施提供证据加以证明:第一,提出的诉讼请求所依据的事实;第二,反驳对方意见所依据的事实;第三,履行诉前程序的事实。但法律另有规定的除外(第19条)。

12. 诉前财产保全

《公益诉讼实施办法》规定,对于可能因被告一方的行为或者其他原因,使判决难以执行或者造成与社会公共利益相关的其他损害情形,检察院可以向法院建议对被告财产进行保全、责令其作出一定行为或者禁止其作出一定行为。需要注意的是,对于根据检察院建议,法院采取保全措施的,检察院无须提供担保(第20条)。

13. 检察人员出席法庭

《公益诉讼实施办法》规定,检察人员出席法庭法院开庭审理检察院提起的民事公益诉讼案件,检察院应当派员出席法庭(第21条)。检察人员出席法庭的任务是:第一,宣读民事公益诉讼起诉书;第二,对检察院调查核实的证据予以出示和说明,对相关证据进行质证;第三,参加法庭调查,进行辩论并发表出庭意见;第四,依法从事其他诉讼活动。检察人员发现庭审活动违法的,应当待休庭或者庭审结束之后,以检察院的名义提出检察建议(第22条)。

14. 和解和撤诉

第一,和解与调解。《公益诉讼实施办法》规定,民事公益诉讼案件,检察院可以与被告和解,法院可以调解。但是,和解协议、调解协议不得损害社会公共利益(第23条)。

第二,撤诉。《公益诉讼实施办法》规定,在民事公益诉讼审理过程中,检察院诉讼请求全部实现的,可以撤回起诉(第24条)。《检察公益诉讼案件解释》也规定,民事公益诉讼案件审理过程中,检察院诉讼请求全部实现而撤回起诉的,法院应予准许(第19条)。

15. 抗诉

《公益诉讼实施办法》规定:第一,地方各级检察院认为同级法院未生效的第一审判决、裁定确有错误,应当向上一级法院提出抗诉(第25条)。第二,地方各级检察院对同级法院未生效的第一审判决、裁定的抗诉,应当通过原审法院提出抗诉书,并且将抗诉书抄送上一级检察院。上级检察院认为抗诉不当的,可以向同级法院撤回抗诉,并且通知下级检察院(第26条)。第三,对检察院提出抗诉的二审案件或者法院决定开庭审理的上诉案件，同级检察院应当派员出席第二审法庭(第27条)。

16. 刑事附带民事公益诉讼

《检察公益诉讼案件解释》规定，检察院对破坏生态环境和资源保护、食品药品安全领域侵害众多消费者合法权益等损害社会公共利益的犯罪行为提起刑事公诉时，可以向法院一并提起附带民事公益诉讼，由法院同一审判组织审理。检察院提起的刑事附带民事公益诉讼案件由审理刑事案件的法院管辖(第20条)。

第三节　环境犯罪的刑事制裁

环境犯罪，是指违反环境法的规定，造成环境资源的严重污染破坏或者人身和公私财产重大损失，依法应受刑事制裁的行为。

对于严重的污染环境或者破坏环境资源的犯罪，采取刑事制裁手段是非常有必要的。在1978年布达佩斯召开的第10届国际比较法大会和1979年在汉堡举办的国际刑法学会第12届大会上，与会的各国代表认为，刑事制裁作为国家对环境施加影响的最严厉的手段，必须得到充分运用。

1990年，第15届联合国预防犯罪和罪犯处理大会作出“用刑法保护环境”的决议。1989年3月，在巴塞尔签订了《控制危险废物越境转移及其处置巴塞尔公约》，该公约第4条的“一般义务”规定：“各缔约国认为危险废物或者其他废物的非法运输是犯罪行为。”

一、外国环境刑事立法模式

(一)以日本为代表的专门环境刑法模式

日本于1970年制定了《关于危害人体健康的公害犯罪制裁法》。该法只有7个条文，分为立法目的、对故意犯罪的惩罚、对过失犯罪的惩罚、对法人犯罪的两罚规定、推定、公诉失效和第一审的裁判权等。该法是全世界首次出现的关于环境犯罪的特别刑法，具有下列几个特点：第一，规定了危险犯及其刑罚；第二，规定环境犯罪实行因果关系推定原则；第三，对环境犯罪实行两罚制，既处罚法人，也处罚法人成员。

(二)以德国为代表的法典化环境刑法模式

德国环境刑法经历了附属刑法和环境刑法法典化两个阶段。第一，环境刑法的附属刑法阶段。原西德从20世纪70年代开始运用刑法保护环境资源，但当时采用附属刑法的模式。例如《水务法》(1960 年)、《垃圾处理法》(1972 年)和《联邦污染防治法》(1974 年)。第二,环境刑法的法典化阶段。德国在 1980 年修订刑法时,在刑法分则中增设了"危害环境罪"专章,将原来分散的附属刑法内容全部吸纳到刑法中,并增设了部分罪名。1998 年 11 月 13 日颁布的《德国刑法典》,在第 29 章专设"污染环境罪"。具体罪名包括污染水域(第 324 条)、污染土地(第 324 条 a)、污染空气(第 325 条)、造成噪音、震动和非放射性(第 325 条 a)、未经许可处理垃圾(第 326 条)、未经许可开动核设施(第 327 条)、未经许可进行放射性物质和其他危险物质交易(第 328 条)、侵害保护区(第 329 条)、情节特别严重的危害环境犯罪(第 330 条)、放毒造成严重危害(第 330 条 a)等。

(三)以美国和英国为代表的附属刑法模式

1. 英国环境刑法

虽然英国属于英美法系,但环境刑法属于成文法,主要采用附属刑法的形式。例如,《清洁空气法》《放射性物质法》《河流防污法》《水资源法》《垃圾法》《有毒废物倾倒法》等。

2. 美国环境刑法

美国环境刑法可以分为联邦法、州法和地方条例。在联邦法中,除《环境政策法》没有规定刑事责任外,其他单行法都规定了刑事责任条款。例如,《清洁空气法》《清洁水法》《固体废物处置法》《有毒物质管制法》《资源回收法》《综合环境反应、赔偿和责任综合法》等。

二、我国环境刑事立法概况

(一)我国刑法规定的环境犯罪的罪名

环境犯罪,是指行为人向环境排放污染物或者破坏环境资源,使他人生命、身体健康以及财产等遭受侵害或者具有造成侵害的危险,从而应当受到刑法处罚的行为。我国 1997 年《刑法》在分则第 6 章第 6 节专门规定了"破坏环境资源保护罪",共计 9 个法条,14 个罪名。之后,《刑法》进行了 11 次修订。其中在 2002 年 12 月 28 日,第九届全国人大常委会第三十一次会议通过的《刑法修正案(四)》;2011 年 2 月 25 日,第十一届全国人大常委会第十九次会议通过的《刑法修正案(八)》对环境犯罪进行了修订。

环境犯罪规定在刑法分则第 6 章"妨害社会管理秩序罪"的第 6 节"破坏环境资源保护罪"(第 338 条至第 346 条),分别规定了下列罪名:污染环境罪(第 338 条)、非法处置进口的固体废物罪(第 339 条第 1 款)、擅自进口固体废物罪(第 339 条第 2

款)、非法捕捞水产品罪(第 340 条)、非法猎捕、杀害珍贵、濒危野生动物罪(第 341 条第 1 款)、非法收购、运输、出售珍贵、濒危野生动物、珍贵、濒危野生动物制品罪(第 341 条第 1 款)、非法狩猎罪(第 341 条第 2 款)、非法占用农用地罪(第 342 条)、非法采矿罪(第 343 条第 1 款)、破坏性采矿罪(第 344 条第 2 款)、非法采伐、毁坏国家重点保护植物罪(第 344 条)、非法收购、运输、加工、出售国家重点保护植物、国家重点保护植物制品罪(第 344 条)、盗伐林木罪(第 345 条第 1 款)、滥伐林木罪(第 345 条第 2 款)、非法收购、运输盗伐、滥伐的林木罪(第 345 条第 3 款),另外在第 9 章"渎职罪"中还规定了环境监管失职罪(第 408 条)。

(二)最高人民法院、最高人民检察院等颁布的司法解释

主要有:最高人民法院《关于审理破坏土地资源刑事案件具体应用法律若干问题的解释》(2000 年 6 月 19 日),最高人民法院《关于审理破坏森林资源刑事案件具体应用法律若干问题的解释》(2000 年 11 月 22 日),最高人民法院《关于审理破坏野生动物资源刑事案件具体应用法律若干问题的解释》(2000 年 11 月 27 日),最高人民法院《关于审理破坏林地资源刑事案件具体应用法律若干问题的解释》(2005 年 12 月 26 日),最高人民检察院、公安部《关于公安机关管辖的刑事案件立案追诉标准的规定(一)》(2008 年 6 月 25 日),最高人民法院《关于审理破坏草原资源刑事案件应用法律若干问题的解释》(2012 年 11 月 2 日),最高人民法院、最高人民检察院《关于办理非法采矿、破坏性采矿刑事案件适用法律若干问题的解释》(2016 年 11 月 28 日),最高人民法院、最高人民检察院《关于办理环境污染刑事案件适用法律若干问题的解释》(2016 年 12 月 23 日),最高人民检察院、公安部《关于公安机关管辖的刑事案件立案追诉标准的规定(一)的补充规定》(2017 年 4 月 27 日),最高人民法院、最高人民检察院、公安部、司法部、生态环境部《关于办理环境污染刑事案件有关问题座谈会纪要》(2019 年 2 月 20 日)等。

三、我国环境犯罪的分类、构成要件和法律后果

(一)环境犯罪的分类

1. 传统模式的环境犯罪和现代模式的环境犯罪

根据侵害法益的不同,可以将环境犯罪分为传统模式的环境犯罪和现代模式的环境犯罪。其中,传统模式的环境犯罪主张刑法保护的法益首先是个人的生命、身体健康和财产等的安全,通过对人的权益的保护达到对环境资源的保护,或者说,环境资源法益从属于个人的法益。现代模式的环境犯罪主张环境犯罪侵害的法益是生态环境自身,这种犯罪不要求对人的生命、身体健康或者财产安全等构成威胁。

2. 污染环境类犯罪和破坏环境类犯罪

根据犯罪行为的方式和犯罪对象的不同,可以将环境犯罪分为污染环境类犯罪和破坏环境类犯罪。其中,污染环境类犯罪包括污染环境罪(第 338 条)、非法处置进口的固体废物罪(第 339 条第 1 款)和擅自进口固体废物罪(第 339 条第 2 款)。其他罪名都属于破坏环境类犯罪。

(二)环境犯罪的成立要件

1. 环境犯罪的客观方面要件

(1)根据犯罪行为的方式和犯罪对象的不同,环境犯罪行为可以分为污染环境行为和破坏资源行为两类。环境犯罪多数是作为犯,有些也可以不作为方式实施。

环境犯罪通常以违反国家法律法规等为前提。在判断是否符合犯罪构成要件时,需要研究是否违反了有关环境法律法规的规定;在涉及到底是科处行政处罚还是刑事处罚的场合,需要考察行为是否违反刑法规定,是否具有严重的危害性。从程序上看,还涉及行政处罚与刑事处罚的衔接问题。

(2)有些环境犯罪属于危险犯(行为犯),有些环境犯罪属于实害犯。在实害犯的场合,需要认定环境犯罪行为与危害结果之间是否具有因果关系。在“多因一果”的场合,需要研究哪些行为人对危害结果承担刑事责任。

2. 环境犯罪的主观方面要件

多数环境犯罪是故意犯罪,少数犯罪是过失犯罪。由于环境犯罪大多属于法定犯,要求行为人主观上具有违法性认识或者违法性认识的可能性,否则不能构成犯罪。

(三)环境犯罪的法律后果

对于环境犯罪,通常适用自由刑和财产刑。就单位犯罪而言,适用罚金刑不仅便于执行,而且能够发挥财产刑的威慑效果和剥夺效果。此外,在刑罚措施之外,刑法理论和司法实务部门越来越重视非刑罚措施的运用。

四、我国环境犯罪的具体展开(略)

由于国内的刑法学教材对于上述罪名大多已经进行了非常全面、翔实的阐释,本书不再就这些罪名的罪状、法定刑乃至于此罪与彼罪的区分等展开详细的论述。

图书在版编目(CIP)数据

环境法学讲义 : 总论 / 温登平著. -- 北京 : 法律出版社, 2020
ISBN 978 - 7 - 5197 - 4807 - 4

Ⅰ. ①环… Ⅱ. ①温… Ⅲ. ①环境法学－研究－中国
Ⅳ. ①D922.604

中国版本图书馆 CIP 数据核字(2020)第 139502 号

环境法学讲义(总论)
HUANJING FAXUE JIANGYI(ZONGLUN)

温登平 著

策划编辑 沈小英
责任编辑 单 洁
装帧设计 李 瞻

出版 法律出版社
总发行 中国法律图书有限公司
经销 新华书店
印刷 固安华明印业有限公司
责任校对 马 丽
责任印制 吕亚莉

编辑统筹 法治与经济出版分社
开本 710 毫米×1000 毫米 1/16
印张 28.75
字数 556 千
版本 2020 年 8 月第 1 版
印次 2020 年 8 月第 1 次印刷

法律出版社/北京市丰台区莲花池西里 7 号(100073)
网址/www.lawpress.com.cn
投稿邮箱/info@lawpress.com.cn
举报维权邮箱/jbwq@lawpress.com.cn
销售热线/400 - 660 - 8393
咨询电话/010 - 63939796

中国法律图书有限公司/北京市丰台区莲花池西里 7 号(100073)
全国各地中法图分、子公司销售电话:
统一销售客服/400 - 660 - 8393/6393
第一法律书店/010 - 83938432/8433
西安分公司/029 - 85330678
重庆分公司/023 - 67453036
上海分公司/021 - 62071639/1636
深圳分公司/0755 - 83072995

书号:ISBN 978 - 7 - 5197 - 4807 - 4
定价:96.00 元